핵 무기 전파, 그 끝없는 논쟁

케네스 왈츠, 스콧 세이건 지음

임상순 옮김

박영사

역자 서문

"북한이 핵 무기를 포기할까요?",
"한반도에 핵 전쟁이 발생하면 우리는 어떻게 되나요?"

강의시간에 학생들로부터 그리고 명절 때 가까운 친척들로부터 이러한 질문을 종종 받는다. 이러한 질문을 받을 때마다 왠지 모를 안타까움과 난처함이 느껴진다. 1990년대 초반 국제단위의 냉전이 종식되었다. 하지만 2022년 현재 한반도에는 냉전이 지속되고 있다. 한반도에 살고 있는 우리 한 민족 구성원 7,500만 명은 언제 전쟁이 일어날지 모른다는 공포를 무의식 속에 간직한 채 하루하루를 살아가고 있다. 이러한 상황만으로도 버거운데 핵 전쟁의 가능성까지 생각해야 하는 현실이 안타깝다.

사실, 대부분의 국가에게 핵 무기의 보유와 사용은 매우 중대한 도전이다. 특히 미국과 대립하고 있는 북한의 핵 무기 보유와 사용은 북한뿐만 아니라 한반도의 운명까지 모두 걸어야 하는 일종의 도박 행위에 해당한다. 본질적으로 북한의 핵 문제는 북한 국내 정치적 상황, 남북관계, 국제 여건 그리고 핵 무기의 특성을 모두 고려해야 하는 매우 복잡한 문제이다. 북한의 핵과 관련된 질문에 역자가 쉽게 답할 수 없는 난처함이 여기에서 비롯된다.

2013년 북한이 3차 핵 실험을 하고 한반도에 위기가 고조되던 어느 날 국회도서관에서 이 책의 원서(The Spread of Nuclear Weapons)를 읽게 되었다. 국제정치 대학자인 왈츠와 세이건이 '핵 무기 전파'라는 단일 주제를 놓고 벌이는 치열한 토론이 너무나 흥미진진해서 그 책을 다 읽는 데 그리 오랜 시간이 걸리지 않았다. 두 학자에게 주어진 토론의 기본 질문은 매우 단순하다.

"핵 무기를 많은 국가들이 보유하게 되면
이 세계는 어떻게 될 것인가?"

왈츠는 많은 국가로 핵 무기가 전파되면 이 세계가 더욱 평화로워질 것이라고 주장하는 반면, 세이건은 핵 무기의 전파를 방치할 경우 이 세계는 매우 위험해질 것이라고 우려한다. 누구의 주장이 더 설득력이 있는지 그리고 누구의 주장이 맞을 것인지를 예측하고 판단하는 것은 모두 독자의 몫이다.

북한 지도자 김일성, 김정일, 김정은의 '핵 무기 보유'라는 전략적 선택으로 인해, 핵 문제는 한반도에 살고 있는 우리 한 민족 구성원들에게 이론의 문제가 아니라 생존의 문제가 되어버렸다. '북한의 핵 무기가 한반도와 우리 한 민족의 운명에 어떤 영향을 미칠 것인가?' 역자로서 이 책이 그 질문의 해답을 찾아가는 안내서가 되었으면 하는 바람을 가져본다.

마지막으로 코로나 상황으로 인해 출판사정이 좋지 못함에도 불구하고 흔쾌히 출판을 결정해준 박영사 대표님과 관계자분들에게 감사인사를 전한다.

서 문

이 책은 오늘날 국제사회가 직면한 가장 중요한 문제 중 하나인 '핵 무기의 전파'를 다룬다. 핵 무기 전파의 역사를 간단히 살펴보면 두 가지 명확한 사실이 발견된다. 첫째, 핵 무기는 느리지만 전 세계적으로 확산하고 있다. 제2차 세계대전 이후 대략 5년마다 핵 무기 보유국가가 하나씩 새롭게 추가되고 있다. 둘째, 현재 핵 무기를 보유한 9개의 국가를 제외한 나머지 국가들도 마음만 먹는다면 핵 무기를 얼마든지 만들 수 있다. 학자들은 최소한 17개의 국가들이 과거에 핵 무기 제조를 적극적으로 검토했으며, 앞으로 핵 무기 보유국가가 더 늘어날 것으로 예상하고 있다.

이란은 민수용 핵 발전만을 원한다고 주장하고 있지만, 대부분의 정부들과 국제정치 학자들은 이란이 암암리에 핵 무기 개발을 진행하고 있다고 확신한다. 사우디아라비아 관료들은 만약에 이란이 핵 무기를 개발한다면, 사우디아라비아도 핵 무기를 개발할 것이라고 주장한다. 일본의 일부 지도층 인사들도 일본의 핵 무기 획득 가능성을 부인하지 않고 있다. 그리고 이미 북한은 수차례 핵 실험을 단행했고, 시리아에 핵 무기 관련 기술을 비밀리에 판매한 것으로 널리 알려져 있다.

이 책은 어떤 국가가 다음 핵 무기 보유국가가 될 것인지 예측하거나

한 국가가 핵 무기를 개발하는 정치적, 기술적 과정에 대하여 설명하지
않는다. 이 주제들에 대한 정부 보고서, 책, 논문들이 이미 많이 출판되어
있다. 이 책의 목적은, '핵 무기 전파가 어떤 결과를 가져올 것인가'와 같
이 핵 무기와 관련된 미래의 보다 근본적인 불확실성에 대한 질문에 답을
하는 것이다.

　물론, 이 질문에 대한 답이 결코 단순하거나 명확하지 않을 것이다. 독
자들이 알게 되겠지만, 이 질문에 대하여 두 가지 다른 주장이 제시될 것
이다. 저자 중 한 명인 케네스 왈츠는 핵 무기 전파의 공포가 과장되었다
고 주장한다. 즉, "핵 무기가 더 많이 전파될수록 더 좋은 결과를 가져올
것"이라는 입장이다. 왜냐하면, 한 국가가 핵 무기를 보유함으로써 다른
국가의 핵 공격을 억지할 수 있기 때문이다. 또 다른 저자인 스콧 세이건
은 핵 무기의 전파가 세계를 더 불안정하게 만들 것이라고 주장한다. 즉,
"핵 무기가 더 많이 전파될수록 더 나쁜 결과를 가져올 것"이라는 입장이
다. 왜냐하면, 새롭게 핵 무기를 보유한 국가들 중 일부가 '예방전쟁'을 일
으키게 될 것이고, 예방전쟁 중에 생존의 위협을 당하는 핵 무기 보유국
가가 핵 무기로 상대국가를 공격하는 상황이 빚어질 수 있기 때문이다.

　우리 저자들은 이 책의 제1장과 제2장에서 우리의 중심 주장을 제시할
것이다. 물론 그 주장을 뒷받침하는 논리와 증거가 제시될 것이다. 제3장
과 제4장에서는 상대방이 제기한 비판사항에 대한 해명이 서술될 것이다.
이 과정에서 두 저자의 공통점과 차이점이 분명하게 드러날 것이다. 제5
장에서는 현재 남아시아 지역에서 발생하고 있는 핵 무기 보유국가들 사
이의 대결 사례를 '적대감과 갈등의 역사' 측면에서 살펴볼 것이다. 제6장
에서는, 핵 개발의 가장 최근 사례인 북한, 이라크, 이란의 사례를 통해
우리 저자들의 각기 다른 관점을 검토할 것이다. 마지막 결론 장에서는,
오바마 행정부에서 강조했던 "핵 무기 없는 세계" 창출 목표 제안이 가져
올 잠재적 결과에 대하여 비판적으로 검토할 것이다.

　핵 무기 없는 세계가 실현 가능한 것인가? 핵 무기 없는 세계가 현재

보다 덜 위험하고, 보다 평화로운 세계일까? 핵 무기가 없어지면 재래식 무기에 의한 전쟁이 더 촉발되지는 않을까? 핵 무기가 없어진 미래에 핵 무기를 다시 개발하는 국가가 등장하지는 않을까?

이러한 질문들에 대한 의견 차이가 이 책 곳곳에 드러나 있을 것이다. 하지만 우리 두 저자는 다음의 사항에 대해서는 의견이 다르지 않다.

첫째, 우리는 '이론'이 국제정치를 이해하는 데 도움을 준다고 믿는다. 비록 많은 학자들과 정책입안자들이 "사실 그 자체"를 강조하거나 "개별 사례에 근거"하여 판단해야 한다고 주장하고 있지만, 그들의 관점을 결정 짓는 것은 '이론'들이다. 물론 그 이론들이 때로는 정교화되어 있지 않거나 분명하게 드러나지 않는 경우도 있다.

우리는 우리 입장을 뒷받침하는 가정과 논리들을 제시할 것이며, 새로운 개념들이 핵 무기 전파 문제에 대한 통찰을 제공해 줄 수 있을 것이다.

둘째, 우리는 지적인 논쟁이 유용하다고 확신한다. 우리는 우리의 주장들이 논쟁과 반대되는 증거 검토를 통해서 개선될 수 있다고 믿는다. 우리는 핵 무기 전파를 둘러싼 논쟁 과정을 통해서 각자의 주장을 더욱 정교하게 만들 수 있었고, 이 문제에 대한 논쟁을 활성화시킬 수 있었다. 양극화된 미국 워싱턴 정가에서 오늘날 이성적이고 민주적인 논쟁이 점점 사라지고 있는 것이 사실이다. 우리는 이 책의 독자들이 서로 다른 입장에 대하여 솔직하지만 상호 존중하는 우리의 토론 태도에서 많은 것을 느낄 수 있었으면 좋겠다는 바람을 가져본다.

셋째, 우리는 정치학자들이 정부정책의 개선에 도움을 주기 위해 노력해야 한다고 생각한다. 우리가 국제정치를 연구하는 이유는 국제정치가 모든 사람들의 삶에 중요한 영향을 미친다고 믿기 때문이다. 그리고 우리가 국제정치에 관한 글을 쓰는 이유는 우리의 글이 정책 형성에 영향을 미칠 수 있다고 확신하기 때문이다. 우리의 글은 정책결정자들에게 새로운 증거, 아이디어 그리고 논쟁점을 제공한다.

마지막으로 우리는 제2차 세계대전 이후부터 현재까지 핵 무기가 정책

결정자의 성급한 판단에 의해 사용된 적이 한 번도 없다는 것에 분명히 동의한다. 케네스 왈츠는 독자들이 이 중요한 사실을 명심하길 희망한다. 그리고 1995년 이 책의 초판이 발간된 이후부터 현재까지 이 책에 담긴 많은 이론과 주장들이 여전히 유효하다는 것도 강조한다. 한편, 스콧 세이건은 1995년 이후 새로운 핵 무기 보유국가들이 등장하여 세계가 이전 냉전 시기보다 더 위태로워졌다는 사실을 독자들이 기억하길 희망한다. 이렇게 우리의 논쟁은 계속되고 있다. 아마도 이 논쟁은 영원히 계속될 것이다.

차 례

01

핵 무기가 전파될수록 세계는 더 나아질 것이다

핵 무기 전파, 그 끝없는 논쟁

01

·

핵 무기가 전파될수록
세계는 더 나아질 것이다

케네스 왈츠

핵 무기 전파가 세계에 어떤 영향을 미칠 것인가? 나는 핵 무기의 '증대proliferation'라는 표현 대신 '전파spread'라고 말하고자 한다. 왜냐하면, 지금까지 주요 핵 무기 보유국가들은 자국의 핵 무기를 증가시키는 수직적인 '증대proliferation'를 해 왔기 때문이다. 수평적으로 볼 때, 핵 무기는 전 세계에 걸쳐 천천히 전파되었고 그 전파 속도에도 큰 변화가 없다. 미국이 다른 국가들의 핵 무기 보유를 막기 위해 노력하고 있기 때문에 새롭게 핵 무기 보유국이 되고자 하는 국가도 그리 많지 않다.

그럼에도 불구하고 핵 무기는 전파될 것이고, 가끔씩 새로운 국가가 핵 무기 보유국이 될 것이다. 제2차 세계대전이 종료되고 50년이 지난 시점에 12개 국가가 핵 무기를 보유한 바 있다. 이 12개의 국가 중 세 국가는 소련 연방이 해체되면서 갑자기 핵 무기 보유국이 되었다. 12개의 국가 중에서 남아프리카 공화국, 카자흐스탄, 벨라루스, 우크라이나가 핵 무기 보유를 포기함에 따라 핵 무기 보유국가가 8개로 줄어들었다가 북한이 핵 무기를 개발하면서 핵 무기 보유국가의 수는 9개가 되었다.

국제적 여건이 빠르고 불안정하게 변화할 것이기 때문에, 핵 무기의 느린 전파는 사실상 기대하기 어렵다. 앞으로 10년 동안 핵 무기 보유국가가 현재보다 50%만 증가한다면 이는 매우 놀라운 일일 것이다.

언젠가 우리는 핵 무기 보유국가의 수가 15개에서 18개인 세계에 살게 될 것이다. 핵 무기 보유국가가 많아지면 국제사회에 어떤 일이 벌어질 것인가? 여기에 대한 대답이 요구되고 있다.

자조(Self-Help) 체제의 군사적 논리

만약에 평화를 '강대국 간의 전면전이 없는 상태'라고 정의한다면, 1945년 이후 세계는 이전에 경험해 보지 못한 평화의 시기를 보내고 있다. 제1차 세계대전이 종료된 지 21년 만에 제2차 세계대전이 발발했다. 하지만 제2차 세계대전에서 연합군이 추축군을 상대로 승리를 거둔 지 60년 이상 지났지만 세계대전은 일어나지 않고 있다. 사실, 갈등은 인류 역사에서 항상 존재했다. 과거 50년 동안, 갈등은 국가들 사이에 적대감을 증대시켰고, 때로는 약소국들 사이에서 폭력사태가 발생하기도 했다. 강대국들이 가끔씩 이 폭력사태에 직접적으로 관여하기는 했지만, 전쟁은 국지전 성격을 띠었다.

식민지 시대의 종식, 일부 국가들의 빠른 경제 성장, 자유진영과 공산진영의 형성과 강화, 공산진영의 몰락, 신기술의 발달, 게릴라 전술의 출현, 핵 억지력의 강화 등 빠르고 광범위한 변화가 발생하던 시기에도 전면전은 일어나지 않았다. 제2차 세계대전 이후 형성된 국제체제가 변화를 수용하고 갈등과 적대감을 억제하는 고도의 능력을 갖춤으로써, 평화가 확산되고 전쟁의 범위가 제한되었다.

제2차 세계대전 이후 형성된 전후체제의 특징들이, 오늘날 국제사회의 행운을 설명해 줄 수 있을 것이다. 제2차 세계대전 이후 나타난 가장 큰 두 가지 변화 중 첫 번째는 국제사회가 다극체제에서 양극체제를 거쳐 일

극체제로 전환된 것이고, 두 번째는 핵 무기가 전파된 것이다. 나는 제1장에서 핵 무기의 전파에 대해서 설명하고자 한다.

국가들은 무정부 상태인 국제사회에서 공존한다. 자조Self-Help는 무정부 상태에서 개별국가들이 취하는 첫 번째 행동 원칙이다. 개별국가가 자신을 지키는 가장 핵심적인 방법은 바로 자국의 안보를 강화하는 것이다.

따라서 평화 유지의 가능성을 평가하는 것과 관련하여 제기되는 첫 번째 질문은, 국가들이 사용하는 군사력의 목적이 무엇이고, 어떤 군사전략과 무기들을 개발하고 있는가이다. 만약 국가들이 군사력을 사용하지 않고도 그들의 가장 중요한 목적을 달성할 수 있다면 평화 유지의 가능성이 높아질 것이다. 그리고 전쟁을 통해 얻을 수 있는 이익에 비해 손실이 아주 크다면 전쟁은 그리 선호되지 않을 것이다. 전략을 구상할 때 목적과 수단을 모두 고려하게 된다. 핵 무기가 평화의 가능성에 어떤 영향을 미치는지 확인하기 위해서는 방어와 억지의 다양한 측면을 검토해 보아야 한다.

한 국가가 다른 국가의 공격을 어떻게 단념시킬 수 있을까? 다른 국가의 계획된 공격을 막아내는 첫 번째 방법은 성벽을 튼튼히 구축하고, 군사력을 총동원하여 상대보다 더 강하다는 것을 보여주는 것이다.

한 국가가 다른 국가들이 보기에 너무나 강력한 방어력을 가지고 있어서 어느 국가도 그 국가를 파괴하거나 정복할 수 없다면, 그 국가는 국제사회에서 완벽하게 평온한 상태를 유지할 수 있을 것이다. 나는 이것을 '방어적 이상형Defensive Ideal'이라고 부른다.

개별국가가 상대 국가의 공격을 막아내는 두 번째 방법은, 상대국가가 공격을 감행했을 때 감당할 수 없을 정도의 보복을 상대국가에 가할 수 있는 공격 능력을 갖추는 것이다. 이러한 '억지'수단을 보유한 국가는 다른 국가들로부터 위협을 당하지 않게 될 것이다.

'억지'를 통해 다른 국가의 공격을 단념시키는 것은 '방어'를 통해 공격을 단념시키는 것과 구별된다. 침략국가로 하여금 침략행위로 인해 자신이 심각한 피해를 입게 될지도 모른다는 두려움을 가지도록 해서 공격을 못 하게 하는 것이 '억지'다. '방어'와 '억지'는 종종 혼돈을 일으키는 개념이다. 어떤 학자들은 이렇게 표현하기도 한다. "유럽국가들의 강한 방어가 소련의 공격을 억지했다." 이것이 의미하는 것은 강한 방어를 통해 소련의 공격을 단념시켰다는 것이다. 하지만 억지는 방어능력을 통해 달성되는 것이 아니라, 상대를 처벌하는 능력을 통해서 달성된다. 확실히 억지력은 방어력을 제공하지 않는다. 억지전략의 메시지는 다음과 같다. "비록 우리는 방어력이 없지만, 만약에 당신이 공격해 온다면, 우리는 당신이 얻을 수 있는 것 이상의 손실을 가할 수 있을 것이다." 핵 무기로 반격을 가할 수 있는 능력은 이러한 억지전략을 실현시켜 줄 수 있다. 확실한 것은, 방어력이 억지력을 제공해 주지 않는다는 것이다. 방어력은 상대방을 처벌하지 못한다. 방어전략의 메시지는 다음과 같다. "비록 우리가 당신에게 반격을 가할 수는 없지만, 당신은 우리의 방어전선을 극복하는 데 매우 큰 어려움을 겪게 될 것이다." 마지노선과 같은 방어선이 이러한 방어전략에 활용될 수 있을 것이다.[1]

핵 무기가 전쟁의 가능성을 증대시키는가? 이 질문에 대한 대답은 핵무기 보유국가가 군사력을 적극적으로 그리고 파괴적으로 사용하는지 여부에 달려 있다. 만약에 핵 무기가 공격을 더 효과적으로 만들고, 핵 무기 보유국가가 비보유국가를 향해 강한 위협을 가한다면, 핵 무기는 국제사회에 악영향을 끼칠 것이고, 핵 무기는 더욱더 광범위하게 전파될 것이다.

핵 무기의 전파로 인해 방어와 억지가 더욱 쉬워지고 신뢰할 만하게 된다면, 우리는 정반대의 결과를 예상해 볼 수도 있다. 국가들은 자국의 안보를 유지하기 위해서 군사력을 강화하고 동맹을 형성한다. 국제사회에는 군사력과 동맹을 이용하여 자국의 안보를 보다 쉽게 지키는 국가가 있는가 하면 그렇지 못한 국가들도 있다.

한 국가가 가지는 무기와 전략은 주변국의 안보 상황을 변화시킨다. 만약 한 국가가 정복에 필요한 무기를 보유하지 않는다면, 그 국가의 주변

국들은 보다 평온함을 느낄 것이다. 그리고 무기가 다음의 역할을 한다면 전쟁의 가능성이 낮아질 것이다. 첫째, 무기들이 정복을 보다 어렵게 만들 경우, 둘째, 무기들이 예방전쟁과 방어전쟁을 단념시킬 경우, 셋째, 무기들이 강압적인 위협에 위기감을 느끼지 않도록 만들 경우. 그렇다면, 핵 무기가 이러한 역할을 할 수 있을까?

핵 억지력과 핵 방어력이 평화의 전망을 높일 수 있는지에 대한 몇 가지 답변이 존재한다.

첫째, 전쟁은 핵 억지력이 있는 상황에서도 발생할 수 있다. 하지만 한 국가가 전쟁을 통해 얻을 수 있는 것이 크고 승리에 가까이 다가갈수록, 더 강한 보복과 파괴의 위협에 직면하게 될 것이다. 국가는 작은 것을 얻기 위해 큰 위험을 감수하지 않는다. 핵 무기 보유국가 사이의 전쟁은 결국 패배에 직면한 국가의 대량 핵 무기 사용으로 이어질 것이다. 이러한 상황이 두렵기 때문에 전쟁 당사국은 철수를 선택하게 될 것이고 전쟁 상황은 더 악화되지 않을 것이다. 핵 억지력이 있는 경우에도 전쟁의 가능성은 여전히 있다. 하지만 전쟁에서 승리하기 위해서는 너무나 큰 위험을 감수해야 한다. 만약에 국가들이 오직 작은 이득을 얻기 위해 큰 보복 위험을 감당해야 하는 상황이라면 전쟁에 나설 이유가 그리 크지 않다.

둘째, 만약에 전쟁으로 예상되는 손실이 그리 크지 않다면, 국가들은 전쟁과 관련된 여러 상황에 대해 그리 주의하지 않을 것이다. 이와 반대로 예상되는 손실이 아주 크다면, 여러 가지 상황을 주의 깊게 살피게 될 것이다. 1853년과 1854년, 영국과 프랑스는 러시아와의 전쟁에서 쉽게 승리할 수 있을 것이라고 예상했다. 물론 국제적인 명성과 국민들의 인기는 분명히 얻을 수 있었다. 하지만 전쟁에서 영국과 프랑스는 부주의했고, 그들의 기대는 모호했다. 크림전쟁에서 영국과 프랑스는 정보가 부족한 가운데 성급하게 행동했고, 국민들의 전쟁에 대한 열광에 영합했으며, 전쟁 상대국의 상황보다 동맹국가의 바람에 더 많은 관심을 기울였고, 위험이 닥쳤을 때 어떻게 행동해야 하는지를 분명히 알지 못했다. 그리고 협

상에 임하기보다 힘을 과시하고자 했다.[2]

　이와 정반대로, 핵 무기의 존재는 국가들로 하여금 극도의 주의를 기울이게 만든다. 쿠바 미사일 위기 상황에서 존 케네디John F. Kennedy와 니키타 흐루시초프Nikita Khrushchev가 보인 모습을 생각해 보라. 전쟁에서 크게 이길 수 없거나 패배가 예상된다면, 당신은 굳이 전쟁을 시작하지 않을 것이다.

　셋째, 핵 무기가 억지수단으로 배치되어 있는 경우, 이 핵 무기는 다른 국가에 대한 정복보다 자국의 안보를 지키는 데 더 많이 기여한다. 핵 억지전략을 갖춘 국가는 자국의 안보를 재래식 무기에 의존하는 국가만큼이나 영토 확장에 관심을 가지지 않는다. 핵 억지전략을 갖춘 경우, 자국의 안보를 강화하기 위해 다른 국가와 굳이 전쟁을 할 필요가 없다. 전쟁의 주요 원인 중 하나가 사라지는 셈이다.[3]

　넷째, 핵 억지의 효과는 억지수단의 능력과 억지수단의 사용 의지에 달려 있다. 자국의 영토를 수호하겠다는 억지국가의 의지가 침략국가의 영토병합 의지보다 더 강해야 한다. 만약 침략국가가 억지국가의 강한 의지를 알게 된다면, 전쟁은 억지될 것이다.[4]

　다섯째, 전쟁 당사국의 상대적 군사력을 확실히 알 수 있다면 전쟁의 가능성은 줄어들 것이다. 19세기 말부터 현재까지, 빠른 속도의 기술혁신은 전쟁 당사국의 상대적 군사력을 파악하는 것과 전쟁 경로를 예측하는 것을 어렵게 만들고 있다. 제2차 세계대전 이후, 기술적 진보가 훨씬 더 빨라지긴 했지만 탄도미사일 방어체계는 크게 발전하지 못했다. 그것은 그리 중요한 문제가 아니었다. 미사일과 관련된 기술혁신은 미국과 소련의 군사적 균형에 큰 영향을 미치지 않았다. 왜냐하면, 미국과 소련의 기존 미사일들이 상대국가의 신형 미사일 개발에 의해 무용지물이 되지 않기 때문이다. 1906년, 더 긴 사거리와 화력을 가진 함포로 무장한 영국의 전함 드레드노트Dreadnought가 구형의 전함들을 쓸모없게 만든 바 있다. 하지만 이러한 상황은 미사일에 적용되지 않는다.

버나드 브로디Bernard Brodie가 지적한 것처럼, "무기 중에서 같은 부류와 전투를 벌일 필요가 없는 무기들은 새롭고 우수한 형태의 무기가 출현한 다고 해서 쓸모가 없어지지 않는다."[5] 그 무기들은 자신의 역할을 계속 수행해 나가면 된다. 이것은 그리 어려운 문제가 아니다.

만약에 전쟁의 결과가 분명하게 예측되었다면, 많은 전쟁이 시작되지도 않았을 것이다. 하지만 게오르크 지멜Georg Simmel이 말한 것처럼, "두 당사 국의 상대적 군사력에 대한 정확한 지식은 실제 전투를 통해서만 획득되 어진다."[6] 결국, 잘못된 계산이 전쟁을 일으킨다. 한 쪽은 적은 손실로 승리를 거둘 수 있다고 예상하고, 상대편은 패배를 피할 수 있다고 기대 한다. 여기에서 재래식 무기와 핵 무기 사이의 근본적인 차이가 나타난다.

재래식 무기를 이용한 전쟁의 경우, 국가들은 자국의 희망이 반영된 계 산 결과에 따라 행동하고자 하는 유혹에 휩싸이기 쉽다. 1914년, 독일과 프랑스는 모두 전면전을 회피할 노력을 그리 많이 하지 않았다. 독일과 프랑스는 상대국이 동맹을 형성할 것이라고 확신했으면서도 승리를 예상 했다. 1941년, 일본은 미국을 공격하면서 일본이 예상한 일련의 상황전개 가 이루어진다면 승리할 수 있을 것이라고 판단했다. 하지만 이러한 일본 의 예상은 빗나갔다. 일본은 중국과의 전쟁을 지속하는데 필요한 자원을 충분히 확보할 수 있을 것이고, 참호를 구축하여 제한된 범위를 방어하면 될 것이라고 예상했다. 그리고 일본은 미국과 영국이 유럽 패권을 손에 넣 기 위해 독일을 상대해야만 하기 때문에, 미국이 아시아 지역 평화를 위해 일본에 타협을 요구해 올 것이라고 예측하면서 방어전쟁을 준비했다.[7]

패배가 있더라도 그 피해가 매우 제한적일 것으로 예상되는 경우, 국가 들은 기꺼이 전쟁의 위험을 감수한다. 이러한 상황에서 국가 지도자들은 국민들에게 '승리를 얻기 위해 대범하고 용감해질 것'을 촉구한다. 물론 너무나 많은 요소들이 전투와 군사작전에 영향을 미치기 때문에 그 결과 를 예측하는 것은 어려운 일이다. 재래식 무기를 사용하는 전쟁의 결과를 예견하는 것이 어렵다는 것은 이미 입증된 사실이기도 하다.

재래식 무기를 사용하는 세계에서, 전쟁 결과에 대한 불확실성이 전쟁을 막는 결정적인 역할을 하지 못한다. 재래식 무기로 무장한 국가들의 경우, 심지어 패배로 제한적인 고통을 당할 수 있다는 것을 알면서도 전쟁을 하기도 한다. 하지만 핵 전쟁의 경우에는 계산이 완전히 달라진다. 핵 무기가 존재하는 세계에서는 다른 종류의 계산법이 작동하게 되는 것이다. 만약에 핵 무기를 보유한 두 국가가 전쟁을 벌이는 경우, 두 당사국은 이 전쟁으로 인해 무제한의 피해를 입을 수 있다는 사실을 인식하게 된다. 물론, 이러한 인식이 잘못된 것일 수도 있다. 하지만 핵 전쟁의 결과에 대한 불확실성은 다른 종류의 불확실성과 완전히 구별된다.

재래식 무기를 이용하는 전쟁에서 참전국들은 승패의 가능성을 따지게 된다. 이에 반해 핵 무기를 사용하는 전쟁에서는 생존과 전멸의 가능성을 계산해야 한다. 전쟁에서 핵 무기가 제한없이 사용될 경우, 전 세계는 대재앙에 직면하게 될 것이다. 이러한 결과는 상대국의 대응과 상관없이 발생하는 것이기 때문에 너무나 쉬운 예측이다. 한 국가가 전쟁에서 사용하는 전략적 핵 탄두의 숫자만큼 상대국의 도시는 폐허가 될 것이다. 이 숫자는 큰 범위에서 그리 틀리지 않을 것이다.

핵 무기의 억지력이 가져올 효과는 매우 분명하다. 왜냐하면, 억지전략으로 사용하게 되는 핵 무기의 위력이 대단해서 피해의 추정이 큰 의미를 가지지 않기 때문이다. "핵 무기 공격으로 우리나라의 한 도시가 파괴될 것인가, 두 도시가 파괴될 것인가 아니면 열 개의 도시가 파괴될 것인가?" 이 질문에 직면한 국가는 위험을 감수하는 대신, 이 위험을 어떻게 회피할 것인가를 고민하게 된다. 재래식 무기가 사용되는 세계에서 억지력은 그리 큰 영향을 미치지 못한다. 왜냐하면, 재래식 무기로 인한 피해는 제한적이고, 먼 전선에서 발생하는 문제일 뿐이기 때문이다. 반면에 핵 무기는 군사적 오산을 어렵게 만드는 한편 정치적 예측을 쉽게 만든다.

핵 무기의 전파가 세계에 어떤 영향을 미칠 것인가?

현재 9개 국가가 핵 무기를 보유하고 있는데, 이보다 더 많은 국가가 핵 무기를 보유하게 된다고 하더라도 세계는 여전히 생존가능할 것이다. 이러한 희망은 과거 핵 무기 보유국가의 숫자 변화를 살펴보면 쉽게 이해할 수 있다. 그런데 이러한 희망에 대해서 의문을 제기하는 사람들이 있다. 이 사람들은 새롭게 핵 무기를 보유한 일부 국가들이 가지는 비정상적인 상태와 핵 무기의 불안정성이 평화를 위태롭게 할 뿐만 아니라 핵 전쟁의 가능성을 높인다고 확신한다. 그리고 어느 국가가 핵 무기를 보유하는 가에 따라 파괴가 억지될 가능성이 높아질 수도 있고, 낮아질 수도 있다고 말한다.

그런데 오랫동안 핵 무기를 보유한 국가들과 새롭게 핵 무기를 보유한 국가들 사이에 상황과 행동 측면에서 무슨 차이가 있는가?

핵 무기와 국가 내부 안정

핵심적인 우려 사항은 무엇인가? 핵 무기를 통제하는 것, 즉 핵 무기가 믿을 만한 관리들의 손에 확실히 놓여 있는 것이 매우 중요하기 때문에, 핵 무기를 보유한 국가의 지도자들은 보다 권위주의적이어야 하며 보안을 훨씬 더 철저히 할 수 있어야 한다. 그런데 앞으로 핵 무기를 보유할 것으로 예상되는 일부 국가들의 정부는 핵 무기를 확실히 통제할 만큼 정치적으로 강력하거나 안정적이지 못하다. 만약에 인접한 두 적대국가가 불안정한 상태에서 핵 무기를 보유하게 된다면, 두 국가 모두 상대방의 핵 공격을 우려하게 될 것이다. 한 국가가 안보의 취약성을 느끼는 경우 핵 무기 확대에 나서게 될 것이고, 민간의 요구사항들은 뒷전으로 밀리게 될 것이다. 국내 상황이 불안정한 국가가 핵 무기를 보유할 경우, 그 국가는 내부 쿠데타의 위험에 노출되는데, 쿠데타의 주목적은 정치적 영향력의 핵심인 핵 무기의 통제가 될 것이다. 이렇게 공포스러운 환경에서, 정부는 자신의 권위와 시민사회의 질서를 제대로 유지할 수 없게 될 것이다.
한 국가가 대외 안보와 내부 질서 유지에 필요한 능력을 상실했다고 인식
될 경우, 그 국가의 정당성과 국가에 대한 시민의 충성이 와해될 수도 있
다. 그리고 핵 무기 보유국가가 독재국가가 될 수 있다는 공포와 핵 무기
보유국가의 정부가 통제권을 상실할 수 있다는 공포가 있을 수 있다. 이
두 가지 공포는 여러 국가들 내부에서 또는 한 국가에서 여러 번 현실화
될 수 있다.8)

누군가는 이런 4가지 사항을 말할 수 있을 것이다. 첫째, 핵 무기의 보
유는 군비경쟁을 가속화시키기보다 약화시킬 것이다. 이 가능성은 차후에
다룰 것이다.

둘째, 저개발 국가가 핵 무기를 개발할 경우 핵 무기를 완성하는 데 오
랜 시간이 걸릴 것이다. 핵 무기 완성을 위해서는 행정지원과 기술개발을
위한 팀들이 필요하다. 이 팀들이 핵 프로그램을 개발하고 유지하기 위해
서는 오랜 기간동안 상당한 비용이 지출되어야 한다. 정부가 불안정할수
록, 지도자들이 이 프로그램에 관심을 가질 기간이 줄어들게 된다. 지도
자들은 밝은 미래를 위하여 희망을 가지는 한편, 오늘의 문제에 대응해야
한다. 예측할 수 없는 방식으로 정부가 들어서기도 하고 사라지기도 한다.
만약에 한 정부가 최소의 기간 동안에도 유지되지 못한다면, 핵 프로그램
은 지속될 수 없을 것이다. 정치적 혼란이 있는 국가에서 핵 무기를 추구
할 경우, 특정한 사회 – 정치적 균형상태가 유지되어야 한다.

셋째, 아주 불안정한 국가들이 핵 프로젝트를 시작하는 것은 매우 가능
성이 낮을 것이다. 하지만 불안정한 국가라고 하더라도 안정된 시기에 핵
프로젝트를 시작해서 정치적 혼란기를 지나 마침내 핵 무기 생산에 성공
하는 것은 가능하다. 핵 무기 보유국이 불안정해질 수 있고, 불안정한 국
가가 핵 무기 보유국이 될 수도 있는 것이다.

국내 권력 투쟁 상황에서 어느 한 쪽이 핵 무기를 사용한다는 것은 상
상하기 어렵다. 국내 권력 투쟁에서 핵 무기로 누구를 겨냥할 수 있는가?

권력을 획득하고 유지하는 도구로 핵 무기를 사용할 수 있을까? 나는 저 개발 국가에서 어느 정치적 당파가 국내 권력 투쟁 과정에서 핵 무기를 발사할지도 모른다는 공포를 가질 이유가 거의 없다고 생각한다.

핵 무기 보유국가도 격렬한 권력투쟁, 정권의 불안정성, 권력 승계의 불확실성을 경험할 수 있을 것이다. 하지만 최악의 상황을 우려하는 학자들조차도 이러한 상황이 어떻게 핵 무기 사용으로 이어지는지를 설명하지 못하고 있다. 놀랍게도 1966년부터 1976년까지 계속된 중국 문화대혁명 시기에, 중국 핵 무기는 중국 지도부에 의해 적절히 통제되었다. 10년 간 계속된 중국 문화대혁명시기만큼 혼란스럽고 불안정한 시기를 상상하기 어려울 것이다.

넷째, 그럼에도 불구하고 내전 상황에서 어느 한쪽이 상대방 진지에 핵 무기를 발사하는 상황은 가능할 것이다. 내전에서 핵 무기가 사용된다면, 그것은 세계적인 비극이라기보다 한 국가의 비극이 될 것이다. 다음 차례로 이러한 질문이 제기될 수 있다. "내전에서 핵 무기가 발사된다면, 그 다음 무슨 일이 일어날 것인가?" 상상가능한 모든 경우를 따져 보아도, 내전에서 발생한 핵 폭발이 국제적인 비극으로 확대될 가능성은 거의 없다.

핵 무기와 지역적 안정성

위에서 살펴본 것처럼, 핵 무기가 국내에서 사용될 것 같지는 않다. 그렇다면, 핵 무기가 주변국을 향해 발사될 수 있을까? 핵 무기가 여러 국가로 전파될 경우, 지금과는 다른 또는 지금보다 더 나쁜 신념들이 생겨날 것인가? 이 장에서 나는 핵 무기가 널리 전파된 새로운 세계에서 예상되는 5가지 상황을 살펴볼 것이고, 새롭게 핵 무기를 보유한 국가들이 핵 무기를 주변국에 대한 협박 또는 공격에 사용할 가능성과 결과에 대하여 검토할 것이다.

새롭게 핵 무기를 보유한 국가들의 작용과 반작용은 기존 핵 무기 보유 국가와 어떤 차이가 있을까?

첫째, 국경을 맞대고 있는 두 적대국가가 핵 무기로 무장하게 되는 상황이 있을 수 있다. 이런 경우, 두 적대국가가 서로를 향해 핵 무기를 사용하게 될 것이라고 우려할 수 있다. 하지만 이러한 우려 상황은 과거에 발생하지 않았다. 과거 소련과 미국 그리고 소련과 중국은 매우 적대적이었다. 또한 소련과 중국은 긴 국경선을 맞대고 있었다. 소련과 중국이 핵 무기를 보유하고 있었기 때문에 두 국가는 상대방에 대해 보다 신중하게 접근했다. 한편, 국가들 간의 적대감이 이전 시기보다 더 강해질 수 있다고 누군가는 말할 것이다. 그런데 미국, 소련, 중국이 가졌던 적대감을 너무 낮게 평가하는 것은 역사적 사실에 부합하지 않는다. 그리고 '국가들 간의 적대감'과 '높은 위험을 감수하고자 하는 의지' 사이에 밀접한 연관성이 거의 발견되지 않는다.

둘째, 국내적으로 급진적인 국가가 세계 혁명이라는 목적을 실현하기 위해 자신의 핵 무기를 무모하게 사용할지도 모른다고 많은 사람들이 우려한다. 하지만 국내적으로 급진적인 국가들이 대체로 대외적으로 급진적이지 않다. 대외정책을 실행하는 데 있어 급진적인 국가는 거의 없다. 그리고 급진적인 대외정책은 그리 오래 지속되지도 않는다. 소련과 중국을 생각해 보라. 국가들은 상호 경쟁하면서 공존한다. 경쟁국가들의 압력이 상존하는 상황에서 개별국가들은 자신이 감당하기 어려운 위협에 직면하지 않는 방식으로 행동한다. 이를 통해 개별국가들은 다른 국가들과 어울려 살아갈 수 있는 것이다. 한 국가의 힘이 다른 국가들에 비해 압도적으로 강한 경우 또는 다른 핵 무기 보유국가의 핵심적인 이해관계에 손상을 주지 않는 범위 내에서 급진적인 대외정책이 가능할 것이다.

일단 한 국가가 핵 무기를 보유하게 되면 국제사회의 주목을 받게 된다. 다른 국가의 관심 밖에서 자유롭게 지내고 싶은 국가는 핵 무기를 개발해서는 안 된다. 이라크가 핵 무기를 보유했다고 가정해 보자. 이라크는 제3국가가 누군가에 의해 공격을 받았을 때, 이에 대한 보복 공격을 당하지 않기 위해서 경고 메시지를 미리 보내야 할 것이다.

누군가로부터 공격을 당한 제3국가의 정보기관이 이라크를 '범인'으로 지목하게 될 경우, 그 국가는 이라크가 핵 무기를 사용하기 전에 강력한 재래식 무기로 이라크를 공격하게 될 것이다. 핵 무기를 보유하게 되면 특히 약한 국가의 주목을 받게 된다.

셋째, 핵 무기를 새롭게 보유하는 일부 국가의 정부가 견고한 토대를 갖추고 있지 못한 경우가 있을 수 있다. 적대적인 부족들의 느슨한 결합체 정부일 수도 있고, 유목민 부족의 지도자들이 정부의 지도부를 구성할 수도 있다. 그리고 일부 국가는 권위주의적 지배의 역사를 가지고 있을 수 있다. 이러한 국가의 지도자들은 역사가 오래되고 선진적인 정치체제를 갖춘 국가의 지도자들과 비교해서 제약사항이 적을 것이며, 다른 가치를 가지고 있을 것이다. 우간다 대통령이었던 이디 아민Idi Amin과 리비아 국가원수였던 무아마르 카다피Muammar Qaddafi가 이 범주에 들어간다. 그들은 핵 무기를 책임감 있게 관리할 수 있을 것이라는 믿음을 주지 못하는 대표적인 지도자들이다. 하지만 외국인들을 향해 거친 언행을 일삼는 이 두 '비합리적인' 지도자들도 그들의 통치에 위협이 되는 처벌적 조치들이 가해질 때, 온순하고 조심하는 모습을 보여주었다. 아민의 경우, 그가 싫어하는 부족민들을 맹렬하게 학살하다가, 영국이 군사적 개입을 시사하자 학살을 즉각 중단했다. 카다피도 아민과 유사한 상황을 연출한 적이 있다. 리비아의 국가원수 카다피와 이집트의 대통령 아와르 사다트Anwar Sadat는 서로를 향해 공개적으로 적대감을 드러내었다. 그러다가 1977년 7월, 두 국가는 특공대 기습 공격과 공중 폭격을 주고 받았다. 이 공격에는 이집트가 리비아의 엘 아뎀El Adem 공군기지를 두 차례 대규모 폭격을 가한 것도 포함된다. 하지만 이 모든 공격들은 두 국가 지도자의 통제를 벗어나지 않았다. 샤이 펠드만Shai Feldman은 이 사례와 다른 몇 가지 사례를 검토한 후, 아랍 지도자들도 다른 지도자들과 마찬가지로 "비용에 민감한" 성향을 보이며 과도한 위험을 감수하지 않으려 한다고 주장했다.9) 이라크 최고 지도자였던 사담 후세인Saddam Hussein의 1991년 전쟁 결정 과정을 통해서도 이를 확인할 수 있다. 사담 후세인은 미국이 이라크의 쿠웨이트 점령 및 해방을 반대하지 않고 있다는 여러 신호들을 확인한 후 쿠웨이트를 침공했다. 이 전쟁 기간 동안 후세인은 이스라엘을 향해 미사일을 발사했다. 하지만 이라크가 발사한 미사일 탄두의 위력은 이스라엘의 보복을 불러올 정도는 아니었다. 다른 핵 무기 보유국가들과 마찬가지로 이스라엘의 억지력도 작동하고 있었다.

많은 서방학자들은 제3세계 국가들이 미래에 핵 무기를 가지는 것에 대해서 매우 공포스러워한다. 그들은 과거 제국주의자들의 시각에서 제3세계 사람들을 "법 없는 하찮은 종족들"로 바라보는 것 같다. 자민족 중심주의 관점에 기반한 추측이 객관적인 증거의 자리를 차지하고 있다. 적대적인 이집트 또는 시리아가 새롭게 핵 무기를 보유한 다음 이스라엘을 파괴하기 위하여 공격을 가할 것이라고 우리는 어떻게 알 수 있는가? 정말 핵 무기를 보유하게 된 이집트 또는 시리아가 자국의 도시에 이스라엘 핵 무기가 떨어질 위험을 감수하고 이스라엘에 핵 공격을 가할 수 있을까? 이집트는 인구의 약 1/4이 카이로Cairo, 알렉산드리아Alexandria, 기자El-Giza, 슈브라 엘 케이마Shoubra el-Kheima에 살고 있다. 시리아의 경우, 인구 1/4 이상이 다마스쿠스Damascus, 알레포Aleppo, 홈스Homs에 거주하고 있다.10) 어느 정부가 이만한 비율의 인구를 순식간에 상실할 수 있는 위험을 감수하려고 할 것인가? 이보다 훨씬 적은 인구의 희생이 예상되는 위험도 회피하려고 할 것이다. 지도자들은 자신의 국가를 계속해서 다스리고 싶어 한다. 일부 아랍국가들은 다른 아랍국가들이 이스라엘을 파괴하기 위해 자신들의 희생을 기꺼이 감수해 주기를 희망한다. 그런데 이런 희망이 과연 현실에서 일어날 수 있을까? 아랍국가들과 이스라엘은 매우 적대적이다. 하지만 아랍국가들과 이스라엘 모두 상대방이 부여한 제한 사항을 수용하고 있으며, 전쟁을 한다고 하더라도 한정된 범위를 벗어나지 않는다. 아랍국가들은 이스라엘을 파괴하기 위해서 그들의 군사력을 먼저 집결시키지 않는다. 하지만 이스라엘이 핵 탄두로 아랍국가를 공격하려고 한다면, 아랍국가들은 이스라엘을 파괴하기 위해서 총동원령을 내릴 것이다. 우리는 핵 무기를 보유한 국가가 핵 무기를 보유하지 않은 국가들보다 더 큰 위험을 감수할 것이라고 예상할 수는 없다.

넷째, 일부 학자들은 핵 무기 보유국가들 간에 적대적인 관계가 형성되는 것을 우려하는 한편, 또 다른 학자들은 핵 무기 보유국을 적대시하는 국가가 없어질 것을 염려한다. 만약에 한 국가가 국제관계를 매우 단순하게 생각해서, 오직 한 국가에 대한 우려에만 집중한 나머지 자신에게 닥치는 위험을 제대로 파악하지 못한다면, 결국 전쟁에서 패배하고 말 것이다. 냉전 초기, 미국과 소련은 서로를 억제했다. 하지만 몇몇 국가들이 추가로 핵 무기를 보유하게 되면서, 누가 누구를 억제하고 있는가 하는 문제는 더 이상 쉽게 대답할 수 있는 문제가 아니다. 소련은 유럽에서 군사적 기동을 할 때 프랑스와 영국의 보복 그리고 미군의 관여 가능성을 항상 우려했다.

이러한 우려들이 계산을 복잡하게 하고, 억지를 강화시킨다. 잠재적 공격자들은 모두 누군가가 보복을 가할지 모른다는 사실을 알아야 할 필요가 있다. 양극체제가 다극체제로 전환됨에 따라, 그동안 모호했던 핵 무기의 명확성과 단순성이 회복되었다.

다섯째, 새롭게 핵 무기를 보유하게 될 국가들 중 일부 국가에서, 군에 대한 민간정부의 통제가 제대로 이루어지지 못할 수도 있다. 민간정부보다 전쟁을 더 선호하는 군사정부가 핵 무기를 통제할 경우, 핵 무기가 공격용으로 사용될 것이라는 우려가 있다. 나는 이것 또한 낡은 우려에 불과하다고 생각한다. 이것은 소련의 사례를 통해서 증명된다. 소련에서 군에 대한 민간정부의 통제가 이루어졌던 시기가 더 안전했다는 증거는 없다. 소련 정치국에 군 간부들이 포진한 적이 많았으며, 결정적인 시기에 민간사무를 군이 담당한 적도 있었다.[11] 중국에서도, 정부의 군사부문과 민간부문이 구분되지 않고 혼합되어 있다. 누군가는 민간정부에 의한 군부의 통제를 선호하겠지만, 민간정부에 의한 군부 통제가 극도로 파괴적인 전쟁을 막을 수 있는 것은 아니다. 결정을 민간 정치인이 하는지 또는 군인이 하는지 여부는 그리 중요하지 않다. 중요한 것은 파괴를 일정한 범위 안에서 통제할 수 있는 결정을 내리는 것이다. 군인들이 민간 정치인들보다 더 조심할지도 모른다.[12] 장군들과 제독들은 충성심이 강하며, 불확실성을 좋아하지 않는다. 그리고 그들은 익숙하지 않은 조건에서 재래식 전쟁을 치르는 것을 선호하지 않는다. 핵 무기를 공격용으로 사용하는 것은 불확실성을 가중시킨다. 핵 전쟁이 어떻게 전개될 것인지, 핵 무기로 상대 도시 한 곳을 공격하면 어떤 일이 벌어질지 아무도 알지 못한다. 핵 전쟁이 발생하면 엄청난 파괴가 발생할 것은 분명한 사실이다. 이러한 것들이 핵 무기의 선제적 사용을 강하게 억제할 것이다.

새롭게 핵 무기를 보유하게 될 국가들의 우려되는 사항들을 검토함으로써 막연한 염려들이 많이 해소되었다. 사람들은 자국의 민간 지도자 또는 군사 지도자들이 다른 국가의 지도자들에 비해 자국의 파괴를 회피하는데 큰 관심을 가지고 있지 않다고 생각하는 경향이 있다.[13] 둘 이상의 국가가 핵 무기를 가지고 있는 상황에서 핵 무기가 사용된 적은 없다. 새로운 국가들이 핵 무기를 가지게 되면 어떤 일이 벌어질지도 모른다는 우려를 말끔히 해소하는 것은 쉽지 않은 일이다.

다음과 같은 공포는 여전히 남는다. 핵 무기를 새롭게 보유한 국가 또는 국가들이 냉정한 계산에 따라 핵 무기로 다른 국가에 선제 타격을 가할 수 있다. 또는 공황 상태에서 핵 무기를 발사할 수도 있고, 예방전쟁 차원에서 핵 무기를 사용할 수도 있다. 이러한 상황이 발생할 가능성에 대해서는 다음 장에서 검토할 것이다. 앞에서 우려하는 것처럼, 공격 주체를 숨긴 상태에서 핵 무기가 발사될 수도 있고, 협박용으로 핵 무기가 사용될 수도 있으며, 재래식 무기와 함께 공격용으로 활용될 수도 있다.

일부 학자들은 급진적인 아랍국가가 평화정착을 막기 위해서 공격 주체를 숨긴 채 이스라엘 도시에 핵 탄두를 떨어뜨릴 것을 우려한다.[14] 하지만 핵 탄두를 발사한 국가는 곧 밝혀지게 되어 있다. 그리고 한 국가의 지도자들이 주민들에게 핵 보복의 가능성이 낮다고 설득할 수는 있지만, 핵 보복의 위험을 감수하는 것은 매우 어려운 일이다. 성공가능성이 높다고 하더라도 핵 무기로 상대국을 협박하는 것도 쉽지 않다. 1953년 한국전쟁에서 미국의 드와이트 아이젠하워Dwight D. Eisenhower 대통령과 존 덜레스John Foster Dulles 국무장관은 정전협정이 체결되지 않으면 전쟁 범위를 확대하고, 핵 무기도 사용할 수 있다는 점을 소련과 중국에 확신시켰다. 한국전쟁 사례에서 핵 무기 사용을 위협하는 것이 어느 정도 효과가 있다는 것을 알 수 있다. 하지만 핵 무기를 협박용으로 사용하여 상대방의 의사를 변경시키기 위해서는 값비싼 비용을 치러야 한다. 만약에 사전에 충분한 투자를 해 놓지 않으면 위협이 신뢰성을 가지지 못한다. 1954년 1월 12일, 덜레스는 연설을 통해 미국을 괴롭히는 국가들에게 대량 보복이 가해질 것이라고 경고했다. 하지만 1954년 봄, 호치민 군대는 프랑스 군대를 디엔 비엔 푸Dien Bien Phu 포위 작전으로 물리쳤고, 미국의 경고는 별다른 효력을 발휘하지 못했다. 디엔 비엔 푸 포위를 뚫기 위해 미국과 프랑스는 핵 무기 사용을 검토했다. 하지만 명확하지 않은 이익을 위해 미국과 프랑스에서 멀리 떨어진 베트남에 핵 무기를 사용하는 것은 하나의 괴물과 같은 정책이었고, 너무나 끔찍한 결과가 예상되었기 때문에 실행되지 않았다. 핵 무기는 핵 무기 보유국가의 작은 이익이 아닌 핵심적인 이익을 적대국가가 공격하지 못하도록 억제한다.

핵 무기는 협박용 도구로는 적합하지 않다. 하지만 만약에 재래식 무기로 무장한 적대국에 핵 무기를 사용하게 된다면, 핵 무기는 매우 값싸고 결정적인 공격 무기가 될 수 있지 않을까? 일부 학자들은 북한과 팔라비 왕조 시대 이란이 핵 무기를 공격용으로 사용하기 원한다고 한때 생각했다.

하지만 북한이 통일을 이루기 위해서 동족에게 핵 무기를 사용하기를 원한다고 보기 어렵다. 만약에 북한이 남한을 향해 핵 무기를 사용한다면, 미국이 핵 무기로 북한에 보복을 가할 것이다. 그리고 재래식 무기로 무장한 강한 이란 군대가 무슨 목적을 이루기 위해서 핵 무기를 사용하는 위험을 감수할 것인가? 다른 국가에 공격을 가하는 국가는 보복 공격과 처벌 공격의 공포를 가지게 된다. 핵 무기 보유국가가 핵 무기를 보유하지 않은 국가에게 핵 공격을 가하는 경우, 핵 공격을 가한 국가는 다른 국가들의 대응을 확신할 수 없기 때문에 결코 공격에 따른 예상 비용을 낮게 잡을 수가 없다.

역사가 말해 주는 것처럼, 핵 무기를 보유했다고 해서 핵 전쟁이 일어나는 것은 아니다. 내전 상황에서 핵 무기가 사용되는지에 대한 논의과정에서 다루어졌던 핵심이 반복된다. 핵 무기는 결코 사용되지 않을 것이라고 누구도 말할 수 없다. 핵 무기의 사용은 언제나 가능하다. 핵 무기의 전파가 국제사회에 어떤 영향을 미칠 것인가라는 질문과 함께 우리는 상대적으로 약한 국가들이 핵 무기를 가지게 되었을 때 어떤 효과가 발생하는지에 대해서 질문해야 한다. 만약에 핵 무기를 보유한 국가들이 핵 무기를 사용한다면, 국제사회는 종말을 맞이할 것이다. 약소국의 핵 무기 사용은 곧바로 다른 국가들의 핵 무기 사용으로 이어질 것이다.

작은 핵 무기 보유국의 억지

작은 핵 무기 보유국이 억지력을 확보하는 것이 얼마나 어려운 일인가? 나는 다음에서 이 질문에 대답하고자 한다.

예방 타격과 선제 타격의 문제[15]

핵 무기 전파에 따른 첫 번째 위험은 기존의 핵 무기 보유국가들이 새로운 국가들의 핵 무기 보유를 막기 위해 핵 관련 시설들을 타격하여 파괴하고자 하는 것이다. 더 많은 국가들이 핵 무기를 보유할수록 그리고 더 많은 국가들이 핵 프로젝트를 통해 핵 능력을 확보할수록, 예방 타격의 어려움과 위험성은 증대된다.

미국이 핵 무기를 가지고 있었기 때문에, 소련은 영국과 프랑스의 핵 무기 확보를 막을 수가 없었다. 하지만 미국은 소련의 초기 핵 시설에 대한 공격을 하지 않았다. 그리고 미국과 소련은 중국의 핵 시설을 파괴하지 않았다. 이스라엘이 이라크 원자로를 공격하기 오래전부터, 예방 타격은 추상적인 가능성 그 이상으로 다루어졌다. 헤리 트루먼harry S. Truman 대통령 시기 해군 장관이었던 프랜시스 매튜스Francis P. Matthews는 연설을 통해 예방전쟁의 가능성을 언급했다. 그는 미국이 "평화를 위한 협력을 강요하기 위해서 전쟁이라는 비용을" 기꺼이 지불해야 한다고 촉구했다.16) 핵 무기를 보유하지 않은 국가에 의해서도 핵 시설에 대한 경고와 타격이 실행될 수 있다. 1960년 이집트 가말 압델 나세르Gamal Abdel Nasser 대통령은 이스라엘을 향해, 만약에 이스라엘이 핵 무기를 보유하려고 하는 것이 확실하다면 공격을 가할 것이라고 경고했다. 나세르 대통령은 "400만 명을 동원해서 이스라엘의 침략기지를 파괴하기 위해 공격하는 것이 불가피할 것"이라고 말했다.17)

잠재적인 핵 무기 보유국가와 새롭게 핵 무기를 보유한 국가의 일정치 못한 능력 향상은 공격을 허용하거나, 공격을 초래하게 된다. 핵 개발은 다음의 두 가지 단계를 거쳐서 진행된다. 첫 번째 단계는 핵 개발의 초기 단계로서 아직 핵 무기를 만들 수 있는 단계는 아니다. 두 번째 단계는 핵 개발이 진전된 단계로서 핵 무기 보유 여부가 분명치 않은 단계이다. 현재 핵 무기를 보유하고 있는 모든 국가들이 이 두 가지 단계를 거쳤는데, 이스라엘이 1981년 6월 이라크 핵시설을 공격하기 전까지 어느 국가도 예방 타격을 받은 적이 없다.

적대국이 핵 능력을 개발하고 있음에도 불구하고, 이를 막기 위해 공격하는 국가가 많지 않은 이유는 매우 복합적이다. 예방 타격은 적대국의 핵 개발 첫 번째 단계 때 하는 것이 가장 효과적이다. 적대국이 핵 무기로 보복 공격을 해 올 수 있다는 공포 없이 예방 타격을 가할 수 있기 때문이다. 그런데 한 국가의 예방 타격이 다른 국가의 미래 핵 개발 잠재력을 모두 파괴할 만큼 강력할 수 있을까? 만약 그렇지 못하다면, 예방 타격을 받은 국가는 핵 개발을 다시 시작할 것이다.

이 경우 예방 타격을 가한 국가는 다시 공격을 준비하거나 핵 개발 국가를 점령하여 통제해야 할 것이다. 그런데 이 두 가지 모두 매우 어려운 선택이 될 것이다.

이스라엘이 이라크를 타격한 행위와 결과를 통해서 알 수 있는 것은, 예방 타격은 분명 가능하지만 유용한 목표달성의 가능성은 낮다는 것이다. 이스라엘의 예방 타격 행동은 아랍국가들로 하여금 핵 무기 생산의 결의를 높여 주었다. 이스라엘의 예방 타격이 이라크의 핵 개발을 억제하지 못했을 뿐만 아니라 아랍국가들이 이라크 핵 개발을 지원하도록 만들었다. 이스라엘 총리 메나힘 베긴Menachem Begin은 '필요하면 언제든지' 다시 이라크를 예방 타격할 것이라고 선언했지만, 만약 타격이 거듭된다면 이스라엘은 더 큰 위험을 감수해야 할 것이다.

소량의 핵 무기를 보유하고 있는 국가를 대상으로 선제 타격을 가하는 것은, 1단계 핵 개발국을 예방 타격하는 것보다 훨씬 위험한 일이다. 만약에 선제 타격을 당한 국가가 아주 기초적인 핵 무기 능력을 갖추고 있다고 하더라도, 상대국에 치명적인 보복을 가할 수 있다. 어떠한 국가도 성능이 떨어지는 무기를 원하지 않기 때문에, 핵 무기의 성능은 결코 떨어질 수 없다. 사실 성능이 뛰어난 핵 무기를 만드는 것이 그리 어려운 일도 아니다. 핵 탄두는 매우 작고 가볍기 때문에 숨기기도 쉽고 운반하기도 쉽다. 심지어 히로시마와 나가사키에 투하된 T-모형 핵 폭탄도 제2차 세계대전 당시 폭격기에 충분히 실을 수 있을 만큼 소형이었다. 핵 무기가 막 개발되던 초기 시절에 사람들이 우려한 것은 화물 상자에 숨겨져서 배 선창에 실린 핵 폭탄이 원격신호에 의해 폭파되는 것이었다. 이에 반해 대량의 핵 무기를 다수의 국가들이 보유하고 있는 오늘날, 사람들이 우려하는 것은 테러리스트들이 핵 탄두를 탈취하는 것이다. 모든 사람들은 테러리스트들이 핵 무기를 확보할 능력이 있다고 믿는다.[18] 테러리스트들이 핵 무기를 확보할 능력이 있다면, 주권국가들이 핵 무기를 손에 넣을 능력이 왜 없겠는가?

수천 기의 핵 무기를 보유하고 있는 미국과 소련보다 소량의 핵 무기를 보유한 일부 핵 무기 보유국가들이 더 위험하다는 주장이 때때로 제기된다. 이러한 주장이 가정하고 있는 것은, 적은 수의 핵 무기를 보유하고 있는 국가를 비핵국가로 만드는 것이 쉽다는 것이다. 즉, 소량의 핵 무기를 제거하기 위해서 주변국이 타격을 가할 것이고, 타격을 받은 핵 무기 보유국가는 소량의 핵 무기를 잃지 않기 위해서 핵 무기를 공격용으로 사용하게 된다는 것이다.

이러한 논리적 전개는 소량의 핵 무기를 보유한 국가들이 극도의 위험을 창출해 낸다는 인식을 더욱 확고하게 만든다. 하지만 핵 무기는 이동이 쉽고, 숨기기 쉽기 때문에 타격을 통해 핵 무기를 제거한다는 것은 사실상 불가능하다. 따라서, 앞에서 제기한 위험은 그리 현실적이지 못하다.

억지의 필요조건

핵 무기 보유 개수와 상관없이 한 국가가 유효한 핵 억지력을 갖추기 위해서는 3가지 필요조건을 충족시켜야 한다. 첫째, 외부 공격으로부터 최소한 핵 탄두 일부를 생존시켜서 반격을 가할 수 있어야 한다. 둘째, 잘못된 신호에 반응해서 핵 무기를 조기에 사용하지 말아야 한다. 셋째, 핵 무기에 대한 통제와 지휘가 적절히 이루어져야 한다. 즉, 핵 무기가 허가 없이 또는 돌발적으로 사용될 만큼 통제가 느슨해서는 안 된다.[19]

앞의 두 가지 필요조건은 억지력이 사전에 제거되지 않도록 하는데 필요한 조치들로서 매우 밀접하게 상호 연관되어 있다. 만약에 우리가 충분히 예상할 수 있는 것처럼, 핵 무기 보유국가가 자신의 핵 무기들을 사전에 제거될 수 없도록 전개해 놓는다면, 굳이 민첩한 대응을 준비할 필요가 없다. 왜냐하면 핵 무기 보유국가는 자신이 원하는 시기에 보복을 가할 수 있기 때문이다.

그리고 나면 다음과 같은 질문이 제기될 것이다. 생존을 위해 여러 곳에 흩어 놓은 핵 무기를 통제하고 지휘하는 것이 어렵지는 않을까? 특히 핵 무기를 대량 보유하고 있는 미국과 같은 국가에서 이러한 질문이 주로 제기된다. 소량의 핵 무기를 보유한 국가들은 이러한 문제에 거의 직면하지 않는다. 다만, 소량의 핵 무기를 보유한 국가들이 적대국들을 속이기 위해 10개의 진짜 핵 무기와 10개의 가짜 핵 무기를 배치할 수는 있다. 적대국들이 핵 무기 보유국가의 핵 탄두를 모두 제거할 수 없으며, 일부 핵 탄두가 살아남아서 보복을 가해 올 수 있다고 믿도록 하면 되는 것이다. 적대국이 이러한 믿음을 가지도록 하기 위해서, 핵 무기 보유국가는 핵 무기가 적절히 통제되고 지휘되고 있다는 것을 확신시켜 주어야 한다. 현재 핵 무기를 보유한 모든 국가들이 초기에는 조잡한 핵 무기를 가지고 있었고, 지금까지 핵 무기를 잘 통제해 오고 있다. 미국과 소련의 관계 그리고 이후 미국, 소련, 중국의 관계가 매우 악화되었을 때, 이들은 핵 무기 개발 초기 단계에 있었고, 핵 무기 통제에 어려움을 겪었다. 그런데 우리는 왜 새로운 핵 무기 보유국가들이 미국, 소련, 중국이 적절히 대응할 수 있었던 어려움보다 더 큰 어려움에 직면할 것이라고 예상하는가?

새롭게 핵 무기를 보유한 국가들 중 일부가 경제적으로 그리고 기술적으로 뒤처져 있긴 하지만, 이 국가들 모두 전문가들과 고도로 훈련된 과학자, 기술자들을 보유하고 있다. 만약 그렇지 못했다면 핵 무기를 생산해 내지 못했을 것이다. 핵 무기를 탈취 또는 구입했다고 하더라도 그 핵 무기를 유지, 통제하기 위해서는 기술자들을 고용할 수밖에 없다. 이 국가들이 핵 무기를 잘 관리할 것인지를 걱정할 필요가 없다. 왜냐하면, 이들이 핵 무기를 적절히 관리함으로써 얻을 수 있는 이익이 무척 크기 때문이다. 어느 국가도 우발적인 사고로 핵 탄두가 다른 국가로 발사되어 심각한 보복을 당하는 것을 원하지 않는다.

핵 무기를 숨기는 것 그리고 핵 무기를 적절히 통제하는 것은 수많은 창의적인 국가들이 얼마든지 해낼 수 있는 일이다. 핵 무기 운반수단은 고안해 내기도 쉽고, 획득하기도 쉽다. 이웃 국가로부터 핵 폭탄을 트럭에 싣고 올 수도 있다. 작은 배에 핵 어뢰를 싣고 해안가로 접근해서 항구를 공격할 수도 있다. 번창하고 있는 무기 거래 시장에서 훨씬 정교한 군사 장비들이 거래되고 있는데, 이 시장에서 원한다면 핵 무기 운반수단을 손에 넣을 수도 있다. 여기에는 핵 탄두를 운반하기에 적합한 항공기, 미사일이 포함된다.

소량의 핵 무기를 보유한 국가들은 효과적인 억지전략을 추구한다. 억지는 다른 국가가 도저히 받아들일 수 없는 수준의 손상을 가할 수 있는 능력을 요구한다. 미국 국방부 장관이었던 로버트 맥나마라Robert McNamara는 "도저히 받아들일 수 없는 수준의 손상"을 가할 수 있는 능력을, 인구의 1/4에서 1/5을 사망케 하고 산업 능력의 1/2에서 2/3를 파괴할 수 있는 수준의 능력으로 정의했다.

그런데 미국이 제시하는 억지력의 요구수준은 터무니없이 높은 것이다. 다른 국가의 공격을 억지하기 위해서 다른 국가의 1/4 또는 1/2을 파괴할 능력을 갖출 필요가 없다. 만약 이러한 능력을 갖춘다면 물론 충분한 억지가 가능할 것이다. 리비아가 이스라엘의 핵 무기를 파괴하기 위해서 트리폴리Tripoly와 벵가지Bengazi에 각각 한 발의 핵 폭탄이 떨어지는 것을 감수할 것인가? 그리고 만약에 이스라엘의 텔 아비브Tel Aviv와 하이파Haifa가 파괴된다면, 이스라엘에 무엇이 남게 될 것인가?

약한 국가들은 자기들끼리 억제가 가능하다. 그렇다면, 약한 국가들이 강한 국가들을 억지할 수 있는가? 과거 중국이 소련을 억지할 능력이 과연 있었는가라는 질문이 바로 여기에 해당한다. 대부분의 국가에서 인구와 산업은 상대적으로 작은 숫자의 도시에 집중되는 경향이 있다. 소련도 마찬가지였다. 소련의 주요 10개 도시가 심각한 공격을 받게 된다면, 소련 산업 능력의 25%와 도시인구 25%가 사라질 수 있었다.

1974년 제프리 켐프Geoffrey Kemp는 중국이 소련의 10개 도시를 공격할 만한 능력은 갖추고 있을 것이라고 결론 내렸다.[20] 나도 이 점을 다시 강조하고 싶다. 중국은 그 정도의 능력만 보여주면 되는 것이다. 상대국가

본토에 매우 파괴적인 공격을 가할 확률이 낮다고 하더라도 억지효과는 충분히 나타난다. 다만, 모호하게 명시할 수 있을 정도의 최소한의 공격 능력은 갖추고 있어야 한다.

1979년 발표된 연구 보고서에서 저스틴 갈렌Justin Galen은 중국이 소련을 억제할 능력이 있는지에 대해서 의문을 제기했다. 그는 중국이 정확성이 떨어지는 60기에서 80기 정도의 준중거리 미사일과 60기에서 80기 정도의 중거리 미사일 그리고 80대의 구형 폭격기를 보유하고 있는 것으로 추산했다. 갈렌이 정확하게 지적한 것은, 중국 미사일이 목표 도시를 빗나갈 수 있고, 중국 폭격기가 소련 방공망을 뚫지 못할 수 있다는 것이다. 그리고 소련은 중국의 "사실상 모든 미사일, 항공기, 무기저장 지역과 무기 생산시설"에 대해 선제 타격을 가할 수 있는 능력이 있었다.21) 하지만 당시 소련 지도자들은 이러한 사실들을 다른 방식으로 해석했다. 사실상의 모든 미사일과 항공기를 타격하는 것으로 충분하지 않았다. 중국 미사일의 부정확성에도 불구하고, 일부 중국 미사일은 소련 도시들을 타격할 수 있었다. 그리고 일부 중국 폭격기가 소련 방공망을 뚫을 수도 있었다. 억지에 요구되는 것은 그리 큰 것이 아니다. 모스크바는 확실히 아니라고 하더라도, 블라디보스토크Vladivostok, 노보시비르스크Novosibirsk, 톰스크Tomsk를 위험에 노출시키면서까지 달성해야 할 정치-군사적 목표가 있을까?

작은 억지능력의 신뢰성

약한 국가가 보여주는 억지를 위한 위협의 신뢰성에는 두 가지 측면이 있다. 첫 번째는 물리적인 것이다. 이 국가들이 실행 가능한 군사력을 건설하고 보호할 수 있는가? 우리는 약한 국가들도 이러한 군사력을 보유할 수 있다는 것을 확인한 바 있다. 두 번째는 심리적인 것이다. 억지를 위한 위협이 물리적으로 가능한 경우, 이것이 심리적으로 실행 가능한가? 약한 국가가 억지를 위한 위협 행동을 실제로 할 것이라고 상대국가가 믿을 것인가?

2차 핵 공격 능력을 갖춘 국가의 '억지를 위한 위협'은 상대국가의 공격 비용을 증가시키게 되고, 결국 전쟁의 가능성을 낮추어준다.

하지만 억지를 위한 위협이 효과를 내지 못하는 경우가 있다. 세계에는 자신과 상대방이 함께 파멸되어도 좋다는 태도를 보이는 국가들이 있다. 이들을 상대로 억지를 위한 위협을 실행하는 것은 매우 어렵고, 비합리적으로 보인다. 그리고 억지에 실패한 경험이 있는 경우, 억지를 위해 더 큰 파괴의 위험을 감수하는 것이 합리적이지 않을까? 만약에 한 국가가 보복 공격으로 상대국과 자국이 모두 심각한 파괴를 당할 것을 우려하여 보복 공격을 할 의사가 없다는 것이 알려질 경우, 적대국은 그 국가를 침공할 것이다. 보복하겠다고 위협조차 하지 못하는 국가가 어떻게 보복 공격을 실행할 수 있겠는가? 만약에 한 국가가 억지력에 의존하는 정책을 구사하다가 공격을 당했다면, 그 국가의 억지력에 무슨 문제가 있는 것이다.

이러한 새로운 질문들이 자연스럽게 제기될 것이다. "그렇다면 억지가 실패할 경우, 최선의 정책은 무엇인가?" 사실 적대국의 도시들을 파괴한다고 해서 얻을 수 있는 것은 없다. 단지, 적대국으로 하여금 더 많은 공격을 가하게 만들 뿐이다. 무자비한 침략자는 침략당하는 국가의 지도자들이 이렇게 '합리적'으로 사고할 것이라고 확신하면서 공격을 가할 것이다. 억지를 위한 위협을 실행에 옮기는 것이 '비합리적'일 수 있다. 이 오래된 우려들이, 1970년대 중반 소련이 미국만큼의 전략적 핵 능력을 확보하게 되면서 더욱 현실화 되었다. 여러 국가들이 두려워하듯이, 소련은 미국이 자기 억지를 해야 할 것이라고 믿게 된 것이다.22)

억지에 대한 많은 글들이 주로 다루고 있는 것은, 억지를 가능하게 만드는 신뢰를 획득하는 문제와 불확실한 신뢰에 의존했을 때 나타날 수 있는 위험에 대한 것이다. 이 문제들에 대해서 토마스 셸링Thomas Schelling은 "운에 맡겨진 위협"이라는 개념으로 설명하고자 했다.23) 어느 국가도 상대국가가 보복 공격을 하지 않을 것이라고 확신할 수 없다. 당시 상황에서 상대국가가 보복 공격을 하는 것이 비합리적인 경우에도 그러하다. 상대국가가 상식적일 것이라고 믿고 모험을 감행하는 국가는 없다. 이 문제를 다루면서 버나드 브로디Bernard Brodie는 파악하기 힘든 합리성이라는 개념을 포기한다. 그는 정부가 보복 공격을 하는 것이 합리적인지 비합리적인지 질문하는 대신에, 굉장한 위험에 직면한 정부가 어떻게 행동하는가를 반복해서 묻는다. 그의 대답은 매우 신중하다.

억지에 실패한 국가가 굳이 억지를 위한 위협을 실행할 필요가 있을까? 이 질문은 사실 잘못된 질문이다.

이 질문이 시사하는 것은 침략국가의 지도자들은 침략당하는 국가가 보복하지 않을 것이라고 확신하면서 공격을 가한다는 것이다. 이것은 재래식 전쟁의 논리로서 많은 분석가들이 포기하지 못하고 있는 것이다. 재래식 전쟁 시대에는, 공격이 성공을 거둘 수 있다고 확신하는 경우, 침략국가는 공격을 개시한다. 하지만 핵 전쟁 시대에는, 공격당하는 국가가 핵 무기로 보복할 가능성이 있는 경우, 침략은 억지된다. 대응에 대한 확실성이 아니라 불확실성이 억지에 요구되는 것이다. 만약에 보복이 이루어진다면, 침략국가는 너무나 많은 것을 잃어야 하기 때문에, 핵 무기 세계에서, 우리는 침략당하는 국가의 보복 가능성이 아니라 침략국가가 직면할 수 있는 명백한 위험에 더 주목해야 한다.

그럼에도 불구하고, 침략하는 국가가 침략당하는 국가보다 핵 전력이 우세한 경우에 보복 위협이 여전히 유효한가라는 의문이 남는다. 재래식 전투에서 방어에 실패한 국가가 핵 전력이 우세한 국가를 상대로 핵 무기를 먼저 사용할 용기를 낼 수 있을 것인가? 사실 이 질문도 잘못된 것이다. 침략을 계획하는 국가는 자신이 상대국가보다 얼마나 더 많은 핵 무기를 보유하고 있는지를 계산하기보다는, 자신의 도발적인 행동으로 인해 상대국가의 핵 탄두가 자기 영토에 떨어지지나 않을지를 고민한다. 다른 국가의 핵 공격으로 자국의 핵심적인 이익이 침해될 우려가 있는 경우, 관련 국가들은 온건하게 행동하게 된다. 관련 국가들이 핵 억지력을 갖춘 경우, 핵심 질문은 한 국가가 다른 국가보다 더 많은 핵 무기를 보유하고 있느냐가 아니라 한 국가가 다른 국가에 "도저히 받아들일 수 없는 수준의 손상"을 가할 능력을 보유하고 있느냐 하는 것이다. "도저히 받아들일 수 없는 수준"은 합리적으로 정의될 수 있을 것이다.

관련 국가들이 2차 핵 공격 능력을 가진 경우, 힘의 균형보다 핵 무기를 사용할 가능성이 더 중요해진다. 핵 무기 보유국가들 간에 전략 핵 무기 균형이 이루어져 있는지 여부는 위험의 정도를 계산하는 데 영향을 주지 않을 뿐만 아니라, 어느 국가가 핵 무기 사용 의지가 더 강한가를 판단하는데도 별 도움이 되지 않는다. 2차 핵 공격 능력은 절대적 조건으로 간주된다.

글렌 스나이더Glenn Snyder가 적절히 표현한 "결심의 균형balance of resolve" 이 가지는 중요성을 강조할 경우 다음과 같은 질문이 제기된다. 핵 억지력이 제대로 작동하는 경우는 언제이고, 그렇지 못한 경우는 언제인가?[24] 이 질문에 대답하기 위해서, 우리는 냉전 시기의 경험을 살펴보아야 한다. 미국과 소련은 자신들의 주요한 가치가 침해될 우려가 있는 경우 도발적인 행동을 제한했으며, 매우 조심스럽게 대응했다.

주요한 가치와 관련된 경우, 미국과 소련은 어떤 행동을 하기도 하고 하지 않기도 했다. 1950년 6월, 소련은 북한의 남한 공격을 전폭적으로 지원했다. 하지만 소련의 이러한 지원은 딘 애치슨Dean Acheson 미 국무부 장관, 합동참모본부장, 더글라스 맥아더Douglas MacArthur 장군, 상원 외교위원장 등 미국의 주요 관리들이 남한과 대만을 미국의 방어선에서 분명하게 제외한 후에 이루어졌다. 다른 사례를 보았을 때, 미국은 승리와 패배가 국제적으로 그리 중요하지 않은 동남아시아 전면전에 수년간 참전했다. 동남아시아에서 미국이 승리한다고 해서, 미국이 세계의 유일 패권국가가 되는 것도 아니었고, 미국이 패배한다고 해서, 소련이 세계 유일 패권국가가 되는 것도 아니었다. 헨리 키신저Henry Kissinger와 레오니트 브레즈네프Leonid Brezhnev가 당시에 말한 바와 같이, 동남아시아 전쟁은 미국과 소련의 핵심이익이 걸린 전쟁이 아니었다.[25] 자국의 핵심이익이 걸린 전쟁이 아닌 경우에는, 확전의 두려움 없이 전쟁을 수행할 수 있다. 이런 경우에는 억지력이 제대로 작동할 수 없다.

국가들은 중심부보다 주변부에서 더 과감하게 행동한다. 그런데 한 국가의 이해관계가 크게 걸려 있는 경우, 상대국가는 매우 조심스럽게 행동한다. 양 국가 사이에 형성되어 있는 중심적인 균형을 깨뜨릴 정도의 승리를 추구하는 것은 너무나 위험한 것이어서 고려 대상이 되지 않는다. 1950년대 중반 동유럽 위기 상황에서 미국은 매우 신중했다. 1956년 10월 헝가리에서 봉기가 일어났을 때, 덜레스Dulles 미 국무장관은 소련의 헝가리 봉기 진압에 관여하지 않을 것이라고 소련에 확인시켜 주었다. 그리고 유럽 중심부에서 소련은 매우 조심스럽게 행동했다. 베를린에서 행해진 소련의 경계선 설정은 잠정적이었고, 돌이킬 수 있었으며, 비효과적이었다. 분명한 것은, 동유럽과 서유럽의 경계선이 불안정하게 획정되었음에도 불구하고, 제2차 세계대전 이후 이 지역에서 작은 충돌도 거의 발생하지 않았다.

제2차 세계대전 이후 보인 미국과 소련의 행동을 검토하고, 핵 무기 시대의 논리로 해석해 보면, 억지의 범위가 자국 본토를 벗어난 핵심이익으로 확대되었음을 생각보다 쉽게 확인할 수 있다. 미국은 소련보다 서유럽에 대해 보다 많은 관심을 기울였고, 소련은 미국보다 동유럽에 대해 보다 많은 주의를 기울였다.

유럽지역에서 당면한 문제가 미국과 소련에 직접적으로 영향을 미치는 경우, 미국과 소련은 자신이 느끼는 염려의 정도를 상대방에게 쉽게 전달할 수 있었다. 그러므로, 미국의 전략 핵 무기가 서유럽을 지켜주지 않을 수 있다는 서유럽 국가들의 염려는 굉장히 지나친 것이었다. 만약에 소련이 나토NATO 국가에 군사적 행동을 가한다면, 미국은 이에 대해 보복 공격을 할 것이다. 이러한 미국의 보복 가능성만으로도 소련에 대한 억지가 충분했다.

핵 무기의 사용이 모든 관련 국가들에게 큰 재앙을 안겨주기 때문에,

핵 무기 자체가 신뢰를 만들어 낸다. 자신의 모든 것을 걸고 핵 무기를 사용할 국가는 없다. 핵 무기와 관련된 많은 글들이 신뢰의 문제에 대하여 서술하고 있는데, 이 문제는 쉽게 해결된다.

확장된 억지의 문제

본토에서부터 어느 정도의 거리까지 억지력이 확장될 수 있는가? 어떤 학자들은 억지력이 제3의 국가로 확장되는 조건을 정의하는 것으로 이 질문에 대한 답을 대신 하려고 한다. 첫 번째 조건은, 공격의 대상이 된 국가가 억지력을 확장할 수 있는 국가의 '핵심이익'이어야 한다. 그런데 어떤 제3의 국가의 이익이 억지력을 제공해 주는 국가의 핵심이익인지를 다른 국가들이 쉽게 파악할 수는 없다. 다만, 핵 억지력을 제공해 주는 국가의 핵심이익은 국가들 간의 다툼이 아니라 사실상의 합의를 찾아가는 과정을 통해서 정해지는 경향이 있다. 두 번째 조건은, 억지력이 확장되는 지역에 정치적 안정이 확보되어야 한다. 정권에 대한 위협이 내부 당파들에서 기인하는 경우, 외부 세력들은 억지력에 의한 위협에도 불구하고 당파들 중 하나를 지원하게 된다.

한 마디로 핵 억지력이 확장되는 조건은 첫째, 핵심이익에 대한 침해여야 하고, 둘째, 이러한 침해가 외부의 공격에 의한 것이어야 한다. 이러한 조건이 모두 갖추어질 경우, 공격을 가하는 국가는 보복의 이유와 보복의 대상을 모두 제공해 주게 된다.

서유럽 동맹국가들을 불안하게 만드는 핵 억지력의 확장 문제는 소량의 핵 무기 보유국가에는 적용되지 않는다. 소량의 핵 무기 보유국가가 당면하는 문제는 다른 국가의 보호가 아니라 자국의 보호 문제이다.

많은 학자들은 소량의 핵 무기 보유국가가 핵 금기사항을 깨뜨리고 핵 무기를 무책임하게 사용하는 첫 번째 국가가 될 것이라고 우려한다. 하지만 나는 이와 정반대로 생각한다. 약한 국가들은 자신의 안전을 확립하려고 한다. 소량의 핵 무기를 보유한 국가들은 다른 국가들을 보호하기 위해 핵 억지력을 확장하려고 하지 않는다. 이 국가들은 재래식 공격에 취약하기 때문에 핵 억지력에 신빙성을 더하려고 노력한다. 이들은 재래식 전쟁에서 아주 빨리 그리고 아주 크게 패할 수 있기 때문에, 전쟁이 시작되면 핵 보복 공격을 감수하고 선제 핵 공격을 감행할 것이다. 핵 억지력을 갖춘 경우, 절대적 위협에 직면한 국가가 승리하게 될 것이다.[26] 소량의 핵 무기를 보유한 국가들은 생존이 위협받을 때 상대국가에 핵 무기를 사용하게 될 것이다. 이러한 핵 무기 사용을 결코 무책임한 사용이라고 말해서는 안 된다.

만약에 내가 2차 공격을 가할 능력이 있다면, 내 것이 분명한 것을 공격한 나의 반대자는 아주 큰 괴로움을 당하게 될 것이다. 이러한 나의 표현은 억지자와 피억지자 모두에게 중요한 함의를 준다. 한편, 영토 분쟁이 있는 지역에서는 억지력이 큰 효과를 내지 못한다. 스티븐 로젠Steven J. Rosen이 언급한 것처럼, "이스라엘이 아부 루데이스Abu Rudeis 또는 헤브론 Hebron 또는 헤르몬 산Mount Hermon을 손에 넣기 위해 자살을 각오하는 것은 상상하기 어렵다."[27] 핵 억지력의 신뢰성을 확립하기 위해서는, 억지자가 수용할 정도의 영토분쟁에 대한 조정이 이루어져야 한다.

핵 무기가 존재하는 세계에서, 보수적인 공격 계획자들은 매우 신중하다. 그렇다면, 공격 계획자들이 모두 보수적일 수 있을까? 아돌프 히틀러 Adolf Hitler 같은 지도자가 다시 나타나지 말라는 법은 없다. 히틀러 시대에 핵 무기가 있었다면, 히틀러의 행동이 온건해졌을까? 히틀러는 제3제국 Third Reich을 파괴하기 위해서 제2차 세계대전을 시작하지 않았다. 히틀러는 영국과 프랑스가 폴란드를 위해 선전포고를 한 것에 대해서 정말로 경악했다. 결국, 서방 민주주의 국가들은 지리적으로 방어 가능하고 군사적으로 강한 체코슬로바키아를 돕기 위해서 오지 않았다. 당시 영국과 프랑스는 왜 독일이 체코슬로바키아 군대를 통합하여 더 강력해지는 것을 내버려 두고, 방어가 어려운 폴란드를 위해서 선전포고를 한 것인가? 1936년 라인지방 병합 때부터 1939년 폴란드 침공 때까지, 히틀러의 계산은 지극히 현실적이었다.

이 기간 동안 독일에 대한 광범위한 파괴와 독일인에 대한 대량 학살 위협이 있었다면, 히틀러의 공격행위는 즉시 억지되었을 것이다. 설령 히틀러는 억지되지 않았다고 하더라도, 그의 장군들은 그의 명령에 순종하지 않았을 것이다. 핵 무기가 존재하는 세계에서, 노골적으로 공격적인 방식으로 행동하는 것은 미친 짓이다. 이러한 상황에서, 얼마나 많은 장군들이 미친 사람의 지휘를 따르겠는가? 전쟁은 혼자서 할 수 있는 것이 아니다.

핵 억지가 1939년 독일에 작동했을 것이라고 확신하는 것은 어려운 일이 아니다. 그리고 만약 그렇게 할 능력이 있었다면, 1945년 히틀러와 그의 참모들은 독일에 어떤 결과가 초래될 것인지 상관하지 않고, 미국, 영국, 소련을 향해 핵 탄두를 발사했을 것이라는 주장도 쉽게 받아들여진다. 하지만 독일의 핵 무기 사용 주장에 대해서는 두 가지 반론이 제기된다. 하나는 일반적인 세계에 적용되는 것이고, 또 하나는 핵 무기가 존재하는 세계에 적용되는 것이다. 첫째, 패배가 불가피해 보일 때, 지도자의 권위는 사라진다. 1945년 초, 히틀러는 가스전의 개시를 분명하게 명령했다. 하지만 그의 장군들은 이 지시를 따르지 않았다.[28] 둘째, 어느 국가도 핵 무기 보유국가를 결정적인 패배로 몰지는 않을 것이다. 자포자기의 패배에 몰리면, 누구든지 필사적인 조치를 취하게 된다. 핵 무기 보유국가를 자포자기하도록 만드는 것은 누구도 해서는 안 되는 일이다. 핵 무기 보유국가에게 무조건적인 항복은 요구될 수 없다. 핵 무기는 핵 억지국가 뿐만 아니라 핵 억지를 당하는 국가에게도 영향을 미친다.

새롭게 핵 무기를 보유한 국가들 간의 군비경쟁

일부 학자들은 새롭게 핵 무기를 보유한 국가들이 오래된 미국과 소련의 군사 독트린을 따를 것이라고 확신한다. 또 다른 일부 학자들은 새롭게 핵 무기를 보유한 국가들이 미국과 구소련이 했던 것처럼 재래식 무기를 증강시키면서 동시에 핵 무기 생산 경쟁을 벌일 것이라고 확신한다. 하지만 이러한 확신들은 잘못된 것이다. 누군가는 과거에 비추어 미래를 전망한다. 미래 상황이 과거 상황과 같을 것이라고 보는 것이다. 다음의 3가지 주된 이유로 인해, 새롭게 핵 무기를 보유한 국가는 군사비 지출을 증가시키기보다 감소시킬 것이다.

첫째, 핵 무기는 군비경쟁의 역동성을 변화시킨다. 둘 또는 그 이상의 당사국이 경쟁하는 상황에서, 누가 군비경쟁 촉진국이고 누가 피촉진국인지 그리고 누가 앞서가고 누가 뒤따라가는지 확인하기 어렵다. 만약에 당사국 중 한 국가가 군사 능력을 향상시킨다면, 다른 국가들도 그렇게 할 것이다. 비록 당사국들이 이러한 군비경쟁에 저항하기를 원한다고 하더라도, 경쟁은 지속될 것이고, 경쟁을 통해 역동성이 만들어질 것이다. 그런데 이러한 상황이 핵 무기 보유국가들 간의 전략적 경쟁에도 적용이 될까? 만약에 경쟁의 조건들이 억지의 논리를 우세하게 만든다면, 군비경쟁의 사례를 적용할 필요가 없다. 만약에 경쟁의 조건들로 인해 경쟁하는 당사국들이 핵 선제 타격 능력을 확보하는 것이 거의 불가능해진다면, 억지의 논리가 우세해질 수 있을 것이다. 핵 무기가 전파되던 초기에, 억지 전략의 의미는 매우 선명해 보였다. 윌리엄 폭스William T. R. Fox는 "절대 무기를 다룰 때에는 상대적인 이점에 근거한 주장들이 근거를 잃는다."[29]라고 말했다. 미국은 이러한 논리에 따라 군사력을 때때로 재편했다. 아이젠하워 대통령 시절 공군장관을 지냈던 도널드 쿠왈스Donald A. Quarles는 "공군력의 충분조건은 배정된 임무를 달성하는데 요구되는 능력"에 의해 결정된다고 주장했다. 전면전의 회피는 "두 당사국의 상대적 군사력"에 달려 있는 것이 아니라 "각각이 지닌 절대적인 힘 그리고 이 힘을 실질적으로 차단할 수 없는 상태"에 달려 있다.[30] 다른 말로 하면, 만약에 어느 한 국가도 상대국가의 무장을 해제할 정도의 공격을 가할 수 없다면, 군사력 비교는 무의미해진다. 그렇게 되면 전략 무기 경쟁은 목적을 상실하게 된다. 억지전략은 이렇게 큰 이점을 가져다준다. 좀 넓게 본다면, 일방의 군사 능력 향상에 상대방이 대응할 필요가 없다.

새롭게 핵 무기를 보유한 국가들 간에 핵 무기 경쟁이 일어날 것이라고 예견하는 학자들은 전쟁 수행능력과 전쟁 억지능력의 차이를 이해하지 못하고 있다. 전쟁 수행능력은 상대방을 위협하기 때문에 국가들 간에 비교되어진다. 우세한 전쟁 수행능력을 갖춘 국가는 승리할 것이고, 그렇지 못한 국가는 패배할 것이다. 전쟁 수행능력은 무기의 특징뿐만 아니라 전략에 의해 다양하게 평가된다. 이러한 조건 때문에, 전쟁 수행전략과 함께 군비경쟁은 피하기 어렵다. 이에 반해, 전쟁 억지를 위해서는 군사력을 비교할 필요가 없다.

미 국방부 장관이었던 해롤드 브라운Harold Brown은 억지력에 대해 "상대적으로 온건할 수 있으며, 크기는 대체로 적절하게 할 수 있고, 완전히는 아니지만 적대국의 군사태세 변화에 상당히 둔감할 수 있다."라고 말했다.[31] 선제 타격 능력을 획득할 수 있는 조건에서만 군비경쟁이 의미가 있다. 왜냐하면, 선제 타격을 좌절시키는 것이 용이하다면, 억지력을 건설하고 유지하는 것이 매우 저렴하기 때문이다.

둘째, 억지균형은 본질적으로 안정적이다. 이것이 새롭게 핵 무기를 보유한 국가들이 군사비 지출을 증가시키는 것이 아니라 줄이게 되는 또 다른 이유이다. 브라운 장관이 설명한 것과 같이, 다른 국가의 군사력 변화에 대해 민감하게 반응할 필요가 없다. 프랑스 지도자들이 바로 이러한 방식으로 생각했다. 프랑스 발레리 지스카 데스탕Valery Giscard d'Estaing 대통령은, "세계 전략적 상황이 발전하는 방식과는 상관없이, 억지력의 신뢰 −다른말로, 효과−를 유지하는데 필요한 수준에서 안보를 고정시켜라."

라고 말했다.[32] 억지력을 확고히 건설한 상태에서, 상대국가보다 우월해 지기 위해 군사적인 요건을 더 갖출 필요는 없다. 인간의 실수와 오류로 인해 일부 국가들이 억지균형을 맞추는데 필요한 군사력 이상의 무기 확보에 군사비를 사용할 수도 있다. 하지만 다른 국가들이 여기에 맞추어 군사력을 추가로 확보할 필요는 없다. 왜냐하면, 초과 지출된 군비가 위협으로 작용하지 않기 때문이다. 억지의 논리는 전략 무기 경쟁의 이점을 제거한다. 억지의 논리는 미국, 소련보다 적은 핵 무기를 보유한 국가들이 더 잘 이해한다. 왜냐하면, 이 국가들 대부분이 경제적으로 강한 압박을 받고 있으며, 충분한 군사력에 만족하기 때문이다.

새롭게 핵 무기를 보유한 국가들의 특수한 상황을 감안한다고 하더라도, 핵 무기 보유국가들의 정책을 통해 앞의 주장들이 확인된다. 영국과 프랑스는 상대적으로 부유한 국가들이고 군사비를 초과지출하는 경향이 있다. 그럼에도 불구하고, 이 두 국가의 전략적 군사력은 충분히 온건하다. 영국과 프랑스는 소련을 억지하는 것보다 비슷한 능력을 갖춘 국가들을 억지하는 것이 더 어렵다고 느낀다. 물론 중국도 같은 상황에 놓여 있다. 하지만 영국, 프랑스, 중국 이 세 국가 모두 핵 군비경쟁에 나서고 싶어 하지 않는다. 1974년부터 1998년까지 인도는 핵 실험을 지속했다.

핵 실험을 재개한 인도는 핵 군사 능력을 갖추는 것에 만족했다. 그리고 이스라엘은 오랫동안 모호한 지위를 유지해 오고 있다. 새롭게 핵 무기를 보유하는 국가도 이러한 경향을 따를 것이며, 다른 핵 무기 보유국가들과 의미없는 우위 경쟁을 하기보다 보통 수준의 핵 무기를 보유하고자 할 것이다.

셋째, 적은 핵 무기를 보유한 국가들 간에 전략 핵 무기 경쟁이 발생할 가능성은 낮다. 따라서, 이들이 재래식 군비경쟁을 회피할지 아니면 재래식 군비경쟁에 나설지 여부가 흥미로운 질문이 된다. 새롭게 핵 무기를 보유한 국가들이 의존하고 싶어 하는 국가는 오직 미국이다. 왜냐하면, 미국이 억지위협을 실행할 경우 모든 국가들이 위험에 처할 수 있기 때문이다. 핵 무기를 보유한 국가들 중에 재래식 공격에 취약한 국가들은 최소한 그들의 재래식 무력을 현상 유지하고 싶지 않을까?

1960년대 초 이후 미국의 정책에는 오류가 있었다. 케네디Kennedy 대통령과 맥나마라McNamara 장관 이래로, 미국은 유연한 대응 정책을 추진해 왔다. 이 정책이 중요시하는 것은 힘의 균형 상태를 유지함으로써 미국이 비정규전부터 전략적 핵 전쟁까지 모든 수준의 전쟁을 수행할 수 있도록 하는 것이다. 이 정책이 핵 억지력에 대한 의존을 감소시키고 재래식 무기에 초점을 맞춤으로써 전쟁의 가능성을 증가시켰다. 미국인들은 유럽에서 핵 전쟁이 발생하는 것을 회피하고 싶었다. 이에 반해 유럽인들은 유럽에서 어떠한 전쟁도 발생하지 않기를 원했다. 미국의 유연한 대응 정책은 유럽인들로 하여금 미국이 핵 억지력을 사용하지 않을 수도 있다는 의심을 가지도록 했다. 이러한 우려는 영국 고위 장군의 다음 발언에 잘 나타나 있다. "맥나마라는 소련이 서독을 공격할 경우 소련이 직면하게 될 최악의 사태는 재래식 무기의 반격이라고 사실상 말하고 있다."[33] 지상전이 예상되고 전략 핵 무기가 사용되지 않을 수 있는데, 왜 굳이 자국의 파괴를 감수해야 하는가? 핵 억지력에 대한 의존을 줄이는 것처럼 보이는 미국의 유연한 대응 정책은 무명의 영국 고위 장군이 생각했던 것만큼은 아니지만 전쟁의 가능성을 높였다.

대규모의 재래식 무력은 2차 핵 타격 능력에 대한 신뢰성을 높이지도, 낮추지도 않는다.

적은 숫자의 핵 무기를 보유한 국가들은 미국과 소련보다 이러한 상황을 더 잘 이해할 것이다. 왜냐하면, 이 국가들 중 대부분이 핵 무기와 대량의 재래식 무기를 모두 갖출 여유가 없기 때문이다.

미국과 소련은 냉전기간 동안 핵 무기의 기본적인 효과를 간과했다. 핵 무기는 재래식 전력의 우위가 가지는 이점을 무력화시킨다. 핵 무장 국가를 재래식 무기로 계속 공격했다가 핵 보복을 당할 수도 있기 때문이다. 핵 무장 국가를 상대하는 국가의 경우, 보유한 재래식 전력이 크든 작든

별 차이가 없다. 왜냐하면, 핵 무장 국가를 상대로 큰 재래식 전력을 사용할 수 없기 때문이다. 그런데 소련과 마찬가지로 미국도 본토와 해외에 지나치게 큰 군사력을 유지했다. 핵 무기는 핵 전력뿐만 아니라 재래식 전력의 이점을 모두 무력화시킨다.

이스라엘의 군사정책은 억지논리와는 거리가 멀어 보인다. 이스라엘의 국방예산은 가끔씩 GDP의 20%를 초과한다.[34] 사실, 이스라엘 국방정책은 억지논리가 정확하다는 것을 입증한다. 이스라엘이 골란 고원Golan Height과 요르단 강 서안지구West Bank 일부를 점령하고 있는 한, 이스라엘은 그곳을 지키기 위해 전투를 준비하고 있어야 한다. 그 지역이 이스라엘의 영토가 결코 될 수 없기 때문에, 억지위협으로 그 지역을 지킬 수는 없다. 미국의 대규모 보조금 덕분에, 이스라엘은 경제적 제한에도 불구하고 주변 국가와의 영토 협상에 나서지 않고 있다. 영토 협상이 이루어진다면 국경선이 줄어들 것이며, 억지정책이 효과를 낼 수 있을 것이다. 지금 국제적으로 그리고 지역적으로 억지정책이 많이 활용되고 있다. 만약에 이스라엘이 핵심이익을 지키는 방향으로 국경을 조정한다면, 재래식 군사력에 들어가는 엄청난 규모의 예산을 절약할 수 있다.

억지전략의 성공여부가 그 국가의 재래식 군사력이나 영토의 크기에 달려 있는 것이 아니다. 핵 무기를 보유하게 되면 심층방어가 별로 필요하지 않기 때문에 마음 놓고 국경을 축소시킬 수 있다. 핵심은 다른 곳에 놓여진다. 핵 억지력을 가질 경우, 궁극적인 형태로서의 군비경쟁 − 국가 안보를 증대시키기 위해 공격전을 벌이기 위한 것 − 은 의미가 없다.

전쟁의 빈도와 강도

국가들이 핵 무기를 보유함으로써 전쟁의 가능성이 낮아졌다. 그럼에도 불구하고, 일부 학자들은 핵 전쟁이 발생할 경우 피해가 엄청나기 때문에 핵 무기 전파를 반대한다. 하지만 한 개 이상의 국가들이 핵 무기를 보유하고 있기 때문에, 핵 무기 보유국가가 분노상태에서 핵 무기를 사용하지는 않는다. 우리는 지난 50년 동안 핵 무기를 통한 평화를 향유했지만, 그 상태가 지속될 것이라고 확신할 수는 없다. 우리는 핵 무기를 통한 평화가 수십 년간 지속된 것에 대하여 그리고 핵 무기 보유국가들 사이에 재래식 전쟁이 억지되어 온 것에 대하여 감사해야 할 것이다. 하지만 핵 전쟁이 발발하면 우리 모두가 죽을 수 있다는 공포가 확산되어 있다는 것도 부인할 수 없다. 학자인 리처드 스모크Richard Smoke, 무기 통제관 폴 원크Paul Warnke 그리고 미국 국방부 장관 해롤드 브라운Harold Brown은 모두 일단 핵 무기가 한 발 발사되면 많은 수의 핵 무기가 발사될 것이라고 확신했다. 비록 이러한 예측이 실현될 가능성은 매우 희박하긴 하지만, 실현이 불가능하다고 말할 수는 없다. 만약에 몇 발의 핵 탄두가 발사된다면, 모든 관련 당사국들은 그들이 처해 있는 혼란상태에서 벗어나고자 할 것이다.

맥나마라는 자신에게 이런 질문을 했다고 한다. 어느 정도의 소련 인구와 소련의 산업을 파괴할 수 있는 핵 무기를 개발해야 억지가 가능할 것인가? 사실 이것은 잘못된 질문이다. 핵 보복 공격으로 정확히 어느 정도의 피해를 입게 되는지를 알 수 없는 경우 억지가 작동한다. 핵 무기가 전파되기 시작하던 초기에 버나드 브로디Bernard Brodie는 이렇게 간단히 설명했다. "예측이 사실보다 더 중요하다."35) 잠재적 공격 국가가 공격을 포기하는 이유는, 다른 핵 무기 보유국가의 핵심이익을 공격할 경우, 그 국가로부터 핵 보복 공격을 당해 말로 표현할 수 없을 정도의 손실을 입게 될 수 있다는 것을 알기 때문이다. 패트릭 모건Patrick Morgan은 이후 이렇게 말했다. "핵 전쟁으로 인한 손실을 계산하려고 시도하는 것은 핵심을 놓치는 것이다."36)

핵 보복 공격으로 혹독한 손실을 입게 될 것이라는 전망 그리고 그 손실을 막아낼 능력이 없다는 개별국가의 인식이 억지를 가능하게 만든다. 핵 무기 보유국가는 선제 공격을 당한다고 하더라도, 상대국가에 핵 보복 공격을 가해서 극심한 피해를 입게 만들 수 있다. 토마스 셸링이 말한 바와 같이, "이제 더 이상 적에게 심각한 손상을 입혔다고 해서 승리할 수 있는 것은 아니다."[37] 오직 재래식 무기로 무장한 국가들만이, 상대국가의 공격으로 인해 입을 손실을 자신의 군사력으로 어느 정도 막을 수 있다는 희망을 가질 수 있다. 하지만 핵 무기로 무장한 국가들 사이에서는 막대한 손실을 회피할 수 있는지 여부가 자신의 노력에 달려 있는 것이 아니라 상대국가의 결정에 달려 있다. 핵 무기 보유국가들이 전략 핵 무기로 서로를 공격할 경우 발생하게 될 사망자 수와 제2차 세계대전 시기 사망한 소련군 숫자를 비교하는 사람들은 재래식 무기 시대와 핵 무기 시대의 근본적인 차이를 간과하는 사람들이다.[38]

　핵 무기 보유국가들이 전략 핵 무기로 상대국가에 무엇을 할 수 있는가 하는 것에 억지의 성공여부가 결정된다. 누군가 이 말을 듣고, 억지전략은 실행될 것이며, 이로 인해 재앙이 발생할 것이라는 잘못된 결론을 쉽게 내릴 수 있을 것이다. 핵 무기 보유국가들이 서로를 폐허로 만들 수 있다는 것의 의미는, 반드시 그렇게 하겠다고 위협함으로써 억지가 실현된다는 의미가 아니며, 억지가 실패했다고 해서 상대를 반드시 폐허로 만들 것이라는 의미도 아니다. 전략 핵 무기로 중무장한 국가들은 서로를 완전히 파괴할 수 있기 때문에, 무력의 통제를 최우선적 목표로 삼는다. 억지가 실패한다고 하더라도, 지도자들은 인종말살 공격을 가하기보다는 핵 무기를 통제하면서 손실을 제한하고자 할 것이다. 만약 냉전 시기에 소련이 나토를 공격했다면, 나토는 소련의 공격을 중단시키고 전쟁을 종결시키는 것에 목표를 두었을 것이다.

　미국은 수천 기의 핵 탄두를 소련 목표물에 정확히 타격할 능력을 갖추고 있었다. 공격을 가했다면 산업시설 목표보다 군사시설 목표를 먼저 타격했을 것이고, 도시를 공격하기 전에 산업시설을 공격했을 것이다. 군사목표물을 우선적으로 타격하려는 의도는 전쟁 수행전략과 관련이 있긴 하지만, 그것만을 위한 것은 아니다. 미국이 소련의 군사목표물을 타격했다고 하더라도, 소련이 미국을 파괴할 수 있는 능력을 현저하게 감소시키지는 못 했을 것이다.

미국 군사 지도자들이 무엇을 생각했든지 간에, 미국의 전략은 보복을 가하겠다는 위협에 의존했다. 만약에 이러한 억지노력이 실패했다면, 억지위협은 통제되지 않은 폭력이 아니라 잘 관리된 보복 공격으로 전환되었을 것이다.

미국과 소련 간의 전쟁이 통제를 벗어나게 된다면 그것은 실로 대재앙을 의미한다. 만약 미국과 소련이 상대를 파괴하기 위해 핵 공격을 개시했다면, 낙진으로 미국과 소련 국경 밖의 지역에서 수백만 명이 사망했을 것이고, 세계의 개발된 자원의 보고들이 상당 부분 상실되었을 것이다.

무기를 별로 가지고 있지 않은 국가들은 서로를 파괴하기는 하지만 상대방에게 그리 큰 손실을 끼치지 않는다. 결국, 가장 강력한 국가들이 국제사회의 가장 큰 위험을 가져온다. 누군가는 세계가 파괴될 것을 우려하여, 전쟁가능성이 낮지만 강한 파괴력을 가진 핵 강대국이 존재하는 세계보다, 전쟁가능성은 높지만 파괴력이 낮은 재래식 군사 강대국이 존재하는 세계를 더 선호할지도 모른다. 하지만 제2차 세계대전 때 미국이 핵 폭탄을 생산하기 시작하면서, 이러한 선호는 사실상 사라져 버렸다.

핵 무기 전파로 인해 지역 단위의 전쟁이 더욱 격화될 것인가? 만약에 핵 무기를 보유한 약소국들이 재래식 무기로 자신을 방어할 수 없을 때, 핵 무기를 사용함으로써 결국 자신마저 파괴되는 상황을 선택하게 될 것인가? 사실, 소량의 핵 무기를 보유하고 있는 국가들은 이러한 위험한 현실 가운데 살아가고 있다. 그런데 이런 위험한 현실은 미국과 소련이 대립하던 시절에 항상 존재했던 것이다. 물론 핵 무기를 보유한 약소국들은 핵 공격뿐만 아니라 재래식 무기에 의한 공격에도 취약하기 때문에 위험 상황을 더 민감하게 체감할 것이다. 하지만 절망적인 조건에서 모든 국가들은 전략적 핵 무기의 사용을 필사적으로 회피하고자 할 것이다. 가능성이 낮긴 하지만, 소량의 핵 무기를 보유한 국가들이 핵 무기를 사용할지도 모른다. 그러면, 약소국이 강대국보다 핵 무기를 사용할 가능성이 더 높다고 말할 수 있을까? 이 질문은 사실 매우 중요하다. 왜냐하면, 크든지 작든지 간에 국가 안보가 위태로운 국가는 항상 존재하기 때문이다.

억지전략이 전쟁 수행전략보다 적은 손실을 가져다주는 몇 가지 이유가 있다. 첫째, 억지전략은 주변 국가들의 주의를 환기시키며 이로 인해 전쟁 발발 가능성을 낮추어 준다. 둘째, 비록 국가의 핵심이익이 위협을 당하는 상황이라고 하더라도 상대방이 핵 무기를 보유하고 있다면 핵 보복이 두려워서 전쟁을 매우 조심스럽게 고려하게 될 것이다. 셋째, 억지전략을 수행하는 국가가 적국이 전쟁을 통해 얻을 것으로 예상하는 이익만큼 손실을 가할 수 있다면, 적국은 예상이익이 매우 적다고 판단하게 될 것이다. 넷째, 비록 억지전략이 실패한다고 하더라도, 전쟁 관련 국가 지도자들은 절제를 선택할 것이고 전쟁 상황이 빠른 속도로 악화되지는 않을 것이다.

마지막으로, 전쟁 수행전략은 억지전략과 달리 단기간에 승부를 가리는 명확한 지점을 제시하지 못한다. 한편, 억지전략은 전쟁의 발발 가능성을 낮춘다. 그럼에도 불구하고 만약에 전쟁이 개시된다면, 억지전략은 전쟁이 광범위하게 확대되는 가능성을 줄여줄 것이다.

재래식 무기만 있는 세계에서, 현 질서를 파괴하려는 국가를 억지하기 위해서는 아주 많은 군사력이 필요하다. 억지가 가능하기 위해서는 억지 국가가 보유하고 있는 재래식 무기의 타격 위력을 상대국가에게 확실히 보여 주어야 한다. 하지만 핵 무기가 존재하는 세계에서는 몇 개의 핵 무기만으로도 억지가 충분하다. 핵 무기의 개수를 늘리는 것이 그리 어렵지 않기 때문이다. 재래식 무기 세계에서 전쟁이 제한전으로 마무리되는 것이 매우 어렵다는 것이 이미 입증되었다. 반면에 핵 무기 세계에서 전쟁이 발발한다면 그것은 제한전으로 마무리될 것이다. 재래식 무기 세계에서, 국가들은 유리한 전쟁 상황을 만들기 위해서 선제 공격을 선호한다. 하지만 핵 무기 세계에서는 선제 공격의 이점이 없다. 왜냐하면 감당하기 어려운 대응 공격에 직면할 수 있기 때문이다. 재래식 무기 세계에서, 전쟁 참전국들은 자국이 가지고 있는 가장 파괴적인 무기를 활용한다. 제2차 세계대전에서 핵 무기가 사용된 것도 이러한 차원이었다는 것을 우리는 종종 간과한다. 과달카날Guadalcanal부터 이오지마Iwo Jima, 오키나와Okinawa, 도쿄Tokyo까지 연합군은 점점 더 강한 무기를 사용했다. 재래식 전쟁의 맥락에서 핵 무기는 단지 더 강하고 효과적인 무기일 뿐이었다. 재래식 전쟁의 목표는 상대국가가 도달할 수 있는 군사력보다 더 높은 수준의 군사력을 확보하는 것이다. 핵 무기 세계에서는, 자국의 파괴를 각오하지 않고서는 더 강한 핵 무기를 사용할 수 없다. 제2차 세계대전에서 독가스라는 혐오스러운 무기의 사용 능력이 공유되었을 때 억지가 작동했다. 모든 주요 참전국들이 독가스를 활용할 능력을 갖추었지만, 대부분 그것을 사용하지는 않았다. 이상에서 설명한 바와 같이, 핵 무기는 재래식 무기 세계에서 작동하던 전쟁의 논리를 전환시켰다.

핵 무기는 핵 무기 보유국가 간의 전쟁 빈도와 강도를 약화시킨다. 상황이 악화되는 것을 두려워하여, 핵 무기 보유국가들은 전쟁이 장기화되는 것을 원하지 않는다. 사실 핵 무기 보유국가들은 전쟁을 결코 원하지 않는다. 특히 핵 무기를 보유한 약소국들은 강대국들에 비해 전쟁을 회피하고, 주변 국가들과 조화롭게 지내는 것에 훨씬 더 큰 이해관계가 있다. 핵 무기 보유국가 간의 전쟁이 격렬해진다면 재래식 무기 때와는 비교가 되지 않을 정도로 파괴적이고 엄청난 비용을 감당하게 될 것이다.

결론

결론은 두 부분으로 나누어진다. 첫 번째 부분은 위에서 다룬 분석을 현실에 적용하는 것이고, 두 번째 부분은 미래를 전망해 보는 것이다.

나의 분석은 무엇을 말해 주는가?

나는 이 장에서 핵 무기의 단계적 전파가 핵 무기의 비전파No Spread 또는 빠른 전파보다 더 낫다는 주장을 제기했다. 사실 이 모든 것이 그리 행복한 선택사항은 아니다. 우리는 재래식 무기만이 존재하는 세계, 군비경쟁이 없는 세계, 전쟁이 없는 세계를 더 선호할지도 모른다.

하지만 핵 무기의 대안은 파멸적인 재래식 전쟁의 가능성을 높이는 파괴적인 군비경쟁이 될 것이다.

국가들은 자국의 안보에 주의를 기울인다. 만약에 국가들이 안전하지 않다고 느낀다면 그리고 핵 무기가 자국을 안전하게 만들어 준다고 믿는다면, 미국의 핵 무기 전파 반대 정책은 그리 효과를 거두지 못할 것이다. 만약에 미국이 핵 무기 전파를 중지시키기 위해서 열심히 노력한다면, 아주 작긴 하지만 핵 무기 전파를 막을 가능성은 있다. 하지만 미국은 엄청난 비용을 지불해야 할 것이다. 다른 국가들이 핵 무기를 보유하지 않도록 미국이 설득하는 가장 강력한 방법은 미국이 다른 국가들의 안보를 보장해 주는 것이다. 그런데 미국이 얼마나 많은 국가들의 안보를 보장하길 원할 것인가? 현명하게 판단해 보면, 미국은 이러한 약속을 하려고 하지 않을 것이다. 그리고 많은 국가들이 자국의 안보를 미국에 맡기려고도 하지 않을 것이다.

일부 학자들은 핵 무기 전파 방지를 약화시킬 경우, "모든 국가들이 핵 무기를 보유하려고 할 것"39)이기 때문에 핵 무기 보유국가 숫자가 엄청나게 증가할 것이라고 우려한다.

그런데 정말 우리가 핵 무기 전파 방지를 느슨하게 하면 수많은 국가들이 핵 무기를 만들기 시작할까? 과거에 미국과 소련이 핵 무기 전파 방지를 약화시킨 적이 있는데, 그때 그러한 일이 발생하지 않았다. 소련은 초기에 중국의 핵 개발 프로그램을 지원했다. 미국 또한 영국과 프랑스가 핵 무기를 생산하는 데 도움을 주었다. 미국 CIA는 1968년 린든 존슨

Lyndon B. Johnson 대통령에게 그리고 1970년 미 상원 국제관계위원회에 이스라엘이 핵 무기를 보유하고 있음을 보고했다. 이러한 보고에도 불구하고 미국은 이스라엘에 문제를 제기하지도 않았고 경제지원을 감소시키지도 않았다.[40] 그리고 인도가 핵 실험을 한 후인 1980년 9월, 미 행정부는 미 하원의 반대에도 불구하고 미 상원의 승인을 받아 인도와 핵 사업을 지속했다. 인도는 이 시기에 핵확산방지조약[NPT]에 가입할 의사가 없었다.

물론 이전보다 더 많은 국가들이 핵 무기를 만들 수 있다. 그런데 일부 학자들은 핵 무장에 대한 미국의 반대는 국제관계의 복잡성을 간과할 때 더 강하게 나타난다고 생각한다. 어느 국가든지 간에 핵 무기 개발 여부를 결정하기 전에 수많은 조건들을 검토한다. 미국의 반대는 결정적인 조건이 아니라 여러 조건들 중에 하나에 불과하다. 대부분의 국가들은 주변 국가들과 살아가는데 꽤 안전하다고 판단하기 때문에 군이 핵 무기를 개발하려고 하지 않는 것이다. 주변국의 위협을 받는 일부 국가들도 다른 국가들과의 군사동맹과 지속적인 노력을 통해 안전을 확보하고 있다. 한국이 가장 대표적인 사례이다. 많은 미국 관료들은 한국이 만약 핵 무기를 확보하게 된다면, 핵 무기 확보 이전과 같은 미국의 지원을 받지 못할 것이라고 확신한다.[41] 그리고 때로는 미국이 일부 국가들의 핵 무기 프로그램에 반대하지 않음으로써 핵 무기 전파를 느슨하게 할 수도 있다. 미국은 파키스탄의 핵 프로그램에 반대하면서, 주변 국가들이 무엇을 하든지 간에 핵 무기 개발은 승인되지 않아야 한다고 주장하기도 했다.

핵 무기의 단계적 전파가 핵 무기의 급속한 확산을 발생시키지는 않을 것이다. 모든 국가들은 자국의 안보에 가장 좋은 것을 선택한다.

핵 무기를 만들 가능성 있는 국가들이 이전보다 더 많아졌다는 것은, 미국의 비확산 정책의 효과가 떨어지고 있고 핵 무기 사업 진입을 망설이는 국가의 숫자가 증가하고 있다는 것을 말한다.

우리는 개별 사례에 맞는 정책을 개발해야 한다. 핵 무기 개발을 억지해야 하는 경우도 있고, 조용히 용납해야 하는 경우도 있다. 모든 사례에 적합한 정책이란 있을 수 없다. 우리는 다른 국가에 압력을 가하기 전에 그 국가가 원하는 것이 무엇인지 먼저 질문해야 한다. 일부 국가들은 핵 무기를 개발하지 않고 재래식 무기에 계속 의존할 경우 너무나 값비싼 비용과 고통을 감수해야 할지도 모른다. 충분히 계산된 핵 무기의 전파는 결코 우리의 이해관계에 어긋나지 않으며, 일부 국가들이 지불가능한 비용으로 그들의 안보를 증대시킬 수 있을 것이다.

핵 무기의 미래는 어떤 모습일까?

지금보다 훨씬 더 많은 핵 무기 보유국가가 있는 세상은 어떤 모습일까? 나는 핵과 관련하여 인류가 경험했던 과거에 비추어 하나의 새로운 그림을 그려보았다. 더 많은 핵 무기 보유국가가 있는 세계를 두려워하는 사람들은 단지 더 많은 국가들이 핵 무기를 보유하면 더 나쁘다고만 이야기 하며, 새로운 핵 무기 보유국가는 기존의 핵 무기 보유국보다 책임감이 떨어질 것이고, 자기 통제 능력이 부족할 것이라는 것에 대해 입증도 하지 못한 채 자신의 주장을 제기한다. 과거 중국 핵 무장에 대해 두려워 했던 것과 같은 것이다. 핵 무기 보유국가가 서서히 증가하면서 이러한 두려움이 근거 없는 것임이 입증되었다. 나는 지금보다 더 많은 핵 무기 보유국가가 존재하는 미래 세계가 지금보다 더 안전할 것임을 확신하게 하는 많은 이유를 발견하였다. 그리고 다음의 3가지 주요 원인에 근거하여 하나의 특별한 결론에 도달하였다.

첫째, 국제정치는 하나의 자조 시스템Self-Help System이다. 그리고 이러한 시스템에서 주요 당사국들은 자신의 운명, 다른 국가들의 운명, 시스템의 운명을 결정한다. 이러한 상황은 앞으로도 지속될 것이다.

둘째, 적은 수의 핵 탄두로도 어마어마한 결과가 초래될 수 있기 때문에 핵 무기 보유국가는 매우 신중한 판단을 하게 된다. 20세기 초, 노먼 에인절Norman Angell은 지불해야 할 비용을 계산할 수 없는 경우 전쟁은 발발하지 않는다고 주장한 바 있다.[42]

재래식 전쟁에서는 다른 국가를 희생시켜서 자국의 정치적 이익을 획득하는 것이 가능했다. 하지만 핵 무기 보유국가 간의 전쟁에서는 예상되는 손실이 기대되는 이익을 압도한다. 핵 무기가 전파된 세계에서 에인절의 주장은 매우 설득력이 있다. 핵 무기의 사용은 엄청난 손실을 가져 올 것이고, 전쟁의 가능성은 낮아질 것이다. 이러한 주장은 널리 받아들여지고 있긴 하지만 그리 강조되지는 않고 있다. 핵 무기를 보유한 미국과 소련, 소련과 중국 사이의 전쟁 가능성은 매우 낮다. 이러한 핵 무기의 효과가 다른 국가들 사이에서도 똑같이 발생할 것이라고 예측할 수 있다. 핵 전쟁이 엄청난 재앙을 가져오는 상황에서 어느 국가가 감히 핵 전쟁을 시작할 수 있을까?

셋째, 새로운 핵 무기 보유국가들은 기존의 핵 무기 보유국가들이 경험했던 제한사항들을 체득하게 될 것이다. 새로운 핵 무기 보유국가들은 기존의 핵 무기 보유국가들보다 자국의 안전을 더 염려할 것이고, 위험에 더 주의할 것이다. 최근까지 강대국들과 일부 주요 국가들만이 핵 무기를 보유해 왔다. 핵 무기가 천천히 전파되는 동안 재래식 무기는 빠른 속도로 확산될 것이다. 이러한 조건하에서, 전쟁은 국제정치의 중심부가 아니라 주변부에서 발발할 것이다. 억지능력과 방어능력이 증대됨에 따라 전쟁의 가능성은 줄어들고 있다. 핵 무기는 전쟁의 시작을 더욱 어렵게 만든다. 이러한 주장들은 크고 작은 핵 무기 보유국가에 모두 유효하다. 그렇기 때문에, 단계적인 핵 무기 전파는 환영할 일이지 두려워할 일이 아니다.

02

핵 무기가 전파될수록
세계는 더 나빠질 것이다

핵 무기 전파, 그 끝없는 논쟁

02

.

핵 무기가 전파될수록
세계는 더 나빠질 것이다

스콧 세이건

우리는 왜 핵 무기 전파를 우려해야 하는가? 이 질문에 대한 대답은 결코 분명하지 않다. 결국, 우리는 현재까지 반세기에 걸쳐 핵 억지력과 함께 살아오고 있다. 냉전기간 동안 미·소 두 강대국들은 깊은 정치적 적대관계, 엄청난 위기들, 끊임없이 이어진 군비경쟁에도 불구하고 오랜 평화를 유지했다. 우리는 왜 미래의 핵 무기 보유국가들이 두 강대국과 다른 경험을 할 것이라고 예상해야 하는가?

저명한 학자들은 평화로운 과거 핵 무기 시대와 두려운 미래 핵 무기 시대라는 진술의 명확한 모순을 지적하면서, 핵 무기의 전파가 아마도 국제관계의 안정요인으로 작용할 것이라고 주장한다. 앞의 제1장에서 케네스 왈츠는 이러한 주장을 가장 강력하고 가장 일관된 논지로 설명하였다.[1] 하지만 왈츠가 유일하게 이러한 입장을 고수하는 것이 아니라는 점을 먼저 밝히는 것이 중요하다. 다른 많은 정치학자들도 핵 무기 확산에 찬성하는 입장을 표명하고 있다. 예를 들어, 브루스 부에노 드 메스퀴타

Bruce Bueno de Mesquita와 윌리엄 리커William Riker 또한 비핵국가가 핵 무장한 적대국에 직면한 경우 "모든 국가들이 핵 무기로 무장할 때 양자 간의 충돌 가능성이 제로지점까지 감소한다."라고 하면서 핵 무기의 '선택적' 전파를 주창했다.2)

존 미어샤이머John Mearsheimer 또한 "핵 무기는 하나의 우월적인 억지력"이라고 확신했으며, 만약에 독일, 우크라이나, 일본이 현대 시기에 핵 무기 보유국가가 된다면 세계는 더 안전해질 것이라고 주장하기도 했다.3) 또 일부 학자들은 다른 나라들을 예로 들면서 미어샤이머와 같은 결론을 제기하기도 한다. 예를 들어, 스테판 반 에베라Stephen Van Evera는 독일이 러시아를 억지하기 위해서 핵 무기를 획득해야 한다고 주장했다. 피터 라보이Peter Lavoy는 핵 무기가 인도와 파키스탄의 미래 전쟁을 예방할 것이라고 예측했다. 마틴 반 크레벌드Martin van Creveld와 샤이 펠드만Shai Feldman은 중동 핵 확산이 아랍과 이스라엘의 갈등을 안정시킬 것이라고 설명했다.4) 이러한 "핵 확산 낙관주의자"들의 입장은 합리적 억지이론의 논리로 쉽게 흘러간다. 즉, 두 강대국의 핵 무기 보유가 전쟁 비용을 엄청나게 높였기 때문에 전쟁의 가능성을 감소시킬 수 있었다는 것이다.

이러한 핵 확산에 대한 낙관주의적 관점은 물론 비판을 벗어날 수 없다. 수많은 학자들은 핵 억지가 특정한 지역 상황에서 그리 안정적으로 작동하지 않는다고 주장한다.5) 지금까지 이 논쟁에서 한 가지 간과한 것은 핵 확산의 결과에 대한 대안이론이 없다는 것이다. 핵 무기 확산이 전쟁 가능성에 미치는 영향에 대한 보다 폭넓은 개념 탐구가 필요하다. 이 장에서 나는 '조직이론'에 근거하여 한 가지 대안이론을 제시하고자 한다. 이 대안이론은 미래 평화에 대하여 훨씬 더 부정적인 전망을 내 놓게 될 것이다.

나는 다음의 2가지 주장을 할 것이다. 첫째, 전문적인 군사조직들은 공통된 편견, 경직된 일상 그리고 편협한 이해관계로 인해 조직 행동을 하게 되며, 이 행동들은 억지실패를 가져올 것이고 계획적인 또는 우발적인 전쟁을 일으키게 될 것이다. 합리적 억지이론에 대한 광범위한 심리학적 비판들이 있다. 이 비판들은 일부 정치 지도자들이 억지업무를 수행하는 데 있어서 정보가 부족하거나 감정적 안정을 이루지 못할 수 있음을 지적한다.[6] 나의 조직이론에 근거한 비판은 심리학적 비판과 달리, 군사조직들이 견제와 균형 시스템의 전문화된 민간 통제와 관리를 받지 못할 경우 안정적인 핵 억지가 가능하지 못할 것이라고 주장한다.

둘째, 미래 핵 무장 국가들이 군에 대한 긍정적인 민간 통제 메커니즘을 갖추게 될 가능성이 낮아 보인다. 핵 무기를 최근에 보유한 국가 또는 보유하기 위해 노력하고 있는 국가들을 살펴보면, 군사정부 또는 민간 통제가 약한 정부로서 전문 군사집단이 정책 결정에 직접적인 또는 강한 영향력을 행사하고 있다. 이러한 국가들에서는 "객관적인" 국가의 이해관계가 아니라 군 조직의 편협한 이해관계, 편견, 일상에 의해 국가 행위가 결정된다. 그리고 핵 무기를 보유하고자 하는 국가들의 많은 군 조직들에서 "내부 지향적"인 특징이 나타난다. 즉, 군 장교들이 국가안보에 대한 외부 위협보다 내부 안정과 국내 정치 문제에 더 관심을 가진다. 이러한 군 조직이 권력을 차지할 경우, 군 고위 장교들은 필연적으로 국가 안전 보호라는 기본적인 사명에 관심과 에너지를 집중하지 못하게 된다. 한편, 군의 영향력이 강한 상황에서 민간인들이 권력을 확보할 경우 군사 쿠데타를 극대로 두려워하기 때문에, 국가 안전보다 정권 보호에 맞는 안보정책을 만든다. 군 장교들은 그들의 역량이 아니라 정치 지도자들에 대한 충성도에 따라 승진을 하게 된다. 이상에서 살펴본 모든 경우에서, 국내정치에 대한 군의 광범위한 관여는 전투력과 억지력의 관리자로서의 군의 전문적인 역량을 심각히 훼손시킨다.

핵 무기의 전파는 어떤 결과를 가져올 것인가? 여기에 대해서는 나는 다음의 3가지 단계로 나의 주장을 제기한다. 첫째, 나는 핵 확산 낙관주의자의 논리, 가정들을 핵 확산에 대해 보다 비관적인 '조직 수준 접근'의 논리, 가정들과 비교한다. 그리고 나서 나는 실증적인 증거들을 바탕으로,

억지가 작동하기 위해 요구되는 3가지 사항에 대한 두 이론의 예측을 비교한다. 마지막으로, 제2장의 끝부분에서 국제관계이론과 미국의 비확산 정책이 주는 몇 가지 교훈을 설명할 것이다.

합리적 억지이론과 조직이론의 비교

합리적 억지이론

합리적 핵 억지이론의 대표적인 학자는 케네스 왈츠이다. 왈츠는 "핵 무기가 오명을 뒤집어쓰고 있다. 사실, 핵 무기로 서로를 공격하게 되면 재앙적인 결과를 맞이하게 된다는 것을 쉽게 상상할 수 있기 때문에, 국가 지도자들은 이러한 공포로 인해 핵 무기 선제 사용을 선택하기 어려울 것이다. 국가들이 핵 무기를 보유한다면, 간단한 계산에 맞게 안정과 평화가 찾아온다. 정치 지도자이든 거리의 사람이든 상관없이 모든 사람들은 핵 무기에 대한 통제가 상실되고 핵 탄두가 발사되기 시작하면 대재앙이 발생할 것임을 예측할 수 있다."[7]라고 주장한다. 그리고 왈츠는, "핵 무기의 사용 비용이 매우 높기 때문에 심지어 하나의 작은 전쟁 위험도 큰 억지를 만들어 낸다. 상대방이 보복할 것이라는 믿을 만한 가능성만 있어도 공격을 가하지 못할 것이기 때문에 핵 무기 보유국가들 간의 대규모 전쟁 가능성은 0에 수렴된다."[8]라고 말한다.

만약에 이것이 사실이라면, 핵 무기의 전파는 매우 긍정적인 결과를 가져올 것이다. 여기에 대해서 왈츠는 앞의 제1장에서, "억지능력과 방어능력이 증대됨에 따라 전쟁의 가능성은 줄어들고 있다. 핵 무기는 전쟁의 시작을 더욱 어렵게 만든다. 이러한 주장들은 크고 작은 핵 무기 보유국가에 모두 유효하다. 그렇기 때문에, 단계적인 핵 무기 전파는 환영할 일이지 두려워 할 일이 아니다."라고 설명한다.

왈츠는 억지에 대한 심리학적 비판들을 자기민족중심주의 관점이라고 하면서 무시한다. 왈츠는 "많은 서방 학자들은 제3세계가 핵 무기를 가지는 미래를 두려워한다. 그들은 식민지 주민들을 천시하는 옛날 제국주의 시기의 태도로 다른 민족들을 바라보는 것 같다. 새로운 핵 무기 보유국가의 정책 결정자들이 모든 정책 결정을 할 때 복잡한 합리적 계산을 할 수 있어야 핵 억지가 가능하다고 가정할 필요가 없다. 정치인들이 '비용에 아주 민감'한 정도면 충분하다."라고 주장한다.

그리고 왈츠는 "이러한 사항들을 하나의 합리적 가정이라고 편하게 말할 수 있다."9)라고 설명한다. 즉, 비용이 매우 높아지면 사람이 민감해지기 마련이며 결국 억지는 그리 어렵지 않다는 것이다. 왈츠는 "억지하는 국가의 특성을 미리 파악하거나 지도자를 정밀하게 조사할 필요가 없다. 핵 무기 세계에서는 다른 국가의 2차 핵 타격이 억지를 만들어 낸다."10)라고 주장한다.

합리적 억지가 안정적으로 작동하기 위한 3가지 요구사항이 있다. (1) 한 국가가 핵 무기를 보유하고 있고 다른 국가가 핵 무기를 개발하고 있는 전환 시기에, 핵 무기 보유국가에 의해 예방전쟁이 발생해서는 안 된다. (2) 핵 무기를 보유하고 있는 국가들은 다른 국가가 감당할 수 없는 정도의 타격을 가할 수 있는 능력과 함께 핵 선제 공격을 당했을 때 "2차 공격"을 가하기에 충분한 생존 능력을 확보하고 있어야 한다. (3) 핵 무기는 절대 우연히 또는 승인 없이 사용될 수 있어서는 안 된다. 핵 확산 낙관주의자들은 이러한 요구사항들이 새로운 핵 무기 보유국가에 명백한 이익을 가져다주기 때문에 모두 지켜질 것이라고 확신한다. 그런데 내가 다음에서 설명하겠지만, 이러한 확신은 사실 매우 문제가 많다.

조직이론적 관점

국가가 기본적으로 합리적인 방식으로 행동한다는 가정은 하나의 가정일 뿐 경험적으로 실증된 통찰이 아니다. 정치학자들이 고도의 합리성을 가정하는 이유는 그것이 정확해서가 아니라 도움이 되기 때문이다. 합리성을 가정함으로써 상대적으로 단순한 방식으로 예측이 가능해지며, 인식된 이해관계와 예상되는 행동을 연결할 수도 있다. 하지만 합리적 행위자 관점이 핵 확산에 대한 유용한 예측을 제공해 주는 유일한 가정도 아니고 유일하게 가능한 가정도 아니다.

하나의 대안적인 관점에서 볼 때, 정부 지도자들은 최종 결정을 할 때 그들의 신념과 선택 가능한 옵션들을 고려하면서 합리적으로 행동한다. 그리고 국가 안에서 힘 있는 세력의 영향을 받는다. 만약 이것이 사실이라면, 조직이론이 핵 확산의 결과를 연구하는 데 매우 유용할 것이다.

이러한 조직이론적 관점은 국가들이 이기적이고 합리적인 방식으로 행동한다는 가정에 도전한다는 측면에서 매우 중요하다.

조직이론의 2가지 주제는 조직 행동의 순수한 합리성에 도전하는 주요한 장애물들에 주목한다. 첫째, 거대한 조직들은 제한된 또는 치명적인 "한계가 있는" 형태의 합리성 안에서 작동한다. 즉, 이 조직들은 계산과 조정에 있어서 타고난 한계가 있으며, 외부세계의 불확실성을 이해하고 대응할 때 단순화된 메커니즘을 이용한다.[11] 조직들은 필요에 따라 여러 단위들 간의 행동을 조절하기 위해 표준행동절차, 조직 규칙과 같은 일상적 틀을 개발한다. 조직 행위를 관할하는 것은 개별적으로 이루어지는 합리적 결정이 아니라 이러한 일상적 틀이다. 조직들은 공통적으로 "작은 성과에 만족한다." 즉, 조직의 유용성을 극대화하는 정책을 탐색하기보다는 최소의 만족을 가져다주는 첫 번째 선택을 대체로 수용한다. 조직은 대체로 근시안적이다. 조직 구성원들은 전체적인 환경과 정보를 검토하기보다 과거 경험, 최근에 받은 교육, 현재 맡고 있는 책임 분야에서 도출된 특정 영역에 초점을 맞추며 편향된 조사를 한다. 조직들은 "목표 변위(變位)"에 시달린다. 즉, 조직들은 종종 전체적인 목적에 초점을 맞추지 않고 편협한 운영평가 목표에 매달리기도 한다. 조직의 검열망은 지속적으로 구성원들의 신념과 행동을 규정짓는다. 제임스 마치James March와 허버트 사이먼Herbert Simon은 다음과 같이 주장한다. "조직의 구성원들은 특정한 개념으로 세계를 인식하는 경향이 있다. 이 특정한 개념은 조직의 용어가 반영된 것이다. 조직은 특정한 범주를 구체화하며, 조직 구성원들은 이것을 단순한 관습을 넘어 세계의 속성으로 받아들인다."[12]

둘째, 복잡한 조직들은 공통적으로 복합적이고 상충되는 목표를 갖는다. 그리고 이러한 목표들이 선택되고 추구되는 과정들은 극도로 정치적이다.[13] 이러한 정치적 관점을 통해, 조직 내부 일부 단체들의 협소한 이익을 위해 조직 지도자들의 이익에 반하는 행동들이 나타나는 것이 설명되어진다. 조직은 높은 수준의 권위를 가진 사람들의 손안에 놓인 단순한 도구가 아니다. 이기적이고 경쟁적인 하부 조직과 구성원들로 이루어진 하나의 집단이다.

찰스 페로우Charles Perrow는 "이론에 의하면 갈등은 조직 생활의 불가피한 일부분이며, 이 갈등은 개인들의 특성이라기보다는 조직의 특성에 기인한다."라고 주장한다. 이러한 주장은 예를 들어, "모든 회사에서 생산부서와 판매부서가 왜 갈등하는지 그리고 모든 대학에서 교수집단과 행정직원 집단이 왜 갈등하는지, 병원에서 의사, 간호사, 행정직원이 왜 갈등하는지, 교도소에서 구금부서와 처리부서가 왜 갈등하는지"[14]에 대한 설명을 제공해 준다. 이 설명은 군에도 적용된다. 무기체계 운영자들이 그들의 사령관들과 다른 이해관계를 가질 수 있고, 야전부대가 사령부와 다른 이해관계를 가질 수 있으며, 특정 병과가 참모본부 또는 합동참모본부와 다른 이해관계를 가질 수 있다. 그리고 심지어 하나의 전문적인 병과 또는 사령부가 자신의 이익-자신의 권력, 규모, 자치권 또는 조직에 필수적인 것-을 극대화하기 위하여 상대적으로 합리적인 방식으로 행동할 수 있다. 하지만 이러한 행동이 전체 군대의 조직적 이해관계를 필수적으로 반영하지는 않는다. 때로는 국가이익에 반대될 수도 있다. 이러한 편협된 조직의 이해관계가 국가 행동에 영향을 미치는 정도만큼, "합리적" 국가 행동이론이 설득력을 잃게 된다.

조직이론은 위기 행동, 동맹정치, 무기 획득, 군사 독트린과 운영, 핵

무기 안전[15] 등 국제 관계의 수많은 주요 영역에서 매우 유용하게 활용
되고 있음에도 불구하고, 핵 확산의 결과를 연구하는 데 그리 많이 사용
되지 않고 있다. 불행하게도, 합리적 억지의 3가지 요구사항 각각에 대하
여 조직이론적 관점은 각기 다른 측면을 보여준다. 예방전쟁에 대한 전문
화 된 군대의 견해는 무엇인가? 전문화된 군대의 견해가 초기 군비경쟁의
전환 시기에 핵으로 상대방을 공격할 가능성에 영향을 미칠 수 있는가?
전문화된 군대가 안정적인 억지를 유지하기 위하여 생존 가능한 핵 무력
을 개발하고 전개할 가능성이 어느 정도 되는가? 새롭게 핵 무장한 국가
들이 우연히 또는 승인 없이 핵 무기를 사용하는 일이 발생하지 못하도록
하는 군 조직의 성향은 무엇이며, 구조의 영향력은 무엇인가?

　다음 장에서는 합리적 억지의 3가지 요구사항에 대해 실증적 증거와
예측을 제시한다. 먼저 나는 핵 확산 낙관주의자들의 예측과 조직이론적
접근을 통해 도출된 예측을 비교한다. 그리고 나서 2가지 종류의 증거를
제시한다. 먼저 제시할 증거는 미국 사례이다. 미국을 먼저 다루는 것은,
미국 핵 무기 운영과 관련하여 활용할 수 있는 증거가 더 많을 뿐만 아니
라 미국은 고도로 전문화된 군대가 강력하고 제도화된 민간 통제 시스템
하에 놓여 있다고 널리 알려져 있기 때문에 나의 조직이론적 접근을 적용
하는데 어려움이 있는 것으로 인식되기 때문이다. 만약 미국 사례에서 합리
적 억지의 3가지 요구사항에 어긋나는 문제들이 발견된다면, 다른 국가에 훨
씬 더 많은 문제가 있을 것으로 추정할 수 있을 것이다. 다른 핵 무기 보유
국가에 대한 유용한 증거들은 미국 사례 다음으로 제시될 것이다. 이러한 증
거들은 핵 무기 전파의 결과에 대한 나의 비관적인 결론을 뒷받침할 것이다.

전환 시기의 예방전쟁

　두 강대국 사이의 상호 핵 억지를 위한 첫 번째 요구사항은 재래식 무
기 세계와 핵 무기 세계 사이의 전환 시기에 관한 것이다. 핵 무기를 최

초로 획득한 국가는 예방전쟁, 즉 핵을 보유하지 않은 경쟁국가를 공격하지 않아야 한다. 왜냐하면, 경쟁국가가 나중에 핵 무기를 개발한 후 보복을 가해 올 수 있기 때문이다.[16] 다음은 왈츠의 주장이다. 왈츠에 의하면, 핵 군비경쟁 과정에 2가지 전환 시기가 있다. 첫 번째 시기는 경쟁국이 핵 무기를 개발하고 있지만 아직 핵 무기를 완성하지 못한 시기이고, 두 번째 시기는 적은 숫자의 핵 무기를 보유하고 있는 경쟁국이 핵 무력을 더욱 발전시켜 나가는 시기이다. 이 두 시기에 핵 무기를 먼저 보유한 국가는 예방 공격을 고려한다. 예방 공격이 타당한 경우는 "첫 번째 시기로서 한 국가가 상대국가의 핵 보복을 걱정하지 않고 타격을 가할 수 있는 시기"이다. 하지만 이러한 예방 공격은 발생하지 않을 것이다. 왜냐하면, 예방전쟁이 한 국가의 장기적 이해관계에 도움이 되지 않기 때문이다.

"상대국가의 미래 핵 개발 잠재력을 완전히 파괴할 정도로 강하게 타격을 가할 수 있을까? 만약 그러지 못한다면, 예방 공격을 받은 국가는 핵 개발을 재개할 것이다. 만약에 타격이 재앙적이지 못하다면, 공격국가는 타격을 반복하거나 그 국가를 점령하여 통제할 준비를 해야 할 것이다. 하지만 이 두 가지 모두 상당히 어려운 일이다."

이후에, 일단 적대국이 "심지어 하나의 초보적인 핵 무기"를 개발하게 되면, 예방전쟁의 모든 합리적인 인센티브가 사라진다. 왜냐하면, "예방전쟁이 감당할 수 없는 대가를 가져올 가능성"이 생기기 때문이다. 왈츠의 세계에서는 약간의 불확실성도 크게 고려된다. 만약 핵 보복의 조그마한 가능성만 존재해도, 합리적인 의사결정자는 예방전쟁을 시작하지 않을 것이다.

하지만 조직이론적 관점은 예방 핵 전쟁 가능성을 높게 평가한다. 왜냐하면, 군의 편향성이 예방 공격을 촉진시킬 수 있다고 보기 때문이다. 왈츠는 군 지도자들이 위기의 시간에 민간인들보다 군사력 사용을 더 추천하지 않을 것이라고 확신하기 때문에 예방 공격의 가능성을 일축한다.[17] 비록 왈츠의 주장이 일반적인 군사개입의 상황에서는 적합하지만, 다음의 강력한 5가지 이유로 인해 군 장교들이 민간 관료들보다 특히 예방전쟁을 훨씬 더 선호하는 경향이 있다.

첫째, 군 장교들은 스스로 군을 선택했고, 군에서 사회화를 경험했기 때문에 민간인들보다 가까운 시기에 전쟁이 발생할 가능성이 있고, 장기적으로 전쟁이 불가피한 것이라고 인식하는 경향이 있다.[18] 민간인 지도자들은 장기적인 갈등 해결 방법으로 외교적, 경제적 해법을 더 강하게 희망하는 반면, 전문화된 군 장교들은 전쟁을 전쟁이 아닌 방식으로 해결하는 것에 대해 비관적인 입장을 가진다. 군 장교들은 이러한 신념으로 인해 "나중보다 지금이 더 낫다."라는 주장을 특히 더 쉽게 받아들인다.

둘째, 군 장교들은 안보문제를 다룰 때 순수한 군대 논리에 집중하도록 훈련받으며, 엄격하게 설정된 작전목표를 부여받는다. 좁은 군사적 의미에서 "승리"란 적을 패배시키는 것이다. 이러한 군사적 "승리"가 더 폭 넓은 정치적 목표달성과 항상 일치하는 것은 아니다. 수용가능한 수준으로 전쟁비용을 감소시키는 것 등이 정치적 목표에 해당한다고 할 수 있다.

셋째, 군 장교들은 공격 독트린과 결정타 작전decisive operation을 선호하는 강한 경향성을 가진다.[19] 공격 독트린은 군 조직에 주도권을 부여해 주고, 군이 통제할 수 있는 조건하에서 표준 계획을 수립할 수 있도록 해준다. 한편 이 공격 독트린은 상대국가로 하여금 자신이 선호하는 전략으로 대응할 수 있도록 만든다. 결정타 작전은 사상자를 줄일 수 있는 작전으로서 우세의 원리를 이용하며, 정치적 교착상태가 아니라 군사적 결정에 의해 이루어진다. 이런 측면에서 예방전쟁은 결정타 작전 조건에 분명하게 들어맞는다.

넷째, 대부분의 조직과 마찬가지로 군대도 상황에 우선 대응하는 계획을 수립하는 경향이 있다. 이러한 경향으로 인해 군대는 우선 전쟁에 대한 즉각적인 계획에 초점을 맞추며, 전쟁 후 세계를 관리하는 후속 문제는 나중으로 미룬다.

다섯째, 군 장교들은 거대 조직에 속한 대부분의 구성원들과 마찬가지로 그들의 제한된 임무에 집중한다. 전쟁 후 세계를 관리하는 것은 정치인들의 임무이지 군 장교들의 작전 책임에 해당하지 않는다. 이로 인해 장교들은 근시안적 사고를 하게 되며, 예방전쟁의 장기적인 정치, 외교적 결과에 대해서 깊이 생각하지 않는다. 이론적으로 볼 때, 이러한 5가지 관련 요인으로 인해 군 장교들은 예방전쟁을 강하게 선호하는 경향을 가진다.

미국의 사례를 통해서 본 예방전쟁의 증거

냉전 초기 핵 무기 사용에 대하여 미국 민간 지도자들과 군 지도자들 사이에 어떤 견해 차이가 존재했는가? 결론을 먼저 말하면 주요 위기 때 민간 지도자들과 군 지도자들 사이에 의견 차이가 거의 없었다. 예를 들어, 1950년 한국전쟁에 중국이 참전했을 때, 트루먼 대통령의 고위 군사 참모와 민간 참모 모두 한반도에 핵 폭탄을 투하하는 것에 반대했다.[20] 하지만 만약에 예방전쟁이 주제였다면 군사 참모와 민간 참모 사이에 커다란 의견 차이가 발생했을 것이다. 트루먼 대통령과 아이젠하워 대통령 기간에 고위 미국 군사 참모들은 예방전쟁의 필요성을 강하게 역설했다. 민간 지도자들이 군사 참모의 의견을 따르지 않기로 결정한 이후에도 군사 참모들은 예방전쟁을 지속적으로 선호했다.

트루먼 대통령 시기에 군 장교들 외에도 꽤 다양한 사람들이 예방전쟁을 주장했다. 여기에는 철학자 버트런드 레셀Bertrand Russell, 수학자 존 본 뉴만John Von Neumann, 해군성 장관 프란시스 매튜스Francis P. Matthews가 포함된다. 그리고 정부 내에서 군 지도자들이 예방전쟁을 주도적이고 매우 지속적으로 주창했다.[21]

합동참모본부JCS는 "공격을 예측하고 예방하기 위하여 국외지역에 즉각적이고 효과적인 군사 행동을 취할 준비와 결정"을 해야 한다고 주장하면서 예방전쟁의 필요성을 매우 직선적으로 표현했다. 합동참모본부가 1945년 9월에 제출한 전후 미국 군사정책에 대한 1급 비밀 보고서에는 다음과 같이 서술되어 있다. "잠재적인 적군이 우리를 공격하기 위하여 군사력을 전개시키는 것이 분명한 경우, 우리는 우리를 향한 적군의 선제 공격을 허용할 수 있는 태도를 유지할 여유가 없다. 이 상황에서 우리가 공격적인 태도를 갖지 않는 것은 오도하는 것이고 매우 위험한 것이다."[22]

하지만 트루먼 대통령은 도덕적 배경과 국내정치적 상황을 반영하여 예방전쟁의 전체적인 개념을 매우 신속하게 거부했다. 그는 1950년 공중방송을 통해서 "우리는 공격전쟁 또는 예방전쟁을 고려하지 않는다. 이러한 전쟁은 독재자들의 무기이지 미국과 같은 자유민주주의 국가들이 사용하는 무기가 아니다."[23]라고 밝혔다.

1950년 4월, NSC-68(국가안보위원회 문서 68)에서 예방 핵 전쟁에 반대하는 3가지 핵심 주장들이 제기될 때까지 예방전쟁에 대한 논의가 최고 위급 수준에서 지속되었다. 3가지 핵심 주장은 다음과 같다.

첫째, 정보기관의 분석에 의하면 미국이 소련에 핵 공격을 가한다고 하더라도 소련 지도부가 항복하지 않을 것이며, 소련은 유라시아 대부분 또는 유라시아 전체를 지배할 수 있는 군사력을 여전히 사용할 수 있다. 둘째, 예방 공격은 많은 미국인들을 불쾌하게 만들기 때문에 국내 지지를 획득하기 어렵다. 셋째, 미국 동맹국들, 특히 서유럽 국가들은 예방전쟁이 만족할 만한 새로운 국제질서를 만들어 내기 어려우며, 미국과의 관계를 저해할 수 있다는 신념을 공유하고 있었다. 결론은 분명했다. "이 사항들이 모두 중대한 것이기 때문에 매우 진지하게 받아들여야 한다. 이 사항들이 말해주는 것은, 본질에 있어서 적으로부터 공격이 시작되었거나 공격이 임박한 상황에 대한 반격이 분명하지 않다면 어떠한 공격도 하지 말아야 한다는 것이다."[24]

1950년 4월 이후, 미 고위 군사 지도자들은 예방 핵 공격과 관련된 언사에 매우 조심하는 태도를 보였다. 공중전 대학Air War College 교장이었던 오빌 앤더슨Orvil Anderson 장군이 예외였는데 언론에 예방 핵 전쟁을 옹호하는 발언[25]을 했다가 결국 1950년 9월 트루먼 대통령에 의해 해임당했다. 하지만 군 내부적으로는 여전히 예방전쟁에 대한 지지가 높았다. 조지 켄니Georgy Kenney, 커티스 르메이Curtis LeMay, 토마스 파워Thomas Power, 나단 트위닝Nathan Twining, 토마스 와이트Thomas White 그리고 호잇 밴덴버그Hoyt Vandenberg 장군들 모두 사적으로 예방 핵 전쟁에 동의를 표시했으며, 공식적인 공군 독트린 매뉴얼에는 예방전쟁에 대한 우호적인 개념이 유지되었다.26)

아이젠하워 대통령 임기 첫 2년 동안 미 행정부 최고위급 수준에서 예방전쟁에 대한 공개논의가 진행되었다. 미국 안보전략에 대한 신행정부의 재평가 과정에서 고위 군 장교들은 예방전쟁을 다시 지지했다. 예를 들어, 미 공중전 대학은 1953년과 1954년 광범위한 '작전 통제' 연구를 진행했다. 연구 결과에 따르면, 필요한 경우 예방전쟁은 수행되어야 한다.27) 이 연구는 소련 지도부가 동유럽에서 군대를 철수시키고, 코민포름Cominform을 해산시키고, 중소동맹을 해체하라는 미국의 최후통첩을 받아들이지 않을 경우, 대량 폭격과 소련 영공에 대한 직접적인 통제를 실시해야 한다고 주장한다. 이 '작전 통제' 연구 결과가 1954년 7월 아더 래드포드Arthur Radford 합동참모본부 의장에게 보고되었을 때 열정적인 찬사를 받았다. 하지만 국무부 관료들은 이 연구에 대해 "예방전쟁의 또 다른 버전일 뿐"28) 이라고 혹평했다. 아이젠하워 대통령은 1954년 중반 합동참모본부 선진화 연구그룹의 보고서를 브리핑 받았다. 보고서 비망록에 의하면, 이 보고서는 "가까운 장래에, 즉 소련이 미 대륙을 실제로 위협하기에 충분한 수소폭탄 능력을 확보하기 전에 소련과의 전쟁을 신중하게 고려할 것을 정확하게 지적했다."29)

고위 장교에 의한 가장 극단적인 예방전쟁 주장은 트위닝 장군의 1953년 8월 비망록에서 찾을 수 있다. 합동참모본부로 보낸 비망록에서 트위닝 장군은 "우리 군대가 우리나라의 생존을 보장할 수 없을 정도로 소련이 핵 무력을 개발할 때 우리 국가에 위기가 찾아올 것"이라고 주장했다. 자세한 내용은 다음과 같다.

만약 전면전을 통해 우리의 목적을 달성할 수 없다면, 소련이 미국을 파괴할 수 있는 제2의 시기에 들어가기 전에 우리는 다른 수단을 채택해야 할 필요가 있을 것이다. 우리는 이러한 결정적 시간을 알아차려야 한다. 만약 그렇지 못한다면, 우리는 자살의 길로 무작정 내려가게 될 것이고, 우리의 생존을 야만인으로 판정된 소규모 집단의 기분에 의존해야 할 것이다. 만약 이러한 상황 아래 우리의 존속을 적의 관용에 의존해야 하는 도박이 불안정하고, 지혜롭지 못하고, 도덕적이지 못한 것이라고 확신한다면, 우리는 전면전에 돌입하는 군사적 결정을 준비해야 할 것이다.30)

합동참모본부도 "나중보다 지금이 더 낫다."라는 논리를 유지하기는 했지만 최종 입장에서는 한결 톤이 차분해졌다. 래드포드Radford 장군은 1954년 11월 국가안보위원회에서 예방전쟁을 금지하는 미국의 공식 정책을 인정하면서도, "만약 우리가 공산주의자들의 행동을 미리 차단하지 않고 단순히 공산주의자들의 결정에 대응하는 정책을 계속해서 추구해 나간다면, 우리는 1959년 또는 1960년에 소련 공산주의자들과 결전을 치를 수밖에 없을 것이다."라고 말했다. 그리고 여기에 덧붙여, "만약 소련이 충분한 핵 무기를 보유하기 전에 핵 전쟁이 발발한다면 합동참모본부가 성공적인 결과를 얻을 수 있을 것"31)이라는 불길한 전망을 내놓았다.

아이젠하워 대통령은 왜 예방전쟁을 거부했는가? 아이젠하워는 도덕적인 이유로 예방전쟁을 반대한 것은 분명히 아니다.32) 하지만 아이젠하워는 미국이 핵 억지능력을 갖춘 상태에서 소련과의 전쟁이 불가피한가에 대한 의문이 있었다. 그는 미국의 봉쇄전략이 결국 소련 체제를 붕괴시킬 것이라는 희망을 가지고 있었다. 아이젠하워의 예방전쟁에 대한 종국적인 거부는 소련에 대한 예방 핵 공격이 비록 협소한 군사적 측면에서 성공한다고 하더라도 정치적으로 값비싼 대가를 지불해야 할 것이라는 확신에 영향을 받은 바가 크다.

특히, 소련에 대량살상을 가한 후 소련 사회를 통제해 나가야 할 경우 발생하게 되는 정치적, 인도적 비용이 아이젠하워를 움츠리게 만들었다. 그는 1954년 관료들 앞에서 다음과 같이 이야기했다.

> 우리가 아무리 전쟁을 잘 준비한다고 하더라도, 24시간 이내에 모스크바Moscow, 퀴비세프Kuibyshev, 레닌그라드Leningrad, 바쿠Baku 등 소련의 주요 도시를 파괴시켜 소련이 전쟁을 수행하지 못하도록 할 수는 없다. 그리고 나는 여러분들이 다음의 질문을 심사숙고해 주길 바란다. 우리가 소련에 승리를 거둔다고 했을 때, 우리는 무엇을 얻을 수 있는가? 소련 정부가 무너진 상태에서 엘베Elbe 지역부터 블라디보스토크Vladivostok까지 그리고, 동남아시아에 이르기까지 통신수단도 없는 황폐한 지역이 남게 될 것이고, 주민들은 기근과 재앙에 직면할 것이다. 나는 당신들에게 문명사회가 이러한 일을 할 수 있는 것인지 묻고 싶다. 나는 어느 전쟁에서도 승리란 없다는 것을 거듭 말하고 싶다. 전쟁을 회피하고자 하는 우리의 헌신, 우리의 노력, 우리의 창의력을 통해서만 승리를 얻을 수 있다.33)

예방전쟁과 새로운 핵 무기 보유국가들

나는 여기에서 여러 가지 증거를 제시했다. 하지만 그 증거들이 냉전 초기에 미국이 소련을 상대로 예방전쟁을 하려고 했다는 것을 보여주지 않는다. 그리고 나는 당시 미국 민간 지도자들이 예방전쟁이라는 합리적 선택을 할 수 없었다고 생각하지 않는다. 다만, 이 증거들이 분명하게 증명하는 것은, 군 장교들이 예방전쟁에 강한 편향성을 가지고 있었다는 것이다. 핵 확산 낙관주의자들이 가정하는 것, 즉 국가 지도자들이 상대국가의 '조잡한 수준' 또는 '증대된 수준'의 핵 무기 보유에 의해서 자동적으로 억지를 선택하게 된다는 것은 사실이 아니다. 미군 고위 장교들은 소련이 핵 무기를 개발하고 전개하기 전에 소련에 예방 핵 공격을 가해야 한다는 것을 분명하게 인식하였고, 적극적으로 계획하였으며, 열정적으로 주창하였다.34)

트루먼 대통령과 아이젠하워 대통령의 예방전쟁에 대한 도덕적, 정치적
반대가 없었다면, 예방전쟁을 선호하는 협소한 군대의 논리가 상황을 압
도했을 것이다.[35]

고위 군 장교가 새로운 핵 무기 보유국가에 대한 예방전쟁을 주장하고
이에 대해 민간 지도자들이 반대하는 모습이 여러 사례에서 반복되었다.
1960년대 초, 미국 정부는 중국 핵 개발 프로그램을 파괴하는 예방 행동
을 신중히 검토하였다. 미국 국무부 고위 관리들은 중국이 핵 무기를 개
발한다고 해도 중국의 힘은 여전히 약하고 중국 정부가 조심할 것이며,
미국이 중국의 군사적 도발 같은 정당한 이유 없이 중국에 대해 군사 행
동을 할 경우 미국의 국제적 명성이 실추될 것이라는 입장을 견지했다.[36]
이에 반해 합동참모본부는 "중국 공산정부의 핵 무기 획득은 미국과 자유
세계 안보 상황에 심각한 영향을 미칠 것"[37]이라고 하면서, 재래식 무기
로 중국 핵 시설을 공격하는 것도 물론 가능하지만 핵 무기로 중국 핵 시
설을 타격할 것을 제안하였다.[38] 하지만 이러한 군 지휘부의 제안은 결국
거부당했다. 미국 민간 관료들이 중국 핵 시설에 대한 예방 공격을 도덕
적인 이유로 반대한 것은 아니다. 사실, 케네디 정부와 존슨 정부 모두 미
국의 중국 타격에 소련이 동참해 주거나 최소한 승인해 줄 것을 기대하며
소련에 접근했다. 하지만 소련은 미국과의 협력을 거절했다. 미국 정부
관료들은 미국이 중국을 공격할 경우, 소련이 미국에 보복을 가해 올 수
있다는 것을 우려했다. 이것이 중국 핵 무기 개발을 미국이 군사력으로
막지 못한 결정적 이유였다.

이와 유사한 사례가 1969년 여름과 가을에 발생했다. 이번에는 미국과
소련의 입장이 정반대였다.[39] 중국군이 1969년 여름 중소 분쟁지역인 우
수리강에서 소련군을 공격했을 때, 소련 지도부는 비밀회의를 열어 중국
핵 시설에 예방 타격을 가할 것인지를 논의했다. 미국과 마찬가지로, 소
련 군 지도자들은 중국이 소량의 핵 무기를 보유하고 있음에도 불구하고
예방 타격을 선호했다. 소련 장군 안드레이 그레츠코(Andrei Grechko)는, "중국

의 위협을 완전히 제거해야 한다."[40]라고 주장했다.

소련군은 중국에 대한 핵 타격을 준비했다. 공군 경계작전을 시작으로 군사훈련을 실시했는데, 여기에는 중국 핵 시설과 유사한 목표물을 설정한 후 모의 핵 폭탄을 투하하는 훈련도 포함되었다. 하지만 소련 정치국원들의 반대로 이 작전은 시행되지 못했다. 미국 정부의 이러한 소련 행동에 대한 강한 반대와 핵 공격 경고[41]가 소련 정치국원들의 반대에 영향을 미쳤다.

새로운 국가가 핵 무기를 개발하려고 할 때마다, 핵 무기 보유국가들은 "나중보다 지금이 더 낫다."라는 논리로 예방전쟁을 고려할 것이다. 나의 이론과 증거들이 공통되게 보여주는 것은, 외교적 고려를 최소화하고 장기적으로 전쟁이 불가피하다고 믿는 군 지도자들이 최종 결정단계에서 상당한 영향력을 가질 경우, 예방전쟁의 가능성이 높아진다는 것이다. 새롭게 핵 무기를 보유한 국가들 사이에 핵 예방전쟁이 없는 것은 분명하다. 하지만 핵 무기 보유국가가 늘어날수록 핵 예방전쟁의 가능성은 높아진다. 왜냐하면, 새롭게 핵 무기를 보유한 국가 또는 잠재적 핵 무기 보유국가 중에는 군 조직을 엄격하게 통제하는 문제 많은 민간 정부가 있을 것이기 때문이다.

이러한 측면에서 미래에 다음의 두 핵 보유국가가 특히 문제될 것이다. 첫째, 파키스탄에서 예방전쟁을 선호하는 편향성을 가진 군대가 강한 영향력을 획득할 가능성이 있다. 만약 파키스탄이 인도와의 핵 무기, 재래식 무기 경쟁에서 밀리게 될 경우, 파키스탄군은 '나중보다 지금이 더 낫다.'라는 판단을 하게 될 것이다. 사실, 과거 파키스탄 군부가 정부를 직접 통제하던 30년 동안 이 논리가 지배적이었다. 1962년 가을, 고위 군 장교들이 군부 출신 무함마드 아유브 칸Muhammad Ayub Khan 대통령에게 중국과 군사충돌 중인 인도를 공격할 것을 요구했지만 받아들여지지 않았다.[42] 3년 후인 1965년 9월, 아유브 칸 정부는 인도 군사력이 완비되기 전에 카슈미르 지역을 정복하기 위해 예방전쟁을 시작했다.[43] 1965년 때와 유사한 군사적 편향성이 카슈미르를 둘러싼 미래 위기 상황에서 재현되지 않을 것이라고 우리는 확신할 수 있는가? (파키스탄이 안고 있는 문제들에 대해서는 제5장에서 자세히 다룬다.)

두 번째 사례는 이란이다. 1980년대 이란-이라크 전쟁 중에 이라크 군대가 화학 무기로 이란 군인들과 혁명 수비대원들을 공격했다. 이때 이란 이슬람 정부는 어쩔 수 없이 화학 무기를 개발하여 사용했다.[44] 그 이후로, 비록 이란 중앙정부가 분명하게 옹호하는 다른 방어 또는 억지 독트린이 있음에도 불구하고, 이란군과 혁명 수비대는 화학 무기의 공격적 사용 독트린을 개발하고 훈련했다. 이러한 상황이 말해주는 것은, 만약 이란이 핵 무기 개발에 성공할 경우, 핵 무기를 보유하고 있는 군 지도자 또는 혁명 수비대 지도자들을 중앙정부 관료들이 충분히 통제하지 못할 수도 있다는 것이다. 이러한 이란 지도자들에 대한 평가가 있는 상황에서 이란이 핵 무기를 획득할 경우, 경쟁국가인 이라크와 사우디아라비아의 핵 무기 개발과 예방전쟁의 가능성이 높다. (이란에 대한 추가 논의는 제6장에서 이어진다.)

민간 관료와 군 관료 간의 관계가 불안정한 여러 국가가 미래에 핵 무기를 보유할 수도 있다. 나는 예방전쟁에 대한 압력이 얼마나 강할 것인지 그리고 미래 핵 무기 보유국가들 간의 심각한 전쟁 위협이 언제 있을 것인지 정확히 예측할 수는 없다. 하지만 이것은 분명하다. 미래 핵 무기를 보유하게 될 모든 국가의 민간 관료들이 핵 무기를 확실하게 통제할 수는 없을 것이다. 그리고 이로 인해 예방전쟁을 선호하는 군대의 편향성이 냉전 시기 강대국들보다 더 우세해질 것이다.

이해관계, 일 그리고 생존가능력

억지의 두 번째 요구사항은 새로운 핵 무기 보유국가들이 확고한 2차 핵 공격 능력을 확보하는 것이다. 미국과 소련은 다양하고 많은 핵 무력을 개발했다. 여기에는 장거리 폭격기, 대륙간 탄도미사일, 크루즈 미사일, 잠수함 발사 탄도미사일, 복잡한 위성 네트워크, 레이다 경고 시스템 등이 포함된다. 이것을 이용해서 상대국의 성공적인 1차 핵 공격 가능성을 낮추고자 했다. 새로운 핵 무기 보유국가들이 확고한 핵 무력을 건설할 수 있을까? 그리고 얼마나 빨리 건설할 수 있을까?

왈츠는 이 문제에 대해서 다음의 두 가지 주장을 한다. 첫째, 각각의 핵 탄두가 엄청난 파괴력을 지니고 있기 때문에, 아주 적은 숫자의 핵 무기만 있어도 성공적인 억지가 가능하다. 즉, "억지에는 그리 많은 양의 핵 무기가 필요하지 않다."

둘째, 합리적인 핵 무기 보유국가들은 자국의 핵 무력이 적의 선제 타격에 취약하도록 내버려 두지 않을 것이다. 왈츠에 의하면, "핵 무력은 결코 연약하지 않다. 왜냐하면, 어떤 국가도 연약한 군사력을 원하지 않기 때문이다. 그리고 핵 무력은 쉽게 견고해질 수 있다. 핵 탄두는 아주 작고 가볍기 때문에 숨기기도 쉽고 운반하기도 쉽다." 한마디로 말해서, 왈츠는 모든 핵 무기 보유국가가 확실한 2차 타격을 가할 수 있는 정도의 최소한의 억지력은 확보할 수 있다는 입장이다. 왈츠는 "작은 핵 탄두로도 엄청난 폭발력을 얻을 수 있기 때문에, 확실한 2차 타격이 가능한 숫자의 핵 탄두는 획득하기 쉬우며 아무리 많은 핵 공격을 가한다고 하더라도 2차 타격 능력을 제거할 수는 없다. 이러한 상황은 지금뿐만 아니라 우리가 예측할 수 있는 미래에도 마찬가지일 것"[45]이라고 주장한다.

그런데 한 가지 혼란스러운 사실이 있다. 왈츠의 이론은 합리적 행위자를 강조한다. 그렇다면, 냉전기간 동안 양 강대국은 왜 억지에 필요한 최소한의 핵 무력보다 훨씬 더 많은 핵 무력을 확보하고자 한 것인가? 여기에 대해서 왈츠는 이렇게 설명한다. 더 많은 핵 무력을 확보해야 한다는 믿음은 "수십 년간 지속된 핵 억지에 대한 모호한 사고방식" 때문이다. "냉전기간에 두 강대국은 오랫동안 2차 타격 능력을 확보하고 있었다. 그렇지만 상대방을 무장해제시킬 만큼의 능력은 갖추지 못했다. 그럼에도 불구하고, 두 강대국은 왜 불필요한 무기를 계속 생산해서 비축한 것인가? 이 질문에 대한 해답은 오직 미국과 소련의 국내에 있을 것이다."[46] 만약에 국내 수준의 "모호한 사고방식"이 합리적 억지수준을 넘어서는 핵 무력을 건설하기 위해 수십억 달러를 사용하도록 만들었다면, 조직이라는 분석 수준에서 유사한 '모호한 사고방식'이 불필요한 무력을 건설하도록 하지는 않았을까?

전문화된 군대는 자신들이 활용하게 될 것인데 왜 확고한 핵 무력을 개발하지 않을까? 조직이론의 논리에서 보면 5가지 이유가 있다. 첫째, 다른 조직과 마찬가지로 군 관료들은 언제나 더 많은 자원을 확보하는 데 관심이 있다. 즉, 그들은 더 많은 무기, 더 많은 군인, 더 많은 예산을 원한다. 이러한 특성이 필요 이상의 핵 무력 건설을 이끌 수 있다. 하지만 공격에 덜 취약한 핵 무력 프로그램, 예를 들어 견고한 방어진지 또는 미사일 운반 기차 등을 건설하는 데 매우 많은 예산이 투입된다. 이것은 결국 군 조직이 가장 중요하게 생각하는 군 하드웨어에 활용될 자원을 **감소시키는** 결과를 낳는다. 이러한 군 편향성으로 인해 더 생존가능한 무기가 아니라 더 많은 무기를 생산하게 된다.

둘째, 다른 조직과 마찬가지로, 군은 전통적인 업무처리 방식을 선호하며, 조직의 "본질"[47]을 강하게 유지하려고 한다. 그런데 취약한 핵 무력을 보강하기 위해서는 더 많은 무기 시스템과 기구가 필요하다. 종종 새로운 단위 조직이 만들어져야 할 때도 있다. 이러한 변화에 기존 조직들이 저항할 수도 있다.

셋째, 만약 군 조직의 전쟁 계획과 억지개념에서 확고한 핵 무력이 요구되지 않는다면, 군은 확고한 핵 무력을 건설할 동기를 가지지 않을 것이다. 만약 군 장교들이 예방전쟁, 선제 공격, 심지어 경보 즉시 발사 lauch-on-warning 작전에 투입될 수 있다고 믿을 경우, 생존을 높이는 조치들이 불필요하다고 인식할 수도 있다.

넷째, 군 조직은 엄청난 병력과 하부 단위의 행동을 조정해야 하기 때문에 불가피하게 일상적인 업무처리 방식을 발전시킬 수밖에 없다. 그런데 이러한 일상적 업무처리 방식은 일반적으로 경직되어 있으며 변화가 느리다. 비록 확고한 핵 무력 건설에 필요한 기술적 요구사항이 충족되었다고 하더라도, 표준작전절차SOP나 군 일상 업무처리 방식이 뒤떨어져 있다면 군의 생존 가능성은 높아지지 않는다. 군대의 일상적인 업무처리 방식은 적국의 정보기관에 "단서"를 제공하기도 한다. 이러한 단서들이 예상치 못한 방식으로 비밀정보를 누설하거나 '숨겨진' 부대의 위치를 드러내기도 한다.

다섯째, 조직적 학습은 오직 실패를 경험한 후에 나타나는 경향이 있다. 다른 조직과 마찬가지로 군 조직도 자신이 성공적이라고 확신하고 있는 상황에서 작전을 재검토하거나 조정할 유인은 거의 없다. 따라서 앞의 네 가지 문제로 인해 원하지 않는 생존문제가 발생하는 경우에만 군 조직은 이 문제들을 수정하려고 할 것이다. 이러한 상황은 적국의 핵 공격을 받은 후 자신의 대응력이 얼마나 취약한지를 확인할 때까지 지속될 것이다.

냉전에서 얻을 수 있는 증거

미국과 소련의 핵 무기 프로그램 개발 역사는 이러한 조직이론의 주장을 뒷받침해 준다. 미국이 지속적으로 확고한 2차 타격 능력을 발전시킨 것은 사실이다. 하지만 이것은 민간 관료들이 새로운 핵 무기 시스템 전개와 전통적인 작전 계획 변경을 군 조직에 강하게 요구한 후에야 가능했다. 이런 상황은 전략 폭격기의 생존을 높이는 기지 체계 개발, 잠수함 발사 탄도미사일SLBM 개발 그리고 대륙간 탄도미사일ICBM 개발역사에서도 확인할 수 있다.

첫 번째 사례는 1950년대 중반 미 전략공군사령부SAC가 개발한 폭격기 생존을 높이는 기지 체계이다. 당시 미 전략공군사령부의 전쟁 계획은 제2차 세계대전 때 만들어진 작전계획에 기반한 것이었다. 제2차 세계대전 때는 전선에서 멀리 떨어져 있는 폭격기 기지가 항공기 공격을 받을 위험이 적었다. 미 전략공군사령부는 위기 상황에 처한 소련 주변 국가의 미군기지에 보복용 핵 무기를 배치할 것을 요구했다.[48] 하지만 이로 인해 해당 미군기지들이 소련의 기습적인 1차 타격에 매우 취약해졌으며, 설상가상으로 미 공군 규정에 따라 전략공군사령부는 개별 미군기지에 시설들을 집중 배치했다. 이것은 평상시에 설비, 파이프라인, 도로 등의 관리비용을 절감하기 위한 것이었다.

민간 연구소인 랜드 연구소LAND Corporation는 분석을 통해, 미 전략공군사령부의 이러한 계획은 어리석고, 조직의 협소한 이해관계에 따른 것이며, 변경을 시도할 경우 상당한 저항에 직면하게 된다고 지적했다. 랜드 연구소의 분석은 미 전략공군사령부의 자치권을 위협하는 것이었다. 군 장교들은 랜드 연구소의 연구결과가 미 전략공군사령부의 작전에 대한 폭넓은 간섭으로 이어질 것을 우려했다. 그리고 브루스 스미스Bruce Smith가 주목한 바와 같이, 미 전략공군사령부 장교들은 "공군이 의회에서 곤란해질 수 있다."라는 것과 "랜드 연구소의 분석 결과가 공군의 사기와 신념을 저하시킬 수 있다."[49]라는 것을 우려했다.

미 공군기지에 대한 연구결과는 미 전략공군사령부 작전계획의 대폭적인 수정을 이끌어 냈다. 여기에는 미국 내 기지와 공중 급유에 대한 것도 포함되었다. 이러한 진행이 가능했던 것은, 랜드 연구소의 독립적인 민간 분석가들이 미 전략공군사령부 내의 반대 세력을 우회하여 공군 고위 지도자들에게 직접 분석 결과를 설명할 수 있었기 때문이다.[50]

잠수함 발사 탄도미사일SLBM은 지난 30년 동안 전략 무기 중 가장 취약성이 낮은 무기로 평가받았다. 하지만 잠수함 발사 탄도미사일 개발을 미 해군 지도부가 원하지 않았다는 점에 주목할 필요가 있다. 하베이 사폴스키Harvey Sapolsky는 잠수함 발사 탄도미사일 폴라리스Polaris 시스템 개발의 가장 큰 장애물은 "(잠수함 발사) 탄도미사일 프로그램 개발 지원에 대한 미 해군의 우유부단함"[51]이었다고 지적한다. 1950년대 초 미 해군 고위 장교들이 우려했던 것은, 아이젠하워 정부의 예산삭감 상황에서 잠수함 발사 탄도미사일 개발에 예산을 투입할 경우 전통적인 해군 프로그램 예산이 줄어들 수밖에 없다는 것이었다. 미 해군 고위 장교들은 전략공군 사령부가 해상기지 미사일 비용을 지불해야 한다고 주장했다. 심지어 해군 잠수함 승조원들도 잠수함 발사 탄도미사일 개발에 그리 열광적이지 않았다. "그들의 시각에서 볼 때, 잠수함의 임무는 어뢰로 전함을 침몰시키는 것이지 미사일로 지상의 목표물을 파괴하는 것이 아니었다."[52]

해군 내부의 잠수함 발사 탄도미사일 개발 프로그램 지지자들은 이 프로그램을 승인받기 위해서 외부 민간단체인 킬리안 위원회Killian Committee에 도움을 요청할 수밖에 없었다.[53] 고위급 민간 관료들의 지속적인 간섭없이도 대규모 잠수함 발사 탄도미사일 생산이 가능했는지 여부와 가능했다면 언제부터였는지는 분명치 않다.

혁신에 대한 조직의 유사한 저항은 대륙간 탄도미사일ICBM 개발 초기 역사에서도 관찰된다. 미국 공군이 전략 미사일을 개발하는데 왜 그렇게 오랜 시간이 걸렸을까? 결국 이로 인해 미사일 갭 위기가 발생했다. 에드먼드 비어드Edmund Beard는 미사일 프로그램에 대한 설득력 있는 연구를 마치면서, "미국은 대륙간 탄도미사일을 훨씬 빠르게 개발할 수 있었다. 하지만 대륙간 탄도미사일 개발을 수용하지 않았던 조직 구조와 신념들에 의해 개발이 방해를 받았다."[54]라고 주장했다.

유인 항공기, 특히 유인 폭격기에 대한 공군 지도부의 집착으로 인해 대륙간 탄도미사일 연구 개발 기금 요청은 오랜 시간 우선순위에서 밀려났다. 1956년 말, 커티스 르메이Curtis Lemay 장군은 대륙간 탄도미사일을 공군의 6번째 우선순위 무기로 지정했다. 새로운 항공기와 크루즈 미사일 프로그램이 우선순위 1번부터 4번까지를 차지했다.

심지어 유도미사일 분야, 공대공 미사일, 공대지 미사일이 대륙간 지대지 탄도미사일보다 더 우선순위에 놓였다.[55] 이 사례에서도 민간단체가 결정적 역할을 했다. 킬리안 위원회가 대륙간 탄도미사일을 추천하는 보고서를 발표한 이후 대륙간 탄도미사일 개발이 국가 최우선 과제가 되었다. 미 국방부 민간 관료들이 대륙간 탄도미사일 개발 프로그램을 감독할 독립기관을 설립하겠다고 위협한 이후에, 미 공군은 적절한 기금을 대륙간 탄도미사일 개발에 배정했다.56)

소련 핵 개발의 역사에서도 조직의 일상 업무처리와 실행이 얼마나 심각한 취약성을 만들어 낼 수 있는지를 보여주는 3가지 고전적인 사례가 발견된다. 이러한 사례가 없었다면, 소련은 안전하고 생존가능한 핵 무력을 더 많이 확보할 수 있었을 것이다. 첫째, 1962년 소련군이 쿠바에 비밀리에 배치한 미사일이 미국 정보 분석관에 의해 발각되었다. 소련 지도부는 이 미사일 배치에 대한 비밀이 유지되기를 강하게 원하고 있었다. 하지만 미사일 기지 건설을 담당했던 현장 노동자들의 일상적인 업무처리 과정에서 '단서'가 남았고, 이 단서를 미국 정보 분석관들이 놓치지 않았다. 소련에서 개발되고 확인되는 항공방어 미사일 축전지의 "다윗의 별" 모양 배치 패턴 그리고 쉽게 알아차릴 수 있는 미사일 발사대의 "슬래쉬 기호들"을 통해, 미국 정보 분석관들은 쿠바에 배치된 비밀 미사일 기지를 찾아낼 수 있었다.57)

둘째, 미국 사진 해독관들은 냉전기간 동안 소련 전략로켓군의 대륙간 탄도미사일 "비밀" 지하 저장시설의 위치를 찾을 수 있었다. 이것이 가능했던 것은, 소련군의 대륙간 탄도미사일 비밀 지하 저장시설 전개에 식별가능한 패턴이 있었기 때문이다. 소련군은 "비밀" 지하 저장시설 주변에 3겹의 보안펜스를 설치했고, 눈에 띄도록 넓은 반원 곡선의 진입로를 만들어 장거리 미사일을 운반했다.58) 사실 이러한 일상적 업무처리는 수송 면에서 볼 때 미사일 전개를 보다 쉽게 해 주었고, 핵 탄두를 도난 또는 파괴로부터 안전하게 지킬 수 있게 해 주었다. 하지만 이러한 일상적 업무처리는 소련 미사일 지하 저장시설을 미국의 공격에 취약하도록 만들었다.

셋째, 이것은 소련 해군의 수중 통신 시스템에 미국이 비밀리에 접속한 사례로서 가장 극적인 사례이다. 이 사례가 보여주는 것은 군 조직의 일상적인 업무처리가 엄청난 전략적 취약성을 만들어 낼 수 있다는 것이다. 탄도미사일 잠수함SSBN은 핵 무력 중 가장 취약성이 약한 것으로 널리 인식되고 있으며, 안전한 2차 타격 역량을 제공해 준다.

1970년대 미 해군은 소련 탄도미사일 잠수함 편대를 대상으로 하는 비밀 정보 작전을 개시했다. 이 작전을 통해 미국은 소련 잠수함의 태평양 순찰 시기와 위치를 알 수 있었고, 각각의 소련 탄도미사일 잠수함의 이동경로를 추적하여 공격할 수도 있었다. 이러한 상황을 발생시킨 소련군의 실패는 소련 비밀정보기관KGB에 의해서가 아니라 바보 같은 행동들 Keynote Cops에 기인했다. 소련군은 오호츠크해에 설치된 통신 케이블을 통해 페트로파블롭스크 지역에 있는 미사일 잠수함 기지와 교신했다. 이 통신 케이블을 통해 주고받은 많은 메시지가 암호화되어 있지 않았다. 소련군은 오호츠크해처럼 소련의 통제하에 있는 바다는 미국의 간첩활동으로부터 안전할 것이라고 확신하고 있었다. 설상가상으로, 소련군은 지역 어부들이 볼 수 있도록 해변에 "닻을 내리지 말 것, 여기 케이블이 있음"이라는 표지판을 세움으로써 "비밀" 통신 케이블의 위치를 노출시켰다.

미국 핼리벗Halibut 잠수함 승조원들은 이 케이블의 위치를 쉽게 찾을 수 있었고, 소련 해군의 비밀 수중 통신을 도청할 수 있었다. 이를 통해, 미군은 소련 탄도미사일 잠수함 편대의 전술 순찰 명령과 작전계획을 획득했다. 여기에서 주목해야 할 것은, 미국 스파이가 소련에 이 도청사실을 누설하기 전까지 소련 총참모부는 소련군이 안전하다고 믿으면서 계속해서 이 취약한 통신 시스템을 활용했다는 것이다.[59]

새로운 핵 무장 국가들이 생존가능한 핵 무력을 건설할 것인가?

이러한 증거들에 근거했을 때, 강력한 조직적 이유들로 인해 전문화된 군대는 확고한 핵 무력을 건설하지 않을 것으로 예상된다. 그리고 논리적으로 예측해 보면, 군 조직에 대한 민간 통제에 문제가 있는 국가들에서 안전한 보복 역량의 개발이 특히 시기적으로 지연될 것이고, 보복 역량의 실행은 불완전할 것이다. 이러한 조직적 장애들이 국가들에 따라 다소 다른 형태를 보이긴 하겠지만, 협소한 조직의 이해관계와 엄격한 일상 업무 처리 방식은 개발도상국이 안전한 보복 핵 무력을 개발하는 데 방해가 될 것이다.

조직의 편향성이 전략 무기 배치에 어떤 영향을 미치는지 가장 잘 알 수 있는 사례가 바로 중국 사례이다. 중국은 1964년에 1차 핵 무기 실험을 했지만, 1980년대까지 확실하고 안전한 2차 핵 공격 능력을 개발하지 않았다. 중국은 1980년에 이동식과 은신형 중거리 탄도미사일을, 1981년에 대륙간 탄도미사일을, 1982년-1983년에 잠수함 발사 탄도미사일을 개발하여 배치하기 시작했다.[60] 그렇다면, 중국이 핵 폭탄과 수소탄은 매우 빨리 개발했으면서도 핵 무기 운반수단인 미사일 개발을 오랫동안 지체시킨 이유가 무엇인가? 위기로 인식할 만한 전략적 위협이 없었기 때문이라는 대답은 적절치 않다. 왜냐하면, 1969년에 중소 국경분쟁과 이로 인한 소련의 핵 공격 위협이 있었기 때문이다. 사실 1970년 미 정보당국은 중국이 1975년에 대륙간 탄도미사일을 개발 배치할 것이라고 예측했다. 이 예측이 빗나가자 미 정보당국은 "중국 전략 무기 개발에 있어서 하나의 주요한 수수께끼 같은 일"[61]이 발생했다고 평가했다.

중국 문화혁명 기간에 있었던 기술적인 문제와 정치적 격변이 중국의 전략 미사일 개발 지체에 어느 정도 역할을 했다는 것은 분명하다. 하지만 전문화된 군대의 편향성 역시 특정한 2가지 영역에서 전략 미사일 개발 지체에 영향을 미쳤다.

첫째, 1970년대에 미사일 운영을 통제했던 제2포병사단 장교들은 더 많은 미사일 확보를 지속적으로 주장했다. 하지만 이들은 보유하고 있는 지상 미사일의 생존성을 높이는 조치를 독립적으로 추진하지는 않았다. 1975년, 모택동이 한 무기 연구소의 보고서를 승인한 이후에 효과적인 미사일 위장과 동굴기지 전개 방법이 개발되기 시작했다. 이 보고서에는 중국의 중거리 탄도미사일을 소련의 공격으로부터 보호하기 위해 선진화된 위장조치가 필요하다는 내용이 담겨 있었다.[62] 중국도 미국과 마찬가지로 전략 무기 운영에서 혁신이 일어나기 위해서는 고위 민간 관료의 개입이 필요했다.

둘째, 전통적인 인민해방군의 이해관계를 관철시키는 관료주의적 힘에 의해서 중국 해군의 잠수함 발사 탄도미사일의 개발이 지연되었다. 잠수함 발사 탄도미사일과 대륙간 탄도미사일 프로그램은 동시에 시작되었다. 하지만 지상 기지 시스템 개발이 항상 우선순위를 차지했다. 예를 들어, 지상 발사 미사일 프로그램은 지속된 반면, 소련에서 들여온 잠수함 발사 탄도미사일을 역설계하는 프로그램은 1961년에 중단되었다. 그리고 1960년대 말, 대륙간 탄도미사일 프로그램인 DF 프로그램은 '단기집중' 과제로 인식되었지만, "잠수함 발사 탄도미사일 프로그램인 JL-1의 경우, 이 프로그램 관계자마저 긴급성을 느끼지 못하고 있었다."[63] 중국이 결과적으로는 생존가능성이 높은 다양한 핵 무력을 개발했지만, 그 기간이 핵 확산 낙관주의자들이 가정했던 것보다 훨씬 오래 걸렸다.

부적절한 조직 관행과 일상화된 방식의 업무처리가 지속된다면, 아무리 확고한 핵 무력을 건설했다고 하더라도, 상대국가의 1차 핵 공격에 제대로 대처할 수 없을 것이다. 나는 이와 관련된 2가지 사례를 제시하고자 한다. 첫 번째는 1967년 6월 이집트 공군 운영과정에서 발생한 사례이다. 이 사례는 제대로 짜이지 않은 조직의 절차와 일상화된 방식의 업무처리가 얼마나 전투력을 '불필요하게' 취약하게 만드는지 보여주는 유용한 사례이다. 당시 이집트와 이스라엘의 공군력은 균형을 이루고 있었다. 이집트는 폭격기, 전투 폭격기, 전투 요격기 면에서 이스라엘을 2배 능가했다.[64] 이집트 관료들은 이스라엘의 어떠한 항공 공격에 대해서도 보복 공격을 가할 역량을 갖추고 있다고 확신하고 있었다. 이집트 나세르Nasser 대통령도 공개적으로, 이스라엘이 이집트 공군과 폭격기를 두려워하고 있기 때문에 나세르 대통령이 아카바 만Aqaba Gulf 봉쇄를 명령하더라도 이스라엘이 공격해 오지 못할 것이라고 강조했다.[65]

 하지만 이집트 공군의 2가지 일상화된 방식의 업무처리가 "객관적으로" 충분히 확보된 보복 공격력을 심각히 훼손시켰다. 첫째, 전쟁 위기 상황에서, 이집트 공군은 대부분의 공군기를 활주로에 나란히 세워 놓았다. 이는 1차 공격을 받았을 때 보다 쉽고 빠르게 항공기를 이륙시키기 위한 것이었다. 하지만 이러한 전개 방식이 이스라엘 공격에 취약하도록 만들었다.[66] 둘째, 이집트 공군은 언제나 이스라엘 공격이 예상되는 동틀 무렵에 전투 요격기를 방어적 항공 순찰에 투입했고, 다른 항공기들은 "비상대기" 상태를 유지했다. 그러다가 정확히 07시 30분이 되면 임무가 종결되어 항공기는 급유에 들어가고, 조종사를 포함한 군인들은 아침식사를 했다. 이스라엘은 이것을 알고 있었고, 07시 45분에 이집트 공군기지를 공격하기 시작했다.[67] 확고해 보였던 이집트 공군력은 전쟁 개시 1시간 만에 사실상 거의 파괴되었다.

 두 번째는 1990년대 북한 사례이다. 만약 북한이 국제 협약을 위반한 상태에서, 모든 잠재적인 적국을 속여가면서 핵 무기 개발 프로그램을 진행했다면, 생존 가능한 핵 억지력을 1990년대에 확보할 수 있었을까? 아마 가능했을 것이다. 하지만 북한 정부는 비밀 핵 무기 프로그램을 적국들에게 감추지 못했고, 원하는 대로 일이 풀리지 않았다. 북한처럼 고도로 중앙집중화되고 비밀스러운 국가의 정부마저도, 복잡한 사무를 처리하는 거대 조직에서 나타나는 일상화된 업무처리로 인해 의도치 않게 비밀이 누설되었다. 그렇다면, 미국은 어떻게 북한이 핵확산방지조약NPT을 위반해 가면서 핵 무기를 개발한다는 것을 눈치채게 되었을까? 이 질문에 대한 상세한 해답은 비밀사항으로 감추어져 있지만, 북한 조직의 일상화된 업무처리가 하나의 중요한 요인으로 작용했다는 것은 분명한 사실이다. 1990년대 초, 북한 지도부는 핵 무기 개발의 단서가 될 수 있는 핵 폐기물을 영변 원자로 단지에 감추고자 했다. 하지만 소련 기술자로부터 훈련을 받은 북한 기술자들은 소련 핵 폐기물 저장 시설과 매우 흡사한 저장 시설을 만들었고, 미국 정보기관은 이 비밀시설을 즉시 알아보았다.

데이비드 얼브라이트David Albright에 의하면, "이 장소에는 액체와 고체 폐기물을 저장하는 지상의 견고한 구조물 위에 독특한 패턴의 원형과 정사각형 구멍이 있었다."[68]

조직의 문제로 인해 비밀 시설을 건설하면서 이미 건설된 시설의 특정한 패턴을 모방하다가 비밀이 누설된 북한 사례는 쿠바 미사일 전개 과정에서 발생한 소련군의 실수와 매우 흡사하다. 핵 무기를 개발하고자 하는 국가와 상대 정보기관의 쫓고 쫓기는 생존게임에서, 이러한 핵 무기 개발국가의 일상적 업무처리는 예상치 못한 엄청난 수준의 군사적 어려움을 가져올 수도 있다.

순수하게 합리주의자의 관점에서 보면, 매우 작은 국가들이 핵 무기를 가지는 것은 우려스러운 일이다. 왜냐하면, 이 국가들은 정확도를 갖춘 대륙간 탄도미사일이나 잠수함 발사 탄도미사일을 획득할 재정이 부족할 뿐만 아니라 이동식 미사일도 자국에 충분히 배치할 여력이 없기 때문이다. 여기에다가, 조직이 안고 있는 문제들을 생각할 때 우리는 핵 무기 확산에 대해 훨씬 더 비관적인 평가를 할 수밖에 없다. 비록 생존 가능한 핵 무력을 개발할 만큼 경제적 자원이 풍부하고 지리적 여건이 좋다고 하더라도, 만약에 전문화된 군에서 조직적 편향성이 나타나고 불안정한 일상적 업무처리가 만연되어 있다면, 신뢰할 만한 2차 타격 능력을 개발하기 어렵다.

조직, 우발적 사건 그리고 확산

안정된 억지를 위한 마지막 요구사항은, 핵 무력이 우발적 또는 승인 없이 사용되지 않아야 한다는 것이다. 왈츠는 이러한 위험이 있다고 하더라도 그것은 일시적이며 쉽게 해소될 수 있다고 확신한다.

현재 핵 무기를 보유한 모든 국가들이 초기에는 조잡한 핵 무기를 가지고 있었고, 지금까지 핵 무기를 잘 통제해 오고 있다. 미국과 소련의 관계 그리고 이후 미국, 소련, 중국의 관계가 매우 악화되었을 때, 이 국가들은 핵 무기 개발 초기 단계에 있었고, 핵 무기 통제에 어려움을 겪었다. 그런데 우리는 왜 새로운 핵 무기 보유국가들이 미국, 소련, 중국이 적절히 대응할 수 있었던 어려움보다 더 큰 어려움에 직면할 것이라고 예상하는가?(제1장)

왈츠는 수사학적인 질문을 한 후 합리주의적 가정으로 대답을 한다. 아마도, 자국의 핵 무력을 엄격한 통제하에 두는 것이 새롭게 핵 무기를 확보한 국가의 이익에 적합할 것이다. 따라서 그 국가들은 그렇게 할 것이다. 왈츠는 이렇게 설명한다.

이 국가들이 핵 무기를 잘 관리할 것인지를 걱정할 필요가 없다. 왜냐하면, 이들이 핵 무기를 적절히 관리함으로써 얻을 수 있는 이익이 무척 크기 때문이다. 어느 국가도 우발적인 사고로 핵 탄두가 다른 국가로 발사되어 심각한 보복을 당하는 것을 원하지 않는다. (제1장)

핵 무기 사고 가능성에 대해서 조직이론은 무엇을 말하는가? 만약 조직이 고도로 합리적이라면, 위험한 기술들을 관리하고, 심각한 사고를 회피하는 데 있어서 극도로 높은 신뢰성을 확보할 수 있을 것이다. 이를 위해서는 다음의 3가지 전략을 이행해야 한다. 첫째, 수많은 예비 안전장치들을 갖춘 여분의 시스템 건설하기. 둘째, 조직 문제가 나타난 경우 그 문제를 해결하기 위하여 시행착오에서 교훈을 찾기. 셋째, 조직 구성원들에 대한 엄격한 사회화와 훈련을 통해 "신뢰의 문화" 만들기.[69] 만약 조직이 단지 제한적으로 합리적이고, 목표와 보상에 대한 정치적 갈등을 내포하고 있다면, 훨씬 더 비관적인 평가가 가능할 것이다. 이러한 접근을 통해서 볼 때, 위의 3가지 전략을 따랐다 하더라도, 과연 어느 국가가 "사고로부터 완전하게" 안전한 핵 무력을 건설할 수 있을까 하는 의문이 제기된다.

찰스 페로우Charles Perrow가 저술한 '보통의 사고들Normal Accidents'에 의하면, 모든 거대 조직들은 원자력 발전소, 석유화학 산업, 선진화된 바이오 기술, 석유 저장시설과 같은 위험한 기술을 관리하기 위하여 기술 시스템을 만들게 되는데, 그 거대 조직이 자신이 만든 기술 시스템을 이해하는 데 있어서 어느 정도 고유한 한계를 가지게 된다.[70] 만약에 조직이 모든 것을 다 알 수 있다면, 시스템의 모든 잠재적인 실패 유형을 예측하여 사전에 해결할 수 있을 것이다. 하지만 페로우가 주장하는 것처럼, 실제 세계에서 제한적인 합리성을 갖는 조직들은 불가피하게 시간이 지남에 따라 심각한 시스템 사고를 경험하게 된다. 특히, 다음의 2가지 구조적인 특성이 나타날 때 그러하다. 첫 번째는 '매우 복잡한 상호작용 체계'이고, 두 번째는 '밀착 결합tight coupling 상태'이다. 먼저 '매우 복잡한 상호작용 체계'란 충분히 파악하기 어려울 정도로 서로 밀접하게 상호작용하는 시스템을 말하며, '밀착 결합'이란 매우 시간 의존적이고 융통성 없는 생산 순서를 가진 상태를 의미한다.

나는 내가 집필한 "안전의 한계The Limits of Safety"라는 책을 통해, 페로우가 제시한 구조적 주장에다가 하나의 정치적 차원을 선명하게 추가한 '보통사고이론normal accidents theory'을 제시한다. 이 이론은 조직의 사고 가능성을 훨씬 높게 전망하도록 만든다. 위험한 기술을 관리하는 모든 거대 조직 내부에는 상충되는 목표들이 존재하기 마련이다. 일부 고위 관리자들은 안전에 높은 우선순위를 부여할 것이고, 다른 관리자들은 생산 수준 증대, 자기 조직의 규모 확대, 자신의 개인적 승진과 같은 보다 지엽적인 목표에 더 높은 가치를 둘 것이다. 이러한 목표 충돌은 위험한 행동을 가져올 수도 있다.

이렇게 정치적 태도에 초점을 맞추는 것은 매우 위험한 구조적 특성을 가진 시스템이 왜 만들어지는지 그리고 안전 문제에 대한 조직적 학습이 왜 종종 심각한 제한을 받게 되는지를 설명하는 데 도움이 된다.[71]

'보통사고이론'에 따르면, 조직의 안전을 개선하기 위하여 사용하는 3가지 기본 전략 모두 많은 문제가 있다. 일부 조건에서는, 추가적인 예비 지원 시스템이 생산을 저하시킬 수 있다. 예비 시스템은 전체 시스템을 보다 복잡하고 불투명하게 함으로써 숨겨진 재앙적인 공동양식의 실수들을 만들어 낸다. 그럼에도 불구하고, 거대조직들은 종종 복잡한 시스템에다가 예비 시스템을 계속해서 추가한다.72) 왜 그러는 것일까? 조직들은 신뢰성을 개선하기 위하여 필요한 경우뿐만 아니라 사건이 발생한 후에 문제를 해결하기 위하여 무엇인가를 해야 할 때 흔히 예비 시스템을 추가한다. 생산에 크게 도움이 되지 않는 예비 시스템이 때로는 하부 조직들의 협소한 이해관계, 즉 조직, 자원, 자치권 확대를 위해 만들어지기도 한다. 조직 내부의 비난 정치는 사고로부터 시행착오의 교훈을 배우지 못하도록 만든다. 조직 지도자 입장에서는 사고의 모든 책임을 하위직 운영자에게 떠넘기는 것이 이익이다. 이를 통해, 고위급 지도자들은 사고의 책임으로부터 벗어날 수 있다. 그리고 사고 가능성이 높은 절차나 구조를 변경하는 것보다 하위직 운영자를 해고하는 것이 대개 비용이 적게 들어간다. 이것을 너무나 잘 알고 있는 현장 운영자들은 가능하다면 안전사고를 보고하지 않는다.

마지막으로, '보통사고' 관점에서 볼 때, 강한 문화와 사회화가 조직의 신뢰성에 부정적인 영향을 미칠 수 있다. 왜냐하면, 강한 문화와 사회화는 구성원들에게 조직의 명성에 지나친 관심을 가지도록 할 뿐만 아니라 내부 비판자들과 외부자들의 의견을 무시하도록 만든다. 한발 더 나아가 조직의 문제가 은폐될 수도 있다.

미국 핵 안전 경험

'보통사고이론'의 시각에서 볼 때, 현대 핵 무력의 안전은 내재적으로 한계가 있다. 이것을 예상하도록 하는 몇 가지 분명한 이유들이 있다. 먼저, 공격을 받았을 때 즉각 보복대응이 이루어져야 하기 때문에, 핵 무력이 확대되고, 지휘 시스템이 더욱 복잡해지며, 핵 무력과 지휘 시스템 사이에 '긴밀한 연결성'이 나타난다. 군 사령부와 민간 사회 사이에 그리고 군 조직 내부에 상충하는 이해관계가 존재하기 때문에, 핵 무기를 관리하는 군 조직은 불가피하게 정치화된다. 냉전기간 동안 미국에서 핵 무기 사고가 발생할 위험도는 얼마나 되었는가? 우발적으로 전쟁이 발발할 가능성은 어느 정도 되었는가? 확보 가능한 증거들에 의하면, 핵 무기 사고 발생과 우발적 전쟁 발발 직전까지 간 사례가 여러 차례 있었다. 그리고 이러한 안전 문제들에 대한 미군의 대응을 통해서 조직의 학습이 매우 제한적으로 이루어진다는 것을 알 수 있다.

　1962년 10월, 쿠바 미사일 위기와 관련된 미군의 자료들이 새롭게 공개되었다. 이 자료들은 위험한 군사작전에 대한 것인데, 핵 무기 사고와 우발적 전쟁 위험이 잘 드러나 있다. 먼저, 쿠바 미사일 위기 초기에, 미 전략공군사령부는 캘리포니아 반덴버그Vandenberg 공군기지 안에 있는 10기의 시험용 대륙간 탄도미사일 중 9기에 핵 탄두를 탑재했고, 핵 탄두를 탑재하지 않은 1기의 시험용 대륙간 탄도미사일을 태평양으로 발사했다. 이것은 예정된 대륙간 탄도미사일 시험발사였다. 이 시험발사를 진행한 군 조직에서 누구도, 소련 정보당국이 이러한 핵 무기 전개를 파악하고, 긴장이 고조될 경우, 이 기지에서 핵 미사일이 발사될 것이라고 오해하여 이 기지를 목표물로 설정할 것이라고 생각하지 않았다.

　두 번째는 쿠바 미사일 위기가 고조되던 시기에 몬타나의 맘스트롬Malmstrom 공군기지에서 발생한 사례이다. 맘스트롬 공군기지 장교들은 대륙간 탄도미사일인 미닛맨Minuteman을 즉시 발사하기 위하여 발사권한을 임시로 자신들에게 부여했다. 이것은 미닛맨 안전 규칙에 현저히 위배되는 것이었다. 하지만 쿠바 미사일 위기 이후에 진행된 조사과정에서 증거는 조작되었고, 상부의 승인 없이 미사일이 발사될 수 있었다는 사실은 공개되지 않았다.

　세 번째 사건은 1962년 10월 28일에 발생했다. 미 북부 항공방어사령부NORAD는 쿠바에서 핵 미사일이 발사되었고, 그 미사일이 미국 플로리다 탐파Tampa에 거의 도달했다는 통보를 받았다.

하지만 그 시간 탐파에서는 어떠한 핵 미사일 공격도 없었다. 곧 밝혀진 것은, 레이다 운영자가 쿠바로부터 핵 미사일 공격이 있을 경우를 가정한 시뮬레이션 테이프를 레이다 시스템에 잘못 삽입하였고, 이것을 알지 못한 통제실 장교가 실제 공격으로 판단했던 것이다.

이러한 사고가 있은 후 같은 사고를 예방하기 위한 조직의 학습은 거의 이루어지지 않았다. 사고와 관련된 군 절차들과 일상화된 업무처리 방식들이 사고 이후에도 변경되지 않았다. 각 사례에서 나타난 심각한 안전상의 문제들이 고위 장교들에게 보고되지 않았다. 이로 인해 아랍－이스라엘 전쟁이 한창이던 1973년 10월, 미군 사령부는 잘못된 정보에 의해 핵 경계태세를 발령하는 실수를 반복했다.

그리고 2007년 8월 29일, 6기의 핵 탄두 탑재 AGM－129 크루즈 미사일이 미놋Minot 공군기지에서 실수로 B－52 폭격기에 실려져서 바크스데일Barksdale 공군기지로 운반되었다. 평시에 핵 무기를 항공기로 운반하는 것 그리고 핵 무기를 실은 항공기가 급유를 받거나 엔진의 출력을 높이는 것은 모두 철저히 금지되어 있다. 미놋의 사례에서는 핵 무기가 항공기로 운반되었을 뿐만 아니라 핵 무기를 실은 채 항공기가 급유도 받았고, 엔진의 출력도 높였다. 여기에 더하여, 이날 운반된 핵 무기에는 현대 모든 미국 핵 무기에 안전상의 이유로 설치하는 '화재저항장치FRP'도 없었다. 폭격기 조종사가 폭격기에 핵 무기가 실려 있다는 것을 알지 못했기 때문에, 만약 폭격기가 사고를 당하거나 이상이 생겼다면, 크루즈 미사일을 핵 무기가 아닌 일반 무기로 인식하고 그 절차에 따라 투하했을 것이다.

미국 국방과학위원회 산하 핵 무기 안전보장 상임 테스크 포스는 '승인받지 않은 핵 무기 이동에 관한 보고서'를 발행했다. 이 보고서에 의하면, 미국 전역에서 핵 무기가 승인을 받지 않은 상태에서 운반되었고, 이로 인해 많은 문제가 발생했다. 시간이 지남에 따라, 군 기술자들은 핵 무기

관리에 부주의하게 되었고, 절차들이 생략되었으며, 손쉬운 일 처리가 일상화되었다. 비활성 핵 탄두가 탑재된 미사일이라는 것을 알려주기 위해 미사일의 여러 면에 안내판이나 안내도구를 설치하도록 규정하고 있지만, 미놋 공군기지의 경우 이러한 안내를 8×10인치 종이를 붙이는 것으로 대체했다. 미사일의 고유번호를 확인하는 등의 다른 검증조치들은 이행되지 않았다.[73]

핵 확산과 핵 무기의 안전

왈츠는 이렇게 질문한다. '우리는 왜 새롭게 핵 무기를 보유하는 국가들이 기존 핵 무기 보유국가들보다 더 큰 어려움에 직면한다고 예상해야 하는가?' 냉전기간 동안 미국은 핵 무기 사고 직전까지 가는 위험한 상황을 여러 차례 경험했다. 이러한 미국의 경험을 통해 알 수 있는 것은, 새롭게 핵 무기를 보유하게 될 국가들이 기존 핵 무기 보유국가들이 경험했던 만큼'만' 사고 위험에 직면한다고 하더라도, 핵 무기 사고의 가능성은 충분히 우려할 만한 것이다. 하지만 불행하게도 다음의 5가지 이유로 인해, 새롭게 핵 무기를 보유하게 될 국가들이 훨씬 더 큰 핵 무기 사고 위험에 직면하게 될 것으로 예측된다.

첫째, 일부 신생 핵 무기 보유국가들은 적절한 기계적 안전장치와 안전한 핵 무기 운영에 필요한 조직적 그리고 재정적 자원이 부족하다. 왈츠의 용어를 빌리면, 비록 모든 국가들이 "조잡한 핵 무력"으로 시작하긴 하지만, 가난한 국가의 핵 무기는 훨씬 조잡할 것이고, 이 상태가 오랫동안 지속될 것이다. 1991년 페르시아 걸프전쟁 직후 유엔 조사관들이 발견한 이라크 핵 무기 프로그램이 앞의 예측을 뒷받침한다.

조사관들은 이라크 핵 폭탄 설계도를 발견했다. 그것은 매우 불안정한 것이었다. 그 설계도에 따르면 많은 무기급 우라늄을 폭탄 중심 부분에 잔뜩 밀어 넣어야 한다. 그런데 그렇게 되면 그 폭탄은 심지어

작업대 위에 올려놓기만 해도 폭발직전 상태가 된다. 한 조사관은 이
렇게 말했다. "총알 한 방만 맞아도 그 폭탄은 폭발할 것이다. 그 폭
탄이 이 책상 모서리에 놓여진다면, 나는 그 주변에 있고 싶지 않을
것이다."74)

둘째, 현대 세계에서 나타나는 핵 확산의 "불투명한" 또는 비밀스러운
특성이 핵 무기의 안전문제를 악화시킨다. 핵 무기의 공식적 보유로 인해
경험해야 할 국제 외교적 결과가 두렵기 때문에, 대부분의 신생 핵 무기 개
발 국가들은 비밀스러운 방식으로 핵 무기 능력을 발전시켜 왔다. 이스라엘,
인도, 남아프리카 공화국, 파키스탄, 북한 그리고 이란이 이러한 패턴을 밟
아왔다. 그런데 이러한 불투명한 방식의 핵 무기 보유국가 지위 획득은 다
음의 조직적 그리고 기술적 이유로 인해 본질적으로 매우 불안정하다.
먼저 조직적인 면에서, 핵 무기 프로그램의 비밀성과 엄격한 구획화는
핵 문제에 대한 대중 토론을 부족하게 만들고, 안전을 위한 철저한 모니터
링을 어렵게 한다. 이로 인해 협소한 관료적, 군사적 이해관계가 도전받지
않을 가능성이 높아진다. 예를 들어, 민주국가인 인도에서도 핵 무기 공정
이 정치 지도자들에 의해 철저히 모니터링되거나 감독을 받지 않았다.75)
마지막으로 기술적인 측면에서, 한 가지 중요한 기술적 제한사항이 신
생 핵 무기 개발 국가들의 안전 문제에 악영향을 미친다. 즉, 완전한 핵
무기의 폭발실험을 할 수 없다는 점이 안전한 핵 무기를 효과적으로 설계
하는 데 어려움을 준다. 예를 들어, 남아프리카 공화국의 핵 무기 기술자
들이 핵 폭발 수단을 처음으로 실험했을 때, 그들은 "당시 개발 중에 있
었기 때문에 엄격한 안전, 보안, 신뢰성을 담보할 수 있는 사양을 충족하
지 못한 설계도"에 근거하여 실험을 했다.76)
새로운 핵 무기 보유국가들이 핵 무기 사고에 취약할 것이라고 예측되
는 세 번째 이유는 그들의 '긴밀한 연결성' 문제와 관련이 있다. 냉전 시
기 미·소와 달리, 새로운 핵 무기 보유국가들은 그들의 잠재적 적국들과

더욱 가까워졌다. 이로 인해 핵 무기를 보유하는 초기부터 새로운 핵 무기 보유국가들은 '긴밀한 연결성' 문제에 더욱 심하게 시달리게 된다. 냉전 초기, 즉 핵 무기가 전략 폭격기에 의해서 투하되던 시기에 미국과 소련은 핵 경고가 사실인지 여부를 수 시간 이내에 판단하면 되었다. 이후, 대륙간 탄도미사일이 배치되던 1960년대에는 약 30분 내로 판단해야 했으며, 1970년대 탄도미사일 탑재 잠수함이 적국의 해안에 전개되면서, 판단 시간은 10분 이내로 짧아졌다. 새로운 또는 잠재적인 핵 무기 보유 경쟁국가인 이란과 사우디아라비아, 인도와 파키스탄, 북한과 남한은 국경을 인접하고 있기 때문에 그들의 적국이 핵 경쟁을 시작할 경우 실수할 여유가 거의 없다. 그리고 이 국가들 중에서 더 가난한 국가일수록, 도전적인 환경에서 성공적으로 운영할 필요가 있는 신뢰성 있는 조기 경고 시스템을 갖추기 어려울 것이다.

넷째, 만약 새로운 핵 무기 보유국가의 정부 지도자가 적국의 '참수(斬首) 공격'에 대한 공포를 가질 경우, 우발적인 핵 전쟁 가능성이 특히 높아질 것이다. 참수 공격이란 적국의 중심적인 지도자에게 공격을 가하는 것을 말한다. 이 지도자는 핵 무기 사용권한을 더 낮은 지휘관에게도 부여할 것이다. 이에 대해, 핵 확산 낙관주의자들은 그러한 일이 발생하지 않을 것이라고 주장한다. 그들은 새로운 핵 무기 보유국가의 지도자들이 쿠데타 또는 불복종이 두려워서, 결코 핵 무기 사용권한을 하부단위 지휘관들에게 부여하지 않을 것이라고 말한다.

비록 새로운 핵 무기 보유국가의 핵 무기 사용권한 사전 위임에 대한 세부 정보가 부족하긴 하지만, 걸프전쟁 기간에 이라크에서 생물학 무기와 화학 무기에 대한 사용권한이 사전 위임되었다는 사실이 핵 무기 사용권한 사전 위임 가능성을 높여준다. 그리고 이러한 핵 무기 사용권한 사전 위임은 잘못된 경고의 대응으로도 우발적인 핵 전쟁이 일어날 수 있다는 심각한 위험성을 보여준다.

1990년-1991년 걸프전쟁 동안, 사담 후세인은 생물학 무기인 보툴리

눔 독소, 탄저병, 아플라톡신을 채운 탄두로 무장된 25기의 스커드 미사일과 화학 무기 탄두 적재 미사일 50기의 사용권한을 이라크 특별안보기구SSO 고위 사령관들에게 사전 위임할 군사적 필요성을 강하게 느꼈다. 만약에 이스라엘과 연합군이 핵 무기로 바그다드를 공격할 것이라고 이라크 고위 사령관들이 확신했다면, 이들은 생화학 무기가 탑재된 미사일을 이스라엘로 발사했을 것이다. 바그다드가 핵 공격을 받았다는 증거는 오직 육안 관측으로만 파악할 수 있었다. 왜냐하면, 바그다드와 이라크 특별안보기구 단위 부대 간의 통신이 끊어졌기 때문이다. 1990년 4월, 후세인은 미 상원의원단과의 대화에서 이 전략을 강조한 바 있다.

> 우리가 바그다드에서 지휘관 회의를 하고 있을 때, 우리에게 핵 폭탄이 떨어질지도 모른다. 그래서 우리는 다음과 같은 군사명령을 공군 기지와 미사일 기지 사령관들에게 분명히 전달해 놓았다. 만약에 우리 국가의 한 도시가 핵 공격을 받았고, 상급기관으로부터 아무런 군사명령이 없는 경우, 이스라엘에 도달할 수 있는 모든 무기로 이스라엘을 공격하라.77)

이러한 사전 위임 정책은 참수 공격의 두려움이 있는 경우 합리적인 대응일 것이다. 하지만 이 정책은 불가피하게 우발적인 전쟁의 위험성을 높인다. 1991년 걸프전쟁 때 있었던 2가지 사건은 이러한 위험을 극적으로 보여준다.

첫째, 1991년 1월 28일 미국이 이라크 바스라Basra에 있는 거대한 화약 벙커를 폭격했을 때, 소련과 이스라엘이 미국 지도부에 미군이 핵 폭탄을 투하했는지 문의를 할 정도로 폭발이 컸다. 소련은 적외선 위성 모니터를 통해 이스라엘은 미국 위성의 지상통신을 통해 이 폭발을 감지했다.78)

둘째, 1991년 2월 7일 미국이 강력한 폭탄인 "데이지 커터Daisy Cutter" BLU-82를 사용했을 때 기록에 의하면, 영국의 한 특공대원이 거대한 폭발을 목격했고 보안처리가 되지 않는 무전을 통해 "상관님, 미국 친구가 쿠웨이트를 핵 공격했습니다."라고 보고했다.[79] 걸프전쟁 기간에 발생했던 이러한 사건들을 통해, 핵 무기를 담당하고 있는 특수 보안 관리들이 앞의 사례와 같이 부정확하게 상황을 인식할 경우, 사전 위임된 권한을 사용하여 핵 무기를 발사하게 되는 시나리오가 상상에 그치지 않을 것임을 알 수 있다.

우발적이고 승인받지 않은 핵 무기 사용이 현저히 증가할 것으로 예상되는 다섯 번째 이유는, 가까운 장래에 심각한 정치적 그리고 사회적 혼란을 겪는 핵 무기 보유국가가 생겨날 가능성이 높다는 것이다. 이에 대해 왈츠는 다음과 같이 새롭게 핵 무기를 보유한 국가들의 국내 불안정이 심각한 문제를 발생시키지 않을 것이라고 주장한다.

> 핵 무기 보유국가가 현재 또는 미래에 국내 불안정을 경험할 수 있다. 그런데 국내 권력 투쟁의 당사자들이 핵 무기를 사용하기 시작할 것이라는 주장은 이해하기 어렵다. 그들이 누구를 향해 핵 무기를 사용한단 말인가? 핵 무기 보유국가가 권력 승계의 불확실성을 경험할 수 있다. 그리고 그것이 격렬한 권력 투쟁을 가져올 수도 있고, 정권 불안정을 야기할 수도 있다. 하지만 최악의 상황을 우려하는 사람들도 이러한 사건들이 어떻게 핵 무기 사용으로 이어지는지에 대해서 설명하지 못한다.(제1장)

그런데 왈츠는 핵 무기의 의도적 사용에만 초점을 맞추고 있다. 사실 극심한 국내 불안정은 우발적으로 핵 무기가 폭발되는 다양한 상황을 만들어낼 수 있다. 새롭게 핵 무기를 보유한 국가에서 내전이 발생한다면, 핵 무기 기지를 둘러싸고 군 파벌 간 전투가 치열하게 전개될 것이다. 이 과정에서 핵 폭탄이 우발적으로 폭발되거나 플루토늄이 이전될 위험이 증대된다.

국내 불안정으로 군사기지에 경제적 어려움이 가중되고 군 간부들의 불만이 고조될 경우, 불만을 품은 군 간부들이 태업행위를 할 것이고 이 과정에서 의도치 않게 또는 고의적으로 사고가 일어날 수 있다. 과거에 발생했던 위험한 사고 한 가지를 소개하고자 한다. 이 사고는 미래 핵 무기 보유국가에서 일어날 가능성이 있다. 1992년 초, 리투아니아에 있는 이그날리나Ignalina 원자력 발전소에서 일하는 한 프로그래머가 원자력 발전소 안전 시스템을 관리하는 컴퓨터에서 바이러스를 발견했다고 보고했다. 그런데 조사 결과 바이러스를 컴퓨터에 심은 사람은 바로 신고한 그 프로그래머였다. 그는 안전을 개선한 사람에게 주어지는 보너스를 받기 위해서 그렇게 한 것이었다.[80]

마지막으로, 국내정치적 불안정은 핵 무기 운반, 연습, 테스트 훈련의 안전성을 낮추기 때문에 핵 무기 사고의 위험이 증대된다. 만약 1991년 소련에서 그랬던 것처럼 핵 탄두를 불안정한 지역으로 급하게 이동시킨다면 또는 1961년 알제리에서 그랬던 것[81]처럼 반란군이 핵 무기에 접근하지 못하도록 하기 위해 핵 무기 실험을 서두른다면, 안전은 뒷전으로 밀리게 될 것이다. 국내 위기 상황이 만들어 낸 가장 극적인 위험 행동 사례는 문화혁명 상황에서 발생한 중국 녜 룽전Nie Rongzhen 장군 사례이다. 녜 룽전 장군은 1966년 10월 핵 탄두를 탑재한 미사일이 중국을 800km 가로질러 핵 실험장에 떨어지는 실험작전을 승인했다. 녜 룽전 장군은 이러한 전례없는 실험작전의 위험을 충분히 인식하고 있었다. 하지만 그는 "급진주의자들이 핵 무기 프로그램에 관여하는 것을 막기 위해 급진주의자들의 편을 드는 전략"의 일환으로 핵 무기 프로그램의 극적이고 공개적인 성공 표시가 필요하다고 확신했다.[82]

한마디로 말해서, 아직까지 새롭게 핵 무기를 보유한 국가에서 어떠한 재앙적인 핵 무기 사고가 발생하지는 않았지만, 앞으로 핵 무기 사고가 발생할 가능성이 아주 높을 것이라고 예측하기에 충분한 이유들이 있다. 만약 핵 무기 사고가 발생한다면, 그 사고는 지역공동체에 비극적 결과를 초래할 것이다. 그리고 우발적 폭발, 잘못된 경고, 승인받지 않은 핵 무기의 사용은 "실수에 기인한 보복 공격"과 우발전쟁으로 이어질 수 있다. 이럴 경우 결과는 훨씬 더 재앙적일 것이다. 핵 무기를 보유하려고 하는 국가가 핵 무기의 "무기화" 단계, 즉 완전히 조립된 핵 무기와 발사대를 실제로 전개하는 단계를 선택하지 않는다면, 이러한 안전문제는 대체로 가라앉게 될 것이다. 하지만 일단 핵 무기가 전개되기 시작하면, 앞에서 다룬 조직의 안전문제가 급격하게 발생할 것이다. 그리고 현재의 긍정적인 안전 기록이 폭풍 전 고요상태가 될 것이다.

결론: 조직들을 과거로 돌리기

핵 무기 전파가 안정된 억지를 가져올 것이라는 핵 확산 낙관주의자들의 전망은 합리적 전제에 기반한다. 그 합리적 전제에 의하면, 새롭게 핵 무기를 보유한 국가들은 핵 전쟁을 회피하는데 이익이 있고, 그 이익에 따라 행동하게 될 것이다. 새롭게 핵 무기를 보유한 국가들은 예방 핵 전쟁을 회피할 것이고, 생존 가능한 핵 무기들을 개발할 것이며, 핵 무기 사고가 발생하지 않도록 예방할 것이다. 왜냐하면, 이러한 행동들이 국가이익에 명백히 부합하기 때문이다. 하지만 나는 이러한 주장에 반론을 제기한다. 새롭게 핵 무기를 보유한 국가들의 실제 행동은 각국의 군 조직에 의해 강하게 영향받을 것이다. 그리고 군 조직의 공통된 편향성, 엄격하게 일상화된 업무처리 방식, 편협한 이해관계는 억지실패와 우발적인 핵 무기 사용을 가져올 수 있다. 이것은 국가이익에 반하는 것이다. 핵 무기 확산에 대한 이러한 비관적 전망은, 복잡한 조직에 관한 풍부한 이론적, 경험적 연구결과에 의해 뒷받침된다. 국가의 합리성에 대한 실질적인 가정에 기반한 나의 이론은, 냉전기간 미국 핵 역사에 유용한 통찰을 제공하며, 오랜 평화 시기에 핵 억지를 유지시켜 왔던 중요한 요인으로 군 조직에 대한 민간 통제의 견제와 균형을 강조한다. 비록 역사의 판단은 미래 핵 확산 이후 나타나게 될 결과에 의해 내려지겠지만, 핵 확산이 진행

되는 현재 세계에서 얻어지는 증거들은 불행하게도 나의 비관적 전망을
지지한다.

조직을 국제관계이론으로 데리고 가기

모든 핵 무기 보유국가들은 아주 합리적으로 행동할 것이고 억지에 요
구되는 모든 조치를 취할 것이라고 가정함으로써, 왈츠와 핵 확산 낙관주
의자들은 합리적인 국가가 해야 하는 행동과 실제 국가가 하게 될 행동을
뒤섞어 놓았다. 이것은 한스 모겐소Hans Morgenthau, 조지 케넌George Kennan과
같은 미국 고전 현실주의자들이 드물게 저질렀던 하나의 오류다. 그들은
국가들이 힘의 균형 정치 논리를 따를 것이라고 확신했지만, 그들의 전체
적인 기획은 미국이 힘의 균형 논리에 따르지 않을 것이라는 공포에 의해
더욱 활성화되었다.83) 또한 이러한 전제는 왈츠가 그의 저서 '국제정치이
론Theory of International Theory'에서 회피하고자 했던 오류다. 왈츠는 그의 책에
서 다음과 같이 주장했다. "이론은 합리성의 가정을 요구하지 않는다. …
(중략)… 단지, 이론이 말하는 것은 만약에 누군가가 비교적 잘한다면, 다
른 사람들이 그것을 모방하거나 모방에 실패한다는 것이다."84)

국제관계이론에 이러한 자연선택 요인을 추가함으로써 합리성 가정에
대한 부담을 줄일 수 있다. 나의 접근은 이러한 관점에서 일관된다. 많은
핵 무기 보유국가들은 합리적으로 행동한다. 하지만 일부 국가들은 그렇
지 않을 것이고, 결국 "실패"하게 될 것이다. 여기서 실패한다는 것이 곧
핵 무기 사용을 의미하는 것은 아니지만, 그 실패가 전체 국제체제에 매
우 심각한 영향을 미치게 될 것이다.

1986년에 왈츠가 정확히 지적한 바와 같이, "우리가 관심을 가지는
모든 문제를 현실주의이론이 다루지는 않는다. 시장이론이 때때로 회사이
론을 필요로 하는 것처럼, 국제정치이론이 때때로 국가이론을 필요로 한
다."85) 핵 확산의 결과를 이해하는 것이 정확히 여기에 해당한다. 우리는
공통된 조직적 행동들이 어떻게 그리고 언제 핵 혁명에 대한 합리적 대응

을 제한할 수 있는지에 관한 아이디어들을 핵 무기의 미래 예측에 활용할 필요가 있다.

조직을 반-확산 정책에 데리고 가기

핵 확산에 대한 나의 조직수준 접근이 가지는 정책적 함의는 무엇인가? 첫째, 나의 접근은 미국이 능동적인 핵 비확산 정책을 유지하는 것이 매우 정확하다는 것을 말해준다. 핵 무기를 보유한 국가가 증가하는 것이 우리의 목표는 아니지만 숙명인 것은 분명하다. 이러한 면에서, 새롭게 핵 무기를 보유한 국가들의 국방 분석가들이 왈츠를 대표로 하는 미국의 핵 확산 낙관주의자들의 주장이 담긴 글들을 점점 더 많이 읽고 있으며, 그들 국가의 핵 무력 확대를 정당화하기 위해 인용하고 있다는 것은 불행한 일이다.86) 하지만 다행인 것은, 미국 정부 관리들이 낙관주의자들의 관점에 설득되지 않고 있으며, 미국정책이 핵 무기 확산에 대한 강한 반대에서 벗어나지 않고 있다는 것이다.

둘째, 핵 확산에 대한 보다 효과적인 접근은, 현재 우리의 정책적 노력에다가 지적인 설득을 추가하는 것이다. 우선적으로 잠재적 핵 무기 보유국가에 핵 물질이 공급되는 것을 제한하고, 이 국가들에게 안전보장을 제공해 주어야 한다. 잠재적 핵 무기 보유국가에서 주로 비밀리에 그리고 때로는 공개적으로 핵 무기 개발 지식에 대한 지속적인 토론이 있다. 이러한 토론에 영향을 미치기 위해서, 비확산 옹호자들은 관련된 국내 조직 행위자들의 이해관계와 인식을 보다 잘 이해할 필요가 있다. 잠재적 핵 보유국가의 의사결정자들에게 핵 확산이 **미국에게 이익**이 되지 않는다고 말할 필요가 없다. 그들에게 필요한 것은 핵 무기 보유가 **그들 국가의 이익**에 도움이 되지 않는다는 확신이다. 잠재적 핵 무기 보유국가의 민간 지도자, 군 지도자, 일반 국민들에게 알려 주어야 하는 것은, 핵 무기를 개발할 경우 잠재적 적국의 예방 타격 표적이 될 수 있다는 것이다. 그리고 생존 가능한 핵 무력을 완성하는 것이 결코 쉽지 않으며, 핵 무기를 개발한다고 하더라도 핵 무기의 우발적 또는 승인받지 않은 사용으로 인해 위기에 처할 수 있음을 알려 주어야 한다. 여기에 더하여, 핵 무기의 보유가 그들의 협소한 이익, 즉 민간 지도자들의 정치권력 추구, 군 지도자들의 자치권 추구, 일반시민들의 안전 추구에도 도움이 되지 않는다고 설득해야 한다.

마지막으로, 조직적 접근은 미국의 노력에도 불구하고 핵 확산이 이루어질 경우, 확산을 관리하는 노력에 대해 비관적이긴 하지만 가치 있는 관점을 제시해 준다. 표면적인 수준에서 조직이론적 관점은, 핵 무기 전파로 인한 위험한 결과들을 감소시키기 위해서 미국이 새로운 핵 무기 보유국가와 협력해야 한다고 말한다. 이 협력에는 조직의 '최상의 관례', 기술, 경험에 대한 지식 공유가 포함된다. 하지만 조직이론적 관점은 보다 심층적인 수준에서 매우 혼란스러운 교훈을 말해 주는데, 그것은 조직적 이유들로 인해 이러한 협력이 성공할 것 같지 않다는 것이다.

억지를 위한 3가지 요구사항이 있다. 첫째, 가장 중요한 조치로서, 미국은 새롭게 핵 무기를 보유한 국가에서 예방전쟁을 일으키는 군대의 편향성이 줄어들도록 하는 조치를 취해야 한다. 이를 위해 새롭게 핵 무기를 보유한 국가에서 군에 대한 민간 통제가 지속가능하도록 해야 한다. 하지만 이러한 노력이 완전한 효과를 거둘 수 있다고 말하기 어렵다. 왜냐하면, 일부 핵 무기 보유국가의 경우, 강력한 지위를 가진 군 조직이 중요한 의사결정 권한과 영향력을 포기할 것 같지 않기 때문이다. 그리고 핵 무기 보유국가 중에서 인기 없는 민간 정권이 권력을 잡고 있는 경우, 이 정권은 자신의 정권에 위협이 될 수 있는 역량 있고, 전문화된 군 조직을 보유하지 않으려고 할 것이다. 이 두 가지 경우 모두, 적절한 민–군 관계가 이루어지기는 어렵다. 민–군 관계를 개선하고자 하는 노력이 가장 효과를 낼 수 국가는 바로 이러한 노력이 가장 적게 요구되는 국가이다.

둘째, 새로운 핵 무기 보유국가들의 생존가능성을 높이기 위해서, 미국은 이 국가들과 협력해야 한다. 미국은 이 국가들과 정보, 작전 연습, 선진화된 경보 시스템을 공유해야 하며, 이 국가들이 안전한 핵 무력을 갖출 수 있도록 도움을 주어야 한다. 하지만 이러한 정책 또한 널리 실행될 것 같지는 않다. 왜냐하면, 세계 국가들이 미국의 이러한 협력 노력을 보고, 미국이 핵 무기 전파에 반대하지 않는다고 판단할 수도 있기 때문이다. 미국 정책결정자들은 이 점을 두려워할 것이다. 그리고 새롭게 핵 무기를 보유한 국가의 지도자들, 특히 군 지도자들은 자국의 세부사항에 대하여 미국과 논의하기를 원하지 않을 것이다. 이 국가 지도자들은 자국의 핵 취약성과 조직의 약점이 미국에 노출되는 것을 극히 두려워할 것이다.

셋째, 새로운 핵 무기 보유국가의 핵 사고 또는 승인되지 않은 핵 무기 사용의 위험을 줄이기 위해서, 미국은 이 국가들과 핵 무기 저장시설 안전 시스템, 무기-안전 설계 개선, 군 요원 신뢰성 프로그램과 같은 항목의 정보를 공유해야 한다.[87] 미국이 이들과 공유할 수 있는 기술은 핵 무기의 안전과 보안을 개선하는 정도의 기술이다. 핵 무기 사용과 관련된 준비태세 향상 기술은 공유되지 않지만, 미국의 다양한 기술공유가 이들에게 도움이 되는 것은 분명하다. 하지만 이들의 국가 지도자들이 새로운 핵 무기 보유국가들을 보다 안전하게 만들어 주고자 하는 미국의 정책을 이용하여, 높은 경계태세를 유지하면서 안정적으로 핵 무력 강화에 나설 우려도 있다.

핵 안전과 관련하여 조직이론적 관점이 제안하는 것은, 핵 확산 관리에 대하여 우리가 가지고 있는 사고방식의 패러다임을 변화시킬 필요가 있다는 것이다. 냉전기간에 미·소 두 강대국은 억지를 위해 짧은 시간 안에 발사할 수 있는 대량의 핵 무력을 확보했다. 미국은 새롭게 핵 무기를 보유한 국가들이 냉전 시기 두 강대국과 같이 되도록 해서는 안 된다. 이와 반대로, 안전을 위해 미국과 러시아는 새롭게 핵 무기를 보유한 국가들처럼 매우 적은 숫자의 핵 무력을 보유해야 하며, 핵 무기 부품들을 분해해 놓아야 하고, 핵 무기와 운반 시스템을 멀리 떨어뜨려 놓아야 한다. 그리고 핵 탄두를 민간 기구에서 관리하도록 해야 한다.

　　미국과 소련은 냉전기간에 여러 차례 위기를 맞긴 했지만, 핵 무기를 사용하지 않고 잘 살아남았다. 우리는 이것을 축하하고 놀라워해야 한다. 절대 이것이 군비통제나 비확산 정책을 시행하지 않도록 하는 이유가 되어서는 안 된다. 냉전기간에 미·소 양국이 핵 무기와 관련하여 경험했던 것은 얇게 언 강 위를 걸어가는 것과 같이 위태로운 것이었다. 두 강대국이 핵 무기를 사용하지 않은 것은 큰 위업이다. 다른 국가들도 두 강대국처럼 핵 무기를 안전하게 다룰 것이라고 생각해서는 안 된다. 그리고 미국과 소련이 영원히 이 위험한 길을 따라 걸을 수 있다고 생각해서도 안 된다.

세이건 주장에 대한
왈츠의 반론

핵 무기 전파, 그 끝없는 논쟁

03

·

세이건 주장에 대한
왈츠의 반론

케네스 왈츠

도입

독일 극작가 베르톨트 브레히트Bertolt Brecht의 작품 '억척 어멈과 그 자식들'에서 목사는 이렇게 말한다. "전쟁은 사랑과 같다. 그것은 언제나 방법을 찾는다."[1] 하지만 50년 이상 동안 핵 전쟁은 방법을 찾지 못했다. 머피의 법칙으로 알려진 격언은 이렇게 말한다. "사고란 나게 마련이다.", 즉 잘못될 수 있는 어떤 것은 결국 잘못된다는 것이다. 충분히 많은 실수가 있었다. 스콧 세이건이 많은 핵 사고에 대해 설명했는데, 그중 일부는 발생한 것이고, 또 다른 일부는 발생 직전까지 간 것이었다. 하지만 그 어떤 핵 사고도 누군가가 다른 누군가를 타격하는 일로 이어지지 않았다. 1960년 찰스 스노우Charles. P. Snow는 미국 과학자들 앞에서 행한 연설에서 이렇게 말했다. "우리는 확실한 통계적 진실을 통해, 만약에 핵 무기가 충분히 만들어진다면 그중 일부가 폭발할 것임을 알 수 있다. 사고, 속임수 또는 광기로 인해 폭발할 것이다. 하지만 동기는 중요하지 않다. 중요한 것은 통계적 진실의 본질이다." 1960년 통계적 진실은 스노우에게 이렇게 말하고 있었다. "그때부터 10년 안에 일부 핵 폭탄이 폭발할 것이다."[2] 하지만 지금 통계적 진실은 우리에게 그 이후로 60년 이상이 지났다고 말한다. 극작가들과 과학자들이 간과한 사실은, "통계적 진실"이란 원래 없다는 것이다.

핵 평화가 오랫동안 지속되고 있는 것이 역사적 경험에서 벗어나는 사건이기 때문에 설명이 필요하다. 1646년 시작된 근대기간 동안 강대국들 간에 그리고 주요 국가들 간에 평화가 이렇게 오래 지속된 적은 없었다. 스콧 세이건은 비관주의를 뒷받침하는 조건들과 문제들을 강조했다. 나는 이 세상에 확실한 것은 하나도 없다는 것을 명심하면서, 낙관주의를 뒷받침하는 조건과 가능한 해법을 강조하고자 한다

문제들과 위험들

나는 제1장에서 간과했던 주제인, 테러리스트 집단이 핵 탄두 통제권을 확보할 가능성에 대하여 세션 A에서 다루고자 한다. 그리고 국가에서 국가로 핵 무기가 천천히 전파될 때 나타나는 문제들을 세션 B에서 F까지 검토하고자 한다.

A. 테러

핵 테러의 가능성을 검토하기 전에, 나는 테러 위협 자체에 대해 조망해 보고자 한다. 존 더치John Deutch 전 중앙정보국CIA 국장은 1996년까지 25년간 전 세계적으로 테러행위가 감소했다고 설명했다.[3] 더 최근에 래리 존슨Larry Johnson은 전 세계적으로 테러에 의한 사망자 수가 1980년대 4,833명에서 1990년대 2,527명으로 감소했다고 지적했다. 미국인들은 테러행위를 외국인들, 특히 이슬람 근본주의자들이 미국에 가하는 것으로 생각하고 있다. 콜롬비아 석유 파이프에 대한 테러 공격, 파키스탄 — 인도

테러 공격, 이스라엘 – 팔레스타인 테러 공격을 빼면 테러 공격이 몇 개 남지도 않는다. 미 국무부와 CIA는 2000년에 오직 153건의 '주요' 테러 사건이 있었고, 이 중 17건만 미국인과 관련이 있다고 발표했다.4)

　2001년 9월 11일 아침, 푸른 하늘에서 2대의 납치된 비행기가 뉴욕에 있는 세계무역센터로 날아들어 이 건물을 파괴했다. 그리고 또 다른 비행기 한 대가 버지니아 북부에 있는 펜타곤으로 돌진했다. 네 번째 납치된 비행기는 목표물을 찾지 못한 채 피츠버그 남부에 추락했다. 9월 11일 단 하루 만에, 지난 10년간 테러로 사망한 사람들보다 더 많은 사람들이 희생되었다. 정부 관리들과 많은 사람들은 이 공격자들을 "겁쟁이 테러리스트들"로 규정했다. 왜냐하면, 이 공격자들이 수천 명의 무고한 남자, 여자, 어린아이들을 살해했기 때문이다. 이 공격자들이 사악한 테러리스트들인 것은 맞지만, 겁쟁이라고 하기는 어렵다. 겁쟁이들은 결코 비행기 납치 기획과 실행에 목숨을 걸지 않으며, 파괴적 행동 이행을 위해 목숨을 내놓지 않는다. 이 사건뿐만 아니라 다른 사건에 참여한 테러리스트들을 분석해 보면 이들은 대체로 인내심 있고, 영리하며, 무자비하다.

　국제사회의 일부 지역에서는 낮은 수준의 테러행위들이 지속적인 근심거리이다. 때때로 고의적인 파괴행위가 나타나기도 한다. 1988년 스코틀랜드 로커비Lockerbie 상공에서 항공기가 폭발했고, 1995년 오클라호마Oklahoma 시에 있는 연방청사 건물이 폭파되었으며, 1998년 나이로비Nairobi와 다르 에스 살람Dar es Salaam에 있는 미국 대사관이 차량 폭탄 공격을 받았다. 9·11 테러는 높은 수준의 테러행위를 이전보다 더 심각한 위협으로 받아들이도록 만들었다.

　테러 실행의 목적을 기준으로 테러를 분류해 보면, 다음의 3가지로 구분이 된다.

1. 특정한 행위를 강요하기 위해 무력 사용을 위협하는 테러리스트

특정한 죄수를 석방시키기 위해서 팔레스타인들이 이스라엘 목표물 타격을 위협하는 사례가 여기에 해당한다. 2000년, 이스라엘과 팔레스타인의 평화회담이 결렬된 후 팔레스타인의 테러행위가 급증한 것이 보다 일반적인 사례이다. 팔레스타인 테러리스트들은 이스라엘 주민들의 생명을 위험에 처하게 함으로써, 이스라엘 정부로 하여금 서안West Bank과 가자Gaza 정착지역을 축소하거나 포기하도록 압력을 가한다. 그리고 평화회담에서 이스라엘 정부가 더 나은 평화조건을 제시하도록 하는 것도 또 다른 목적이다.

2. 처벌을 원하는 테러리스트

9월 11일, 테러리스트들은 왜 그렇게 많은 사람들을 희생시키는 선택을 했을까? 그들 자신은 겸손한데 미국인들은 오만하며, 그들 자신은 전통적인데 미국인들은 현대적이고, 그들 자신은 종교적인데 미국인들은 세속적이며, 그들 자신은 연약한데 미국은 강력하다고 그들은 생각한다. 미국은 처음부터 이스라엘을 지원했다. 미국은 1953년 민주적으로 선출된 이란 정부를 전복시키는 데 도움을 주었다. 미국은 사우디아라비아 성지에 군대를 주둔시켰다. 테러리스트의 관점에서 볼 때, 미국의 행위와 존재 자체가 처벌을 정당화한다. 미국의 사악한 행위가 지속되고 있기 때문에, 테러리스트들은 이교도인 미국을 지속적으로 처벌하기 위해 자신들의 조직을 보호해야 한다. 이로 인해, 오사마 빈 라덴Osama bin Laden이 미국의 위협을 받을 때 피난처를 구할 수 있었다. 두 번째 형태의 테러는 세 번째 형태의 테러로 이어진다.

3. 테러 그 자체를 위하여 사람을 죽이고 파괴하는 테러리스트

이들은 허무주의자 또는 근본주의자로 불린다. 이들은 다음 세계에서 보상받을 것을 기대하는 사람들로서 최근에는 "슈퍼테러리스트"라고 불린다. 이들은 자신을 포함하여 우리 모두를 위해 하늘의 신전을 땅으로 끌어당긴다. 이들이 테러를 가하는 대상에는 제한이 없다.

모든 형태의 테러행위는 이 세상 자체에 대한 깊은 좌절과 불만에서 시작된다. 테러리스트들은 단기적인 승리를 위해 치명적인 게임을 하지 않는다. 그들의 눈은 멀리 바라본다. 그들은 듣지 못하는 자들에게 목소리를, 희망이 없는 자들에게 희미한 희망의 빛을 제공해 주기 위해 노력하며, 소외된 사람들을 인정해 주는 사회를 만들기 위해 애쓴다. 그리고 궁극적으로는 주어진 사회를 초월하는 그들 자신의 사회를 건설하려고 한다.

첫 번째 타입의 테러리스트들은 그들이 달성하고자 희망하는 목표가 있다. 그리고 그 목표에 의해서 사용할 도구가 제한된다. 그들의 목표를 성취하는데 핵 무기는 적합하지 않다. 이스라엘의 핵 무기가 그런 것처럼, 팔레스타인의 핵 무기도 전쟁에서 사용될 경우 범위가 제한될 것이다. 하지만 낮은 수준의 무기들은 평화 시기에 사용하는데 제한이 없다.

두 번째 타입의 테러리스트들이 달성하고자 하는 목표는 사용할 수단을 제한하지 않는다. 만약에 테러 대상이 저지른 범죄가 야만적이라면, 그 범죄자에 대한 처벌은 제한을 둘 필요가 없다. 오사마 빈 라덴과 그의 조직, 그의 추종자들은 미국을 이러한 시각에서 보았을 것이다. 알려진 바에 의하면, 오사마 빈 라덴은 화학 무기, 생물학 무기, 핵 무기를 그의 관할부대에 배치하기를 원했다. 테러에 사용되는 무기의 수준이 높으면 높을수록, 보복 공격의 파괴력이 더욱 커질 것이다. 추정에 의하면, 9 · 11 테러 공격에 참여한 전문인력의 숫자는 50명이다. 여기에는 자금을 지원한 사람과 멀리서 작전을 지휘한 사람의 숫자는 빠져 있다. 테러에 참여하는 인원이 많아질수록, 사전에 감지될 확률과 사후에 발각되고, 쫓기고, 체포될 확률이 높아진다.

두 번째 타입의 테러리스트들이 계획하는 파괴의 정도는, 목표에 의해서가 아니라 지원되는 보급물자에 의해 결정된다. 이들이 두려워하는 것은 개인적인 처벌이 아니라 그들이 구축해 놓은 네트워크의 붕괴가능성이다. 이 네트워크는 실효성을 높이기 위해 광범위한 동시에 안전을 위해 복잡하게 만들어져 있다.

테러리스트들은 위태로운 삶을 산다. 그 누구도 그들을 믿어 주지 않는
다. 심지어 그들에게 자금과 훈련, 은신처를 제공해 주는 사람들도 그들
을 믿지 않는다. 발각이 될 경우, 그 누구에게도 도움을 요청할 수 없다.
그들은 일정한 목적을 위해 재래식 무기 사용법을 배운다. 하지만 핵 무
기 다루는 법은 배우지 않는다. 만약 핵 무기가 그들에게 주어진다면, 그
들은 위험이 가득한 세계로 빠져들게 될 것이다. 테러리스트들은 소그룹
으로 활동한다. 비밀이 곧 안전이다. 그런데 핵 무기를 획득하고 유지하
기 위해서는 공급자들, 운반자들, 기술자들, 안내자들 등 많은 인원이 추
가되어야 한다. 참여인원이 늘어날수록 헌신을 불러일으키고, 규율을 주
입하고, 비밀을 확실히 하는 것이 어려워진다. 다른 사람들을 처벌하기
원하는 테러리스트들은 그들의 조직을 보호하고자 한다. 조직이 보호되어
야 그들의 왜곡된 정의가 계속 유지될 수 있기 때문이다. 불행하게도 그
들은 그 일들을 매우 잘 수행한다. 영국과 갈등했던 아일랜드 공화국군
Irish Republican Army 사례 그리고 스페인 정부에 대항했던 바스크Basque 분리
주의자 조직 에타ETA 사례에서 이것이 잘 드러난다.

세 번째 타입의 테러리스트들, 즉 슈퍼테러리스트들은 파괴 공작원과
암살요원의 네트워크 유지와 상관이 없다. 그들은 한 가지 특정한 파괴행
위에 모든 것을 건다. 다른 타입의 테러리스트들과 달리 이 타입의 테러
리스트들이 핵 물질과 핵 무기를 확보하려고 시도할 수 있다. 목표물이
없는 상태에서 억지는 작동하지 않는다. 만약 정치적 목적을 가진 테러리
스트들이 핵 무기 사용을 위협한다면, 그 테러리스트들이 억지의 목표물
이 되어 버릴 것이고 자신들이 원하는 정치적 목적은 달성하지 못할 것이
다. 한편, 파괴 그 자체가 목적인 테러리스트인 경우 억지는 성공하기 어
렵다.

분열과 괴롭힘 전술을 포기하고 대량살상과 파괴를 선택한 테러리스트
들에게는 핵 무기보다 확보하기 용이한 수단들이 많이 있다. 예를 들어,
독성물질과 세균은 핵 무기보다 구하기 쉬우며, 조금 복잡하긴 하지만 도

시 상수도를 독성물질로 오염시키는 것이 한 도시를 핵 무기로 날리는 것보다 더 수월하다. 그럼에도 불구하고, 테러리스트들 중에는 핵 물질을 확보하고, 확보된 핵 물질을 이용하여 위협 또는 파괴를 하려고 하는 사람이 있을 수 있다. 하지만 이미 러시아와 파키스탄에서는 핵 무기 물질의 통제가 불안정하고, 1994년 공개된 것처럼 미국에서 일부 핵 물질의 기록이 없어진 상태이다. 이런 상황에서, 핵 무기가 몇 개 나라로 더 확산된다고 하여 테러리스트들이 핵 물질 구입 또는 탈취의 기회가 훨씬 증가했다고 믿을 사람은 거의 없을 것이다. 핵 테러에 활용 가능한 재료들은 이미 풍부한 상태다. 많은 국가에서, 핵 테러는 핵 무기 전파와는 거리가 먼 문제이다.

테러리스트들은 재래식 무기를 활용하여 적정한 수준의 타격을 가하며, 때로는 재래식 무기 사용 위협만으로 자신들이 원하는 것을 얻기도 한다. 그런데 테러리스트들이 한 국가의 도시들을 핵 무기로 날려 버리겠다고 위협함으로써 자신들이 요구하는 것보다 훨씬 더 많은 것을 얻을 수 있다고 생각하지는 않을 것이다.

핵 테러의 공포는 다음의 가정에서 시작된다. '만약에 테러리스트들이 핵 무기를 확보할 수 있다면, 그들은 핵 무기를 테러에 활용할 것이다.' 그렇게 되면, 모든 지옥의 문이 열리기 시작할 것이다. 그런데 이 가정은 다음의 가정과 비슷하다. '만약에 약소국들이 핵 무기를 확보하게 되면, 약소국들이 그 핵 무기를 침략에 사용할 것이다.' 이 두 가정은 모두 틀린 것이다. 우리가 두려워하는 행동의 경로는 손실보다 이익을 약속하는가 아니면 이득보다 고통을 약속하는가? 대답은 명확하다. 테러리스트들은 끊임없는 괴롭힘과 참을성 있는 압력을 통해 장기적인 목적을 달성하려고 한다. 그들은 지속가능하지 않은 대규모 파괴 위협을 통해 목적을 달성하기를 희망하지 않을 뿐만 아니라 그러한 대규모 파괴행위를 실행하는 것도 원하지 않을 것이다.

B. 사고들

핵 무기가 더 많아질수록, 핵 무기 보유국가가 더 늘어날수록, 핵 사고
가 발생할 가능성이 더 늘어날 것이다. 이것은 스노우Snow의 추론이면서
공통된 지혜다. 미국의 핵 안전관리조치가 느슨해지면서, 핵 안전 수칙
적용이 어려운 부분이 종종 발견된다. 1997년까지, 소련 해군과 달리 미
국 해군은 핵 무기 작동허용 고리PALS, permissive action links 사용을 거부했다.
이 장치는 승인되지 않은 핵 무기 발사를 막기 위해 고안된 것이다. 핵
미사일 미닛맨Minuteman을 실전에서 다루었던 브루스 블레어Bruce Blair와
M.I.T 물리학자 헨리 켄달Henry Kendall은 왜 지금까지 미국이 대륙간 탄도
미사일을 '즉시 발사 대기상태hair trigger alert'에 두고 있는지 놀라워한다.[5]
그들의 설득력 있는 주장에 의하면, '즉시 발사 대기상태'의 주된 위험은
승인받지 않은 상태에서 핵 미사일이 발사될 수도 있다는 것과 잘못된 경
보에 따라 핵 미사일이 발사될 수 있다는 것이다. 30분 이내에 발사될 수
있도록 준비된 핵 미사일의 숫자가 많을수록 위험은 증대된다. 우리가 핵
미사일을 계속 보유해야 한다고 하더라도, 더 이상 즉시 발사 대기상태로
둘 필요는 없다.[6]

핵 무기를 보유하기 시작하는 국가들은, 핵 무기가 우발적으로 발사되
지 않도록 열심히 노력한다. 특히, 핵 무기를 보유한 작은 국가들은 우발
적으로 하나 또는 몇 개의 핵 탄두가 발사될 경우, 보복 공격으로 감당하
기 힘든 손해를 입을 수 있다는 점을 너무나 잘 알고 있다. 그 국가들은
이러한 상황을 회피하기 위해 편집증적인 모습을 보이기도 한다. 핵 무기
보유국가들, 특히 작은 국가들은 오랜 시간이 걸리는 강한 핵 무력 건설
보다 핵 무기 관리법을 배우는데 더 관심을 가져야 한다.

세이건은 정치 지도자들의 인지 능력을 의심한다. 우리 모두 그런 것이
아닐까? 하지만 누군가는 다른 누군가보다 인지 능력이 더 우수하다. 생존
은 하나의 흥미 있는 학습 능력 시험이다. 우리는 지속적으로 '불량국가

지도자들, 예를 들어 카다피Qaddhafi, 후세인Hussein, 김일성, 김정일의 인지 능력을 우려해 왔다. 하지만 이 지도자들은 내외부의 엄청난 위험에도 불구하고 오랜 기간 살아남았다. 이해하기 힘든 사회과학 용어 중 하나인 인지기술로 평가했을 때, 이 지도자들의 인지기술은 말하자면 지미 카터 Jimmy Carter, 조지 부시George W. Bush 1세보다 더 인상적이다. 카터 대통령과 부시 1세 대통령은 재임기간 중 모든 이점을 가지고 있었음에도 불구하고 재임에 성공하지 못했다. 미국정치를 최근에 핵 무기를 보유한 대부분의 국가 또는 앞으로 핵 무기를 보유할 것으로 보이는 국가들의 정치와 비교하는 것은 사실 조심스럽다. 그렇다면, 제3세계의 강한 정치 생존자들이 우발적으로 또는 화를 이기지 못해 자신이 가진 핵 무기를 발사함으로써 전 세계의 분노를 떠안을 것이라고 전망하는 것은 적절한가?

　새롭게 핵 무기를 보유한 국가 그리고 앞으로 핵 무기를 보유할 것으로 예상되는 국가의 일부 지도자들은 무자비하고, 전쟁을 선호하고, 무모한 것으로 알려져 있다. 그런데 사실 무자비한 것은 맞지만, 좀처럼 전쟁을 선호하지는 않으며, 거의 무모하지도 않다. 많은 사람들이 믿고 있는 것처럼, 그들은 세상의 이미지를 고정시키지도 않으며, 세상 속에 자신들의 목적을 펼쳐 보이려고 하지도 않는다. 대신에 그들은 자신들을 둘러싸고 있는 세력 균형 변화에 끊임없이 자신을 맞추어야 한다. 우리는 제3세계 국가 지도자들에 대한 이미지를 거의 바꾸지 않는다. 하지만 제3세계 지도자들은 상황 변화에 매우 민첩하게 대응한다. 이러한 민첩성은 놀라울 정도다.

　미국은 오랫동안 민주주의는 평화, 권위주의는 전쟁이라는 이미지를 만들어 왔다. 그런데 미국이 한 가지 간과한 것은, 약한 권위주의 지도자의 경우, 자기 권력의 토대가 되는 내외부 세력의 균형상태를 깨뜨리지 않기 위해 전쟁을 회피하는 경향을 보인다. 스페인 프란시스코 프랑코Francisco Franco 총통은 독일과 이탈리아의 설득에도 불구하고 제2차 세계대전에 참전하지 않았다. 조건들을 변화시킬 수 있을 정도의 외부압력이 있을 때, 한 국가의 행동이 변화한다. 한 국가의 행동에 영향을 줄 수 있는 주변

국가의 무기 중에서 핵 무기보다 더 강한 것이 있는가? 모든 사람들이 자기 국가가 가지고 있는 핵 무기의 파괴력을 알고 있을 때, 누가 자기 지도자들의 '인지' 능력을 걱정하는가? 무엇에 대해서 더 알아야 하는가? 지도자들이 어떻게 오산할 수 있는가? 성공이 확실하지 않은 상황에서 핵 선제 공격을 가하는 국가가 있다면, 그 국가에서 핵 무기를 통제하는 모든 사람들은 정신병원에 가야 할 것이다. 핵 무기의 현실은 정치적 담론을 초월한다. 미국의 허풍과 소련의 핵 전쟁 공갈이 어떤 의미가 있었는가? 정치, 군사, 학문 분야의 강경론자들은 핵 무기를 사용하는 또는 기꺼이 사용해야만 하는 조건들을 상상한다. 그런데 이런 조건은 없다. 핵 무기는 전략을 지배한다. 핵 무기는 다른 국가를 억지하는 용도로만 사용될 수 있다. 미국과 소련 모두 핵 무기가 억지용이라는 사실을 마지못해 받아들였다. 하지만 약한 국가들은 그들이 약하기 때문에, 핵 억지가 전쟁을 대체한다는 것을 보다 쉽게 이해한다.

C. 민간 통제

미국은 군에 대한 민간 통제의 긴 전통을 가지고 있다. 하지만 기존의 핵 무기 보유국가와 새롭게 핵 무기를 보유하게 될 국가들 중 일부 국가는 군에 대한 민간 통제의 전통과 실천이 부족하다. 이 점에 대해서는 나보다 세이건Sagan이 더 우려한다. 그런데 다음의 3가지 고려사항이 이러한 우려를 감소시키거나 해소시킨다.

첫째, 미국 군대에 대한 민간 통제는 많은 사람들이 믿고 있는 것만큼 그리 확실하지 않다. 몇 가지 사례가 이것을 확인시켜 준다. 트루먼Truman 대통령은 1950 회계연도에 국방예산이 150억 달러를 초과하지 못하도록 명령했다. 이 중 6억 달러는 장기전에 필요한 비축물자를 확보하기 위한 것이었다. 국방장관 제임스 포레스탈James Forrestal은 퇴임 장군인 조셉 맥나니Joseph McNarney가 위원장으로 있는 위원회에 예산 업무를 맡겼다. 그런데 이 위원회는 236억 달러에 달하는 국방예산을 제안했다. 그러자 곧 포레스탈 장관은 합동참모본부에 대통령을 설득할 수 있는 약 175억 달러의 예산 계획을 만들어서 보고하라고 명령했다. 합동참모본부는 이러한 국방장관의 명령을 거부했으며, 국방장관은 군 장교들을 굴복시킬 만한 권위가 없었다.[7] 효과적인 민간 통제가 이루어지고 있었다면 군 장교들이 행정부서에서 설정한 예산 한도 안에서 전략을 기획했을 것이다. 하지만 군 장교들은 그렇게 하기를 거부했다.

대통령 임기 후반기에 아이젠하워 대통령은 소련에 대한 보복 타격 상황에서 수백 또는 수천 기의 핵 탄두를 소련을 향해 발사하는 군사계획이 점점 더 걱정스러워졌다. 그가 우려했던 것은, 핵 무기 사용으로 인해 제어할 수 없는 전후 세계가 만들어질 수 있다는 것이었다.[8] 아이젠하워 대통령은 그의 군사적 명망에도 불구하고 군을 통제하는 것이 불가능한 것은 아니지만, 무척 어려운 것임을 알게 되었다.[9]

케네디 대통령 임기 초반에, 국방장관 로버트 맥나마라Robert McNamara와 제롬 위즈너Jerome Wiesner 등 케네디 대통령 국방참모들은 미국이 얼마나 많은 대륙간 탄도미사일을 보유해야 하는지에 대해서 논의했다. 처음에는 200기가 필요하다고 결론지었다가 오발사misfiring의 우려와 군사상 취약성을 고려하여 숫자를 2배인 400기로 늘려 잡았다. 하지만 맥나마라 장관은 의회에서 400기가 아닌 1,000기의 대륙간 탄도미사일 승인을 요청했다. 맥나마라 장관이 의회에 이러한 요청을 한 이유는 2가지이다. 먼저, 그와 그의 참모들은 공군이 끼어들어 의회에 3,000기의 대륙간 탄도미사일 확보를 요구하는 상황을 우려했다. 당시, 군에서는 소련 군 타격전략(무기로 무기를 겨냥)과 소련 도시 타격전략(무기로 도시 겨냥)이 논쟁을 벌이고 있었다. 초기에 맥나마라는 전자인 소련 군 타격전략을 선호했다.[10] 나의 견해로는 좀 터무니없지만, 당시 소련 도시 약 100곳이 타격 가치가 있는 도시로 선정되었다. 그리고 소련 군 타격전략을 선택한 공군은 소련 기지 1000곳을 타격대상으로 지정하였다. 맥나마라는 의회에 1,000기가 적절한지 묻지 않고 그냥 1,000기를 요구했다. 왜 그랬을까? 맥나마라는 의회

위원회 청문회에서 공군이 필요하다고 주장한 숫자가 무엇이든지 간에 1,000기를 확보할 수 있을 것이라고 생각했다.

맥나마라가 더 많은 숫자를 요청한 두 번째 이유는, 케네디 대통령이 소련과의 핵 실험 금지조약CTBT을 마무리하길 원했기 때문이다. 의회에서 핵 실험 금지조약이 비준되기 위해서는 합동참모본부의 지지 또는 최소한 묵인이 필요했다. 이 조약은 국가 간의 사안이면서 동시에 민간 지도자들과 군사 지도자들 사이의 사안이었다. 그리고 만약 필요하다면 동맹국들을 달랠 무엇인가를 해야 할 필요도 있었다.

많은 사례 중 일부에 지나지 않는 앞의 사례들이 보여주는 것은, 군에 대한 민간 통제가 단순히 헌법 또는 기타 법령에 기록되어 있다고 해서 보장되는 것이 아니라는 점이다. 민간 통제가 유지되기 위해서는 끈질김과 노력이 필요하다. 그렇지 않으면 군에 대한 민간 통제가 군에 대한 군 통제로 전환되고 만다. 케네디 정부와 존슨 정부 시기 국방부 장관실은 군을 확실하게 통제했다. 하지만 미국이 베트남 전쟁의 수렁에 빠지면서 군에 대한 민간 통제권이 약화되었다. 아이젠하워 정부에서 '뉴룩New Look' 국방정책을 실시하기 이전까지, 국방예산은 육군, 공군, 해군에 삼등분되었다. 그런데 '뉴룩' 국방정책에 의해 국방예산 배분이 급격히 왜곡되었다. 예산의 약 50%가 공군에 배정되었고, 약 30%가 해군에, 약 20%가 육군에 배정되었다. 누군가는 이렇게 말한다. 민간 지도자들은 군 장교들의 저항의 목소리 그리고 때로는 그들의 사직서에 따라 군을 통제했다.11) 리처드 닉슨Richard Nixon 대통령과 멜빈 레어드Melvin Laird 국방장관 시기에, 예산 분배가 빠르게 전환되어 육군, 공군, 해군에 삼등분되었다. 레어드 장관은 자신의 재임기간 동안 국방예산이 군에 의해 편성될 것이라고 발표했다. 이후, 캐스퍼 와인버거Caspar Weinberger 국방장관도 각 군에 필요한 예산을 적어서 제출하도록 했다. 결국, 국방력은 거의 증대되지 않은 채, 예산 낭비만 가중되었다.

군에 대한 민간 통제를 확보하고 유지하기 위해서는, 지속적이고 정치적으로 값비싼 대가를 지불해야 한다. 일부 국가들에서는 군에 의한 군 통제가 수용된다. 그렇다고 하더라도 이 국가들 사이에 차이는 존재한다. 하지만 미국은 이들을 단순하게 같은 입장으로 분류한다.

둘째, 세이건은 군에 대한 민간 통제가 세계를 더 안전하게 만드는 데 반해서 군에 대한 군 통제는 세계를 더 위험하게 만든다고 확신한다. 내가 믿는 것은, 군에 대한 민간 통제와 군에 대한 군 통제 모두 세계를 위험하게 만든다는 것이다. 역사를 통해 우리가 알 수 있는 것은, 민간 지도자들이 때로는, 사실은 아주 자주 군 지도자들보다 무모하다. 제1장에서 나는 크림전쟁을 하나의 예로 제시한 바 있다. 전쟁에 임박했을 때, 군 장교들은 이 전쟁을 "불가능한 전쟁"이라고 보았다. 역사가 알프레트 박스 Alfred Vagts가 쓴 것처럼, "민간인들은 호전적이고, 군인들은 호전적이지 않다."12) 영국군과 프랑스군은 러시아의 심장부까지 공격할 만한 군사력을 보유하고 있지 않았다. 하지만 영국과 프랑스에 운 좋게도, 러시아 황제 Czar는 미하일 쿠투조프Mikhail Kutuzov 장군이 제안한 전략을 거부했다. 쿠투조프 장군은 러시아가 과거 나폴레옹 군대를 격파할 때 사용했던 전략인 철수 그리고 적들을 러시아의 광활한 영토로 끌어들이는 전략을 제시했다. 일단 적군이 넓은 러시아 영토로 들어오게 되면 보급선이 길어지고 군인들은 지치게 된다. 이때 러시아군이 공격을 개시하면 적군은 러시아 영토에서 물러날 수밖에 없다는 것이다. 이러한 쿠투조프 장군의 제안을 러시아 황제가 받아들이지 않은 이유는, 당시 러시아 황제의 지위가 불안정했기 때문이다. 러시아 황제가 폐위의 두려움 속에 놓여 있었기 때문에, 패배처럼 보이는 철수를 선택할 수 없었다. 군사적 이유라기보다는 정치적 이유로 인해, 러시아 황제는 그의 군대를 크림반도로 보냈고, 거기에서 흑해 항구에 상륙한 프랑스군, 영국군과 전투를 벌이도록 했다.

군 지도자들도 민간 지도자들과 마찬가지로 그들이 소중히 하는 이해관계가 있다. 군과 관련하여 다음과 같은 믿음이 널리 퍼져 있다. '군사적 대응이 가능할 경우, 군 장교들은 군사력 사용을 선호한다.' 하지만 이러한 믿음은 많은 경우 사실이 아닌 것으로 판명난다. 수많은 사례를 통해 알 수 있듯이, 군사적 조언은 매우 조심해서 해야 한다. 1905년과 1911년 모로코 위기 때, 프랑스와 러시아 군 장관들과 장교들은 무력 사용을 강하게 반대했다. 제2차 세계대전 발발 전에 미국 군사 지도자들은 보다 부드러운 외교정책과 경제압력 완화를 주장했다. 당시 미국 군사 지도자들이 두려워했던 것은, 미국의 강경 정책이 일본을 자극하여 원치 않는 전쟁이 일어날 수 있다는 것이었다. 6·25 전쟁 때 조지 마샬George Marshall 장군과 오마르 브래들리Omar Bradley 장군은 압록강을 건너 만주에서 전쟁을 지속하겠다는 더글라스 맥아더Douglas MacArthur 장군의 정책에 반대했다. 1958년, 미 국방부는 레바논에 해병대를 파병하는 것에 반대했다. 당시 미 국무부는 이 파병을 원하고 있었다. 1983년, 미군 지도부는 쿠바 그레나다Grenada에 군을 신속히 투입하는 것에 반대했다. 그 이유는 아마도, 그들이 그레나다가 어디에 있는지 잘 몰랐기 때문일 것이다. 1994년 7월, 미 국방부 장교들은 아이티Haiti 침공에 반대했다.13)

더 나쁜 상황으로는, 종종 군이 민간 정부를 통제하거나, 군이 민간 정부에 강한 영향력을 행사한다. 1984년, 합동참모본부 의장이던 콜린 파월 Colin Powell 장군은 캐스퍼 와인버거Caspar Weinberger 국방장관의 발표문 작성을 감독했다. 이 발표문에는 미군의 해외 파병을 위한 기준 6가지가 포함되어 있었다. 소위 와인버거 독트린이라고 불리는데, 미군은 신속하고 순조롭게 승리할 수 있는 전쟁에만 참전하겠다는 것이다. 이렇게 함으로써, 와인버거 장관은 국가의 이익과 군의 이익을 일체화시켰다. 그리고 파월 의장은 공개적으로 외교정책에 대한 자신의 의견을 제시했다. 하지만 이것은 군 역사학자 리처드 콘Richard H. Kohn이 지적한 것처럼 "미 공화국의 시작과 함께 내려오는 민－군 관계 전통에 정면 위배되는 것"이었다. 리처드 콘은 수많은 사례를 제시한 후 결론에서 "우리는 수년간에 걸쳐 군에 대한 민간의 통제가 약화되고 있는 것을 목격하고 있다."14)라고 주장했다. 1992년, 파월 의장은 그 유명한 "우리는 사막에서 전쟁하지 산에서 전쟁하지 않는다."라는 말과 함께 미군의 보스니아 파병을 강력히 반대했고, 미군 파병을 심각하게 지연시켰다.[15]

그렇다면 핵심이 무엇인가? 간단히 말하면 이렇다. 미국에서 군에 대한 민간 통제가 약하거나 부재했음에도 불구하고 핵 무기가 사용되지 않았기 때문에, 새롭게 핵 무기를 보유하는 국가들이 군에 대한 민간 통제의 부재로 인해 핵 무기를 잘못 사용할 것이라고 주장하기는 어렵다는 것이다.

물론 군 장교들이 때때로 예방전쟁과 선제 타격을 주장했다는 점을 세이건이 강조하는 것은 틀리지 않았다. 하지만 민간 지도자들도 이러한 주장을 했다는 점이 추가되어야 한다. 궁극적으로 군이 가장 관심을 가지는 것은 국가의 안전이다. 만약 민간 지도자들과 군 지도자들이 생각하기에, 지금은 자국의 군사력이 강하지만 언젠가 적대국이 자국의 군사력을 앞지를 것 같다면, 모든 지도자들이 예방전쟁을 심각히 고려할 것이다. 때로는 군 장교들이 예방전쟁을 촉구하고, 민간 지도자들이 이것을 반대하기도 한다. 이러한 사례가 발생하는 원인은 군인 또는 민간인이 피에 굶주려서가 아니라 국가 안보에 대한 우려 때문이다. 세이건이 제시한 미국의 예방전쟁 논의 사례는 대부분 냉전 초기 사례다. 한때, 미국은 핵 무기를 독점했고, 미국의 핵 무기는 양적으로 질적으로 우세했다. 그런데 사실 핵 무기의 수적 우위는 그리 큰 의미를 가지지 않는다. 하지만 그리 놀랍지 않게도, 미국 군사 지도자들과 민간 지도자들은 핵 무기의 수적 우위가 큰 의미를 가진다고 생각했다. 일시적인 군사력 우위를 국가이익을 위해 활용해야 한다는 주장은 예로부터 있어 왔다. 그런데 우리가 꼭 기억해야 할 것은, 예방전쟁이 그렇게 많이 주장되었음에도 불구하고, 예방전쟁은 그리 많이 발생하지 않았다는 것이다.

예방전쟁을 고려하는 상황은 다음과 같다. 뒷면 그림 1과 같이, 먼저 국가 A는 자국의 군사력이 우월하다고 확신한다. 그런데 국가 A는 머지않아 국가 B의 군사력이 자국의 군사력을 앞지를 것이라고 우려한다.

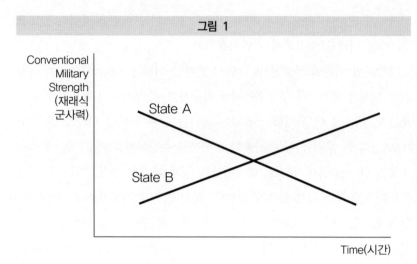

아래 그림 2는 미국과 소련의 상황을 보여준다. 미국인들은 예방전쟁을 생각하도록 촉발시키는 사고방식을 쉽게 이해해야 한다. 사실 미국은 예방을 위해 충분히 전쟁을 치렀다. 부시 대통령 시기인 1990년 미국은 파나마를 대상으로 예방전쟁을 했다. 이때 아무도 파나마가 단기적으로 또는 장기적으로 미국에 위협이 될 것이라고 생각하지 않았다. 이 예방전쟁이

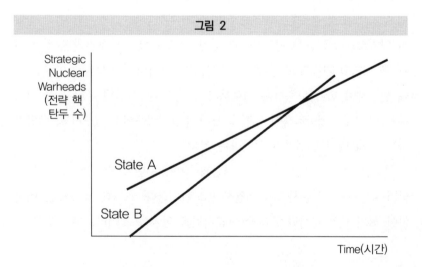

미국의 필수적인 이익을 위한 것도 아니었다. 이 전쟁을 통해 미국이 어떤 국가 안보 위협을 막아내고자 했는지 말할 수 있는 사람이 없다.

그로부터 얼마 지나지 않은 1991년, 미국은 또 다른 예방전쟁을 시작했다. 이번 상대는 이라크였다. 사실 미국은 이라크와 쿠웨이트의 석유 수출을 봉쇄하는 것만으로도 충분히 이라크가 다른 국가를 침범하지 못하도록 억지할 수 있었다. 이라크와 쿠웨이트의 석유 생산량이 전 세계 생산량의 7%에 불과하기 때문에 석유 수출 봉쇄가 국제경제에 별다른 영향을 미치지 않는다. 하지만 미국이 두려워했던 것은, 사담 후세인^{Sadam Hussein}이 이라크와 쿠웨이트의 거대한 석유매장지역을 통제하는 것이었다. 이라크와 쿠웨이트의 석유 매장량은 전 세계 매장량의 20%를 차지한다. 미국은 사담 후세인이 지금이 아니라 미래에 석유 권력을 사용할 것이라고 우려했다. 그런데 미래를 통제하기 위해서 미국이 1,900만 명의 인구를 가진 국가와 전쟁할 필요가 있다고 말하는 것이 설득력이 있는가?

예방전쟁이 꼭 필요하다고 말하기 위해서는 긍정적인 전망이 요구된다. 즉, 알 수 없는 미래를 더 나은 미래로 만들기 위해서, 전쟁이 지금은 불필요하지만 미래에는 필요할 것으로 전망되어야 한다. 여기서 '불필요'하다는 것의 의미는, 현재 국가이익에 별다른 영향을 주지 않고 있다는 것이다. 추론은 이렇게 이어진다. 우리는 지금 전쟁할 필요가 없지만 지금 전쟁하면 쉽게 이길 수 있다. 나중에 전쟁하면 우리가 어려움을 겪게 되고 패배할 수도 있다. 예방전쟁 발발과 관련하여 우리는 다음 3가지를 알아야 한다. 첫째, 유효한 군사력의 균형은 대체로 그림 1에서 보는 것과 같다. 둘째, 미래 군사력의 발전은 그림 1에 묘사된 것과 같다. 셋째, 결국에는 한 국가가 다른 국가와 전쟁을 할 것이다. 앞의 두 가지 가정은 재래식 무기 세계에서 언제나 맞는 것은 아니다. 세 번째 가정은 모든 세계에서 일어나는 일이다. 그림 2는 두 국가 간의 다른 관계를 보여준다. 초기에 어느 한 국가는 핵 무기를 조금 또는 많이 보유하고, 다른 국가는 핵 무기를 전혀 보유하지 않는다. 만약 국가 A(여기서는 미국)가 국가 B(여기서는 소련)의 핵 무기 생산을 방지하기 위해 선제 공격을 선택한다면, 늦지 않게 실행해야 한다. 비록 생산 초기 단계라고 하더라도 국가 B가 일단 핵 무기 생산을 시작하면 위험이 커지게 된다.

예방적 재래식 전쟁이 왜 그리 많지 않은가? 이 질문에 대해서는 모두 쉽게 답변을 한다. 하지만 신생 핵 무기 보유국가들이 더 많은 핵 무기를 보유하지 못하도록 예방 공격을 가하는 것을 왜 그렇게 기존 핵 무기 보유국가들이 망설이는지에 대해서는 쉽게 답변을 하지 못한다. 미국은 핵 무기를 막 생산하기 시작한 소련을 압살할 수 있었다. 그러나 미국은 만약 그렇게 했을 때, 그것이 미국과 전 세계에 유익한 것인지를 생각했다. 만약 미국과 소련이 1960년대 초에 중국의 핵 무기 초기 생산시설을 파괴했다면, 그것이 지금의 미국과 전 세계에 유익했을까? 어떤 사람들은 이러한 믿음을 가질 수도 있다. 만약 이스라엘이 1981년 이라크 핵 시설 파괴에 실패했다면, 이스라엘과 이라크는 비록 친한 관계는 아니지만, 곧 안정된 상호 억지관계를 형성했을 것이다. 이러한 사례는 다수 발견된다.

우리는 흔히 예방전쟁 주장들이 가지는 문제점에 대해서 민간 지도자들은 잘 이해하는 반면 군사 지도자들은 잘 이해하지 못한다고 생각한다. 하지만 이것은 틀린 생각이다. 일부 지도자들은 그렇고, 다른 일부 지도자들은 그렇지 않다. 먼저 민간 지도자였던 부시 1세 대통령은 예방전쟁 주장이 가지는 문제점을 잘 이해하지 못했다. 1990년 8월 7일, 부시 대통령은 이라크의 쿠웨이트 침공에 대한 미국의 대응은 방어적일 것이라고 말했다. 노먼 슈워츠코프Norman Schwarzkopf 장군과 나는 부시 대통령의 이 발언을 믿는 실수를 범했다. 슈워츠코프 장군은 부시 대통령이 말한 바에 따라 그의 임무를 정의했다. "우리의 임무는 공격을 억지하는 것이다. 만약 적이 공격해 온다면 우리는 막을 것이다." 의회 선거 이틀 후인 1990년 12월 8일 운명의 날에, 부시 대통령은 한 가지 결정을 발표했다. 이 결정은 이미 이전에 만들어진 것이었다. 즉, 이라크 전쟁에 20만 명에서 50만 명 이상의 병력을 투입하겠다는 것이다. 부시 대통령이 말한 20만 명의 병력은 사담 후세인의 공격을 단념시키기에 충분한 병력이었고, 50만 명 이상의 병력은 사담 후세인을 공격하기에 충분한 병력이었다. 처음부터 미국은 50만 명 이상의 병력을 모으기 시작했다. 동맹국 병력까지 합쳐서 70만 명 이상의 병력이 전쟁터에 모여들었다. 이제 더 이상 기다리기 어렵다.

부시 대통령과 당시 국방장관이던 리차드 체니Richard Cheney는 예방전쟁의 길을 열었다. 그리고 제임스 베이커James Baker 국무장관은 마지못해 그 길을 따랐다. 이 결정을 가장 못마땅하게 받아들인 사람들은 놀랍지 않게도 육군과 해병대 장성들이었다. 해군과 공군 장성들은 이러한 결정을 기꺼이 받아들였다. 왜냐하면, 그들은 멀리 떨어진 목표물에 폭탄을 투하하거나 함포를 사격하면 승리할 수 있다고 믿었기 때문이다. 1991년 1월 말, 슈워츠코프 장군은 이렇게 말했다. "만약 죽음에 대한 대안으로 다른 여름 동안 햇볕 아래 앉아있으라고 한다면, 그것은 그리 나쁘지 않은 대안이다." 이것이 얼마나 강한 발언인지 알아차려야 한다. 그는 우리가 몇 달 더 기다려야 한다고 말하지 않았다. 다만, 다른 여름 동안 사막 햇볕 아래 기꺼이 앉아 있겠다고 말했다. 그는 자신의 의사를 가장 지혜롭게 표현한 것이다. 그는 대통령 지시에 완강히 맞서서 전쟁에 나갈 필요가 전혀 없다고 말하지 않았다. 우리는 쿠웨이트 사막에 앉아서 제재가 작동하는 것을 기다릴 수 있었다. 비록 우리가 적은 병력을 파병했다고 하더라도, 기다리는 데 하등의 지장이 없었다. 하지만 우리의 민간 지도자들은 전쟁을 선택했다.[16]

셋째, 세이건은 군 지도자들이 민간 지도자들보다 더 무모하고 호전적이라고 확신한다. 나는 여기에 동의할 수 없다. 1930년대 말, 독일 장군들은 군사력의 균형이 영국과 프랑스로 기울어져 있다는 사실을 알고 있었다. 영국과 프랑스는 항공기, 탱크, 야포, 병력 면에서 독일보다 앞서 있었다.[17] 이로 인해 독일은 오스트리아를 점령하고, 체코슬로바키아 주데텐Sudetenland 지방을 차지하고, 체코슬로바키아 나머지 지역을 점령하고,

폴란드를 침공할 때에도 지크프리트Siegfried 방어선에 대규모 병력을 투입
시켜 놓고 있었다. 독일 장군들은 군사력 차이를 잘 이해하고 있었으며,
그들 중 일부는 히틀러의 정책에 반대하기도 했다. 히틀러 또한 이러한
상황을 잘 알고 있었다. 하지만 그는 군사적 계산이 아니라 정치적 통찰
에 따라 행동했다. 그는 프랑스와 영국이 군사 행동을 하지 않을 것이라
고 판단했다. 그의 판단은 맞았다. 하지만 오직 전쟁 초기에만 맞았다. 군
조직은 신중한 경향이 있지만, 민간 지도자들은 때때로 그렇지 못하다.

　전면전이 오래가게 되면 모든 참전국 내부에서 경제적, 사회적, 정치적
심지어 문화적 변화가 크게 발생한다. 그중에서 가장 큰 변화는 군 조직 내
부에서 일어난다. 제2차 세계대전이 가장 대표적인 사례이다. 미국에서 장
교로 임관되기 위해서는 미 육군사관학교West Point나 해군사관학교Annapolis
에서 4년 정규과정을 마쳐야 한다. 이와 별도로 나처럼 군 경력이 없는
징집자들도 4개월의 군사 기초훈련과 심화훈련을 마친 뒤 장교후보 학교
에 가서 4개월간의 군사 훈련을 수료하면 장교로 임관할 수 있다. 제2차
세계대전이 사회보다 미국 병역에 더 심대한 영향을 미친 것이다.

　육군 병사와 해군 선원이 전문가가 아니라는 사실이 이들의 보수성과
제약성을 강화시킨다. 그들은 군이라는 기관의 구성원이다. 전문가와 일
반 구성원의 차이가 무엇인가? 전문가는 자신의 간판을 어디에나 내걸 수
있다. 그들은 법률 또는 의료기관을 개업할 수 있다. 로펌이나 병원에서
일할 수 있으며, 전문대학이나 4년제 대학에서 강의도 할 수 있다. 이에
반해, 기관의 구성원들은 하나의 정당한 사용자에게 고용되어 있다. 병사
와 선원의 경우 그 정당한 사용자는 군이다. 물론 그들은 군을 떠나 비군
사적 분야에 종사할 수도 있다. 하지만 만약 그들이 지금까지 훈련받은
업무를 계속하길 원한다면, 군 조직에 남아야 하고 군 복무를 위해 자신
을 준비시켜야 한다. 기관의 구성원들은 자신의 조직을 위해 특별히 강한
책무를 감당해야 한다. 그렇지 않으면, 기관은 그들을 불필요하게 위험한
자리에 배치할 수도 있다.

장군과 제독들은 익숙하지 않은 조건에서 전쟁을 치르는 것을 좋아하지 않는다. 재래식 전쟁터에도 불확실성은 많다. 하지만 핵 무기를 공격용으로 사용할 경우, 불확실성은 기하급수적으로 증가한다. 핵 전쟁터가 어떤 모습일지 아무도 예상하지 못한다. 그리고 핵 미사일이 여러 발 발사된 후 무슨 일이 일어날지 아무도 모른다. 핵 전쟁이 전개될 경로에 대한 불확실성과 파괴의 정도에 대한 불확실성은 핵 무기의 사용을 강력하게 억제할 것이다.

D. 보복 타격 능력

약하고 가난한 국가들도 보복 타격 무기들을 전개시킬 수 있을까? 이 질문에 대한 대답은 "그렇다yes"이다. 그런데 이 대답은 세이건과 일부 학자들의 신념과 대립된다. 세이건과 일부 학자들은 보복 타격 무기를 만들고 전개하는 것이 어렵다고 확신한다. 수십 년간 미군이 해 왔던 우려가 이러한 관점을 강화시킨다. 하지만 버나드 브로디Bernard Brodie가 주장한 것처럼, 만약에 "하나의 작은 국가가 소련을 향해서 모스크바에 단 한 발의 수소폭탄을 떨어뜨리겠다고 위협할 수 있다면 그 국가에 대한 소련의 공격은 억지될 것이다."[18] 브로디의 표현에서 '소련의 공격은 **억지 될 것이다.**'를 '소련의 공격은 **억지될 수 있을 것이다.**'로 바꾸면 더 좋겠고, '하나 또는 두 개의 핵 폭탄 위협도 효과가 있을 것이다.'라는 문장을 삽입하는 것이 좋겠다. 우리는 소련을 억지하는 것이 어렵다고 생각하던 시절에 영국이 수소탄이 없음에도 불구하고, 수소탄을 보유한 것처럼 행동했다는 것을 이제는 알게 되었다.[19]

세이건은 미국 공군과 해군이 민간인들의 부추김을 받아서 보복 타격 능력을 개발하게 되었다고 주장한다. 그는 군으로 하여금 전략 핵 무기의 생존가능성에 대해 관심을 가지도록 만든 킬리안 보고서Killian Report를 인용한다. 이 보고서는 1955년에 민간인들에 의해 작성되었다.

어떤 의미에서 세이건의 주장은 맞다. 미군은 핵 억지보다 전통적인 임

무에 더 관심이 있다. 잠수함 발사 탄도미사일 폴라리스Polaris 프로그램에
대한 해군의 초기 반응은 부정적이었다. 즉, 그 프로그램은 국가 프로그
램이지 해군 프로그램이 아니라는 것이었다. 아이젠하워 대통령은 국가
프로그램과 해군 프로그램의 차이가 무엇인지 의아해했다. 일반 해군장교
들과 다른 생각을 가진 하이먼 리코버Hyman Rickover 장군이 앞장서서 폴라
리스 프로그램을 추진했다. 이에 대해 해군은 결코 그를 용서하지 않았다.
해군이 하이먼 리코버를 승진시키려고 하지 않자 의회가 나서서 그의 이
름을 승진자 명단에 추가하였다. 군 조직은 혁신에 저항하는 조직으로 유
명하다.

　한 국가가 상대국가의 불특정한 지역을 타격할 수 있는 소량의 핵 탄두
만 보유해도, 보복 타격 위협에 의한 억지가 가능하다. 일부 미국인들과
러시아인들은 이 사실을 뒤늦게 알아차렸다.[20]

　전 미국 국방장관 맥나마라는 1985년에 쓴 글에서, 미국과 소련이 전
쟁 없이 살아가는데 필요했던 핵 탄두의 개수는 50만 기가 아니라 2천
기였다고 밝혔다.[21] 그는 1992년 봄 버클리에 있는 캘리포니아 대학 연
설에서, 미국과 소련이 전쟁 없이 살아가는데 필요한 핵 탄두의 개수는
60기라고 더 낮추어 잡았다. 한편, 핵 물리학자 허버트 요크Herbert York는
한 때 그가 소장으로 재직했던 로렌스 리버모 국립연구소Lawrence Livermore
National Laboratory에서 행한 발언을 통해 100기 정도의 핵 탄두면 적절하다고
주장했다.[22] 상대방을 억지하는 데 그리 많은 핵 탄두가 필요하지 않다.

　억지가 그렇게 쉬운 것이라면 왜 킬리안 보고서는 군으로 하여금 보복
타격 능력을 발전시키도록 했고, 미국은 왜 이미 많은 핵 탄두를 보유하
고 있는가라는 의문이 제기된다. 미국은 수천 기 이상의 핵 탄두를 보유
하고 있고, 소련도 수백 기 이상의 핵 탄두를 가지고 있다. 이 핵 탄두들
은 모두 성능이 뛰어나다. 이런 상황에서 미국과 소련 중 누가 감히 상대
방의 모든 핵 무력을 확실히 파괴시키거나 무력화시킬 엄두를 낼 수 있겠
는가? 기억해야 할 것은, 핵 무기 보유국가가 가지고 있는 핵 무기 중 일

부만 확실하게 작동되는 것이 확인되면 모든 핵 무기가 위력을 갖는다. 먼저 타격을 가해도 일부 핵 무력이 살아남는 국가가 있다면, 누가 보복 위협을 감수하고 그 국가를 공격하겠는가?[23] 예를 들어 쿠바 미사일 위기 때, 미 전술항공사령부는 소련이 쿠바에 배치해 놓은 미사일 중 90%만 파괴가 가능하다고 보고했다. 살아남은 10%의 핵 미사일이 미국으로 날 아드는 상황은 받아들이기 어려운 것이다. 당시 쿠바에는 약 70기의 전략 핵 탄두가 미사일에 탑재되어 있었다.[24]

핵 탄두의 숫자는 그리 중요하지 않다. 보복 타격을 위해 많은 핵 탄두를 보유할 필요가 없다. 적은 숫자의 핵 탄두면 충분하다. 남한 인구의 약 절반 정도가 서울과 수도권에 살고 있다. 만약 북한이 발사 가능한 핵 탄두를 잘 숨겨놓고 있다고 남한을 믿게 할 수만 있다면, 북한은 남한과 미국의 침입을 억지할 수 있다. 많은 사람들이 억지를 위해 필요하다고 주장하는 보복 타격 핵 무기의 개수는 지나치게 과장되어 있다.

E. 불확실성

세이건은 내가 불확실성의 유익한 효과에만 지나치게 주목한다고 생각한다. 그런데 핵 억지의 효과는 불확실성에 달려 있다. 재래식 무기로 국가의 필수이익을 공격받은 핵 무기 보유국가가 핵 무기를 사용하지 않을 것이라고 아무도 확신할 수 없기 때문에 억지가 이루어진다. 핵 전쟁이 발발하는 상황으로 갈지도 모른다는 그 불확실성이 억지의 핵심이다. 만약 이라크가 몇 발의 핵 폭탄을 가지고 있다고 미국이 생각했다면, 이라크-쿠웨이트 위기는 다르게 전개되었을 것이다. 미국은 이라크에 대한 수출입 금지 조치로 사태를 마무리 지었을 것이다. 만약 미국이 이라크로 진격했다면, 이라크는 이스라엘 텔 아비브Tel Aviv와 하이파Haifa에 여러 기의 핵 탄두를 투하했을 것이다. 미국은 상황이 이렇게 전개되는 것을 원하지 않았을 것이고, 이에 대해 이스라엘도 불평하지 않았을 것이다. 미국이 핵 무기 확산에 반대하는 여러 가지 주요 이유들 중 하나는, 만약

약한 국가들이 핵 무기를 보유하게 되면, 그 국가들이 미국의 말을 잘 듣지 않을 수 있다는 것이다. 미국이 원하지 않는 행동을 하는 작은 핵 무기 보유국가들에 대해서 미국이 군사적으로 처벌하는 것이 극히 위험해질 수 있을 것이다.

핵 무기 보유국가는 핵 무기에 대한 관리를 철저히 하기 때문에, 핵 억지 상황에서 사고는 거의 발생하지 않는다. 그리고 핵 무기를 발사하는 사람들은 자신이 핵 무기를 발사할 경우, 발사 사실이 밝혀질 것이고, 이로 인해 예상할 수 없는 처벌을 받게 된다는 것을 알고 있기 때문에 상부의 승인 없이 핵 무기를 발사할 가능성은 매우 낮다. 우리는 불확실성 속에 살고 있다. 재래식 무기 세계에서 전쟁이 더 쉽게 발생한다. 왜냐하면, 전쟁의 대가가 상대적으로 크지 않기 때문이다. 그렇다고 해도, 핵 무기가 발명되기 전에 사고로 전쟁이 시작된다는 것은 생각하기 어려웠다. 훨씬 덜 무서운 재래식 전쟁도 사고로 시작하지 않았는데, 핵 전쟁이 사고로 시작된다는 것은 상상하기 어렵다.[25] 쿠바 미사일 위기 사례에서 보듯이, 사고에 대한 공포는 사고가 일어나지 않도록 한다. 쿠바 미사일 위기 상황에서 작은 사고들과 계획하지 않은 일들이 발생했다. 미군 U−2 정찰기 한 대가 경로를 이탈하여 시베리아 지역으로 들어갔고, 다른 한 대는 쿠바 영공으로 진입했다. 미 해군은 소련 잠수함들이 수면으로 올라오도록 시도하는 등 계속해서 상황을 악화시켰다. 위기 상황에서, 지도자들은 그렇게 할 수 없다는 것을 잘 알면서도 모든 행동들을 통제하기를 원한다. 미국과 소련 최고 지도자인 케네디Kennedy와 흐루시초프Khrushchev는 통제를 상실할 수 있다는 두려움으로 이 위기를 빨리 종결하고 싶어 했다. 재래식 무기 세계에서는, 불확실성이 국가들로 하여금 전쟁에 참여하도록 만든다. 하지만 핵 무기 세계에서는, 불확실성이 국가들로 하여금 전쟁을 회피하도록 만든다. 통제할 수 없는 것은 그만큼 견디기 어렵다.

F. 미사일 방어와 핵 무기의 증가

조지 부시 대통령이 취임한 직후, 부시 행정부는 "지금 세계가 달라졌다."라고 선언하면서 새로운 국방정책 발표를 준비했다. 이것은 불확실한 개념, 예를 들어 파키스탄과 인도가 다른 신규 핵 무기 보유국가들과 다르다는 주장과 같이, 부시 행정부의 선언의 의미는 제대로 검증되지 않았다. 무엇이 달라졌고, 그 의미가 무엇인지를 말하지 않은 채 '세계가 달라졌기' 때문에 '미국의 국방정책 또한 달라져야' 한다고 말하는 것은, 하나의 끝없이 중얼거리는 주문과 같다. 영향력 있는 대통령 국가안보 부보좌관 시절 스티븐 해들리Stephen J. Hadley는 이렇게 주장했다. "우리는 완전히 새로운 세계에 대해서 말하고 있다."26) 그렇다. 냉전이 종식되었다. 그리고 새로운 러시아는 이전 소련보다 덜 위협적이다. 그리고 핵 무기 보유 국가는 소련 붕괴 이전 8개 국가에서 현재 9개 국가로 증가했다. 한 국가가 추가된 것이다.

하지만 차이의 중요성을 광고하는 사람들은 새로워 보이는 것과 여전히 같은 것을 잘 비교하지 못한다. 분명한 것은, "완전히 새로운 세계"는 없다. 지속되는 것 중에 가장 중요한 것은 핵 무기가 강력한 억지력을 발휘한다는 것이다. 부시 행정부는 과거의 군사정책을 되살리려고 시도한다. 이러한 시도를 정당화하기 위해서는 억지개념이 무시되고, 방어개념이 강조되어야 한다. 이미 폐기된 스타워즈Star Wars 계획을 되살리려는 사람들은, 직접적으로는 거의 언급하지 않지만, 다음의 사항을 강조한다. '미국과 소련이 과거에 그랬던 것처럼 강한 국가가 강한 국가를 억지할 수 있다. 그런데 우리가 두려워하는 것처럼 강한 국가가 약한 국가를 억지할 수 없을 때, 약한 국가가 강한 국가를 억지할 수 있다.' 그런데 이것은 새로운 생각이 아니다. 이전 정부도 알고 있었다. 지루하게 반복되는 옛날 생각이다. 도널드 럼즈펠드Donald Rumsfeld 국방장관이 "소련 정치국이 일부 견제와 균형" 기능을 했다고 언급하면서, "사담 후세인과 김정일에게 무슨 견제와 균형이 있는가?"[27]라는 질문을 한 적이 있다. 럼즈펠드는 자국 내에서 견제를 받지 않는 지도자들과 불량국가 지도자들이 아무런 제약 없이 핵 무기를 사용할 수 있다고 확신하는 것처럼 보인다. 그러면, 럼즈펠드의 관점으로 마오쩌둥Mao Zedong을 평가하면 어떻게 되는지 궁금하다. 럼즈펠드의 질문은, 나쁜 국가들은 억지할 수 없다고 하는 입증되지 않은 신념을 불러일으킨다. 하지만 분명한 것은, 다른 국가 지도자들과 마찬가지로 럼즈펠드가 언급한 국가 지도자들에 대한 가장 효과적인 견제는 다른 국가의 군사력이다. 그중에서도 미국의 핵 억지력이 가장 중요하다.

미사일 방어의 가치에 대한 논쟁은 1950년대부터 계속되고 있다. 지금처럼 이 논쟁의 초기에도, 광적이고 경무장한 핵 무기 보유국가가 주변 국가를 협박할 것이고, 심지어 미국을 공격할 것이라고 주장하는 사람도 있었다. 예를 들어, 1967년에 맥나마라 국방장관은 새롭게 핵 무기를 보유한 중국을 막기 위해 방어망을 구축해야 한다고 주장했다. 맥나마라 국방장관은, 중국이 미국과 미 동맹국들에게 핵 무기 공격을 가하는 것이 "미친 행위이고 자살행위"인데, 중국이 "계산을 잘못해서" 이런 공격을 가하는 것을 "상상해 볼 수 있다."라고 강조했다.[28] 분명하게도, 맥나마라가 상상한 그것을 상상해 볼 수 있다. 그런데 당시 중국 그리고 지금의 북한, 이란 등의 나라들에게, 이러한 상상은 사실 터무니 없는 것이다. 1949년부터 1976년까지 마오쩌둥이 중국을 다스릴 때 중국의 외교정책과 국방정책은 정상적인 것이었다. 김정일, 사담 후세인 그리고 그 밖의 불량국가 지도자 집권 시기에도 그러했다.

럼즈펠드 장관은 다음의 사항에 주목했다. "정령(精靈)이 전쟁터를 떠나고 있다. …(중략)… 사람들은 매우 강력한 무기를 가지려고 한다. 그리고 그들은 안전에 신경 쓰지 않는다. 그들은 신뢰성에 신경 쓰지 않는다. 그들은 이 무기들이 큰 위력을 가지는 것에 신경 쓰지 않는다. 만약에 그들이 매우 강력한 무기를 가지게 되면, 그들의 행동이 변화될 것이다."[29]

그들은 확실하게 우리의 행동을 바꾸어 놓고 있다. 그리고 우리는 훨씬 "위력이 강한 무기들"을 만들고 있다.

 불량국가들이 몇 가지 끔찍한 일을 할 것이다. 그렇지만, 만약에 럼즈펠드가 상상한 일을 불량국가들이 실행한다면, 그 국가들은 단명하고 말 것이다. 럼즈펠드는 불량국가를 포함해서 다른 국가들이 어떻게 군사적으로 행동하는지 살펴보아야 한다.

 국가 미사일 방어체계는 핵 무기의 완만한 전파보다 미국과 세계 국가들에게 더 큰 위험을 가져올 수 있다. 국가 미사일 방어체계와 관련해서 최선은 이 방어체계가 미래에 작동할 필요가 없는 것이고, 최악은 미사일 방어체계의 개발과 배치가 핵 억지의 효과를 약화시키는 것이다.

 핵 무기 방어체계가 미래에 작동하지 않아야 하는 많은 이유들에 대한 설명이 이미 충분히 반복되었다. 럼즈펠드에 의하면, 방어체계가 제대로 작동하는지 여부는 그리 중요하지 않다. 방어체계를 전개하는 것만으로도, 핵 공격을 준비하는 국가에게 얼마나 많은 핵 무기가 "방어망을 피할 수 있을지"에 대한 불확실성을 가져다주며, 이 불확실성이 핵 공격을 억지할 것이다.[30] 미국의 억지력은 이미 미국을 핵 무기로 공격하려고 하는 국가들에게 파괴의 공포를 불러일으키고 있다. 하지만 럼즈펠드의 견해에 따르면 이것만으로 억지가 충분히 이루어지지 않는다. 미국이 핵 미사일을 격추시킬 수 있다는 전망이 추가되어야 한다. 물론, 미국의 미래 방어에서 문제가 될 수 있는 부분을 찾아내는 것은 충분히 현명한 일이다. 하지만 그 자신이 파괴되는 것을 감수하고 공격을 가하는 것까지 이해해야 한다는 것은 좀 어리석어 보인다. 1964년 10월, 흐루시초프는 소련이 개발한 신형 미사일이 "하늘에 있는 파리까지 잡을 수 있다."라고 자랑했다. 물론, 이러한 자랑이 문제가 되지 않는다. 문제는 하늘에 격퇴시켜야 할 많은 파리가 있을 수 있다는 것이다. 하늘에서 파리가 벼룩으로부터 분리되어 나올 수도 있다. 일부 탄두가 방어망을 뚫을 것이라는 사실은 공격국가와 방어국가 모두가 알고 있다.

미사일 방어체계는 지금까지 전개시킨 시스템 중에 가장 복잡한 시스템이다. 이 체계는 적이 발사한 핵 탄두 탑재 미사일에 대한 첫 실전 연습에서 거의 완벽하게 작동되어야 한다. 어떠한 대통령도 이러한 시스템에 완전히 의지할 수 없을 것이다. 대신에, 대통령들은 적의 핵 탄두 미사일이 날아오는 상황을 만들지 않으려고 할 것이다. 미국이 미사일 방어체계를 갖추고 있다고 하더라도, 미국의 행동에 대한 제약은 미사일 방어체계가 없을 때와 똑같을 것이다. 핵 무기로 공격을 가하려는 국가가 상대국가의 미사일 방어체계를 무력화시키는 3가지 방법이 있다.

첫 번째는 핵 탄두를 대량으로 확보하는 것이다. 공격용 핵 탄두의 가격이 방어수단들의 가격보다 훨씬 저렴하다. 이 방법은 쉽게 할 수 있다. 핵 무기 방어체계를 갖추는 것은 한 마디로 바보 같은 짓이다. 방어체계로는 승리를 거둘 수 없다. 맥나마라, 흐르시초프, 브레즈네프, 와인버거, 블라디미르 푸틴Vladimir Putin, 사주캉Sha Zukang 그리고 많은 사람들은 이렇게 말했다. 만약에 "그들이" 방어체계를 전개시킨다면, "우리는" 핵 탄두의 숫자를 증가시킬 것이다.[31] 미사일 방어체계를 무력화시키는 두 번째 방법은, 유인용 미사일과 가짜 미사일을 발사하여 적의 미사일 방어망을 혼란시키는 것이다. 세 번째 방법은 미사일 방어체계를 회피하는 것이다. 대륙간 탄도미사일에 핵 탄두를 탑재하여 발사하는 것이 불량국가들이 선택할 수 있는 방법이다. 핵 탄두로 상대국가를 공격할 수 있는 방법은 많이 있다. 불량국가들이 이 방법들 중에서 가장 쉬운 방법을 선택하지 않을까? 한 인도 평론가는 소가 끄는 수레로 핵 탄두를 운반하는 방법을 제안하기도 했다. 누군가는 핵 탄두로 목표물을 공격하기 위해 여러 가지 방법을 한꺼번에 사용할지도 모른다. 특히 번거로운 방법은 핵 탄두를 크루즈 미사일에 탑재하여 날려보는 것이다. 데니스 곰레이Dennis M. Gormley가 지적한 것처럼, 국제 상선은 한 번에 수천 개의 컨테이너를 운반하며, 미국항은 일 년에 1,300만 개 이상의 컨테이너를 처리한다. 중국 실크웜 미사일과 같이 덩치 큰 크루즈 미사일도 표준 컨테이너에 들어가기 때문에, 세계 모든 항구로 운반하여 발사가 가능하다. 크루즈 미사일을 방어하는 것은 탄도미사일을 격추시키는 것보다 훨씬 어렵다.[32]

북한 탄도미사일 공격 위협에 대비해야 한다는 주장은, 미국 정부가 대중국 미사일 방어망을 구축하기 위해 내놓은 하나의 빈약한 변명에 불과하다. 빌 클린턴Bill Clinton 행정부 시기에 미국은 북한이 중장거리 미사일 시험과 개발을 하지 않는 조건으로 원조를 제공하는 협약을 체결한 바 있다. 이에 대해 콜린 파월 미 국무장관은 "아주 좋은 거래"라고 평가했다.[33] 이러한 그의 반응은 조지 슐츠George Schultz 국무장관이 소련의 핵무기 감축을 대가로 미국이 스타워즈 계획을 중단하기로 했을 때 보인 반응보다 덜 화려하다. 조지 슐츠는 "재킷을 주고 방탄조끼를 벗을 수 있게 되었다."라고 말했다.[34] 하지만 결과적으로, 클린턴 행정부 때 체결된 이 협약은 조지 부시 행정부 시기에 파기되었다.

중국의 핵 무기 프로그램은 극도로 온건하다. 미국은 100대의 요격미사일을 갖춘 하나의 미사일 방어체계가 25기의 핵 미사일을 격추시킬 것으로 기대한다.

공정하게 전망하는 사람들은 다음의 주장을 신뢰하지 않는다: 미국의 미사일 방어체계가 잘 작동할 것이다. 중국은 미국보다 훨씬 우수한 미사일 방어체계를 구축할 수 있다고 생각할 것이다. 그리고 여기에 맞추어 자신들을 무장할 것이다. 중국이 걸어가는 길을 인도와 파키스탄이 뒤따를 것이다. 그 결과, 푸틴이 두려워하는 것처럼 "러시아 국경지역에서 통제되지 않는 군비경쟁이 정신없이 벌어질 것이다."[35]

핵 공격 위협 또는 감당할 수 없는 정도의 재래식 공격 위협에 효과적으로 대응할 수 있는 유일한 방법은 보복 능력을 강화시키는 것이다. 핵무장 세계에서, 방어는 공격처럼 보인다. 전략방위구상SDI, Strategic Defense Initiative은 전략공격구상SOI, Strategic Offense Initiative으로 명칭을 변경해야 한다. 방패는 창을 사용가능하게 만든다. 로널드 레이건Ronald Reagan 대통령은 핵 방어의 공격적 의미를 이해하고 있었지만, 핵 방어를 중요하게 다루지

않았다. 이전 미국 행정부들에 비해 놀라울 정도로 정치적 민감성이 떨어
지는 부시 행정부가 핵 방어의 중요성을 인정했다. 부시 대통령은 이렇게
말했다. "그들은 미국과 몇몇 책임감 있는 국가들이 세계 전략지역에서
동맹국과 우방국들을 돕지 못하도록 하기 위해서 …(중략)… 대량살상무
기를 추구하고 있다."36) 한마디로 말해서, 미국은 미국이 선택하는 어디
나 그리고 언제나 군사적으로 개입할 수 있기를 원한다. 아마도, 미국의
핵 방어능력이 이것을 가능하게 해 줄 것이다. 심지어 핵 무기로 경무장
한 국가들에 대해서도 군사적으로 개입할 수 있을 것이다.

  핵 방어능력을 향상시켜서 얻게 되는 첫 번째 효과는, 다른 핵 무장 국
가들로 하여금 핵 무기를 더 많이 보유하도록 하는 한편, 교활한 핵 공격
방법까지 생각해 내도록 만든다. 이와 관련하여 푸틴 대통령은, 만약에
'탄도탄 요격미사일 규제조약ABM, Anti-Ballistic Missile Treaty'이 폐지된다면, 지
난 30년 동안 지속된 모든 군비통제조약들이 무용지물이 될 것이라고 말
한 바 있다. 미국과 러시아가 1993년에 합의한 2차 전략 핵 무기감축협
약START II에는 다탄두 미사일을 궁극적으로 제거하는 내용이 포함되어 있
었다. 부시 행정부는 이것을 자랑스러운 성취로 받아들였다. 러시아는 다
탄두 미사일 제거가 포함된 2차 전략 핵 무기감축협약START II을 2000년
에 비준하였다. 미국의 방어력이 러시아의 핵 억지력을 약화시킬 것이라
는 두려움에서 러시아가 벗어나는 가장 값싼 방법은, 더 많은 핵 탄두를
그들의 지상 미사일 기지에 배치하는 것이다. 하지만 이것은 가장 위험한
방법이기도 하다. 부시 2세 행정부는 어리석음에 있어서 클린턴 행정부를
능가한다. 클린턴 행정부 시기에 한 미국 관리가 러시아 관리들에게 이렇
게 말했다. "만약 미국의 잠재적 방어력이 러시아를 불안하게 만들고자
한다면, 수천 기의 미사일들을 전면 경계 태세 상태로 둘 수도 있다."37)

  부시 대통령과 럼즈펠드 장관이 가지고 있는 미사일 방어체제에 대한
계획을 실현하는 것은 미국과 세계에 매우 위험하다. 이것은 인도, 파키
스탄, 북한이 보유하고 있는 소량의 핵 무기보다 더 위험하다. 핵 방어체

제는 군비통제조약을 무력화시킨다. 핵 무기를 감축하고 통제하는 조약이 핵 무기를 방어하려는 시도보다 더 유용하다.

일부 국가들은 미국이 그들을 위해서 군사적으로 개입해 주기를 원한다. 한편, 다른 국가들은 미국이 군사적으로 개입하는 것을 원하지 않는다. 미국이 핵 무력과 재래식 무력에서 압도적 우세를 유지하는 상황에서, 미국의 개입을 원치 않는 국가들은 무엇을 할 수 있을까? 미국의 개입을 원하지 않는 국가들은 미국의 개입적 움직임을 막을 수 있는 방법을 찾기 위해 노력하게 된다. 압도적 우세를 보이는 국가가 과도한 행동까지 하게 되면, 다른 국가들은 자국의 이익을 보호하기 위해 방도를 찾게 된다. 중국은 느슨한 형태이긴 하지만 대만을 자국에 편입시키기를 원한다. 중국은 이를 위해 군사력을 사용할 의도가 없으며, 군사력 사용을 선호하지도 않는다. 하지만 중국이 판단하고 있는 것은, 대만에 대한 미국의 군사적 보호가 확실해질 경우, 대만에 대한 중국의 외교적 수단 중에서 무력 사용 위협이 빠질 수 있다는 것이다. 대만은 중국과 타협할 이유가 줄어든다. 이에 대해 중국은 마치 군사력 사용을 계획하고 있는 것처럼 행동한다. 중국은 러시아로부터 핵 추진 잠수함인 '오스카 2Oscar Ⅱ'급 잠수함을 도입했는데, 이 잠수함은 미국의 항공모함을 무력화시킬 능력을 갖추고 있다. 또 다른 대응방법은 미국을 억지하기 위해 최소한의 핵 무기를 유지하는 것이다.

미국 정보당국의 보고에 의하면, 중국은 미국의 미사일 방어체계에 대응하기 위해서 미사일에 핵 다탄두를 탑재하고 있으며, 핵 기지를 10곳으로 확대했다.[38] 이같이 미국의 미사일 방어체계는 기존 핵 무기 보유국가의 핵 무기 확대, 즉 수직적 확산을 촉진시키는 한편, 핵 무기를 보유하지 않은 국가에 핵 무기가 전파되는 수평적 확산에도 기여한다. 중국의 경제력과 군사력 강화에 불안감을 느끼고 있는 일본이 앞으로도 핵 무기를 보유하지 않을 것이라고 예측하기는 쉽지 않다. 중국이 미국의 방어체계에 도전하는 행동을 할수록 더욱 그러할 것이다. 조지 부시 행정부는 핵 무

기를 약간의 통제 아래 두도록 하는 내용을 골자로 하는 협약을 제안했
다. 그런데 이 제안에는 핵 무기 통제를 대체할 만한 수단이 포함되어 있
지 않았다. 만약, 이 협약이 체결될 경우, 다른 국가들은 자신의 국가를
지키기 더 어려워진다. 북한과 이란 등 여러 국가들은 미국이 억지를 강
화하여 적국의 공격을 차단하려고 한다고 생각한다. 이라크 또한 이렇게
판단하였다. 사실 대량살상무기는 다른 국가들이 미국을 억지할 수 있는
유일한 수단이다.

많은 국가들은 재래식 무기에 의존하여 미국을 억지하고 싶어 하지 않
는다. 냉전기간 동안, 미국은 핵 무기를 소련의 재래식 군사력을 상쇄하
는 데 이용했다. 다른 국가들은 핵 무기를 이용하여 미국의 군사력을 상
쇄하고 싶어 한다. 미 하원 군사위원회 위원장 시절 레스 아스핀Les Aspin
은 그의 생각을 다음과 같이 표현했다. "전 세계에서 핵 무기가 사라지는
것이 미국에 그리 불리한 일이 아니다. 사실, 핵 무기가 없는 세계는 실질
적으로 더 나은 세계이다. 지금 미국이 아니라 핵 무기가 가장 큰 균형자
역할을 하고 있다. 미국은 균형의 대상일 뿐이다."39)

미국의 재래식 무기 우세는 다른 국가들로 하여금 비재래식 수단에 의
존하도록 만든다. 다른 국가의 대응을 이해하기 위해서 미국 자신의 행동
을 돌아볼 필요가 있다. 조지 부시 대통령은 다른 국가들과 상의할 준비
가 되어 있다고 강조한 바 있다. 부시 대통령의 표현 중 '상의consult'의 의
미는, 미국이 정책을 실행하기 전에 미국의 정책을 다른 국가들에게 설명
하겠다는 것이다. 물론, 그 국가들이 그 정책을 좋아하든지 싫어하든지
상관없이 그 정책은 실행될 것이다. 한 영국 외교관은 이렇게 이야기한다.
"미국인들은 '미국 지도력에 대한 국제사회의 요구'라고 말하고, 나머지
세계 사람들은 '미국의 오만과 일방주의'라고 말한다."40) 군사적 우위를
가진 미국이 기존에 비준한 조약을 폐지하려고 하고, 이미 합의된 조약은
비준하지 않으려고 하는 오만한 모습을 보이고 있다. 이러한 미국의 태도
는 다른 국가들로 하여금 핵 무기를 보유하도록 만든다. 미국은 포괄적

핵 실험 금지조약CTBT을 만드는 데 주도적 역할을 했다. 2012년 4월 9일, 현재 183개국이 이 조약에 서명했고 157개 국가가 비준했다. 그런데 미국정부는 이 조약의 제한사항을 회피할 수 있는 방법들을 찾고 있다. 그리고 미국은 컴퓨터 시뮬레이션과 같은 방법을 활용하여 핵 무기의 위력을 강화하고 핵 탄두의 디자인을 개선하기 위한 노력을 지속하고 있다. 미국은 자국의 핵 위력을 다른 국가들의 핵 위력보다 훨씬 더 강력하게 만들고자 한다.[41]

미국은 왜 미국의 이익에 명확히 부합되는 조약을 환영하지 않는 것일까? 미국은 자국의 핵 무기 성능을 개선하고 방어망을 구축하는 동안, 다른 국가들은 핵 무기의 개수를 줄여나가기를 희망한다. 만약 이런 꿈같은 일이 현실이 된다면, 미국은 언제나 그리고 어디에서나 미국이 원하는 대로 할 수 있을 것이다. 하지만 다른 국가들도 이것을 너무나 잘 알고 있기 때문에, 미국의 정책은 핵 무기의 수직적 확산과 수평적 확산을 촉진시킬 뿐이다.

국가들이 핵 무기를 보유한 지 60년이 지났지만, 핵 무기 보유국가들 간의 관계가 전례없이 평화롭다. 핵 확산 비관론자들은 이러한 현실을 다음과 같이 간단하게 설명한다. '우리가 운이 좋았다.' 칸티 바즈파이Kanti Bajpai 교수는 억지가 "연약하고 걱정스러우며" 장기적으로 불안정하다고 확신한다. 누군가는 50여 년의 시간이 핵 억지의 안정성을 확인하는데 충분히 긴 시간이 아니라고 말한다. 미 전략사령부 사령관이었던 조지 리 버틀러George Lee Butler 장군은 1994년 퇴역하기 전에, "우리는 신의 은총으로 재앙을 피할 수 있었다."라고 말했다.[42] 오토 본 비스마르크Otto von Bismarck가 말한 것처럼, 신은 "바보와 술주정뱅이와 미국"을 내려다보고 있을지도 모른다.[43] 이런 의문이 든다. 신은 왜 미국과 일부 핵 무기 보유국가들만 사랑하고, 다른 비핵국가들에게는 자비를 거의 베풀지 않는 것인가? 행운, 신의 은혜와 같은 말로 핵 재앙에 대한 직접적인 언급을 회피하려고 하지 말고, 우리 자신의 일로 논의해야 할 시간이 되었다. 행운과 신의 은혜를 말하는 사람들도 때때로 핵 문제의 해결방안을 제시한다. 버틀러의 해결방안은 핵 무기를 완전히 없애는 것이다. 마이클 만델바움 Michael Mandelbaum과 엘리어트 코헨Eliot Cohen의 해결방안은 핵 무기 보유 가 능국가의 핵 시설을 선제 타격하는 것이다.44) 레이건과 부시의 해결방안 은 핵 미사일 방어체계 구축이었다.

운 좋게도, 이 모든 해결방안들은 비현실적이다. 핵 무기를 필요로 하 는 국가들에게 핵 무기가 가져다주는 평화로운 혜택이 있는데, 위의 해결 방안들은 이러한 혜택을 부정한다. 핵 무기가 이 세계에 머물러 있을 것 이라는 사실 그리고 오랫동안 핵 무기가 여러 국가들로 확산해 나갈 것이 라는 사실과 직면하는 것이 훨씬 더 합리적이다. 우리가 질문해야 하는 것은, 어떻게 하면 핵 무기의 혜택을 증가시키면서, 동시에 핵 무기의 내 재적인 위험들을 감소시킬 수 있는가이다. 두 가지 분명한 방법이 있다. 첫 번째는 미국과 러시아가 터무니없이 많이 보유하고 있는 핵 무기를 감 축하는 것이고, 두 번째는 핵 무기의 즉시 대기 상태hair-trigger alert를 해제 하는 것이다. 여기에 세 번째를 추가한다면 미사일 방어체제를 해체해야 한다.

핵 비즈니스 차원에서, 억지는 비용이 적게 들고 쉬운 반면에 미사일 방어체계는 비용이 많이 들고 복잡하다. 미국은 다른 국가들과 달리 돈과 기술을 충분히 확보하고 있기 때문에 효과적인 방어체계를 구축할 수 있 다고 스스로 생각하는 것 같다. 그런데 한 국가가 방어체계를 구축하게 되면, 다른 국가들은 그 방어체계를 무력화시킬 수 있는 방법을 찾게 된 다. 물론 재래식 무기를 가지고 미국의 미사일 방어체계를 무력화시키기 는 어렵다. 하지만 핵 무기를 가지고는 쉽게 할 수 있다. 핵 미사일 방어 체계는 절대 무기를 절대적으로 방어하려는 시도이다. 핵 미사일 방어체 계의 논리는 재래식 전쟁 논리에서 기인한다. 재래식 전쟁에서는 무기로 무기를 상대한다. 이 논리가 정확하게 핵 미사일 방어체계에 적용된다. 이로 인해 재래식 무기만으로 무장한 국가들은 미사일 방어체계를 무력화시킬 수 없으며, 불안정한 상황 속에서 괴로워하게 된다. 우리는 과거 수 세기의 재래식 무기 경쟁 경험을 통해 공격용 무기와 방어용 무기의 군비 경쟁이 가져오는 위험성을 잘 알고 있다. 미국의 미사일 방어체계 확립 노력은 다음의 두 가지 문제를 가져올 것이다. 첫 번째는 핵 무기 보유국 가들로 하여금 그들의 핵 무기를 더욱 정교하게 만들도록 하는 것이고, 두 번째는 공격용 무기와 방어용 무기의 경쟁이 다시 재현될 수 있다는 것이다. 이것은 모두에게 불행한 결과이다. 도대체 누가 불안정한 방어체 계로 안정된 억지를 대체하고자 한단 말인가? 전쟁의 문제 해결 없이 평 화를 영속시킬 수 있을까? 핵 무기를 보유한 국가들은 끊임없이 이 질문 에 답해야 한다. 핵 무기 보유국가들은 계속해서 군사적으로 경쟁한다. 자국이 쟁취할 수 있는 최고의 이익을 추구하는 국가들 사이에 전쟁이 발 발할 가능성은 언제나 있다. 이렇듯 전쟁의 가능성은 상존하지만, 핵 무 기는 핵 무기 보유국가들 간의 전쟁 가능성을 현저하게 감소시킨다. 전쟁 에 핵 무기가 동원될 것으로 예상될 경우, 그 전쟁은 거의 시작되기 어렵 다. 수세기에 걸쳐, 강대국들은 약소국에 비해 더 많은 전쟁을 했다. 전쟁 의 빈도는 전쟁 참여 국가의 특성이 아니라 전쟁 참여 국가의 국제적 입 지와 큰 연관성이 있다.

하지만 군사기술의 엄청난 변화 이후, 전쟁을 일으키는 것은 점점 더 가난하고 약한 국가들의 특권이 되고 있다. 핵 무기가 강대국과 약소국의 운명을 바꾸어 놓은 것이다. 제2차 세계대전 이후 강대국들은 오랜 기간 의 평화를 향유하고 있다. 이러한 일은 역사상 경험해 보지 못한 것이다. 핵 무기의 존재가 이 행복한 상황의 유지를 설명하는 데 도움이 된다는 것을 부인할 사람은 그리 많지 않을 것이다.

결론

결론적으로 나는 다음의 3가지 점을 강조하고자 한다. 이 3가지는 내가 앞에서 말한 것을 뒷받침해 주기도 하고, 일부 보충해 주기도 할 것이다.

첫째, 우리가 원한다면 크누트 대왕King Canute의 역할을 맡을 수도 있다. 하지만 우리도 크누트 대왕과 마찬가지로 (핵 무기 확산의) 파도를 항구에 붙잡아 둘 수는 없을 것이다. 핵 무기는 천천히 전파될 것이다. 재래식 무기도 확산될 것이며, 재래식 무기의 파괴력은 놀라울 정도로 강력해질 것이다. 상대적으로 가격이 저렴한 핵 무기가 주요 전쟁의 발발을 억제한다. 일부 국가들에게는, 훨씬 많은 돈이 들어가는 재래식 군비경쟁이 핵 무기 보유의 대안이 될 것이다. 그런데 이러한 군비경쟁은 굉장히 파괴적인 전쟁의 가능성을 높인다.

둘째, 세이건과 일부 학자들은 "억지이론" 또는 심지어 "합리적 억지이론"이라는 용어를 사용한다. 억지는 이론이 아니다. 단지, 억지정책이 구조이론에서 도출되었을 뿐이다. 구조이론이 강조하는 것은, 국제정치 체계의 단위들이 할 수 있는 최선을 다하여 자신의 안보를 지켜내야 한다는 것이다. 자신의 안보를 지키기 위해 활용 가능한 수단이 무엇인가에 따라 국가정책이 달라진다. 핵 무기를 활용할 수 있는 국가들이 자국의 안보를 위해서 방어와 전투를 할 수 있어야 한다고 여전히 말할지도 모른다. 하지만 핵 무기를 보유한 국가들은 억지전략을 선택하게 될 것이다. 이론을 적용해 보았을 때, 국제사회에서 핵 무기보다 더 두드러진 조건은 없다. 그리고 억지는 그 의미가 무엇이든지 간에 합리성에 의존하지 않는다. 단순한 정의에 의하면, 누군가 사고(思考)할 수 있다면 그는 합리적이다. 조금만 사고해 보면, 핵 전쟁을 하는 것이 불가능하다는 결론에 도달하게 된다. 그리고 핵 보복을 당할 것이 명확한데도 불구하고 누군가 공격을 개시한다면, 그는 분명히 바보천치일 것이다.45) 이러한 결론에 도달하는 데 그리 복잡한 계산이 필요하지 않다. 약간의 상식만 있으면 된다. 억지는 합리성이 아니라 공포에 의존한다. 공포를 자아낼 수 있는 최고의 무기가 바로 핵 무기이다.

셋째, 세이건이 말한 것처럼, 새롭게 핵 무기를 보유하는 국가들은 핵 무기 안전장치가 부족할 것이고, 핵 무기 통제를 위한 관료주의적 일상 업무처리 방식이 개발되지 못했을 수도 있다. 하지만 핵 무기 숫자가 적으면 적을수록 더 쉽게 핵 무기를 보호할 수 있을 것이다. 많은 핵 무기를 보유하고 있지만 일상화된 업무처리 방식에 문제가 있는 국가에서 사고로 핵 탄두가 발사될 수도 있다. 적은 수의 핵 무기를 보유한 국가들에서는 이런 사고가 발생하지 않을 것이다. 브루스 블레어Bruce Blair와 헨리 켄달Henry Kendall이 추정한 바에 의하면, 소련이 우발적으로 미국을 향해 핵 공격을 가한다면, 약 300기의 핵 탄두가 미국에 떨어질 것이다. 그리고 이에 대한 반격으로 미국은 소련을 향해 약 500기의 핵 탄두를 발사할 것이다.[46] 핵 무기 세계에서는 경고발사정책이란 있을 수 없다. 만약 한 국가가 핵 공격을 당했다면, 그 국가는 완만하고 상황을 더 이상 악화시키지 않을 정도의 보복 공격이 요구된다. 오직 핵 강대국들만이 모두를 놀라게 할 정도의 핵 연습을 실시할 수 있다. 약소국들은 핵 연습을 실시할 자원이 부족하다.

국제정치에서 가장 큰 위험을 몰고 오는 것은 강대국들이고, 가장 작은 위험들은 가장 작은 국가들에서 시작한다. 우리가 더 두려워해야 할 국가는 오랫동안 핵 무기를 보유해 온 국가들이다. 그리고 우리가 덜 두려워해도 되는 국가들은 최근에 핵 무기를 보유한 국가들 또는 앞으로 핵 무기를 보유할 국가들이다. 핵 무기를 많이 보유한 국가들의 안전에 더 많은 노력이 집중되어야 한다. 약한 국가들이 소량의 핵 무기를 획득하고자 하는 것을 차단하는 것에는 약간의 노력만 기울여도 된다. 약한 국가들도 안보를 위해서 핵 무기가 필요하다는 것을 알고 있다. 이것은 이해할 만한 것이다.

왈츠의 주장에 대한
세이건의 반론

핵 무기 전파, 그 끝없는 논쟁

CHAPTER

04

·

왈츠의 주장에 대한
세이건의 반론

스콧 세이건

한 국가가 다른 국가들을 평가할 때 주로 범하는 두 가지 기본적인 오류가 있다. 첫 번째 오류는 자민족 중심주의에서 기원한다. 이것은 미국인들이 다른 국가를 평가할 때 주로 범하는 공통된 실수이다. 미국인들은 다른 국가 사람들이 미국인들에 비해 역량이 떨어지고, 덜 지적이며, 덜 합리적이라고 생각한다. 이러한 점에서 케네스 왈츠는 한 가지 중요한 기여를 하였다. 핵 확산에 대한 그의 분석은, 미국 학자들과 정부 관료들 사이에 널리 퍼져 있는 맹목적인 주장과 자민족 중심주의를 수정할 수 있게 해 준다. 핵 확산 비관론자들 중에는 "미국이 핵 무기를 완벽하게 관리하고 있다(하지만 다른 국가들은 그러지 못할 것이다). 미국은 이 놀라운 무기들을 영원히 통제할 것이다(하지만 다른 국가는 그럴 수 없을 것이다). 미국은 민-군 관계에서 아무런 문제가 없다(하지만 다른 국가들은 그렇지 않다)."라고 주장하는 수많은 사람들이 있다. 나는 왈츠가 이 같은 주장을 하는 수많은 핵 확산 비관론자들을 비판한 것이 완전히 옳은 일이라고 생각한다.

국제문제를 다루는 데 있어서 미국은 똑똑한 데 반해 다른 국가들은 멍청하거나 멍청할 것이라고 가정하는 것은 매우 위험한 일이다. 왈츠의 분석은 이러한 위험에 대해 상기시켜주는 역할을 한다.

두 번째 오류는 첫 번째 오류의 정반대에 해당한다. 즉, 다른 국가들이 자신의 국가보다 더 낫다고 가정하는 것이다. 핵 확산 결과에 대한 케네스 왈츠의 주장이 가지는 중심적인 문제가 나는 이것이라고 생각한다. 냉전기간에 미국에서 발생했던 핵 무기 운영상의 사고 사례 또는 가까스로 사고를 막은 사례, 민간 관리와 군 관리 사이의 갈등 사례, 다양한 조직의 문제 사례들이 일부 학자들에 의해 연구되었다. 왈츠는 지금 연구를 진행한 학자들의 많은 주장들을 수용하고 있다. 그러면서, 다른 국가들이 미국보다 더 잘할 것이고, 더 영리할 것이며, 더 빨리 배울 것이라고 주장한다. 한 마디로, 미국이 과거에 저질렀던 일종의 착오들을 회피할 것이라는 입장을 유지한다. 나는 이러한 왈츠의 주장에 반대한다. 실증적인 증거들과 설득력 있는 이론적 근거들을 바탕으로 판단해 보았을 때, 새롭게 핵 무기를 보유하는 국가들도 미국이 경험했던 문제들을 회피하지 못할 것으로 예상된다. 물론, 새롭게 핵 무기를 보유하는 국가들이 기존 핵 무기 보유국가가 범한 실수를 똑같이 재현하지는 않을 것이다. 하지만 그 국가들도 매우 심각한 오류를 범할 것이고, 그중 일부는 치명적인 오류일 것이다.

우리가 동의할 수 없는 것의 뿌리들

우리가 서로 동의할 수 없는 것들의 중심에는 무엇이 놓여 있는가? 이 질문에 답하기 전에 우리가 무엇에 대해서 동의할 수 있는지를 먼저 살펴보고자 한다.

첫째, 우리는 핵 무기의 무시무시한 파괴력에 대해서 서로 동의한다. 핵 무기는 매우 충격적인 무기이다. 핵 무기는 파괴력에 있어서 재래식 무기와 심지어 화학 무기를 압도한다. 핵 폭탄 한 발이면 현대 도시 하나를 실제로 파괴할 수 있다. 이것은 전례가 없는 파괴 수준이다.

둘째, 우리는 '핵 무기 혁명에 대응해서 국가들이 **어떻게 행동해야만 하는가?**'와 같은 규범적인 질문에 대부분 서로 동의한다. 핵 무기 보유국가들은 특히 주의를 **기울여야만 한다.** 그들은 핵 무기 안전에 높은 우선순위를 **두어야만 한다.** 그들은 안정된 억지를 위해서 확실한 2차 타격 보복 능력을 **건설해야만 한다.**[1]

우리는 보다 근본적인 문제에 대하여 의견일치를 보지 못하고 있다. 왈츠와 나는 국가의 행동을 설명하고 예측하는 최선의 방법에 대해 서로 다른 관점을 가지고 있다. 우리는 핵 무기 보유국가들이 하나의 **이상적인 세계**에서 어떻게 행동해야만 하는지에 대해서는 의견이 일치한다. 하지만 우리는 **현실 세계**에서 핵 무기 보유국가들이 실제로 어떻게 행동하는지에 대해서는 서로 다른 의견을 가진다. 국제정치에 대한 왈츠와 나의 서로 다른 시각은 핵의 과거에 대한 설명과 핵의 미래에 대한 전망에서 큰 차이를 만들어 낸다.

왈츠의 낙관주의는, 국제체제의 제한요인들과 핵 전쟁의 잠재적인 비용으로 인해 모든 국가들이 본질에 있어서 합리적인 결정을 할 것이라는 믿음에 바탕을 두고 있다. 왈츠는 이렇게 이야기 한다. "지도자의 정체성이 무엇이든지 간에 그리고 그들의 국가가 가지는 특성이 무엇이든지 간에, 지도자들이 만들어 내는 국가의 행동은 외부 세계에 의해서 강하게 조건 지어진다."(제5장) 국가들이 "객관적인" 이익을 인지하고, 이에 따라 행동할 것이라는 가정은 왈츠의 전체 주장들을 뒷받침한다. 이에 반해 나의 비관주의는, 정치 지도자의 이해관계와 국가의 행위 사이에서 군과 여러 정부조직들이 가장 중요한 관여 역할을 수행하고 있다는 믿음에 바탕을 두고 있다. 군과 여러 정부조직들이 생산한 정보, 이 조직들이 개발한 계획과 일상화된 업무처리 방식, 이 조직들이 가지고 있는 편향성은 매우 중요한 방식으로 국가의 행동에 영향을 미친다.

　　왈츠는 핵 무기의 전례없는 힘을 강조하면서, "바보가 아닌 이상 누구나 핵 무기의 파괴력을 이해할 수 있다. 무엇을 더 배워야 한다는 것인가?"라고 말한다.(제3장) 불행하게도, 더 배워야 할 것이 무척 많다. 국가들은 사고를 회피할 수 있는 방법, 그들의 무기를 테러리스트들에게 탈취당하지 않는 방법, 생존가능한 군사력을 갖추는 방법, 그들의 군을 통제하는 방법 그리고 갈등이 악화되지 않도록 제한하는 방법을 배워야 한다. 모든 정치 지도자들이 이러한 합리적인 일들을 하고 싶어 하는 것은 당연하다. 하지만 정치 지도자의 실제 행동과 하고자 하는 의욕 사이에 조직의 그림자가 놓여 있다. 고위 정치인들이 단순히 핵 무기의 영향을 이해했다고 해서 조직을 적절히 설계하고 관리하는 어려운 임무가 자동적으로 달성되지는 않는다. 그리고 그 끔찍한 파괴무기를 개발한 모든 국가에서 핵 무기가 계속 존재할 것이라는 보장도 없다.

　　이 장에서 나는 왈츠가 "핵 확산 낙관주의"를 강하게 방어하기 위하여 논의한 6가지 중요 주제인 핵 테러, 사고들, 민간 통제와 예방전쟁, 생존 가능한 보복 타격 능력 건설, 불확실성의 영향, 국가 미사일방어에 대한 반론을 펼칠 것이다. 그러고 나서, 나는 핵 무기 비확산에 대한 미국의 미래 정책 선택 사항들을 분석할 것이다. 결론에서 나는 이 논쟁에 대한 마지막 전망과 이 논쟁이 국제관계이론과 실천에서 가지는 중요성에 대하여 설명할 것이다.

테러와 핵 무기

　　2001년 9월 11일 세계무역센터와 미 국방부가 공격받기 전에 많은 국제 안보 전문가들은 테러리스트들이 대량살상에는 관심이 없다고 주장했다. 2001년 10월 플로리다, 워싱턴, 뉴욕이 탄저균 공격을 받기 전에 많은 전문가들은 테러리스트들이 대량살상무기를 사용할지도 모른다는 대중의 두려움을 부적절한 우려라고 평가했다. 그리고 브라이언 젠킨스Brian Jenkins가 1975년에 쓴 "테러리스트들은 많은 사람들이 보고 듣는 것을 원하지, 많은 사람들이 죽는 것을 원하지 않는다."라는 경구(警句)가 문학작품에 광범위하게 인용되었다. 젠킨스가 주장한 테러리스트들의 동기에 대한 이러한 관점은 "테러리스트들이 도시의 상수도를 독으로 오염시킨다든지, 화학 작용제 또는 생물학 물질을 살포한다든지, 기타 여러 방법을 통해 대량살상을 일으킬 수 있음에도 불구하고 왜 끔찍한 일들과 끔찍한 피해를 일으키지 않는가?"에 대하여 설명하는 데 도움을 주었다.[2] 1995년 일본 옴 진리교 도쿄 지하철 가스 공격으로 테러에 대한 우려가 증가하고 있음에도 불구하고, 1998년 말 테러 전문가 에후드 스프린자크Ehud Sprinzak는 "슈퍼테러의 성공가능성은 매우 낮다."라고 하면서 낙관적인 예측을 반복했다. 그리고 대중과 정부가 슈퍼테러에 대해 "강박관념"을 가지게 된 이유는, 해당 정부 기관의 예산 증대와 같은 "기득권"의 보장과 "서스펜스 작가, 출판사, 텔레비전 네트워크, 선정주의 저널리스트"의 "병적인 집착" 때문이라고 주장했다.[3]

2001년 9월 11일 사건 이후, 그 누구도 테러리스트들이 많은 사람들을 살해하는데 관심이 있다는 것을 의심하지 않는다. 하지만 미래 핵 테러의 위험이 얼마나 심각한지를 이해하기 위한 노력으로 다음의 2가지 질문에 대한 논의가 필요하다.

첫째, 어떤 종류의 테러리스트들이 "많은 사람들을 살해하는 데" 관심을 가지는가? 둘째, 핵 무기가 많은 국가들로 전파되는 것과 테러 조직들이 핵 무기를 획득하여 사용할 위험 사이에 어떤 관계가 있는가? 왈츠와 나는 첫 번째 질문에 대해서는 대체로 같은 답을 제시한다. 하지만 두 번째 질문에 대해서는 서로 완전히 다른 견해를 가지고 있다.

테러에 핵 무기를 사용하고자 할 가능성이 가장 높은 3개의 집단이 있다. 첫 번째 집단은 천년왕국 집단들이다. 이 집단 구성원들은 세상의 종말이 가까이 왔다고 생각한다. 두 번째 집단은 네오 – 나치 집단들Neo-Nazis과 여러 인종주의 집단들이다. 이 집단들은 자신들의 종교적 또는 인종적 정체성 때문에 사람들을 죽이려고 한다. 세 번째 집단은 이슬람 지하드

Jihad 전사 집단들이다. 이슬람 지하드 전사들은 집단 살해가 도덕적으로
정당하며, 중동에 급진적인 이슬람 정부를 수립하고자 하는 정치적 목적
추구에 효과적이라고 확신한다.

천년왕국 테러집단들 중 가장 잘 알려진 사례인 옴 진리교는 1995년
도쿄 지하철 화학 무기 공격 전에, 비록 실패로 끝났지만 핵 무기를 확보
하고자 시도했고, 생물학 무기를 비효과적으로 사용한 바 있다.[4] 옴 진리
교의 지도자인 아사하라 쇼코Asahara Shoko는 자신이 부처처럼 깨달은 자이
며, 그리스도 메시아라고 주장했다. 아사하라 쇼코는 그의 추종자들에게
아마겟돈이 곧 이 세상을 집어삼킬 것이고, 오직 그의 추종자만이 살아남
을 것이라고 수시로 이야기했다. 쇼코는 탄저균, 보툴리누스균, 에볼라 바
이러스와 같은 병원성 물질과 핵 무기를 확보하고자 노력했다. 그가 생물
학 무기와 핵 무기 확보를 시도한 이유는, 이 무기들이 세상의 종말을 앞
당기는 데 도움이 될 것이라고 확신했기 때문이다. 1980년대 중반 미국에
서 활동했던 급진주의 기독교 테러집단 CSAThe Covenant, The Sword, The Arm
of the Lord도 쇼코와 유사한 세상 종말 관점을 가지고 있었다. CSA는 저널
을 통해, 공산주의자들, "마녀들과 사악한 유대인들", 흑인들, 성 소수자
들 그리고 쿠바 난민들을 파괴시켜야 할 사악한 세력이라고 주장했다. 그
리고 CSA 회원들은 맹독물질인 청산가리를 이용하여 미국 주요 도시의
상수도를 오염시키려고 했다. 한 CSA 회원의 옥중 인터뷰 내용을 통해,
이러한 종류의 테러를 정당화시키는 논리가 무엇인지 잘 확인할 수 있다.

> 신은 우리가 그러한 사람들을 죽이길 원한다. 모든 시간표는 신에
> 게 달려 있지만, 신은 아마겟돈을 창조하는데 우리를 사용할 수 있다.
> 만약 우리가 이 일에 동참하면, 일은 급속하게 진행될 것이다. 당신은
> 당신이 생각하는 것을 기다리느라 지쳐 있다. 신은 모든 것을 계획하
> 고 있다.[5]

두 번째 테러리스트 범주에는 네오-나치와 여러 인종주의 집단들이 포함된다. 이 집단들은 한 가지 공통된 특징을 가지고 있다. 그것은 자신들이 대량살상무기를 사용할 의무가 있다고 확신한다는 것이다. 네오-나치 조직 중 하나인 민족동맹National Alliance의 대표였던 윌리엄 피어스William Pierce는 자신이 쓴 판타지 소설 '터너의 일기The Turner Diaries'에, 우익 극단주의자들이 세계를 손에 넣기 위해 핵 무기와 생물학 무기를 사용하는 내용을 담았다. 피어스는 이렇게 주장한다. "우리는 우리 인종의 생존을 위한 전쟁을 하고 있다. 결국, 우리의 적들을 죽이지 않고서는 우리가 승리할 수 없다."[6] 민족동맹과 아리안 민족조직Aryan Nation의 회원이었던 래리 해리스Larry Harris는 1995년에 가래톳흑사병bubonic plague 박테리아가 담긴 유리병을 확보하는 데 성공했다. 그는 가짜 미생물학 연구소 명의로, 실험을 위해 이 박테리아가 필요하다고 주문을 한 것이다. 해리스는 체포되었는데, 그가 체포된 사연은 이렇다. 박테리아를 확보한 해리스는 박테리아를 보내준 회사에 전화를 걸어, 박테리아가 아직 도착하지 않았다고 불만을 제기하였고, 미국 질병통제센터CDC 조사관에게 "이라크가 슈퍼 세균에 감염된 쥐를 가지고 미국을 막 공격하려고 한다."라고 하면서 이것을 막기 위한 자신의 생의학 연구를 위해 역병균이 필요하다고 말했다. 해리스의 체포 이후, 질병통제센터는 연구용 독성물질과 감염체 주문 관련 규정을 보다 엄격하게 개정했다.[7] 2009년 2월, 미국 메인주 벨파스트에서는 앰버 커밍스Amber Cummings가 그의 남편 제임스 커밍스James G. Cummings를 총으로 살해하는 사건이 발생했다. 이 사건의 조사관들은 살해당한 제임스 커밍스가 네오-나치였고, 사망 당시 버락 오바마Barack Obama 대통령 취임식 때 특수 폭탄dirty bomb을 폭파시킬 계획을 짜고 있었음을 밝혀냈다. 유출된 FBI 현장 정보보고서를 보면, 이 특수 폭탄은 토륨 두 병, 35% 농도의 과산화 수소 1갤런 상자 4개, 리튬 금속, 테르밋, 알루미늄 분말, 베릴륨, 붕소, 흑색 산화철 그리고 마그네슘 따로 만들어질 계획이었다. 관련 문헌에 따르면, 이 특수 폭탄에 세슘-137, 스트론튬-90, 코

발트-60이 추가되기도 한다. 앰버 커밍스는 경찰 조사에서, 남편이 부엌 싱크대에서 화학물질들을 혼합했으며, 이 특수 폭탄에 대해 종종 이야기했다고 진술했다.[8]

　이러한 테러리스트들은 핵 무기를 확보하기 위해 노력할 것이다. 집단 살해를 자신들의 의무이자 신의 요구라고 확신하는 개인과 집단들을 대상으로 억지전략을 성공시키는 것은 매우 어렵다. 대량 파괴를 유일한 목적으로 삼는 개인과 집단들을 대상으로 보복 공격 위협을 가한다고 하더라도, 억지효과는 거의 없을 것이다. 이러한 개인과 집단들에 대한 제1방어선은, 이들이 핵 무기와 핵 물질을 획득하지 못하도록 차단하는 것이다.

　세 번째 테러리스트 범주는 9·11 테러 공격을 가했던 오사마 빈 라덴Osama bin Laden과 알 카에다Al Qaida 네트워크와 같은 이슬람 지하드Jihad 전사 집단들이다. 9·11 테러 공격 이전에 오사마 빈 라덴은 핵 무기를 손에 넣고 싶다는 입장을 공개적으로 표명했다. 오사마 빈 라덴이 미국에 대항하는 지하드(聖戰)를 선언한 후, 누군가 오사마 빈 라덴에게 핵 무기 보유를 희망하는지 물었다. 여기에 대해서 빈 라덴은 "이교도들에게 대항하기 위해 핵 무기를 보유하는 것은 하나의 종교적 의무"라고 대답했다.[9] 왈츠는 이러한 테러리스트들이 미국의 대외정책을 사악한 것으로 받아들이고 있으며, 이러한 미국을 벌하기 위해서 민간인 대량살해를 이용하고 있다고 주장한다. 나는 왈츠의 이 주장이 옳다고 생각한다. 빈 라덴도 1998년 5월, "우리는 군인들과 민간인들을 구별하지 않는다."라고 경고하면서 왈츠의 주장과 일치되는 발언을 한 바 있다.

　　미국의 사악함을 무슬림, 무슬림 아이들, 무슬림 여성들로부터 멀리 몰아내기 위해서 이러한 처벌을 활용해야 한다. 미국의 역사는 민간인과 군인을 구별하지 않는다. 그리고 여성과 아이들도 구별하지 않는다. 그들은 나가사키에 핵 폭탄을 투하했다. 핵 폭탄이 유아와 군인을 구별할 수 있는가? …(중략)… 세계에서 가장 큰 도둑과 테러리스트들은 바로 미국인들이다. 미국의 공격을 막아내는 유일한 방법은 미국과 유사한 수단을 사용하는 것이다.10)

미움과 수치 그리고 미국인들을 처벌해야 한다는 욕망은 테러리스트들을 미쳐 날뛰게 만든다. 내가 또한 두려워하는 것은, 상당한 수단들이 빈 라덴의 광기를 뒷받침하고 있다는 것이다. 9 · 11 테러 이후, 많은 관찰자들은 다음과 같은 질문을 제기한다. 어떻게 빈 라덴은 자신이 6천 명의 미국 시민들을 살해할 수 있다고 생각했을까? 어떻게 이러한 테러 공격이 빈 라덴의 정치적 목적달성에 긍정적인 영향을 줄 수 있었을까? 빈 라덴은 이스라엘을 파괴하고 싶어했고, 중동아시아에서 보수적인 무슬림 정권을 타도하기 원했다. 그런데 이 두 가지 모두 대규모의 미군 개입이 불가피한 것이었다. 빈 라덴의 대량살해 뒤에 놓인 전략적 논리가 앞의 두 질문에 대한 대답이 될 것이다. 자신의 전략적 논리를 대략적으로 설명한 빈 라덴의 인터뷰에서 다음의 두 가지 점을 엿볼 수 있다. 첫째, 미국 시민들은 장기전을 지지하는 의지가 부족할 것이라는 빈 라덴의 확신, 둘째, 중동 지역에 대규모의 미군이 개입할 경우 그가 타도하려고 하는 정권이 불안정해질 것이라는 빈 라덴의 희망.

1998년 5월, 빈 라덴은 장기전에 대한 미국의 의지 부족에 대해서 다음과 같이 분명하게 이야기했다.

우리는 지난 10년 동안 미국 정부가 쇠퇴하는 것과 냉전을 준비하는 미군 병사들의 허약함 그리고 미군이 장기전에 준비되어 있지 않음을 목격했다. 이것은 베이루트에서 두 번의 테러 폭발이 있은 후 미 해병대가 철수한 것에서 확인할 수 있다. 그들은 24시간도 지나지 않아 도망쳤으며, 이것은 소말리아에서 반복되었다. 우리는 모든 상황에 준비되어 있다. 우리는 알라를 의지한다.11)

여기에 더해서, 빈 라덴은 미국의 지원을 받던 왕정이 이란 혁명으로

전복된 것처럼, 미국의 지원을 받는 사우디 정부가 결국 타도되고 말 것
이라고 주장한다. 이 지역의 미군 활동들로 인해, 거리와 모스크에서 대
규모 봉기가 발생할 가능성이 높아질 수 있다. "우리는 예언한다. 사우디
아라비아 지도자와 측근들이 유대인과 기독교인들의 편에 서 있기 때문에
…(중략)… 붕괴하고 말 것이다. 그들은 무슬림 국가임을 포기했다." 빈 라
덴은 이렇게 결론을 맺는다. "무슬림들은 무슬림 세계를 해방시키기 위해
서 움직이고 있다. 신의 뜻에 따라, 우리가 승리할 것이다."12)

2004년 8월, 런던 메트로폴리탄 경찰은 디런 바롯Dhiren Barot을 체포했
다. 바롯은 알카에다 요원으로 활동하고 있었으며, 국제통화기금IMF, 세계
은행, 뉴욕증권거래소를 포함한 주요 서방 시설들에 대한 테러 공격을 계
획하고 있었다. 미국에서 알 카에다에 "스카웃"된 바롯은, 런던으로 건너
가 가짜 학생증을 발급받은 후 부르넬 대학교와 런던 대학교 도서관에서
화학 테러와 방사능 테러 공격에 대한 연구를 진행했다.13) 그의 물품에서
파키스탄에 있는 알 카에다 지도자들에게 공유되었던 문서들이 발견되었
다. 여기에는 "마지막 프리젠테이션", "위험요소들", "가스 리모스Gas Limos
프로젝트에 대한 초고 프리젠테이션" 등이 포함되어 있었다. "마지막 프
리젠테이션"에는 아메리슘-241, 코발트-60, 캘리포늄-252와 같이 잠
재적으로 활용 가능한 방사성 선원(放射性 線源)의 목록이 제시되어 있었
고, 방사능 물질 살포장비를 테러 공격에 사용할 수 있는지 여부가 검토
되어 있었다.14) "가스 리모스 프로젝트"에서 바롯은 닫힌 공간에 아메리
슘 147을 살포하기 위해, 아메리슘을 주재료로 하는 화재경보기 최대 1만
대를 폭파시키는 것을 추천했다. 이 아이디어는 2003년 월드 알마낙World
Almanac에 실린 보고서에서 힌트를 얻었다. 이 보고서에는 900대의 화재경
보기가 폭발하여 40명이 해를 입었다는 내용이 들어 있었다. 그는 이렇게
썼다. "1만 대 폭발은 약 500명에게 해를 끼칠 수 있는 잠재력이 있다!
(인샬라)"15)

이러한 전략적 비전을 가진 테러 지도자라면, 그가 빈 라덴이든, 알 카

에다 후계자이든, 아니면 테러리스트 네트워크 지도자이든 상관없이, 미국에 핵 무기 또는 방사능 무기를 사용하는 것을 억지할 수 없을 것 같다.

미국이 재래식 군사력을 이용해서 이러한 테러리스트들을 죽이거나 생포하는 것은 매우 어려운 일이다. 왜냐하면, 아주 오래 걸리는 군사작전을 감수해야 하기 때문이다. 핵 무기를 매우 은밀한 방식(예를 들어, 상업 항공기, 상업 선박, 크루즈 미사일, 트럭 등)으로 배달하는 것 또한 가능하다. 이 경우, 억지가 어렵다. 왜냐하면, 배달되는 핵 무기의 반송주소가 적혀 있지 않기 때문에 보복 타격을 어디에 가해야 하는지 알 수 없기 때문이다.

마지막으로, 테러 공격의 범인들이 밝혀졌다고 하더라도, 지하드 테러리스트들은 미국의 핵 보복 위협을 환영할지도 모른다. 왜냐하면, 지하드 테러리스트들에 대한 미국의 핵 무기 공격은 미국과 동맹을 맺고 있는 무슬림 정권의 몰락을 재촉할 것이기 때문이다. 거리에서는 폭동이 일어날 것이고, 모스크에서는 저항운동이 일어날 것이다.

억지가 제대로 작동하지 않을 것이기 때문에, 지하드 테러리스트들이 핵 무기를 사용하지 못하도록 차단하는 최선의 방법은 이들이 이러한 무기를 소유하지 못하게 하는 것이다. 핵 테러 방지의 측면에서 볼 때 핵 무기가 잠재적 핵 무기 보유국가로 전파되는 것은 두려워할 일이지 환영할 만한 일이 못 된다. 이슬람 테러리스트들이 핵 무기를 보유하지 못하도록 차단하는 최선의 방법은, 불안정한 국가들 특히 불안정한 이슬람 국가들이 핵 무기를 보유하지 못하도록 차단하는 것이다. 단기적으로 파키스탄이 가장 심각한 우려국가다. 파키스탄에는 핵 무기에 장착하는 선진화된 '핵 무기 작동허용 고리PALS'가 부족하다. 이 고리는 테러리스트 또는 승인받지 않은 개인이 핵 무기를 훔쳐서 사용하는 것을 어렵게 하는 장치이다. 2001년 6월에 파키스탄 관리들이 인정한 것처럼, 파키스탄에는 도난당한 핵 무기를 회수하고 해체하는 것을 전문적으로 훈련받은 팀이 존재하지 않는다. 또한 파키스탄에는 핵 무기 담당 장교들과 경비요원들의 심리적 안정과 신뢰성을 보장해 주는 '인사 신뢰성 프로그램PRP'도 없다.16) 대신에, 핵 무기를 책임지는 파키스탄 군인들과 과학자들은 보직에 임명되기 전에 정보기관인 내무정보부Inter Service Intelligence에 의해 인도 간첩은 아닌지 심사를 받는다.

하지만 9·11 테러 사건 이후, 이러한 조직 규정들이 '경비요원들을 누가 경비해야 하는가?' 하는 성가신 문제의 해답이 될 수 없다는 것이 분명해 졌다. 파키스탄 페르베즈 무샤라프Pervez Musharraf 대통령은 빈 라덴, 탈레반 정권과 전쟁을 벌이는 미국을 돕기로 결정했다. 이 결정 후 무샤라프 대통령은 탈레반 정권과 관계가 있는 많은 숫자의 내무정보부ISI 고위 요원들과 신임 요원들을 해임했다. 그리고 파키스탄 핵 프로그램에 참여하고 있는 일부 핵 과학자들을 가택연금했다.17) 이것은 확실히 우리를 안심시키는 뉴스이긴 하지만, 여전히 얼마나 많은 비밀 지하드 지지자들이 파키스탄 군 정보기관에 존재하는지 알 수가 없다. 그리고 지하드 지지자들의 그림자가 핵 무기 저장시설에 얼마나 가까이 뻗어있는지 아무도 알지 못한다. 9·11 테러 사건 이전까지 미국 정부는 새롭게 핵 무기를 보유한 국가들의 핵 무기를 보다 안전하고 확실하게 만드는 것에 도움을 주지 않는다는 입장이었다. 이런 입장을 유지한 이유는, 잠재적 핵 무기 보유 국가에게 미국이 핵 비확산 정책과 관련하여 잘못된 신호를 줄 수 있다는 두려움 때문이었다. 하지만 9·11 테러 공격은 미국으로 하여금 이 정책을 재평가하도록 만들었다. 미국정부는 파키스탄의 핵 무기와 핵 물질 저장시설의 안전을 증대시키는 데 도움을 주기 위해 노력하고 있다.18) 9·11 테러 공격 이후 파키스탄 중앙정부의 일부 정책결정자들 사이에 공포가 증가했다. 9·11 테러 사건 직후 파키스탄 외무부가 대외적으로 "핵 자산이 100% 안전하다."라고 확인해 주었지만, 2001년 11월 파키스탄 외무부 장관 압둘 사타Abdul Sattar는 핵 안전을 개선하기 위한 최소한의 미국 기술지원을 신속히 수용했다. 파키스탄이 미국의 새로운 기술지원 제공을 수용할 것인지를 묻는 말에 사타 장관은 "누가 거절하는가?"라고 답변했다.19) 비록 미국의 지원 프로그램에 대한 세부 사항이 미국 정부에 의해 공개되지는 않지만, 언론 보도에 의하면 미국 정부는 파키스탄 핵 관련 기관에 훈련과 기술 지원을 제공하기 위해 1억 달러를 지출했다.[20] 케네스 왈츠와 일부 핵 확산 낙관주의자들은, 새롭게 핵 무기를 보유하는 국가들의 핵 무기들이 중앙정부의 통제하에 놓여 있을 것이라고 가정한다. 하지만 이 가정이 맞을 것이라는 보장은 없다. 우리가 핵 확산을 두려워해야 하는 또 하나의 이유는 핵 무기와 핵 물질을 테러리스트들이 탈취할 가능성이 있다는 것이다. 이슬람 세계에 있는 새로운 국가로 핵 무기가 전파되는 것은, 무차별적인 파괴의 도구를 테러리스트들의 손 가까이에 가져다 놓는 것이다. 테러리스트들은 보복의 두려움 없이 핵 무기를 사용할 것이다.

사고들: 가능성이 있는가?

1979년에 스리마일섬Three Mile Island 원자력 발전소에서 사고가 발생하기 전까지, 많은 전문가들과 일반 대중들은 원자로 재앙의 가능성은 극히 낮으며 핵 발전소는 안전하게 만들어졌다고 생각했다.[21] 1986년 우주왕복선 챌린저호 폭발 사고 전까지, 우주발사체에 대한 나사NASA의 확신은 매우 높았고, 교사나 정치인들까지 우주왕복선 승무원에 합류시키기도 했다.[22] 대부분의 냉전기간 동안, 내가 보기에 앞의 사례와 유사하게, 핵 무기 사고와 핵 무기의 우발적 발사가능성이 굉장히 낮게 평가되었다. 우리가 사고의 위험성을 낮게 평가하게 된 이유 중 하나는, 위험한 기술에 수반되는 사고의 정치적, 조직적 원인을 설명하는 적절한 이론이 부족했기 때문이다. 미국 스리마일섬, 인도 보팔, 소련 체르노빌 사고 이후에야 사회과학자들이 이 영역에 들어가서 중요한 역할을 담당하게 되었다.[23] 한편, 우리가 이런 평가를 하게 된 또 다른 이유는 본질에 있어 매우 정치적이다. 핵 무기를 "통제"하는 조직들은 핵 무기 안전 기록에 흠이 하나도 없다고 주장해야 할 강한 이유를 가진다. 1968년 그린란드에서 핵 전략 폭격기가 추락했고, 1980년 아칸소에서 핵 미사일이 폭발했다. 이런 심각한 사고가 발생한 후에도, 관계기관은 심각한 위험이 전혀 없다고 발표했다. "걱정하지 마세요. 행복하세요." 이런 메시지가 나온 것이다.

지금 우리는 더 많은 것을 안다. 핵 무기와 관련하여 미국이 경험한 역사가 재평가되고 있다. 많은 수의 핵 사고 사례, 핵 사고 직전까지 갔던 사례, 경고 오작동 사고 사례, 여러 조직적 혼란 사례가 브루스 블레어 Bruce Blair, 폴 브랙컨Paul Bracken, 피터 피버Peter Feaver 그리고 나에 의해서 밝혀졌다.[24] 새롭게 등장한 증거들로 인해, 미국 핵 무기고 안에서 모든 것이 완벽하게 작동되지는 않는다는 것이 드러났다. 심지어 신현실주의 핵심인물인 왈츠도 이 증거들을 부인하지 않는다. 왈츠는 지금 다음과 같이 정확한 결론을 내리고 있다. '냉전 종식과 함께 많은 개선이 있었지만, 1990년대에도 심각한 안전과 안보 문제가 핵 무기고에 여전히 존재했다.' 왈츠는 미국이 탈냉전 세계에서도 필요 이상의 높은 주의 상태를 유지하면서, 많은 숫자의 핵 무기를 보유해야 한다고 주장한다. 나는 이 주장 또한 맞다고 생각한다. 가장 부유하고 가장 강한 핵 무기 보유국가들이 핵 안전을 유지하는 데 심각한 문제들을 경험했다면, 다른 국가들 또한 이런 문제들을 경험하게 될 것이다. 그런데 왈츠는 이와 정반대되는 결론을 내리고 있다. 그는 새로운 핵 무기 보유국가들이 미국이 겪었던 것보다 더 적은 안전문제를 경험할 것이라고 주장한다. 왜 이런 결론을 내렸을까?

왈츠는 새로운 핵 무기 보유국가들이 사고를 덜 경험하게 되는 이유를 3가지로 제시한다. 적은 수의 핵 무기 보유, 보복의 위험, 장시간 학습의 가능성이 그것이다. 이 3가지 모두 논쟁의 여지가 많다. 한 가지씩 살펴보고자 한다.

첫째, 다른 조건이 같다면, 더 적은 숫자의 핵 무기를 보유할 경우, 사고의 가능성이 더 줄어든다는 것은 아마 사실일 것이다. 하지만 불행하게도 현실세계에서는 다른 조건들이 같을 수가 없다. 사고의 가능성을 결정짓는 것은 핵 무기의 숫자라기보다는 핵 무기 자체의 기술적 특성과 핵 관련 기관의 조직적 특성이다. 기술적인 측면과 관련하여, 나는 앞의 제2

장에서 새롭게 핵 무기를 보유하는 국가의 핵 무기들이 안전하게 설계될 수 있는지 여부를 강하게 우려하게 만드는 증거들을 제시하였다. 파키스탄과 인도 경험에서 보듯이, 새롭게 핵 무기를 보유하는 국가들도 기술적인 설계문제가 발생할 수 있으며, 이로 인해 핵 무기 운송 시스템과 지휘 −통제 및 경고 시스템에서 심각한 사고가 발생할 수 있다. 특히, 지휘−통제 및 경고 시스템의 오작동으로 잘못된 외부 공격 경고가 발령될 수 있다. 조직적인 측면에서, 핵심 문제는 새롭게 핵 무기를 보유하는 국가의 핵 무기 개수가 아니라 핵 무기와 관련된 구조에 대한 것이다. 그런데 구조는 복잡하고 상호 밀접하게 연관되어 있다. 여기에서 우리는 새롭게 핵 무기를 보유한 국가의 지휘−통제 시스템, 경고 시스템, 핵 무기 발사 독트린을 평가할 필요가 있다. 핵 무기와 지휘체계를 복잡하게 만든 국가 그리고 신속하게 핵 무기 발사를 승인하기 위해 최고 경계 수준에서 핵 무기를 운영하는 국가는 그렇지 않은 국가들에 비해 사고의 발생 가능성이 높을 것이다.

둘째, 왈츠는 새롭게 핵 무기를 보유하는 국가들이 보복 공격을 극도로 두려워할 것이고, 이로 인해 국가의 핵 무기가 우발적으로 또는 승인되지 않은 채 사용되지 않도록 철저히 관리할 것이라고 주장한다. 물론 지도자들은 그것을 바랄 것이다. 그런데 국가가 그렇게 행동할 것인가? 그것은 알기 어렵다. 왜냐하면, 새롭게 핵 무기를 보유하는 대부분의 국가 내부에 상호 모순적인 압력이 강하게 존재하고 있기 때문이다. 한 편으로는, 핵 무기를 매우 엄격하고 중앙집중화된 통제 아래 두는 것에 강한 이점이 있을 수 있다. 하지만 다른 한 편으로는, 선제 타격을 받은 후 보복 공격의 가능성을 높이기 위해서 핵 무기에 대한 통제를 보다 느슨하게 할 강한 필요성도 있을 수 있다.[25]

왈츠의 예측과 달리 적은 수의 핵 무기를 보유하는 것이 역효과를 낼 수도 있다. 적의 공격으로 적은 수의 핵 무기가 모두 파괴될 수 있다는 공포를 가질 경우, 그 국가는 높은 단계의 미사일 경계 태세 또는 항공

경계와 같은 불안정한 항공 작전을 시행하고자 할 것이다. 그런데 이러한 작전들은 본질적으로 사고의 위험을 높인다. 그리고 적은 수의 핵 무기를 보유한 국가의 최고 지도자가 "참수" 공격의 공포를 느낄 경우, 위기 상황 발생에 대비하여 핵 무기 사용권한을 다른 지휘관들에게 위임하는 것이 더 나은 선택이라고 판단할 것이다. 이 두 가지 사례 모두 핵 무기의 우발적이고 승인되지 않은 사용의 가능성을 증가시킨다. 새롭게 핵 무기를 보유한 국가들로부터 우리는 어떤 증거들을 얻을 수 있는가? 좋은 증거와 나쁜 증거를 모두 얻을 수 있다. 긍정적인 측면을 보면, 인도, 파키스탄, 북한과 같은 일부 핵 무기 보유국가들이 평시에 핵 무기를 전개시키지 않고, "지하실에 핵 무기"를 보관하는 것을 선호하고 있다. 이 정책은 사고의 위험을 현저히 낮추는 것으로, 내가 제2장에서 언급한 것처럼 적극 권장해야 할 정책이다. 하지만 부정적인 측면을 보면, 새롭게 핵 무기를 보유한 국가들이 위기 상황에서 핵 무기를 준비태세로 전환시켜서 적대국에게 경고하거나, 의도적으로 사용할 준비를 하고 있다는 징후들을 보여줄 수도 있다. 이것은 필연적으로 우발적 또는 승인되지 않은 핵 무기 사용의 가능성을 높인다. 1973년 10월 아랍-이스라엘 전쟁 기간에, 미 정보당국은 이스라엘이 핵 무기를 전폭기에 싣기 시작했고, 이 전폭기가 발진 대기상태임을 감지했다.[26] 비록 확인되지는 않았지만 이와 유사한 보고들이 존재한다. 1991년 1월 걸프전쟁 동안, 이스라엘은 핵 탄두가 탑재된 제리코Jericho 미사일을 높은 단계의 경계대기 상태로 준비시켰다.[27] 마지막으로, 파키스탄은 1999년 카길Kargil 전투와 2001년 테러 위기 상황에서 몇 가지 형태의 핵 변환 활동을 시작했다. 이 증거가 말해주는 것은, 남아시아 핵 무기 보유국가들이 위기 상황에서 파키스탄이 직면한 정도의 압력을 받게 되면, 자국의 핵 무기를 위험한 작전 단계로 전환시킬 수도 있다는 것이다.

셋째, 왈츠는 새롭게 핵 무기를 보유한 국가들, 특히 가난한 국가들은 "다량의 핵 무기를 확보하는 데 오랜 시간이 걸리기 때문에, 핵 무기 관리 방법을 배울 시간이 충분히 있다."라고 주장한다.(제3장) 하지만 이 주장은 새롭게 핵 무기를 보유하는 많은 국가에 적용되지 않는다. 소련 붕괴 후 독립한 일부 국가들은 국가 창립과 함께, 매우 많은 핵 무기를 확보한 핵 무기 보유국가가 되었다. 우크라이나의 경우 독립국가 선포 첫날 약 4,000기의 핵 무기를 보유했고, 카자흐스탄은 약 14,000기의 핵 무기를, 벨라루스는 약 800기의 핵 무기를 가지게 되었다.[28] 특별히 운 좋게도, 이 국가들은 핵 무기 보유국 지위를 포기했고, 모든 핵 무기를 러시아로 이전시켰다. 핵 무기를 더 천천히 확대해 나가는 전통적인 사례에서도, 핵 무기의 안전한 운용을 학습하는 것은 그리 쉬운 작업이 아니다. 일부 국가들은 기존의 핵 무기 보유국가로부터 가치 있는 정보를 얻을 수 있을 것이다. 알려진 바로는, 미국이 프랑스와 일부 설계 정보를 공유했고, 중국은 파키스탄의 핵 폭탄 설계에 관여하였다.[29] 하지만 이라크와 남아프리카공화국 사례처럼, 많은 국가들이 보다 심각한 문제들을 경험할 것이고, 이 문제들을 자신들이 스스로 해결해야 할 것이다. 마지막으로, 조직의 학습은 시간, 경험과도 관계되지만, 정보와 책임을 공유하는 것과도 관련이 있다. 따라서 국가 내부의 정치권력 구조가 조직의 학습에 중요한 영향을 미친다. 민-군 관계에 문제가 많거나 군이 권력을 잡고 있는 경우, 조직의 학습이 엄격히 제한될 것이다. 왜냐하면, 조직의 학습과정에서 군이 사고 사례 또는 사고 직전까지 갔던 사례에 대한 책임을 받아들여야 하기 때문이다.

민간 통제와 예방전쟁

새롭게 핵 무기를 보유하는 국가들이 주변 국가들 또는 적대국에 의해 예방 공격을 당할 가능성이 있다. 이 상황에 대해서 왈츠는 나보다 확실히 덜 염려하는 것 같다. 이와 관련하여, 나와 왈츠는 2가지 점에서 의견 차이를 보인다.

첫째, 왈츠와 나는 예방전쟁에 대하여 서로 다른 의견을 가진다. 이 차이는 새롭게 핵 무기를 보유하는 국가들이, 잠재적 타격국가들 보기에 생존가능성 있는 보복 공격 능력을 얼마나 빨리 그리고 얼마나 믿을 만하게 개발할 수 있는지에 대한 전망 차이에 기인한다.

둘째, 왈츠와 나는 민간 지도자들과 군 지도자들이 핵 무기와 관련된 상황에서, 예방전쟁의 손익을 대하는 태도에서 차이가 있을 것인지에 대하여 서로 다른 의견을 가진다.

매우 적은 수의 핵 무기를 가진 국가들은 그 핵 무기로 억지를 해야 하기 때문에 예방 공격을 선택할 수 없다는 것이 왈츠의 주장이다. 왈츠는 북한이 2기 또는 3기의 핵 무기로도 공격을 억지할 수 있을 것이라고 말한다. 1954년 미국이 약 1,500기의 핵 무기를 보유하고, 소련이 CIA 추산 150기에서 170기의 핵 무기를 보유했지만, 미국과 소련 모두 생존가능한 보복 타격 능력을 명확히 확보할 수 있었다. 안정된 억지를 위해서 중요한 것은 물론 충분한 보복 능력이지, 케네스 왈츠 또는 스콧 세이건 또는 여러 학자들의 생각이 아니다. 하지만 상대 적국의 의사결정권자들이 무엇을 생각하는가는 매우 중요하다. 1954년 왈츠는 소련의 핵 무기 개수를 보고 이렇게 질문했다. "누가 감히 이렇게 많은 핵 무기를 가진 국가를 공격할 수 있겠는가?" 그런데 감히 그런 생각을 한 사람들이 있었다.

내가 제2장에서 언급한 것처럼, 그 시기에 많은 미군 고위 지도자들이 소련에 예방 타격을 가하자고 주장했다. 이 지도자들에는 커티스 르메이 Curtis LeMay, 오빌 앤더슨Orvil Anderson, 나단 트위닝Nathan Twining, 토마스 파워 Thomas Power, 토마스 와이트Thomas White, 호잇 밴덴버그Hoyt Vandenberg 그리고 아더 래드포드Arthur Radford가 포함된다. 심지어 1961년 말까지, 미국 합동참모본부 의장은 케네디 대통령에게, 미국이 "전면 핵 전쟁에서 소련을 압도할 것"이라고 말했다. 당시 소련은 대략 500기의 전략 핵 무기를 보유하고 있는 것으로 추정되고 있었다.30)

민간 지도자들이 핵 무기 사용에 관해서 군 지도자들과 다른 견해를 가지는지에 대해, 나와 왈츠는 다른 판단을 한다. 왈츠는 새롭게 핵 무기를 보유하는 국가의 군에 대한 민간 통제에 대해서 내가 너무 많은 걱정을 한다고 생각한다. (왈츠는 미국에서도 때때로 민-군 관계에 문제가 있었다고 주장한다. 나는 그 주장의 요지에는 동의하지만, 그 주장이 나를 안심시키지는 못한다.) 왈츠는 군 장교들이 "민간 지도자들보다 더 무모하거나 전쟁을 선호하지는 않는다."라고 주장하면서, 자신의 주장을 뒷받침하는 수많은 사례를 제시했다. 나는 왈츠의 주장에 대체로 동의한다. 하지만 예방전쟁이라는 특정 이슈에 관해서는 동의할 수 없다. 왈츠와 내가 모두 주목하는 것처럼, 군 장교들은 확실히 보수적이고 조심성이 많은 경향이 있다. 정확히 그러한 경향 때문에, 군 장교들은 종종 예방전쟁을 선호하는 편향성을 가진다. 장군들은 일반적으로 전쟁을 좋아하지 않는다. 러시아 제정 시기 한 장교는 "전쟁이 군대를 망쳐놓는다."[31]라고 말하기까지 했다. 그리고 장군들은 군사적 개입을 강도 높게 반대하는 경우도 많다. 하지만 만약에 군 장교들이 무력의 사용이 필요하다고 확신한다면, 가능한 결정적이고 대규모의 군사력을 사용하기를 원한다. 나는 왈츠가 제시한 한 가지 사례에서 왈츠의 주장에 정확히 반대되는 교훈을 이야기하고자 한다. 왈츠는 예방 타격에 대해 군의 계획이 얼마나 보수적인지를 설명하면서 다음의 사례를 소개했다. 1962년 쿠바 미사일 위기 당시, 미 전술항공사령부 고위 사령관 월터 스위니Walter Sweeney 장군은 쿠바에서 발견된 모든 핵 미사일을 파괴할 수 있다고 약속할 수 없었다. 오직 90%까지만 파괴가 가능했다. 여기에서 왈츠가 주목하지 않은 것은, 스위니 장군이 케네디 대통령에게, 그럼에도 불구하고 "항공 타격이 '성공'할 것임을 확신한다."라고 말했다는 것이다.[32]

모든 미사일을 파괴할 수 없음에도 불구하고, 1962년 10월 20일 합동참모본부는 즉각 예방 타격을 가할 것을 케네디 행정부에 강력히 촉구했다. 그리고 소련 미사일이 작전상태에 들어간 후인 10월 27일에도, 합동참모본부는 쿠바 미사일 기지를 타격한 후 쿠바를 침공할 것을 건의했다.[33] 군이 보수적이고 조심성이 많다는 것은 맞다. 하지만 이러한 경향이 제한을 만들어내지는 않는다.

보다 분명히 하고자 한다. 군 장교들은 민간 지도자들보다 더 무모하거나 전쟁을 선호하지는 않는다. 하지만 군 장교들은 예방전쟁을 선호하는 강한 편향성을 자주 보여준다. 다른 조직과 마찬가지로, 전문화된 군 조직도 편향성과 맹목성을 가진다. 군 장교들은 일반 대중들보다 전쟁의 가능성을 높게 판단한다. 다른 조직의 구성원들과 마찬가지로, 군 장교들은 단계적 계획을 수립한다. 이 단계적 계획은 군 장교들에게 오늘 현재 전쟁의 목표달성에 초점을 맞추도록 만든다. 내일 있을 전후 문제에 대해서는 깊이 생각하지 않는다. 다른 조직의 구성원들과 마찬가지로, 군 장교들은 그들의 한정된 책임 영역에 초점을 맞춘다. 이것이 그들의 관점을 제한하고, 종종 성공과 승리의 매우 협소한 정의를 도출해 내기도 한다.

마지막 분석 단계에서 볼 때, 이러한 군의 조직 단위의 편향성에 대해 민간 지도자들이 할 수 있는 것은 그리 많지 않다. 군 조직도 조직이기 때문에 한정된 범위 안에서 합리적이다. 그리고 군 장교들의 관점이 제한적인 것은, 역설적이게도 민간 지도자들과 일반 대중들이 군 장교들에게 그러한 점을 원하기 때문이기도 하다. 군 장교들은 협소한 방식으로 생각하도록 훈련받는다. 민간 지도자들은 군사 자문과 관련하여 군 지도자들이 정치적인 고려를 하는 것을 원하지 않는다. 그리고 민간 지도자들은 군 지도자들이 목표물을 설정할 때 도덕을 따지고, 공격계획을 짤 때 전후 세계에 대해서 깊이 고려하는 것을 원하지 않는다. 민간 지도자들은 군 장교들이 전문화된 군인이기를 원하고, 가능한 가장 효과적인 군사계획을 수립하기를 원하며, 냉정하고 분명한 군사 자문을 해 주기를 원한다. 핵 무기와 관련해서, 군 장교들은 예방전쟁을 보다 자주 주장할 것이고, 전투교리를 언제나 선호할 것이며, 무엇인가를 할 거라면 빠르게 상황을 전개해 나갈 것을 요구할 것이다.

특별히 놀라울 것도 없고, 지나치게 불안해할 것도 없다. 다만, 강한 시

민적 통제에 근거한 견제와 균형이 이러한 군의 조직적 편향성과 성공적
으로 싸우지 못한다면 그것이 더 불안한 것이다. 버나드 브로디Bernard
Brodie는 이런 글을 남겼다. "시민의 손은 절대로 느슨해져서는 안 된다.
그리고 미안해할 것도 없이, 지금 시민에게 속해 있는 것에 대한 통제권
을 언제나 유지해야 한다."[34] 모든 국가들이 그러하지만, 특히 새롭게 핵
무기를 보유한 국가들 중에서 군이 정부를 운영하거나, 통제하는 국가에
서는 불행하게도 시민의 손이 확고한 통제를 언제나 할 수 있지는 않다.

보복 타격 능력

새롭게 핵 무기를 보유하는 국가들이 보복 타격 능력을 확보하는 데 어
느 정도의 힘이 들어가는 가에 관해서 왈츠와 나의 견해가 충돌한다. 이
러한 견해 충돌의 배경이 무엇인가? 나는 왈츠가 역사의 증거와 조직의
논리가 아니라 이해관계의 논리를 바탕으로 자신의 확고한 입장을 구축한
다고 생각한다. 물론, 국가들은 생존 가능한 핵 무력을 건설하는데 이해
관계가 있을 것이다. 그런데 새롭게 핵 무기를 보유하는 국가들이 그것을
할 수 있을까?

이 질문에 대한 왈츠의 대답은 분명하다. 약하고 가난한 국가들도 확실
한 보복 타격 능력을 "아주 쉽게" 확보할 수 있다. 그리고 "그 국가들은
거의 편집증적인 열정으로 그 능력을 지켜낸다."(제3장)

제2장에서 나는 왈츠의 주장에 반대되는 3가지 사례를 소개하였다. 이
사례들은 얼마나 협소한 조직의 이해관계와 엉성하게 설계된 조직의 일상
업무처리 방식이 부주의하고 불필요한 취약성을 만들어 내는지 보여준다.

첫째, 1970년대 중반, 즉 마오쩌둥이 선진화된 위장 계획을 수립하도록
명령하기 전까지 중국 핵 무력은 매우 불안정했다.

둘째, 1967년 6월 이스라엘군은 이집트 공군을 격파했다. 이것이 가능
했던 이유는, 이집트 방어 비행대가 급유를 하기 위해 매우 아침 똑같은
시간에 착륙한다는 것을 이스라엘군이 알아차렸기 때문이다.

셋째, 북한 비밀 핵 폐기물 저장 건물의 패턴이 소련에서 발견되는 패턴과 일치했기 때문에, 1993년 미국은 북한이 감추어 둔 핵 물질의 위치를 쉽게 파악할 수 있었다.

다음 제5장에서 나는 여러 사례 제시를 통해, 파키스탄의 조직 내 일상 업무처리 방식과 허술한 통신 보안이 어떻게 "비밀" 군사 작전과 미사일 저장 위치를 누설하게 되었는지 설명하고자 한다. 나는 여기에 한 가지를 추가하고자 한다. 핵 무기 개발 이전 역사에는, 가치 있는 군사 자산을 지키기 위해서 국가가 많은 노력을 했지만 결국 지켜내지 못한 사례가 가득차 있다. 1941년, 미국정부는 진주만에 있는 태평양 함대를 필사적으로 보호하고자 했다. 왜냐하면, 태평양 함대는 일본과의 전쟁에서 중심적인 억지자산이라고 판단되었기 때문이다. 하지만 태평양 함대 반항공단의 군사 경계 계획은 지역 주민들의 사보타지를 막는 데 초점이 맞추어져 있었다. 반항공단은 11월 27일 어느 시점에 지역 주민들의 "적대적인 행위"가 예상된다는 경고를 받았고, 탄약을 사수들에게 분배하지 않고 저장 벙커로 철수시켰다. 이로 인해 12월 7일 일본이 진주만을 공격해 왔을 때 사수들이 적절히 대응할 수가 없었다.[35]

진주만 공습 9시간 뒤, 진주만이 공격당했다는 소식을 전달받았음에도 불구하고, "하늘을 나는 요새"라는 별명을 가진 B-17 폭격기가 필리핀에 있는 클라크 비행장Clark Air Field 활주로에서 일본군의 공격으로 파괴되었다. 이러한 일이 발생한 이유는, 일본 항공기가 클라크 기지로 아직 접근하지 않은 시점에 잘못된 경보를 받은 B-17 폭격기가 이륙했고, 이후 착륙하여 재급유를 받는 와중에 일본 항공기의 공격을 받았던 것이다.[36] 1943년 말, 독일 고위 사령부는 V-1 폭명탄buzz bomb 기지의 위치가 영국군에게 발각되지 않도록 열정적인 노력을 했다. 하지만 모든 V-1 폭명탄 기지의 탄 저장 건물을 하늘에서 보면 스키 모양처럼 보이는 특이한 곡선 형태로 건설했고, 결국 영국 항공사진 분석가들에 의해 96개 기지 중 95개가 확인되었다. 독일이 탄 저장 건물을 특이한 곡선 형태로 건설한 이유는 건물 문 앞에서 폭탄이 터지더라도 건물 안쪽에 있는 폭명탄이 영향을 받지 않도록 하기 위해서였다.[37] "정상적인" 조직의 무능함이 심각한 군사적 취약성을 초래한 마지막 사례는 1942년 2월 제2차 세계대전 기간에 발생했다. 영국군 특공대는 항공정찰을 통해 파악한 독일 레이다 기지 한 곳을 성공적으로 기습했다. 이 기습 공격이 있은 후, 독일군 지휘부는 레이다 기지를 보호하기 위해서 모든 레이다 기지를 철조망으로 둘러싸라고 명령했다. 이러한 사실은 영국 항공사진 판독을 통해 곧 밝혀졌고, 영국군은 독일 레이다 기지를 보다 쉽게 폭격할 수 있었다.[38] 하지만 현대 전쟁사는 매우 달라 보인다. 한 국가가 가장 중요한 군사력을 매시간 열정적으로 지키고자 노력했을 때, 성공적으로 지킬 수 있었다.

아마도 새롭게 핵 무기를 보유한 국가들은 이것을 더 잘할 것이다. 하지만 역사의 증거 측면에서 볼 때, 모든 사람들이 그렇게 되지 않기를 기원하지만, 일부 핵 무기 보유국가들이 확실한 보복 공격 능력을 갖추지 못한다고 하더라도 놀라지 말아야 한다. 불완전한 조직은 정치 지도자들의 희망과 전투 태세의 결과물 사이에 불완전한 연관성을 만들어 낸다. 이러한 조직들은 예측은 가능하지만 완전히 예방할 수는 없는 실수를 하게 된다. 이러한 조직적 어려움들을 무시하게 되면, 핵 혁명을 분석하려고 노력하는 학자들과 핵 혁명의 위험한 영향에 대응하려고 노력하는 정치인들 모두 심각한 오류에 빠져들게 된다.

불확실성과 상황전개

왈츠는 핵 억지와 관련하여 불확실성의 이점을 특별히 강조한다. 전면전이 발생할 경우 혹독한 비용을 지불해야 하기 때문에, 국가들은 핵 전쟁에 휘말릴 가능성이 있는 경우 극도로 조심해야 한다. 그런데 핵 불확실성은 양날의 검이다. 핵 무기가 사용되지 않을 것이라는 절대적인 확신을 도려내는(이것이 억지에 도움이 된다.) 동시에 핵 무기가 사용될 것이라는 절대적인 확신을 잘라낸다.(이것은 억지를 어렵게 만든다.)

핵 무기의 경고는 어느 정도 유효한가? 역사가 말해주는 것은, 핵 무기
를 보유한 적대국가를 상대하는 많은 국가들이 핵 무기 보유국가를 조심
한다. 하지만 일부 국가들은 그럼에도 불구하고, 이러한 불확실성 속에서
핵 무기 보유국가에게 공격을 가한다. 1973년, 이집트와 시리아는 이스라
엘이 소량의 핵 무기를 가지고 있다는 사실을 알고 있었음에도 불구하고
이스라엘을 공격했다. 1982년 아르헨티나는 영국이 수백 기의 핵 무기를
보유하고 있다는 사실을 알고 있으면서도 영국령 포클랜드 제도Falkland
Islands를 침공했다. 1991년 1월, 걸프전쟁 당시 이라크는 이스라엘이 약
100여 기의 핵 무기와 장거리 제리코 미사일을 보유하고 있다는 사실을
알고 있었지만, 수십 발의 스커드 미사일을 이스라엘 도시들을 향해 발사
했다.39) 이라크의 쿠웨이트 침공 이후, 이스라엘 총리 이츠하크 샤미르
Yitzhak Shamir는 이렇게 선언했다. "이스라엘을 공격하는 자들에게는 거대한
재앙이 임할 것이다."40) 어떻게 사담 후세인은 이스라엘이 핵 무기로 보
복하지 않을 것이라고 절대적으로 확신할 수 있었을까? 정부가 모험을 하
기도 한다. 특히, 자포자기할 정도의 곤경에 처한 정부는 더욱 그러하다.
핵 무기는 당연하게도 결정을 매우 신중하게 만든다. 하지만 어떤 정부는
신중한 결정에 따라 전쟁을 위해 조용히 방을 나서기도 한다.

결론

그러면 우리는 무엇을 해야 하는가? 미래에도 미국 정부와 국민들이 핵
무기의 추가 확산을 확실하게 반대하도록 만드는 것은 그리 어려운 과제
가 아니다. 미국은 세계에서 가장 강력한 재래식 무기와 엄청난 규모의
핵 무기를 보유하고 있다. 미국은 핵 무기가 여러 나라로 전파되는 것을
극도로 제한하기를 원한다. 이러한 미국의 입장을 이해하는 것은 그리 어
렵지 않다. 사실 실질적인 과제는, 국제사회에서 핵 무기를 보유하지 않
은 국가의 정부 지도자들, 조직 지도자들 그리고 일반 국민들이 자신의

국가가 여전히 비핵국가로 남는 것이 이익이 된다고 확신하도록 만드는 것이다.

이것은 결코 쉬운 과제가 아니다. 1990년대 초에 새롭게 핵 무기를 보유한 국가들이 많이 등장했다. 1998년 남아시아에서 핵 실험이 있었고, 2006년 북한이 핵 실험을 했다. 그럼에도 불구하고, 비확산을 위한 노력의 최근 역사는 완전히 암담하지만은 않다. 1990년대에 매우 중요한 긍정적인 진전들이 많이 있었다. 아르헨티나와 브라질의 민간정부가 이전 군사정부에서 시작한 핵 무기 프로그램을 포기했다. 이 민간정부들은 핵 군비경쟁의 불확실성에 직면하는 것보다 지역 내 비핵지대nuclear-free zone 협약에 참여하는 것을 더 선호했다.[41] 1970년대와 1980년대 초에 남아프리카공화국은 7기의 핵 폭발장치를 완성했다. 하지만 프레데릭 데 클레르크 Frederik Willem de Klerk가 권력을 잡고 남아프리카공화국의 국제적 고립과 아파르트헤이트apartheid를 종식시키는 절차를 시작하고 난 후, 남아프리카공화국 정부는 7기의 핵 폭발장치를 자발적으로 분해, 파괴하였다.[42] 소련 해체 후 독립한 국가들 중 3개 국가인 벨라루스, 카자흐스탄, 우크라이나는 국제협상을 통해, 핵확산방지조약NPT에 가입하고, 모든 핵 무기를 러시아로 이전시켰다. 1995년에 핵확산방지조약NPT의 핵 보유 회원국과 비핵 보유 회원국 모두 이 조약의 무기한 연장에 동의했다.

이러한 성공 이야기들이 지속될 것이라는 보장은 없다. 조약은 폐기될 수 있고, 해체된 핵 무기가 다시 만들어질 수 있으며, 중단된 핵 프로그램이 재개될 수도 있다. 하지만 긍정적인 진전들은 장려되어야 하고, 가능하다면 다른 곳으로 확장되어야 한다. 미국은 무기통제체제를 뒷받침하는 역할을 주도적으로 해야 하며, 지도력을 발휘하는데 인색해서는 안 된다.

그러나 궁극적으로 핵심적인 결정을 하는 것은 미국이 아니라, 새롭게 핵 무기를 보유한 국가들과 잠재적 핵 무기 보유국가의 정부와 국민들이다. 미래를 생각했을 때, 모든 국가의 목표가 핵 고슴도치가 되는 세계는 아니어야 한다. 각 국가가 자신을 보호하기 위해서 날카롭게 무장하고,

맹렬하게 노력하는 그런 세계는 아니어야 한다. 핵 무기 보유국가들은 단기적으로 핵 무기의 숫자를 급격히 줄이고, 보다 안전하게 관리해야 하며, 핵 무기를 보유하지 않은 국가들은 비핵국가 지위를 유지해야 한다. 그리고 장기적으로 핵 무기 보유국가들은 핵 무기의 폐기 또는 국제적 통제에 적절한 정치적 그리고 기술적 통제 수단들을 고안하여야 한다. 나는 개인적으로 내가 이러한 목표들이 성취되는 것을 볼 것이라고 낙관하지 않는다. 하지만 과제가 어렵다는 사실 그리고 목표달성까지 우리가 먼 길을 가야 한다는 사실 때문에 우리가 최소한 올바른 방향으로 움직이는 것조차 억지를 당해서는 안 된다.

이론으로 돌아가기

이론은 하나의 렌즈와 같다. 이 렌즈는 우리가 복잡한 현실의 어느 한 부분에 초점을 맞출 수 있도록 도움을 준다. 그리고 그 부분들의 인과관계를 파악하는 데 도움을 준다. 이론은 우리가 세계를 파악하는 데 도움을 주며, 우리가 과거를 이해하고 미래를 예측할 수 있도록 도와준다. 왈츠와 나는 하나의 똑같은 세계를 서로 다른 렌즈로 바라본다. 왈츠는 구조적 신현실주의 이론으로, 나는 조직이론으로 세계를 본다. 이로 인해 우리는 핵 역사의 서로 다른 측면을 강조하고, 서로 다른 핵의 미래를 예측한다. 누구의 예측이 맞을지는 결국, 새롭게 핵 무기를 획득한 국가들의 앞으로의 경험에 달려있다. 나는 핵 확산의 결과에 대한 왈츠의 예측이 맞기를 희망한다. 하지만 나의 보다 비관적인 예측이 결국 실현될 것이라고 본다. 사실, 나는 그것이 두렵다. 핵 무기의 엄청난 파괴력은 전쟁비용을 분명히 상승시킨다. 그리고 이러한 사실을 정치 지도자들이 잘 인식하고 있다. 이런 측면에서 핵 무기는 최소한 이론상으로 평화에 긍정적인 영향을 미친다. 하지만 이러한 억지의 비용—편익 논리는 많은 테러리스트들에게 거의 적용되지 않는다. 만약 핵 무기가 더 많은 중동국가로 확산된다면, 테러리스트들이 핵 무기를 확보할 가능성이 높아진다.

설령 테러리스트들이 핵 무기를 확보하지 못하도록 차단한다고 하더라도, 새롭게 핵 무기를 보유하게 될 중동국가들이 불완전한 핵 무기 관리 국가가 될 수 있다. 핵 무기가 국가와 국가 지도자들이 아니라 조직들에 의해 통제될 수도 있다. 모든 복잡한 조직들과 마찬가지로 핵 무기를 통제하게 될 조직들도 불가피하게 편향성과 협소한 이해관계를 가지게 될 것이고, 필요에 따라 일상화된 업무처리 방식과 표준화된 절차를 만들 것이며, 때때로 심각한 운영상의 실수를 할 것이다. 새롭게 핵 무기를 보유하게 될 국가에서 이런 문제들이 때로는 조용하게 때로는 과격하게 나타날 것이다. 핵 무기가 완벽한 핵 관리 조직을 만들어내지 못한다. 핵 관리 조직들은 불가피하게 보다 치명적인 실수를 하게 된다. 조직의 신뢰성이 가지는 내재적인 한계 때문에, 핵 무기의 전파는 환영할 일이라기보다는 두려워해야 할 일이다.

05

인도와 파키스탄의 핵 무기
: 보다 나은 것인가
아니면 보다 나쁜 것인가?

핵 무기 전파, 그 끝없는 논쟁

05

·

인도와 파키스탄의 핵 무기
: 보다 나은 것인가 아니면 보다 나쁜 것인가?

스콧 세이건과 케네스 왈츠

1998년 5월 11일과 13일, 인도는 두 차례에 걸쳐 다섯 기의 핵 무기 실험을 했다. 이에 맞서, 파키스탄도 5월 말까지 핵 무기 실험을 했고, 이 핵 실험 후 파키스탄은 여섯 기의 핵 무기가 성공적으로 폭발되었다고 주장했다. 이 중 다섯 기는 얼마 전 진행된 인도 핵 무기 실험에 맞춘 것이고, 한 기는 1974년 인도의 첫 핵 실험인 "평화적 핵 폭발"에 맞춘 것이다. 핵 실험이 끝난 후, 인도와 파키스탄 정부는 전 세계를 향해서 그리고 상대국가를 향해서, 고강도 공격에 대한 핵 무기 보복 타격 능력을 갖추었다고 목소리를 높였다.

1998년 5월 이후 무슨 일이 발생했는가? 이 지역으로의 핵 무기 전파가 인도와 파키스탄을 더 안전하게 만들었는가 아니면 덜 안전하게 만들었는가? 핵 무기가 있는 남아시아의 미래는 어떠할 것 같은가? 이 책의 독자들은 우리 두 학자가 이 질문들에 대해 서로 다른 대답을 하는 것에 대해 그리 놀라지 않을 것이다. 제5장에서, 우리는 먼저 인도와 파키스탄의 갈등 역사를 간단히 살펴볼 것이다. 그러고 나서, 세이건이 남아시아의 핵 전쟁 가능성에 대한 비관적 전망을 내 놓을 것이고, 이어서 왈츠는 보다 낙관적인 평가를 할 것이다. 우리 중에 누가 더 자신의 주장을 뒷받침할 수 있는 강력한 논리와 증거를 제시하는지 독자들이 판단해 주기 바란다.

인도, 파키스탄 그리고 카슈미르 분쟁

인도와 파키스탄은 분쟁 가운데 탄생한 국가들이다. 그리고 50년 이상의 기간 동안 인도와 파키스탄은 카슈미르 지역에서 정치적, 군사적 대결을 벌이고 있다. 1947년, 영국은 "왕관 속의 보석"이라고 불리던 식민지 인도제국을 두 국가로 분리 독립시켰다. 한쪽은 무슬림 국가인 파키스탄이고, 다른 한쪽은 세속주의이면서 압도적 다수를 차지하는 힌두교도의 나라 인도이다. 당시 카슈미르 군주국은 인도제국에서 반자치권을 가진 군주국 중 가장 규모가 컸다. 카슈미르 군주국의 군주는 힌두교도였고, 주민 80%는 무슬림이었다. 영국은 지리적, 종교적 특징을 반영하여 카슈미르 군주국이 파키스탄의 일부가 될 것으로 예상했다. 카슈미르 군주가 인도와 파키스탄 사이에서 결정을 내리지 못하고 있을 때, 영국 식민지 군에서 나온 무슬림 반란군들이 게릴라군 복장을 한 파키스탄 군대와 파탄족Pathan tribe의 도움을 받아 카슈미르 민병대를 공격하였고, 카슈미르 군주국의 행정 중심도시인 스리나가르Srinagar에서 행진을 벌였다. 카슈미르 군주는 인도로 도망을 쳤고 카슈미르가 인도의 일부가 되었다고 선언했다. 이 선언이 있은 직후, 인도군은 카슈미르 영토를 보전한다는 명목하에 카슈미르로 진입했다. 이러한 군사충돌 패턴은 이후 벌어진 인도, 파키스탄 간의 충돌과정에서 그대로 재현되었다. 인도제국의 분리 독립 과정에서 발생한 공동체 간 폭력으로 사망한 민간인의 숫자는 적게 잡아도 20만 명에서 50만 명 사이로 추정된다. 교착상태로 마무리된 1947년 -1948년 인도-파키스탄 전쟁 과정에서 3천 명에서 8천 명 정도의 군인이 사망했다. 결국 인도 양쪽의 무슬림이 많이 사는 지역이 파키스탄의 영토가 되었다. 동파키스탄과 서파키스탄은 하나의 국가였지만, 광활한 북인도에 의해서 분리되었다. 파키스탄 군대는 카슈미르 북부지역의 상당한 부분을 확보했고, 자신들이 관할하는 지역을 "아자드 카슈미르Azad Kashmir"(자유 카슈미르)라고 명명했다. 인도와 파키스탄은 카슈미르 지역에 "정전 통제선LoC"을 설정하는 데 합의했다. 이 통제선이 인도군과 파키스탄군을 분리하고 있다.

유엔이 카슈미르의 운명을 주민투표로 결정할 것을 권고했으나 인도 정부는 이를 수용하지 않았다. 인도 정부의 시각에서 볼 때, 카슈미르 주민투표는 다른 주들의 독립 요구를 자극하는 위험한 전례가 될 수 있었다. 한편, 파키스탄은 카슈미르에 대한 인도의 통제를 결코 수용할 수 없다. 파키스탄의 군부 정부와 민간 정부 모두 카슈미르 주민들이 이웃 무슬림 국가(파키스탄)와 합쳐지길 원하고 있으며, 그렇게 되는 것이 허용되어야 한다고 주장한다.

1948년 휴전 이후, 인도와 파키스탄 사이의 긴장은 수많은 군사충돌을 불러왔다. 1965년 봄과 여름, 파키스탄 군대가 인도 남서부 구자라트Gujarat 지역과 정전 통제선을 넘어 카슈미르 인도 영역을 공격했다. 두 달간 지속된 이 전쟁에서 4천 명에서 5천 명의 군인이 사망했다.[1] 1971년, 동파키스탄에서 반란군들이 방글라데시로의 독립을 선언했다. 인도군은 이 반란군들을 돕기 위해서 동파키스탄으로 진격했으며, 서파키스탄 군대의 공격을 막아냈다. 이렇게 인도군은 파키스탄의 영토분할 과정에 관여했다. 이 전쟁에서 6천 명에서 1만 2천 명의 사상자가 발생했다. 1984년, 인도군은 분쟁지역인 시아첸 빙하Siachen Glacier 지역에 있는 파키스탄 군사기지를 점령했다. 시아첸 빙하는 2만 피트가 넘는 아찔한 높이에 위치하고 있다. 이렇게 시작된 군사갈등은 1984년까지 지속되었다. "두 명의 대머리 아저씨가 빗을 놓고 싸운 것"으로 묘사되는 이 군사갈등으로 약 1천 명의 인도 군인과 파키스탄 군인이 사망했다.[2] 카슈미르에서는, 1990년대 내내 정전 통제선을 사이에 두고 포격전이 전개되었고, 게릴라 부대의 침투가 지속되었다. 이 전투로 최대 5만 명의 시민과 군인이 사망했다.

　이런 피비린내 나는 역사가 보여주는 것은, 남아시아 지역이 긴장과 위험으로 가득 찬 화약고라는 것이다. 따라서 이 지역은 이 책의 제1장과 제2장에서 제시되었던 주장들을 검증하기에 적절하다. 분쟁으로 찢겨진 지역에서 핵 무기 전파가 무엇을 할 수 있는가라는 질문은, 오늘날 우리가 논의해야 할 가장 시급한 질문들 가운데 하나이다.

상황을 악화시킬 뿐이다

스콧 세이건

　인도와 파키스탄의 핵 역사는 조직이론의 비관적인 예측을 지지해 준다. 제2장에서 나는 안정된 핵 억지를 위한 3가지 필요사항 — 일방이 일시적인 우세를 가졌을 때 전환 시기 동안 예방전쟁을 방지할 것, 생존 가능한 보복 타격 능력을 개발할 것, 우발적인 핵 전쟁을 회피할 것 — 을 충족시키는데 군 조직의 행위가 얼마나 심각한 문제를 야기하는지 자세히 설명한 바 있다. 그리고 나는 이와 유사한 문제들이 새롭게 핵 무기를 보유한 국가에서 발생할 것이라고 주장하였다. 이 장에서 나는 그 문제들이 지금 인도와 파키스탄에서 어떻게 나타나고 있는지 설명할 것이다.

　시작부터 한 가지 인정해야 할 것은, 인도와 파키스탄 사이에 나타나는 핵 관계와 미국과 소련 사이에 오랜 시간 동안 발전된 냉전체계 간에는 중요한 차이점들이 있다는 점이다. 그런데 이 차이점들이 어떤 결과를 가져올지는 그리 분명치 않다. 예를 들어, 인도와 파키스탄이 보유한 핵 무기는 미국과 소련이 보유했던 핵 무기보다 숫자도 적고, 덜 복잡한 구조를 가진다. 인도와 파키스탄은 상대방의 핵 무력을 타격할 수 있는 선제 핵 공격력을 강화시키기 어려울 뿐만 아니라 상대방의 선제 핵 공격에 취약하다. 이를 종합했을 때, 인도와 파키스탄 핵 무기의 전체적인 효과는 여전히 불확실하다. 민－군 관계에서도 중요한 차이가 있다. 이 차이 또한 상황을 안정시킬 수도 있고 불안정하게 만들 수도 있다. 소련과 미국 모두 핵 무기에 대한 높은 수준의 민간 통제가 가능한 "믿을 만한" 지휘체계를 마련했다.3) 인도에서는 군에 대한 민간 통제가 최소한 최근까지 극단적일 정도로 철저하게 이루어지고 있다. 핵 무기 정책에 대해서 군은 거의 어떠한 영향력도 직접 행사할 수 없다. 이에 반해, 파키스탄에서는 군이 핵 무기에 대한 완전한 통제권을 가지고 있다. 민간 정치 지도자들은 오직 제한적인 영향력을 행사할 수 있을 뿐이다. 이러한 현상은 민간이 정부를 주도하던 기간에도 동일하게 나타났다. 인도, 파키스탄이 소련, 미국과 차이를 보이는 마지막 부분은 상호 이해, 유사성, 적대감이다. 인도와 파키스탄은 식민지 역사와 식민지 전 역사를 공유한다. 공통된 문화 뿌리를 가졌고, 국경을 공유한다. 두 국가는 네 차례 전쟁을 치렀고, 카슈미르 지역을 둘러싸고 50년 이상 군사충돌을 계속하고 있다. 이에 반해, 미국과 소련은 지구 정반대 편에 위치해 있었고, 서로를 이해하기 어렵고 예측할 수 없는 적대국으로 바라보았다. 냉전 시기 두 강대국은 이념경쟁을 벌였다. 하지만 두 강대국 간에 영토분쟁도 없었고, 군사충돌이 지속되지도 않았다.

　냉전 시기에 존재했던 핵 조건들과 현재 남아시아에 존재하는 핵 조건들 사이에 결정적으로 중요한 유사성이 있다. 양쪽 사례 모두 핵 무기를 관리하는 데 있어서 협소한 이해관계와 조직의 일상화된 업무처리 방식이 핵 억지의 안정성을 제한했다. 새롭게 핵 무기를 보유하는 국가들이 핵 무기와 관련하여 두 강대국이 경험했던 것과 정확히 일치하는 실수를 재현하지는 않을 것이다. 하지만 그 국가들 또한 핵 무기를 통제하고, 핵 평화를 유지하기 위한 어려운 노력 과정에서 완전한 성공을 거둘 것 같지는 않다.

예방전쟁의 문제

파키스탄은 오랜 시간 동안 군의 직접적인 통치 아래 있었다. 일부 분석가들은 파키스탄 군 지도자들의 조직적 편향성이 1965년과 1971년 대인도 전쟁의 개시와 진행과정에 관한 전략적 결정에 영향을 미쳤다고 주장한다.4) 이와 반대로, 인도는 독립 이후 군에 대한 엄격한 민간 통제의 전통을 지속하고 있다. 이러한 민-군 관계의 패턴이 핵 무기 독트린과 운영에 영향을 미친다. 인도에서는, 군이 전통적으로 핵 실험, 핵 설계, 심지어 핵 지휘와 통제에 대한 결정에 일절 관여하지 않는다. 파키스탄에서는 군이 핵 무기 프로그램을 전체적으로 운영한다. 심지어, 민간 총리가 정부 주도권을 행사하던 시기에도, 민간 지도자들은 핵 무기 프로그램의 세부사항에 대해 충분한 설명을 듣지 못했으며, 핵 무기 운영에 대한 직접적인 통제권도 주어지지 않았다.5)

조직이론의 렌즈를 통해서 보면, 남아시아에서 처음으로 핵 무기를 확보한 두 국가 중 인도는 매우 행운이고, 파키스탄은 매우 불운하다. 파키스탄의 군부통치는 핵 무기 사용에 관한 의사결정에서 확실하게 중요한 역할을 한다. 이와 관련하여 아래 카길Kargil 갈등에 대한 토론을 참조하길 바란다. 1974년 이란이 핵 실험을 할 때, 파키스탄 군대는 핵 무기를 보유하고 있지 않았다. 따라서 파키스탄 군부는 인도 핵 무기 개발과 관련하여 예방전쟁을 지금 하는 것이 나은지 아니면 인도가 기초적인 핵 무기를 개발한 이후에 하는 것이 더 나은지 이야기할 입장에 있지 않았다.

남아시아에서 예방전쟁의 문제는 매우 복잡하다. 새로운 증거들이 보여주는 것은, 군에 대한 강한 민간 통제가 제도화되어 있음에도 불구하고, 1980년대 인도에서 군의 영향력이 예방전쟁의 심각한 위험을 만들어 냈다는 것이다. 1980년대 초 인도 고위 군사 지도자들이 파키스탄의 카후타Kahuta 핵 시설에 대한 예방 타격 계획을 건의했다. 인디라 간디Indira Gandhi 총리 정부는 이 계획을 검토했지만 승인하지 않았다.6) 미국 사례를 통해서도 알 수 있듯이, 민간 지도자들이 예방전쟁을 반대했다고 해서, 고위 군 지도자들의 선호가 갑자기 바뀌지는 않는다. 대신에, 군 지도자들은 자신들의 신념을 마음속 깊은 곳에 간직하게 되고, 이 신념이 나중에 더 위험한 형태로 떠오르게 된다.

1986년 – 1987년 "브래스탁스Brasstacks, 인도 대규모 군사훈련 코드명" 위기 동안 이전부터 군 지도자들이 간직했던 신념이 수면 위로 떠올랐다.[7] 이 심각한 위기는 1986년 말에 시작되었다. 인도군은 라자스탄Rajasthan 지역에서 대규모 군사훈련을 벌였다. 대략 25만 명의 병력과 1,500대의 전차가 참여했고, 군인들에게 실탄이 지급되었으며, 모의 "역공" 훈련으로 마무리되었다. 이 훈련에는 인도 공군이 파키스탄을 타격하는 것이 포함되어 있었다. 인도의 대규모 군사훈련이 실전으로 전환될 것을 우려한 파키스탄군은 전군에 경계명령을 발령하고, 국경 부대에 군사 훈련을 지시했다. 이러한 파키스탄의 군사적 대응에 따라 인도 군대는 국경 가까이로 이동했고, 인도 공군은 작전대기상태로 들어갔다. 초래된 위기를 해결하기 위해서 외교적 활동이 활발히 진행되었고, 최고위 정치 지도자들의 직접적인 개입으로 위기 상황이 해소되었다.[8] "브래스탁스" 위기는 파키스탄이 인도의 도발적인 군사훈련를 실수로 잘못 해석해서 발생한 우발적인 위기라는 것이 전통적인 설명이다. 예를 들어, 데빈 해거티Devin Hagerty는 브래스탁스를 실시한 인도 지도부의 의도에 대해 자세히 검토한 후, "인도의 '정상적인' 군사훈련이 파키스탄의 경보를 울리게 했다. 결과적으로, 안보 딜레마의 논리가 양쪽 행위의 구조를 형성했다. 즉, 일방의 방어적인 움직임이 상대방에게는 공격적인 행위를 위한 준비로 이해되었다."[9] 한편, 일부 학자들은 "뉴델리의 의도", 즉 인도 수도 뉴델리에 있는 다른 의사결정권자들이 브래스탁스 위기 전 그리고 위기 동안 무엇을 원했는지 파악한 후 다른 설명을 제시한다.

위기 당시 인도 육군참모총장이었던 크리슈나스와미 순다르지Krishnaswami Sundarji 장군의 예방전쟁에 대한 생각을 이해하는 것이 핵심이다. 순다르지 장군은 파키스탄의 사용가능한 핵 무기 개발이 인도의 안보를 중대하게 저해할 것이라고 분명하게 확신했다. 그래서 순다르지 장군은 파키스탄 군이 군사 공격을 해 오기를 희망하면서 '브래스탁스' 군사훈련을 기획했다. 순다르지 장군은 파키스탄 군의 군사 공격을 구실로 삼아, 파키스탄에 공격을 가하는 비상계획을 실행하고, 예방 타격으로 파키스탄의 핵 프로그램을 제거하고자 했다.10) '브래스탁스' 위기 당시 인도 서군 사령관이었던 프렘 나스 훈Prem Nath Hoon 중장의 비망록에 의하면,

> 브래스탁스는 군사훈련이 아니었다. 그것은 파키스탄과의 4차 전쟁 상황을 만들기 위한 하나의 계획이었다. 그리고 더 놀라운 것은 라지브 간디Rajiv Gandhi 총리가 이 전쟁 계획을 알지 못했다는 것이다.11)

순다르지 장군이 브래스탁스 훈련을 준비한 동기가 예방전쟁을 위한 것으로 가정하면 여러 가지 의문점이 해소된다. 먼저 인도군이 파키스탄 군에게 이 훈련에 대한 충분한 통지를 제공하지 않은 이유가 설명된다. 그리고 위기 기간에 파키스탄이 인도에 정보를 요청했을 때, 인도가 군사 작전을 설명하기 위해 개설된 특별 핫라인을 활용하지 않은 이유가 설명된다.12) 순다르지 장군이 위기 동안 파키스탄에 대한 예방 공격을 구상하고 있었음을 확인시켜 주는 마지막 증거 조각이 있다. 1987년 1월, 뉴델리에 있는 최고 의사결정권자에게 파키스탄 핵 시설에 대한 타격 건의가 올라갔다.

> 라지브 간디 총리는 지금 파키스탄이 인도와 전쟁을 벌일 가능성에 대해 검토하고 있다. 간디 총리는 소수의 고위 관료, 순다르지 장군과의 미팅 자리에서, 파키스탄의 기선을 제압하기 위해 남부 예비군 전력에 선제 공격을 가하는 것을 신중히 고려했다. 여기에는 파키스탄의 핵 반격 잠재력 제거를 위한 핵 시설 타격이 자동적으로 포함되었다. 관련 정부기관들은 이와 관련된 분석이나 견해 제시를 요청받지 않았

다. 순다르지 장군은 파키스탄이 반격-아마도 핵 무기 반격-을 가해 오더라도 인도 도시들은 보호될 수 있다고 주장했다. 하지만 인도 도시들이 어떻게 보호될 수 있는지에 대한 질문에는 대답하지 않았다. 한 명의 중요한 국방부 고문은 자신감 있게 다음과 같이 주장했다. "인도와 파키스탄은 이미 마지막 전쟁을 치렀다. 또 다른 전쟁을 고려했을 때 잃을 것이 너무나 많다." 최종적으로 이러한 견해가 압도적이었다.13)

카길(Kargil) 갈등과 미래 문제들

핵 확산 낙관주의자들은 브래스탁스 위기가 예방전쟁을 고의로 일으키기 위한 시도였을 수 있다는 것을 받아들일 수 없을 것이다. 대신, 고위 정치 지도자들이 상황 악화를 막기 위해 개입함으로써 갈등이 해소된 최종 결과는 낙관주의자들을 안심시킬 것이다. 낙관주의자들은 남아시아에서 반복적으로 발생한 위기 상황이 전쟁으로 확대되지 않은 것은 핵 억제력 덕분이라고 주장한다. 반복적으로 발생한 위기 상황에는 1984년 인도의 예방 타격 논의, 브래스탁스 위기, 1990년 카슈미르 위기가 포함된다. 데빈 해거티의 세밀한 연구는 이런 표현으로 마무리된다. "핵 무기 보유국가들 간에는 전쟁을 하지 않는다. 국제관계이론에서 이보다 더 확실한 법칙은 없다."14)

하지만 인도와 파키스탄은 상호 교대로 핵 실험을 한 다음 해인 1999년 봄과 여름, 카슈미르를 분리하는 '정전 통제선' 인접 산악지역에서 전쟁을 했다. 이 전쟁은 인도 도시 카길Kargil 근처에서 벌어졌다. 인도 정보기관은 1999년 5월 파키스탄 정규군이 '정전 통제선' 남쪽 인도 영역에 있는 산에 요새를 건설하는 것을 발견했고, 인도와 파키스탄 간의 군사충돌이 시작되었다. 거의 두 달 동안, 인도 육군 부대들은 파키스탄 군을 공격했고, 인도 공군 항공기들은 히말라야 정상 높이에 있는 파키스탄 군 기지를 폭격했다. 인도 총리 아탈 비하리 바지파이Atal Bihari Vajpayee는 인도 군을 '정전 통제선' 남쪽 인도 영역에 조심스럽게 주둔시킨 상태에서, 미국정부에 인도군이 파키스탄으로 공격해 들어갈 수 있다는 것을 알려주었다. 미국 첩보 위성들은 인도 라자스탄 지역에 인도 전차와 중포(重砲)들이 공격을 위해 전개되어 있는 것도 발견했다.[15] 1999년 7월, 파키스탄 총리 나와즈 샤리프Nawaz Sharif는 워싱턴으로 날아가 미국 대통령 빌 클린턴과 회담을 가졌고, 공동성명 형식으로 "정치적 보호" 약속을 받고, 파키스탄 군대를 '정전 통제선' 파키스탄 영역으로 철수시키겠다고 선언했다. 이 회담에서 클린턴 대통령은 카슈미르 문제 해결에 대해 "개인적으로 관심을 가지고 있다."라고 말했다.[16] 이 군사 충돌로 1천 명 이상의 인도 군인과 파키스탄 군인이 사망했다. 그리고 샤리프 총리의 철수 결정은 1999년 10월 발생한 쿠데타의 주요 원인 중 하나로 작용했다.

1999년 카길 군사충돌은 3가지 점에서 혼란스럽다. 첫 번째는 핵 무기를 보유한 두 국가가 전쟁을 치를 수 있다는 것을 보여 주었다는 점이고, 두 번째는 파키스탄군의 조직적 편향성이 이 갈등의 주요 원인이었다는 점이다. 세 번째는 이러한 군의 편향성이 이후에도 계속 존재했고 위기들이 시작되는데 주요한 역할을 했다는 점이다. 전쟁이 불가피하다고 판단되는 상황에서, 군 조직의 편향성은 예방 타격과 선제 타격의 위험을 높일 뿐만 아니라 비록 제한적이긴 하지만 의도적인 핵 무기의 전장(戰場) 사용 가능성을 증가시킬 것이다.

카길 군사충돌의 3가지 혼란한 측면은 조직이론적 관점에서 이해 가능하다. 첫째, 조직이론에서 예측한 것과 같이, 1998년 말 파키스탄군은 카길 작전을 계획하면서 심층적인 전략적 결과보다는 군사 기습 기동의 전술적 효과에 훨씬 더 많이 주목했다. 파키스탄군은 국제사회의 예상되는 반응 그리고 파키스탄군의 기습 공격이 인도 국내에 미치는 영향을 무시했다. 이것이 파키스탄의 카길 작전 실패의 주요 원인으로 판명되었다.

둘째, 파키스탄 육군은 "안정/불안정 역설stability/instability paradox"의 논리를 따라서, 인도와 파키스탄의 "안정된 핵 균형"으로 인해, 파키스탄이 카슈미르에서 보다 공격적인 행동을 하더라도 별다른 문제가 없을 것이고 확신한 것처럼 보인다.17) 여기서, 고위 군 장교들이 민간 지도자들보다 이러한 확신이 더 강했다는 사실에 주목할 필요가 있다. 예를 들어, 카길 근처에서 전투가 한창일 때, 고위 군 장교들은 "거의 적색 경계상태"라고 말하면서도, "카길 충돌이 두 국가 간의 전면전으로 확대되지 않을 것"이라고 주장했다.18) 파키스탄군이 정전 통제선을 넘어 인도 영역으로 침범하는 계획을 샤리프 총리가 승인한 것은 분명하지만, 샤리프 총리에게 그 작전의 본질, 범위, 잠재적 영향에 대해 충분히 설명되었는지는 명확하지 않다.19) 샤리프 총리는 "핵 전쟁을 회피하기 위해 노력"했다고 말했고, "인도가 파키스탄에 대항하여 총력전을 펼칠 준비를 하는 것"에 대해 두려워했다. 이러한 총리의 발언과 태도는 파키스탄군의 확고한 평가와 상반된다. 파키스탄군은 인도가 핵 무기로 반격해 오거나 핵 전쟁으로 상황이 악화될 위험은 사실상 없다고 평가했다.20)

셋째, 파키스탄 정부는 카길 위기 상황에서 샤리프 총리가 용기를 잃었고, 불필요하게 물러섰다고 설명한다. 많은 파키스탄 학자들과 언론인들은 이러한 정부의 설명에 공감하지 않는다. 하지만 샤리프 총리가 "배신했다."라는 논지는 파키스탄 군 지도자들의 편협한 자기 이해관계에 부합된다. 파키스탄 군 지도자들은 자신들의 과오 또는 현 무샤라프Musharraf 정권의 과오를 인정하고 싶어 하지 않는다. 한편, 카길 위기에 대한 인도 정부의 설명은 이러하다. 필요하다면 전 국경에서 인도군이 반격을 가할 수 있을 정도로 긴장이 고조된 상태에서, 인도군의 위협을 받고 파키스탄군이 후퇴했다. 인도와 파키스탄의 서로 다른 "학습 교훈"은 미래 위기 상황에서 좋지 않은 결과를 초래할 수도 있다. 카길 갈등과 관련하여 두 국가가 모두 확신하는 것은, 만약에 자신의 정부가 단호함을 내보이고, 군사 충돌이 새로운 수준으로 악화될 수 있다고 상대방을 위협한다면, 상대 정부는 벼랑 끝에서 물러서고 말 것이라는 것이다.

인도와 파키스탄 간의 미래 군사위기는 핵 위기가 될 것 같다. 그런데 핵 확산 낙관주의자들은 이러한 가능성을 염려하지 않는다. 그들은 1998

년 5월 이후 두 국가 모두 공격 가능한 핵 무기들을 개발했기 때문에, 예 방전쟁의 위험이 사라졌다고 주장한다. 그런데 핵 확산 낙관주의자들이 말하는 예방전쟁의 문제는, 인도 핵 개발 이후부터 파키스탄이 핵 무기를 보유하기 전까지의 전환 기간에만 해당하는 것으로, 지금은 단지 역사적 관심에 지나지 않는다.

나는 다음의 2가지 이유로 인해 핵 확산 낙관주의자들의 주장에 동의 하기 어렵다.

첫째, 남아시아에서 군비경쟁이 서서히 나타나고 있다. 인도 정부는 부 시 행정부의 미사일 방어기술 개발 계획을 강력히 지지하고 있으며, 자체 로 미사일 방어능력을 개발하거나 외부에서 획득하는 데 관심이 있다는 것을 지속적으로 표현하고 있다. 인도에서 강경한 핵 정책이 유권자들 사 이에 인기가 있으며, 강경한 핵 정책을 주장하는 것이 인도 정치인들의 국내 정치적 이익에 도움이 된다. 나는 이러한 사실이 인도 핵 프로그램 에 강하게 영향을 미치고 있다고 생각한다. 미국이 국가 미사일 방어체제 를 구축하기로 결정한 데 대해, 중국은 자국의 미사일 전력 규모를 키우 고, 준비태세를 강화하는 쪽으로 대응할 것 같다. 중국의 이러한 군사 대 응은 다시 인도 정부를 자극하여, 인도 정부가 미사일 방어기술을 개발하 고 미사일 전개를 확대하도록 만들 것이다.

인도의 미사일 전개 확대는 인도보다 더 적은 개수의 핵 무기를 보유한 파키스탄에 위협으로 작용할 것이다. 그리고 이것은 불가피하게 예방전쟁 을 고려하도록 하는 기회의 창을 열 수도 있다. "지금 하는 것이 나중에 하는 것보다 낫다."라는 예방전쟁의 논리와 군사적 편향성이 새로운 종류 의 군비경쟁에서 우세함을 잃는 순간에 처한 정부의 돌발적인 행동을 촉 발시킬 수 있다.

비관적으로 생각하는 두 번째 이유는, 심각한 위기 상황에서 핵 무기 보유국가가 적대국의 핵 무기 사용이 임박했거나 피할 수 없다고 확신하 는 경우 핵 공격을 먼저 개시할 수 있기 때문이다. 남아시아에 핵 무기가 존재했기 때문에, 1999년 두 국가 모두 재래식 군사력 사용에 무척 주의를 기울인 것은 분명하다. 하지만 다른 한편으로 인도 지도자들이, 필요하다면 갈등을 고조시킬 준비를 한 것 또한 분명한 사실이다. 위기 상황에서 파키스탄 지도자들은 '핵 무기가 정확히 이런 조건에서 사용되는 것'이라고 하면서 핵 위협을 했다.[21] 그리고 미국 관리들에 의하면, 카길 갈등 동안 파키스탄군은 총리에게 알리지 않고 핵 무기를 미리 준비시키는 초기 조치들을 취했다.[22] 파키스탄의 이런 위험한 핵 예비 조치는 2001년 9월 11일 미국 테러 공격사건과 2001년 12월 13일 인도 의회 테러 공격사건 직후에도 반복되었다. 이 두 사건 직후 파키스탄 정부는 자국의 핵 무기가 공격받을 수 있다는 두려움에 휩싸여서, 핵 무기와 미사일을 새로운 지점으로 분산시키는 예비 조치들을 취했다.[23] 핵 무기고에 대한 공격이 계획되고 있을 것이라는 파키스탄 정부의 두려움은 어느 정도 현실적인 것이었다.

9월 11일 미 국방부와 세계 무역센터가 테러 공격을 당한 직후, 부시 대통령은 테러와의 전쟁을 선포하면서, 파키스탄 정부가 미국 편에 서지 않을 경우 테러 국가로 취급하겠다고 경고했다. 그리고 미국 특공대가 파키스탄 핵 기지를 습격하는 계획이 수립 중이라는 사실이 널리 알려졌다.[24] 파키스탄 무샤라프 대통령은 아프가니스탄 탈레반 정권에 대한 지원을 중단하고, 미국에 병참과 정보를 제공하기로 결정했고, 이 결정으로 위기 상황에서 벗어날 수 있었다.

2001년 12월 13일 인도 의회에 대한 테러 공격이 있은 직후, 인도 정부는 대규모 병력을 파키스탄 국경으로 이동시켰다. 그리고 나서, 인도 정부는 무샤라프 대통령이 카슈미르와 뉴델리에서 테러작전을 벌이는 테러리스트들을 지원하는 급진 이슬람 단체들을 엄중히 단속하지 않는다면 군사 공격을 개시할 것이라고 경고했다. 파키스탄 무샤라프 대통령이 여기에 대한 결정을 내리기 전에, 인도 육군참모총장 순다라얀 파드마나반 Sundararajan Padmanabhan 장군은 이번 군사작전이 "단순한 훈련이 아니"며

"우리에게는 (군 기지 타격으로부터 재래식 전면전까지) 실행 가능한 많은 선택지가 있다. 우리는 그것을 할 수 있다 …(중략)… 만약 전쟁이 시작된다면, 우리는 아주 좋다."라고 하는 호전적인 성명을 발표했다.[25] 인도 고위정치 지도자들은 파드마나반 육군 참모총장의 성명을 강하게 비판했다. 그리고 인도 외교관들은 파드마나반 장군이 의도적으로 파키스탄으로 하여금 이 위기 상황에서 물러서기 어렵게 만들었고, 이로 인해 전쟁의 가능성이 높아졌다고 전망했다.[26] 하지만 무샤라프 대통령은 카슈미르와 인도 지역 테러를 조장하는 이슬람 지하드 조직들을 엄중히 단속하기 시작함으로써 다시 한번 위기 상황을 해소시켰다.

이러한 위기들로부터 우리는 무슨 교훈을 얻어야 하는가? 핵 확산 낙관주의자들은 오직 최종 결과, 즉 심각한 위험 상황에서 '억지와 강압이 작동했다', '파키스탄 대통령이 타협했다', '전쟁은 발생하지 않았다'는 것만 볼 것이다. 그리고 이것이 당연한 결과라고 생각할 것이다. 하지만 위기를 보다 자세히 살펴보면, 2가지 사실을 알 수 있다. 첫째, 무샤라프 대통령의 후퇴 결정은 결코 불가피한 결정이 아니었다. 그리고 그는 유화적인 자세 때문에 이슬람 정당들과 일부 군 지도자들로부터 엄청난 비판을 받았다. 다른 파키스탄 지도자였다면 2002년에 다른 선택을 했을 것이다. 그리고 미래 파키스탄 지도자들은 미래 위기 상황에서 인도와 타협하지 않을 가능성이 높다.

둘째, 앞의 두 위기 상황에서 파키스탄 지도자들은 자국의 핵 무기고에 대한 예방 또는 선제 공격이 임박했다는 두려움을 가지고 있었다. 이 두려움으로 인해, 파키스탄 지도자들은 매우 위험한 군 예비 단계 조치를 취했다. 핵 무기와 미사일을 안전한 보관 기지에서 현장 부대로 이동 전개시키는 것이 적의 공격으로부터 핵 무기와 미사일을 지키는 방법일 수 있다. 하지만 이러한 과정에서 핵 무기와 미사일이 내부 테러 조직에 의해 탈취되거나 공격을 받을 수도 있다. 파키스탄에 있는 알 카에다 조직원과 후원자의 숫자를 감안한다면, 현재 감추어진 테러리스트 문제가 위기 상황에서 핵 무력에 가장 심각한 위협으로 작용할 것이다. 한마디로 말해서, 2001년과 2002년 위기 상황에서 남아시아에 있는 핵 무기가 약간의 억제요인으로 작용한 것은 맞지만, 엄중한 위험으로 작용하기도 했다.

남아시아에서 앞으로 위기가 발생한다면, 예방 또는 선제 공격의 가능성은 적의 의도에 대한 복잡한 인식의 혼합, 미래 공격 및 방어능력의 전망 그리고 현재 보유한 핵 무기의 취약성 정도가 강하게 영향을 미칠 것이다. 조직의 편향성은 적국의 의도에 관해 최악의 상황을 가정하도록 할 뿐만 아니라, 전략적 억지가 장기간 성공적일 것인가에 관한 전망에 대해 비관적인 확신을 갖도록 한다. 불행하게도, 아래에서 자세히 살펴보겠지만, 조직의 고유한 특징들도 한 국가를 적의 공격에 취약하도록 만든다.

남아시아 핵 무력의 생존 가능성

성공적인 억지의 핵심은 보복 공격에 대한 공포다. 따라서 확실한 핵 보복 타격 능력을 갖추는 것이 핵 무기 보유국가의 안정을 위한 두 번째 요구사항이다. 불행하게도, 인도군과 파키스탄군이 생존가능한 핵 무력을 유지할 능력을 가지고 있는지를 우려하게 만드는 몇 가지 분명한 이유들이 있다. 이미 앞에서 파키스탄 핵 무력의 생존가능성을 감소시키는 2가지 문제에 대해 살펴보았다.

첫째, 파키스탄군은 미사일 부대를 표준화된 작전 절차에 따라 전개했다. 그런데 이것이 파키스탄 미사일 부대의 위치를 노출시키는 단서로 작용하였다. 앞에서 냉전 시기에 있었던 이와 유사한 사례에 대해서 설명한 바 있다. 인도 정보 장교들은 파키스탄 M-11 미사일 배치 예정지역을, 파키스탄 "보안" 국방통신단말기의 설치 위치를 통해 확인했다.[27]

둘째, 이것은 훨씬 더 극적인 것으로, 냉전 시기의 전례를 너무나 흡사하게 모방함으로써 발생한 사례이다. 구소련 도로 기술자들은 대륙간 탄도미사일 지하 저장고 바로 앞 도로에 커다란 지름의 원형 공간을 만들었

다. 이 때문에 구소련의 대륙간 탄도미사일 지하 저장고의 위치가 의도치
않게 노출되었다.

그런데 파키스탄 도로 건설단이 사르고다Sargodha 군사기지에 미사일 저
장고를 새로 건설하면서, 저장고 바깥쪽에 커다란 지름의 원형 공간과 우
회로를 설치함으로써, 의도치 않게 M-11 미사일 비밀 기지의 위치가 노
출되었다.28)

마지막으로, 인도 또는 파키스탄 정보 기관이 상대국가의 작거나 파악
하기 힘든 핵 무기의 "비밀" 기지 위치를 확인할 수 있는 메시지를, 중간
에서 가로챌 수 있다는 점을 분석가들이 무시해서는 안 된다. 1971년 인
도-파키스탄 전쟁의 역사는 양국의 정보기관들이 상대국가가 보내는 중
요한 기밀 메시지를 가로챌 수 있었음을 말해준다. 예를 들어, 인도 육군
지휘관이 예하 부대에 동파키스탄 군사개입을 위한 준비를 하라고 작전
명령을 하달했는데, 이 작전 명령이 곧바로 파키스탄 정보기관으로 들어
갔다. 그리고 전쟁 바로 전에, 인도 정보기관은 베이징에서 파키스탄 북
동부 도시 라왈핀디Rawalpindi로 보내는 중요한 메시지 복사본 한 장을 확보
했다. 이 메시지에는 인도-파키스탄 전쟁에 중국이 개입하지 않겠다는
내용이 담겨 있었다.29) 아마도 가장 극적인 사례는 1971년 12월 12일,
인도 정보기관이 파키스탄의 무선 메시지를 도청한 것이다. 이 무선 메시
지에는 파키스탄 고위 장교들이 다카Dacca에 있는 정부 건물에서 미팅을
가지는 일정이 포함되어 있었고, 인도군은 이 미팅이 진행 중일 때 다카
정부 건물에 공중 폭격을 가했다.30) "비밀" 작전에 대한 정보가 적국에
누설되지 않도록 하는 것이 얼마나 힘든 것인가를 입증하는 새로운 증거
들이 카길 갈등 가운데 많이 등장한다. 카길 갈등 내내 파키스탄 정부는
'정전 통제선' 남쪽 인도 영역에서 전투를 하고 있는 군대가 토착 이슬람
자유 전사들인 "무자헤딘mujahideen"이라고 주장했다. 하지만 이러한 위장
은 발각되고 말았다. "무자헤딘" 중 일부가 파키스탄 군 신분증을 소지하
고 있었고, 노획된 "무자헤딘" 병사의 수첩에서 작전계획 수립 과정에 무

샤라프 장군이 개입되었다는 기록이 발견되었다.31) 그리고 무샤라프 장군과 파키스탄 고위 군사 지도자 중 한 명이 나눈 중요한 비밀 전화 통화 내용이 인도 정보기관으로 들어갔다. 이 통화 내용을 통해, 파키스탄 육군이 카길 침공 과정에 중심적으로 개입했음이 드러났다.32) 이러한 문제들은 일종의 조직의 문제로서, 미래에도 고도의 비밀 작전 유지와 핵 무기 "비밀" 기지의 위치 보호를 망쳐 놓을 수 있다.

핵 무기로 무장한 인도와 파키스탄의 정상적인 상태에서 발생하는 사고들과 승인받지 않은 핵 무기 사용

인도와 파키스탄이 보유하고 있는 핵 무기들이, 냉전기간 미국과 소련이 보유했던 핵 무기들보다 더 안전하고 안심이 되는가? 한 가지 분명한 것은, 냉전이 최고조에 달했을 때 미국과 소련의 핵 억지 시스템보다, 지금의 남아시아 핵 억지 시스템이 훨씬 작고 덜 복잡하다. 하지만 또 하나 분명한 것은, 지리적 인접성으로 인해 인도와 파키스탄의 핵 관계는 선천적으로 매우 긴밀하게 묶여 있다. 인도와 파키스탄은 불충분한 경고 시스템을 갖추고 있고, 미사일 등을 발사했을 때 짧은 시간 안에 상대를 타격할 수 있기 때문에, 상황 발생시 지도자들은 빠른 의사결정을 해야 하는 압박을 받는다. 이로 인해 한쪽의 우발적 발사가 상대의 발사로 이어지고, 결국 재앙적인 전쟁으로 확대될 위험이 크다. 인도 수도 뉴델리와 파키스탄 수도 이슬라마바드 모두 잠재적 적국과의 경계선에 인접해 있다. 이로 인해, 인도와 파키스탄 모두 상대국이 자신의 수도에 빠른 "참수" 공격을 가해오지 않을까 염려한다. 그리고 파키스탄 사회 내부의 불안정성과 테러리스트에 대한 지원 문제 등이 핵 안전과 안보를 해칠 수 있다.

핵 확산 낙관주의자들은 인도와 파키스탄이 핵 무기를 많이 가지고 있지 않기 때문에, 이러한 문제를 크게 염려할 필요가 없다고 말할 것이다. 하지만 핵심은 정상적인 상태에서 사고가 발생할 가능성은 핵 무기의 개수가 아니라 핵 무기를 둘러싼 구조에 따라 달라진다는 것이다. 여기에 좋은 소식과 나쁜 소식이 있다. 먼저 좋은 소식은, 평화로운 일상 상태에서 인도와 파키스탄 모두 핵 무기를 운반수단과 함께 일선 부대에 전개시켜 놓지 않는다. 그리고 나쁜 소식은, 파키스탄이 위기 상황에서 핵 무기를 사용 대기 상태로 두기 시작했다는 것이다. 1999년 카길 위기 때 그렇게 했고, 2001년 9월과 12월에 다시 그렇게 했다. 특히, 2001년에는 뉴욕, 워싱턴, 뉴델리가 테러 공격을 받은 후, 미국과 인도가 파키스탄을 공격할지 모른다는 두려움 때문에 그렇게 한 것이다.[33] 여기에서 취약성·비취약성의 역설이라고 불리는 것이 작동한다. 핵 무기는 운반수단과 분리된 채 저장기지 안에 보관되어 있을 때 절도나 탈취의 위험으로부터 안전하다. 하지만 적의 공격에는 더 취약하다. 반대로, 핵 무기가 저장기지에서 나와서 이동미사일에 탑재되어 시골지역으로 분산된다면, 상대방의 1차 타격에 덜 취약하겠지만, 절도에는 더 취약하다.

조직의 측면에서 볼 때, 인도 핵 무기와 미사일 프로그램에서 심각한 사고가 발생할 수 있다는 증거를 발견하는 것은 그리 놀랍지 않다. 첫 번째 사례는 좀 충격적이지만 예측가능한 것이었다. 2001년 1월 4일, 인도 요겐드라 나라인Yogendra Narain 국방장관이 하이데라바드Hyderabad에 있는 밀란Milan 미사일 생산 시설을 조사하는 특별조사단을 이끌었다. 밀란 미사일은 사거리 2km인 단거리 미사일로서 통상적으로 재래식 탄두를 탑재한다. 그런데 이 미사일은 시험발사 때도 여러 번 발사에 실패했고, 카길 위기 상황에서도 제대로 발사되지 않았다. 나라인 국방장관은 생산 공장 관리인들 그리고 기술자들과 이 문제에 대해 토론했지만 명확한 이유를 찾지 못했다. 당시, 재래식 탄두는 뉴델리에서 온 고위 방문객들을 위해 전시한 미사일에서 분리되어 있었지만, 전자회로는 모두 연결되어 있었다. 공장 관리인이 실수로 발사 버튼을 눌렀고, 미사일이 발사되었다. 미사일은 한 명의 관리 몸을 관통했고, 그 관리는 현장에서 즉사했다. 미사일이 땅속에 처박히면서 화재가 발생하여 5명의 노동자가 부상을 입었다. 국방장관은 무척 놀랐지만 무사했다. 현장에서 사망한 관리는 밀란 미사일 프

로그램 품질 통제를 맡은 관리였다.[34]

　한편 잘못된 경고를 총리에게 보고한 사건이 1998년 5월 파키스탄 핵 실험 직전에 발생했다. 두 번째로 제시하는 이 사건은 남아시아에서 전쟁이 우발적으로 발발할 수 있음을 보여준다. 파키스탄 샤리프 총리가 핵 무기 실험을 결정하기 며칠 전, 즉 매우 중대한 시기에, 고위 군 정보장교들이 샤리프 총리에게 인도와 이스라엘 공군이 파키스탄 핵 실험 장소를 예방 타격하기 위해 공군기를 출격시키려고 한다고 보고했다.[35] 이 사건은 여전히 미궁에 빠져 있다. 경고 메시지의 출처도 명확하지가 않다. 파키스탄 정보 관리들이 인도와 이스라엘 지역에 있는 항공기들을 분명히 잘못 파악했을 수도 있다. 하지만 더 설득력 있는 설명은 이렇다. 1998년, 파키스탄 정보기관인 내무정보부[ISI] 관리들은 인도와 이스라엘의 공격이 임박했다고 판단하지 않았다. 하지만 의도적으로 사실을 날조 또는 과장하여 총리에게 예방 공격을 경고했다. 이를 통해, 미국의 압력에 흔들리고 있는 총리에게 핵 무기 실험을 즉시 실시하도록 압박을 가하고자 했다.[36] 이 두 가지 해석 중 더 우려해야 하는 것이 무엇인지 명확하지 않다. 잘못된 경고가 불량 정보 관리에 의해 계획된 도발이든지 아니면, 임박한 또는 실제 공격이라는 부정확한 보고를 정말로 신뢰한 것이든 상관없이, 잘못된 경고는 위기 상황에서 재앙을 일으킬 수 있다.

　남아시아에서 잘못된 경고가 우발적인 핵 전쟁으로 이어질 가능성이 여전히 실재한다는 점을 주목해야 한다. 2003년 인도는 전통적인 핵 선제 불사용no-first-use 독트린에 경고를 집어넣었고, 파키스탄의 화학 무기 공격에 핵 공격으로 대응하겠다는 내용도 포함시켰다. 양국 중 어느 한 국가에서 핵 무기 이동 중에 또는 군사기지에서 핵 경계 태세를 유지하다가 사고로 핵 폭발이 발생할 경우, 이를 상대국가의 핵 공격으로 잘못 판단할 수도 있다. 1988년 파키스탄에서 오지리이heri 사고가 발생했기 때문에, 파키스탄 관리들은 특히 우발적 핵 전쟁 가능성에 더 민감해야 한다. 오지리 사고란 라왈핀디 근교의 비밀 탄약 집적소에서 발생한 대규모 재래식 탄약 폭발사고를 말한다. 이 사고는 파키스탄 일부 정책결정자들에게 인도가 공격을 시작했다는 공포를 불러일으켰다.[37] 인도에서도 적국이 공격을 시작했다는 잘못된 경보를 발령시키는, 이 같은 종류의 사고가 발생할 가능성을 배제할 수 없다. 인도 정부도 위기 발생시 핵 무기를 운반 수단에 장착하거나 핵 경계 태세를 유지할 계획을 가지고 있기 때문이다.

여기에 더하여, 핵 무기에 대한 중앙통제가 양 국가에서 잘 유지되고 있는지 신중히 살펴보아야 한다. 핵 무기와 관련된 국가 정책은 명백한 사유로 인해 비밀사항으로 분류되어 있지만, 분명한 것은 특히 파키스탄 내부에서 심각한 위험이 발생하고 있다는 것이다. 1995년 파키스탄 육군은 자히룰 이슬람 압바시Zahirul Islam Abbasi 장군을 중심으로 한 40명의 군 장교들을 쿠데타 음모 혐의로 체포했다. 압바시 장군은 이슬람 근본주의 단체들과 연계되었다는 혐의도 받았다.[38] 그리고 2011년 6월에는 알리 칸Ali Khan 준장이 이슬람 근본주의자들과의 연계 혐의로 체포되었다.[39]

파키스탄에서 내부 위험 요소들이 해결되기 위해서는 효과적인 '인사 신뢰성 프로그램PRP'이 필요하다. 핵 무기와 전략 자산을 관리하는 '파키스탄 전략 계획 사단PSPD'의 내부 기록에 대한 정보는 부족하지만, 파키스탄 개별 보안 조직들의 내부 기록들을 보았을 때, 파키스탄 정부의 인사 관리에 그리 믿음이 가지 않는다. 2011년 1월, 파키스탄 펀자브Punjab주의 살만 타시르Salman Taseer 주지사가 자신의 경호원에 의해 암살되었다. 암살범은 경찰 조사에서 주지사가 파키스탄의 신성모독법을 반대했기 때문에 살해했다고 말했다.[40] 2003년에는 무샤라프 대통령에 대한 두 차례의 암살시도가 있었는데 모두 내부자들이 연관되어 있었다. 이 암살 사건들과 연관된 경호원들은 "외로운 늑대"들이 아니었다. 이들은 지하드 테러 조직들과 연결되어 있었다.[41]

마지막으로, 인도군과 파키스탄군은 위기 상황에서 미사일 시험발사를 하면서, 상대방이 이 미사일 시험발사를 핵 공격의 시작으로 오해할 위험이 있다는 것을 충분히 인식하지 못했다. 1999년 2월에 인도와 파키스탄 정상들이 선언한 '라호르 협정Lahore Accord'에서 양국은 미사일을 시험발사할 때 서로 사전통보해 주기로 합의했다. 하지만 이러한 합의로 모든 문제가 완전히 해결되지 않았다. 1995년 1월, 러시아의 관료적 문제로 인해 노르웨이로부터 받은 기상 로켓 발사 사전 통지가 제대로 전파되지 않았고, 결과적으로 미사일 공격이라는 잘못된 경보가 발령되었다.42) 그리고 인도와 파키스탄 모두 미사일 시험발사 시설을 전시에 실제 핵 미사일을 발사하는 시설로 이용할 계획을 가지고 있다. 인도에서는, 월러섬Wheeler Island이 밴덴버그Vandenberg 공군기지처럼 평시와 위기 상황 때는 미사일 시험발사 장소로, 전시 때는 타격용 미사일 발사 장소로 활용될 것으로 알려져 있다.43) 인도 육군참모부에 따르면, 카길 위기 동안, "일부 파키스탄 미사일 발사 지역"에서 핵 예비 활동이 포착되었다. "이 지역들 중 일부는 이전에 미사일 시험발사가 이루어진 지역이었다."44)

사실에 대한 부인을 넘어서

핵 무기를 보유한 남아시아는 위험한 장소가 될 것이다. 그 이유는 두 국가 모두 전략적 사고를 억제하는 독특한 문화가 있기 때문이다. 인도와 파키스탄은 다른 핵 무기 보유국가들과 마찬가지로 위험한 핵 미래에 직면할 것이다. 인도와 파키스탄 지도자들은 핵 억지를 통한 안보를 추구한다. 하지만 불완전한 조직 안에 있는 불완전한 사람들이 그들의 핵 무기를 통제하고 있기 때문에, 만약 나의 이론이 맞다면, 이 조직들은 언젠가 확실한 핵 억지를 구축하는 데 실패할 것이다. 불행하게도, 남아시아 핵 역사의 첫 부분에서 발견되는 증거들에 의하면, 조직이론의 비관적인 예측들이 실현될 것 같다. 하지만 나는 정확히 어떤 경로를 거쳐 핵 억지가 작동하지 못할 것인지는 예측할 수 없다. 조직의 관점에서 보면, 핵 무기 보유국가들의 핵 무기 운영·관리 방식에서 차이점보다 유사점을 더 많이 찾을 수 있다. 하지만 새롭게 핵 무기를 보유한 국가들과 냉전 시기 미국, 소련 사이에는 한 가지 중요한 구조적 차이가 있다. 마치 서로 다른 가족들 사이에서 서로 다른 아이가 태어나는 것처럼, 서로 다른 핵 구조 속에서 서로 다른 핵 무기 보유국가가 생겨난다. 핵 구조란 핵 무기 보유국가들이 서로의 행동에 영향을 미치는 구조를 말한다. 일부 학자들은 미국이나 중국 같은 핵 무기 보유국가들이 인도와 파키스탄의 미래 위기 상황에 개입할 수 있으며, 원하지 않는 상황악화를 제한하는 주요 행위자가 될 수 있다고 생각한다. 하지만 나는 이와 정반대로, 다른 핵 무기 보유국가의 개입 가능성이 인도와 파키스탄 정부의 제한된 무력 사용이나 위기 조성과 같은 위험한 행위를 부추길 수 있다고 우려한다. 왜냐하면, 인도와 파키스탄 정부는 상황이 악화될 경우 다른 핵 무기 보유국가들이 외교적 수단을 사용하여 그들을 위기에서 구해 줄 것이라고 기대하기 때문이다.

한편, 다른 핵 무기 보유국가들이 인도와 파키스탄의 핵 활동에 영향을 미치는 방법 중에 합의에 도움을 주는 방법이 있다. 인도와 파키스탄이 양국 간의 핵 전쟁 위험을 줄이기 위해 양자협정을 맺을 수도 있고, 일방적인 조치들을 취할 수도 있다. 그리고 미국 정부가 두 국가 간에 양자협정이 체결되도록 또는 체결된 양자협정이 제대로 이행될 수 있도록 도움을 주는 유용한 역할을 할 수도 있다. 사실 핵 무기 보유국가들이 핵 경계 해제상태, 즉 핵 탄두를 운반수단에 탑재해 놓지 않는 상태를 유지한다면, 이 글에서 확인된 많은 문제들이 해소될 수 있다. 미국은 핵 보유국가들에게 무기 검증기술을 제공해 줄 수 있는데, 이 기술은 핵 경계 해제상태가 협력의 틀 안에서 이루어질 수 있도록 도움을 준다. 미국은 평화로운 시기뿐만 아니라 위기 상황에서도 잘못된 경고 발령의 위험을 감소시키기 위해서, 핵 무기 보유국가에게 각 사례에 맞는 첩보와 경고 정보를 제공해 줄 수 있다. 마지막으로, 미국은 다른 핵 무기 보유국가들과 핵 무기 저장기지에 필요한 향상된 안전장치를 공유하고, "최선의 조직 업무 처리 방식"에 대하여 논의하여야 한다. 이를 통해, 핵 무기 저장기지의 안전상태가 향상될 것이고, 핵 무기 운영 관리가 더 안전해질 것이다. 하지만 만약에 인도, 파키스탄, 미국이 핵 무력과 관련하여, 심각한 문제들이 존재한다는 것을 인정하지 않는다면, 이 문제들에 대한 어떠한 개선도 없을 것이다. 인도와 파키스탄 지도부 모두 핵 무기 지휘 통제에 문제가 있다는 것을 기본적으로 인식하고 있지만, 불행하게도 이 문제를 그리 심각하게 보지 않는다. 미국 또한 2001년 9월 11일 테러 공격 이전까지 인도와 파키스탄의 핵 무기 안전성과 보안성을 개선하는 데 도움을 주지 않았다.

2001년 9월 11일 테러 공격 이전에 미국 관리들은 이렇게 주장했다. 미국이 남아시아 지역에 도움을 줄 경우, 그것은 인도와 파키스탄 핵 실험에 대한 "보상"이 될 수 있을 뿐만 아니라, 다른 잠재적 핵 무기 보유 국가들에게 미국이 핵 확산 목표를 그리 심각하게 생각하지 않고 있다는 잘못된 신호를 줄 수 있다. 그런데 2001년 9월 11일 테러 공격이 미국 정부의 입장을 바꾸어 놓았다. 그리고 파키스탄 관리들도 자국의 핵 무기 안전을 위한 도움을 수용했다. 뉴욕타임즈The New York Times 특파원 데이비드 생어David E. Sanger에 의하면, 미국은 대략 200명의 파키스탄 요원들에게 파키스탄군에 직접 이전될 수 있는 안전 장비에 대한 훈련과 최상의 안보 관행에 대한 교육을 제공하는 '핵 협력 프로그램'에 1억 달러를 사용했다.[45] 미국-파키스탄 관계의 부침과는 상관없이, 핵 안보를 개선하려는 이러한 노력들이 지속되고 있다는 점이 매우 중요하다. 핵 안전을 위한 협력적인 노력이 인도로 확대될 수 있을 것이다.

업데이트

지난 수십 년 동안 남아시아에서 많은 변화가 있었다. 하지만 일련의 기본적인 핵 위험들과 이 핵 위험의 근본적인 원인들은 하나도 변하지 않았다. 파키스탄 내부에 안보위기가 증대되는 것을 각오하고, 파키스탄군이 인도를 주적으로 보는 것을 중단할 것이라고 생각할 근거는 없다. 파키스탄군은 카슈미르와 인도 내부에서 발생하는 테러 공격을 지원함으로써, 인도군을 카슈미르에 묶어놓을 수 있고, 인도의 국력을 약화시킬 수

있다고 판단한다. 인도와 파키스탄 간의 위기 분위기가 유지됨에 따라,
의도한 것은 아니지만, 파키스탄군이 전통적인 권력과 특권을 확고히 유
지할 수 있다. 내가 우려하는 것은, 군 우선권과 군 작전 결정에 반대하는
파키스탄 민간 지도자들도 핵 무기에 대한 통제권을 결코 주장할 수 없을
것이라는 점이다. 토마스 셸링Thomas Schelling의 발전적인 아이디어를 받아
들인 네일 조크Neil Joeck는, 인도와 파키스탄 간의 위기 상황과 "치킨게임"
을 벌이는 두 10대의 위기 상황을 매끄럽게 비교했다. "치킨게임"은 하나
의 차로에서 두 대의 자동차가 서로를 향해 달리는 게임으로, 먼저 피하
는 자가 패배한다.46) 하나의 비유로서는 좋다. 하지만 현실의 위험을 설
명하기 위해서는 약간의 변형이 필요하다. 파키스탄이라는 자동차는 2명
이상의 운전자에 의해 서툴게 운전되고 있다. 한 운전자는 가속페달을 밟
고 있고, 다른 운전자는 브레이크를 밟고 있다. 그리고 두 운전자는 운전
대를 함께 잡고 서로 다른 방향으로 가려고 한다.

　핵 무기를 이렇게 불안정한 상황 속에 두는 것은 누구에게도 도움이 되
지 않는다. 파키스탄군은 자신이 핵 무기를 가지고 있기 때문에, 인도와
의 낮은 수준의 폭력 상황에 보다 안전하게 관여할 수 있다고 확신한다.
이것을 잘 알고 있는 인도 정부는 새로운 재래식 군사전략을 개발하기 시
작했다. '냉정한 출발Cold Start'이라고 불리는 새로운 독트린은 인도 육군과
공군이 미래 위기 상황에서 파키스탄을 보다 신속하게 공격하도록 하고
있다. 파키스탄 정부는 인도의 새로운 독트린과 관련해서, 만약 필요하다
면, 인도의 침입을 좌절시키기 위해 파키스탄 영토에 제한된 개수의 핵
무기를 투하할 수 있다고 주장했다. 이에 대해 인도 정부는 파키스탄이
핵 무기를 심지어 자신의 영토에 사용한다고 하더라도, 파키스탄에 대규
모 핵 공격을 가할 것이라고 말했다. 인도와 파키스탄 모두 지금 상대방
이 허세를 부리고 있지만 결국 억지될 것이라고 주장한다. 결과적으로,
이것은 핵 안전을 위한 방안이라고 보기 어렵다.47)

　파키스탄과 인도는 예측 가능한 미래까지 핵 무기를 보유할 것이다. 그

리고 카슈미르를 둘러싼 양국의 갈등은 계속될 것이고, 이 갈등이 보다 위험하고 보다 넓은 범위의 전쟁으로 확대될 가능성도 여전히 있을 것이다. 인도와 파키스탄 사이의 깊은 정치적 문제들이 언젠가 해결될지도 모른다. 미국은 이 문제의 해결과정에 도움을 주어야 한다. 그리고 미국정부는 인도와 파키스탄이 서로를 향해 핵 무기를 사용할 가능성을 줄일 수 있도록 할 수 있는 모든 것을 하여야 한다.

더 나은 것을 위하여: 핵 무기는 불완전한 평화를 보존한다.

케네스 왈츠

미국 정부와 대부분의 언론인들은 인도와 파키스탄에서 핵 무기가 증가하는 것을 하나의 불길한 사건으로 간주한다. 그리고 냉전기간에 우리가 우려했던 모든 유사한 사건들과 인도, 파키스탄의 사례는 의미에서 그리고 효과에서 서로 차이가 있다고 판단한다. 예를 들어, 1998년 어느 날 뉴욕타임즈에 "인도의 군비경쟁은 냉전 때와 달리 안전하지 않다."라는 제목의 머리기사가 실렸다.[48] 냉전 시기에 미국과 소련의 군비경쟁을 보면서 안전하다고 생각한 사람은 거의 없었다. 같은 이유로 인도 사람과 파키스탄 사람들 중에 인도와 파키스탄 간의 군비경쟁을 기대하는 사람은 거의 없다. 인도와 파키스탄의 운명을 부정적으로 예측하는 대부분의 사람들은 과거를 망각하고 있고, 핵 무기의 효과를 제대로 이해하지 못하고 있다. 전 세계적 안보재단인 플라우샤레스 재단PloughShares Fund의 이사장인 조셉 시린시온Joseph Cirincione은 뉴욕타임즈 기고문을 통해 다음과 같이 주장했다. "미 국방부에서 실시하는 파키스탄과 인도의 모의 전쟁 결과는 언제나 핵 전쟁의 발발이다. 미 국방부에 근무하는 모든 사람들이 핵 억지가 정확히 어떻게 작동하는지 잊어버리고 있는 것인가? 핵 무기 보유국가들은 재래식 군사충돌이 핵 전쟁 수준으로 악화되는 것을 두려워한다. 이로 인해 핵 무기 보유국가들은 벼랑 끝에서 물러서게 된다." 데이비드 제레미아David E. Jeremiah 제독은 미 합동참모본부 부의장일 때, 미국인들이 문화적 사고방식 때문에 "모든 사람들이 우리와 똑같이 생각한다."라고 믿게 된다고 한탄했다. 헨리 스팀슨 센터Henry L. Stimson Center 공동 설립자인 마이클 크레폰Michael Krepon은, 핵 무기를 개발하는 국가에 원조를 삭감하는 프레슬러 수정안Pressler Amendment 때문에 파키스탄 장교들이 미국 군사학교에 머물기 어려워졌다고 우려했다.49) 앞의 두 가지 주장에 대해서 누군가는 "정말 감사합니다."라고 반응할 것이다.

브루킹스 연구소Brookings Institution는 미국이 지난 수십 년간 지불한 핵 무기 비용이 5조 5천억 달러에 이른다고 발표했다. 스트로브 탈보트Strobe Talbott는 국무부 차관이었을 때, 인도와 파키스탄 사이의 군사 경쟁은 그들로 하여금 서로 비례에 맞게 군사비를 지출하도록 만들 것이라고 말했다. 그리고 우리가 왜 인도와 파키스탄에 안전한 억지에 대한 조언과 억지에 필요한 장비를 지원해서는 안 되는지 질문을 받았을 때, 탈보트는 "만약에 그들이 '상호확증파괴MAD' 사고방식에 스스로 메이게 된다면, 우리와 같이 그들도 군비경쟁의 상당한 가속화의 유혹에 빠지게 될 것이다."라고 대답했다.50) 하지만 핵 무기 보유국가들은 보복 타격 수준까지만 경쟁이 필요하다. 이것은 달성하고 유지하기 쉬운 목표이다.

인도와 파키스탄 지도자들은 우리의 어리석음으로부터 교훈을 얻는다. 최소한의 핵 무기로도 억지가 가능하다. 인도 핵 개발의 아버지라고 알려진 호미 바바Homi J. Bhabha는 핵 무기를 "절대적 억지자"라고 불렀다. 인도에서 가장 유명한 전략가인 크리슈나스와미 수브라마니암Krishnaswamy Subrahmanyam은 거대한 핵 무력을 건설하는 것은 바보 같고 쓸데없는 것임을 인도는 배워야 한다고 강조했다. 그는 60기 정도의 핵 무기만 보유하면 파키스탄과 중국을 억지할 수 있을 것이라고 확신했다. 그리고 파키스탄은 20기의 핵 무기면 인도를 억지할 수 있을 것이라고 말했다.51) 일부 학자들은, 소량의 핵 무기만 갖고 만족하는 핵 무기 보유국가는 없을 것이라고 주장한다.[52] 하지만 중국은 소량의 핵 무기에 만족하고 있다. 중국은 오직 약 20기의 대륙간 탄도미사일만 보유하고 있다. 그리고 만약 미국의 미사일 방어체계가 아시아의 전략 무기 균형에 부정적인 영향을 미치지 않는다면, 인도와 파키스탄은 중국의 사례를 따를 것이다. 여기에 대해서는 아래에서 논의할 것이다. 경제적인 제한뿐만 아니라 정치적인 제한 때문에 인도와 파키스탄은 중국의 사례를 따르게 될 것이다. 탈보트는 "핵 무기에 대한 의존에서 벗어나는 국제적 경향"을 포착했다.[53] 미국은 2000년 군사비를 기준으로 세계 2위부터 9위까지 여덟 개의 나라 군사비를 합친 것만큼 군사비를 지출한다. 이렇게 재래식 군사력 면에서 미국이 압도적인 위치를 차지하게 되면서 미국은 핵 무기에 덜 의존한다. 반대 이유로, 일부 다른 국가들은 핵 무기에 더 의존한다. 대표적인 사례가 러시아이다. 러시아는 애매한 수준의 재래식 군사력을 갖추고 있다. 냉전 시기에 두 강대국인 미국과 소련으로부터 군사적 원조를 받았던 국가들 중 지금 스스로 안보를 책임져야 하는 국가들이 있다. 파키스탄, 인도, 이라크, 일본 그리고 북한이 이 사례에 해당한다.

1974년, 인도는 "평화로운 폭탄"을 실험했다. 인도의 2차 핵 무기 실험은 24년이 지난 후 실시되었다. 미국은 인도의 두 차례 핵 실험에 대해 소리 높여 비난했다. 그런데 미국은 오랫동안 매년 수많은 핵 실험을 했다. 미국은 1천 회 이상의 핵 실험을 지상과 지하에서 했는데, 미국의 핵 실험 횟수는 다른 모든 국가의 핵 실험 횟수를 합친 것보다 많다. 미국이 초기에 밝힌 핵 실험의 이유는 소련으로부터 치명적인 위협이 예상된다는 것이었다. 그리고 나중에 미국은 이러한 위협에 실제로 직면했다. 미국의 핵 비확산 정책은, 미국이 말한 똑같은 이유가 다른 국가의 핵 무기 보유를 정당화시킬 수 있다는 것을 부인한다. 그럼에도 불구하고, 미국이 과거에 자신에게 적용했던 이유가 현재 인도와 파키스탄에 똑같이 적용된다. 우리가 했던 핵 탄두 실험은 지금 그들이 하는 것과 다르다고 한다면 그것을 누가 믿겠는가?

인도와 파키스탄의 핵 실험에 제기되는 질문은, 두 국가가 핵 실험을 했어야만 했는가에 대한 것이 아니고, 그들의 안보 상황이 핵 무기 보유국가가 되도록 만들었는가 하는 것이다. 일부 국가들은 핵 무기가 필요한 반면에, 다른 일부 국가들은 핵 무기가 필요하지 않다. 브라질과 아르헨티나는 처음에 핵 무기 보유국가가 되는 방향으로 경로를 잡았다. 하지만 두 국가는 서로가 서로에게 위협이 되지 않는다고 판단했고, 결국 핵 무기 개발을 포기하기로 결정했다. 남아프리카 공화국은 핵 무기 보유국가가 되고 나서, 핵 무기 보유에 상응하는 위협을 찾지 못했고, 결국 핵 무기 보유정책을 포기했다.

파키스탄은 핵 무기가 꼭 필요하다. 왜 파키스탄에서 핵 무기가 그렇게 인기가 있느냐는 질문에 대해서, 베나지르 부토Benazir Bhutto 총리는 "그것은 우리의 역사다. 우리는 더 강한 이웃국가와 세 차례 전쟁을 했다. 인도 영토는 우리 영토보다 다섯 배 더 크다. 그들의 군사력은 우리보다 다섯 배 강하다. 1971년, 우리나라는 분열되었다. 파키스탄에서 안보문제는 생존의 문제다."라고 답변했다. 인도의 입장을 들어보자. 파키스탄, 중국, 미국 주재 인도 대사를 지냈던 샹카르 바즈파이Shankar Bajpai는, "파키스탄의 핵 능력 추구는 더 큰 이웃국가에 대한 공포에서 기인한다. 이러한 공포를 제거하기 위해서는 엄청난 기회들을 열어야 한다.", 즉 안보를 덜 우려할 수 있는 기회 그리고 더 편안한 삶을 살기 위한 기회를 열어야 한다. 파키스탄 외무장관을 지낸 샴샤드 아마드Shamshad Ahmad는 그들의 생각을 이렇게 설명했다. "남아시아에서 핵 억지는 …(중략)… 파키스탄과 인도 간의 견고한 평화 시대를 불러왔다. 그리고 모든 미해결된 문제들, 특히 잠무Jammu와 카슈미르 문제를 해결하는데 필요한 인센티브를 제공한다."54) 최근 들어, 일부 인도인들과 파키스탄인들이 평화로운 합의에 대해서 이야기하기 시작했다. 그리고 뉴욕타임즈 보도에 따르면, 카슈미르에 거주하고 있는 "거의 모든 사람들이 두 국가의 핵 무기 보유가 두 국가를

평화의 방향으로 떠미는 하나의 요인"이라고 말했다.[55]

　1980년대, 소련이 아프가니스탄을 점령한 후에, 미국은 파키스탄이 핵 무기를 개발하고 있다는 것을 알고 있었음에도 불구하고 정교한 재래식 무기를 파키스탄에 제공했다. 소련에 대한 우려가 미국의 정책을 지배하던 시기에 미국은, 파키스탄의 핵 프로그램 진전에 그리 많은 신경을 쓰지 않았다. 그런데 소련이 급격한 쇠퇴를 겪은 후 역사의 무대에서 사라지자, 미국은 파키스탄과의 협력을 중단했다. 미국이 협력을 중단하는 속도가 너무나 빨라서 파키스탄뿐만 아니라 인도도 무척 놀랐다. 하지만 아프가니스탄이 미국 외교정책에서 다시 중요해지자, 미국은 파키스탄과 다시 협력하기 시작했다. 파키스탄 입장에서 인도와 재래식 군비경쟁을 하는 것은 경제적으로 불가능하다. 실용적인 전략과 연계된 핵 무기 확보는 파키스탄이 기울어진 운동장을 평평하게 하는 방법 중 비용이 적게드는 방법이다. 파키스탄은 핵 무기 보유 경로를 따를 수밖에 없다고 느꼈다. 이것은 이해할 수 있는 것이다.

　인도도 이런 측면에서 평가해 볼 수 있을까? 인도는 우세한 재래식 무기를 보유하고 있었다. 그래서 인도보다 전투력이 떨어지는 파키스탄으로부터 자신을 보호하기 위해 핵 무기를 보유할 필요가 없었다. 그런데 중국과의 관계에서 보면 어떤가? 미국인들은 인도를 남아시아의 지배국가로 간주한다. 하지만 인도인들은 다르게 느끼고 있다. 인도인들은 인도가 적대적인 세계에 놓여 있다고 생각한다. 인도에는 소수집단인 1억 5천만 명의 무슬림이 거주하고 있다. 인도는 무슬림 파키스탄과 국경을 접하고 있고, 파키스탄 너머로 인도에 더 적대적이고, 더 근본주의적인 무슬림 세계가 펼쳐져 있다. 인도 북쪽에는 점점 더 민족주의적으로 되어가고, 꾸준히 더 강해지고, 잠재적으로 불안정한 중국이 있다. 미국이 중국-파키스탄-미국으로 연결되는 하나의 축을 만들게 되면서 인도의 염려는 더 커졌다. 1971년 인도-파키스탄 전쟁 때, 미국은 파키스탄 쪽으로 "기울어"졌다. 인도-파키스탄 전쟁이 한창일 때, 헨리 키신저가 마오쩌둥에게

"미국은 인도에 군사적, 정치적 압력을 계속 가하길 원한다. 만약 중국이 인도의 안전을 보호하기 위한 조치를 취한다면, 미국은 이러한 간섭에 반대할 것"이라고 말했다.56) 파키스탄에 대한 미국의 지원을 보여주기 위해, 미 해군은 항공모함 엔터프라이즈Enterprise호를 인도양으로 이동시켰다. 이날 인도는 이런 미국의 움직임을 핵 공포 속으로 인도를 밀어 넣으려는 하나의 시도로 이해했다. 그들은 그것을 협박blackmail이라고 불렀다.57) 또한 인도는 미국이 인도보다 중국을 더 선호한다고 확신해 오고 있다. 인도 자와할랄 네루 대학교Jawaharlal Nehru University의 한 교수는 중국과 파키스탄의 핵 협력은 "국제관계 역사상 전례가 없는 것"임을 발견했다.58) 인도 국방부 장관도 다른 인도 사람들과 생각이 같았다. 그는 이렇게 말했다. "미국과 중국이 가지고 있는 핵 무기는 안정요인으로 평가받는다. 그런데 왜 인도와 파키스탄이 보유한 핵 무기는 서로를 폭파시키는 것으로 간주되어야 하는가?"59) 미국은 중국을 하나의 오래된 핵 무기 보유국가로 신뢰하는 반면에 인도에 대해서는 새롭게 핵 무기를 보유한 국가로 신뢰하지 않는 것처럼 보인다. 이러한 미국의 태도가 인도인들을 분노하게 만든다.

인도 입장에서, 핵 무기를 만들기로 한 결정은 매우 중대한 결정이었다. 1998년 5월에 실시된 인도 핵 실험은 인도 국민들로부터 압도적인 지지를 받았다. 하지만 이 핵 실험의 실시를 결정하기까지 수십 년이 걸렸다. 그리고 다양한 경로를 통해 반대의견이 전달되기도 하였다.

일부 인도 사람들은 핵 억지가 어렵고 부담되는 일이며, 인도가 중국을 억지할 정도의 핵 무기를 개발해서 전개하지 못할 것이라고 생각한다. 그들이 볼 때, 인도 핵 무기 개발의 주된 효과는 파키스탄을 자극하여 핵 무기를 개발하도록 한 것이다. 결론적으로 그들은 핵 무기를 보유한 인도가 핵 무기가 없었을 때보다 더 어려운 상황에 처하게 되었다는 입장이다. 하지만 핵 실험을 결정한 인도 지도부의 견해는 이와 다른 주장, 즉 억지에는 그리 많은 핵 무기가 필요하지 않다는 주장에 근거한다. 이 근거에 대해서는 제1장에서 자세히 설명한 바 있다. 인도 정부가 중국을 안보 위협으로 받아들인다는 것이 믿어지지 않는가? 만약 어느 국가가 다른 국가들도 자기와 똑같이 세상을 바라본다고 생각한다면, 그 국가는 문제가 많다. 만약 미국이 2천 마일 국경을 접하고 있는 국가가 미국보다 더 인구가 많고, 더 부유하며, 더 중무장을 하고 있고, 거기다가 핵 무기까지 보유하고 있다면, 미국은 인도가 했던 것보다 더 격렬하게 군사적으로 대응했을 것이다. 이것은 미국이 소련에 어떻게 대응했는지를 보면 알 수 있다. 만약 미국이 이런 상황에 처해 있다면, 인도가 그러는 것처럼, 중국의 안보 위협을 우려할 것이다.

인도 자와할랄 네루 대학교Jawaharlal Nehru University 교수인 칸티 바즈파이는 인도의 핵 무장을 강하게 반대한다. 그는 인도의 핵 무기가 인도 북동부 지역인 아루나찰 프라데시Arunachal Pradesh에 대한 중국의 장악 욕구를 억지할 수 있는지 그리고 인도 서북부 지역인 카슈미리에 대한 파키스탄의 장악 욕구를 억지할 수 있는지에 대해 의문을 제기한다. 이 우려는 1960년대 있었던 소련의 "독일 함부르크Hamburg 지역 장악"에 대한 우려와 비교된다. 당시 일부 미국 군사평론가들은 소련이 독일 함부르크 지역을 갑자기 장악할 수 있다고 우려했다. 그러면서 이런 질문을 했다. "나토NATO가 함부르크 지역을 되찾기 위해서 핵 재앙을 감수할 것인가?" 이와 유사하게, 바즈파이는 "인도 정부가 기정사실로 받아들일 것을 희망하면서, 핵 무기를 가진 중국과 파키스탄이 그 지역의 빠른 장악을 시도하는 것"을 상상한다.[60] 이러한 우려는 냉전 시기 미국의 우려와 마찬가지로 현실적이지 않다. 파키스탄과 중국이 침입을 결정할 경우, 군대를 인도 국경에 집결시켜야 한다. 그러면 인도군은 전 부대에 경계태세를 발령할 것이다. 여기에는 핵 경계도 포함된다. 잠재적 위험이 이렇게 예측가능한데, 왜 파키스탄과 중국이 핵 전쟁 위험을 감수할 것인가?

이 질문에 대해서 누군가 이렇게 대답할 것이다. 파키스탄은 카길 위기 상황 때 카슈미르 '정전 통제선'으로 군대를 이동시키지 않으면서도 한동안 꽤 높은 수준의 군사작전을 펼쳤다. 조셉 시린치오네Joseph Cirincione는 카슈미르 갈등을 "모든 위험 요소들이 결합되어 있고, 그 요소들이 배가되고 있다 …(중략)… 세계에서 가장 위험하고 불안정한 군사 상황이다."[61]라고 설명함으로써 공포를 확대시키고 있다. 그런데 그의 설명은 핵 무기의 미래를 과거 재래식 무기 시대의 경험을 통해 예측해 내려고 하는 고루한 실수의 반복에 불과하다. 이러한 실수는 새로운 국가가 핵 무기 보유국이 될 때마다 반복된다. 핵 무기 시대가 되면서, 이전에 전통적으로 위험하고 불안정했던 상황이 더 안전하고 안정되어졌다. 핵 무기는 조셉 나이 Joseph Nye가 말한 "수정 구슬crystal ball"을 만들어 낸다. 즉, 모든 사람들은 핵 무기가 통제를 벗어날 경우, 갈등에 연관된 모든 당사국들이 대재앙에 직면한다는 것을 알게 되었다.[62] 재래식 무기 시대에는 이 '수정 구슬'이 희미했는데, 핵 무기 시대가 되면서 이 '수정 구슬'이 완전히 선명해졌다.

인도와 파키스탄의 '수정 구슬'이 희미하다고 우리가 믿어야 할 무슨 이유가 있는가? 그럼 다시 카길 위기를 생각해 보자. 일부 학자들은 카길 위기 상황에서, 파키스탄 핵 무기가 인도의 대응 범위를 제한할 것이라고 파키스탄 정부가 판단했고, 이 판단에 따라 재래식 공격 수준을 마음 놓고 높였다고 주장한다. 하지만 파키스탄도 인도와 마찬가지로 인도의 핵 보복 공격에 직면할 수 있다는 것을 알고 있었기 때문에, 공격의 규모와 범위를 제한했다. 이와 똑같은 이유가 인도에도 적용된다. 핵 무기가 존재하는 상황에서, 한 국가가 상당한 승리를 거두기 위해서는 재앙적인 보복 공격을 감수해야 한다. 이것은 오래된 격언이다.

세이건은 카길 위기 상황을 인도-파키스탄 4차 '전쟁'이라고 부른다. 사회과학적 정의에 비추어 볼 때, 세이건이 이 위기 상황을 '전쟁'이라고 부르는 것은 적절하다. 사회과학적 정의에 의하면, 전쟁이란 전쟁터에서 1천 명 이상의 사람들이 사망하는 군사충돌을 말한다. 그런데 미래에 발생할 카길 위기 상황을 전쟁이라고 부르기 위해서는 전쟁의 정의를 변경할 필요가 있을 것이다. 왜냐하면, 지금 인도와 파키스탄이 모두 핵 무기를 보유하고 있기 때문에 제5차 '전쟁' 때는 소위 제4차 전쟁 때와 달리

1천 명 이상의 사망자가 발생하지 않을 것이기 때문이다. 파키스탄 육군 참모총장을 지낸 미르자 아슬람 베그Mirza Aslam Beg는 인도와 파키스탄이 카슈미르에서 더 이상 재래식 전쟁도 할 수 없을 것이라고 말했다. 그리고 크리슈나스와미 순다르지 인도 육군참모총장도 베그와 같은 입장을 밝혔다.63) 카길 위기 상황이 다시 한번 말해주는 것은, 억지가 분쟁지역을 완전히 보호해 주지는 못하지만, 충돌의 범위는 제한해 준다는 것이다. 인도 해군 소장 라자 메논Raja Menon은 더 큰 핵심사항을 다음과 같이 단순하게 설명했다. "카길 위기가 보여주는 것은, 인도와 파키스탄의 핵 무기 사용단계는 영토적으로 보았을 때 아마도 카슈미르 휴전선이 아니라 양 국가의 중심도시에서 결정될 것이라는 점이다."64)

인도와 파키스탄이 핵 무기를 보유했기 때문에, 작은 충돌이 전면전으로 확대되지 않았다는 것은 카길 위기에서 얻을 수 있는 분명한 교훈이다. 이것은 엄청난 사상자를 낸 1965년 전쟁과 극명히 대비된다. 당시 인도와 파키스탄은 모두 핵 무기를 보유하지 않은 상태였다.

인도와 파키스탄이 과연 억지가 충분할 정도의 핵 무기를 안전하게 전개하고, 확실하게 통제할 수 있는지에 대한 의문을 제기하는 사람들이 있다. 나는 억지의 수월성에 대해 이미 충분히 설명했기 때문에, 안전과 통제에 대한 질문에 집중하고자 한다. 세이건은 "인도와 파키스탄처럼 새롭게 핵 무기를 보유한 국가들의 핵 역사는 조직이론가들의 비관적인 예측을 강하게 뒷받침해 준다."라고 주장한다. 하지만 지난 50년 이상의 기간에 쌓인 증거들이 보여주는 것은, 핵 무기를 보유한 국가들 간에 군사충돌이 거의 발생하지 않았으며, 발생했다고 하더라도 오직 낮은 수준의 충돌에서 마무리되었다. 어느 핵 무기 보유국가도 상황이 악화되는 것을 결코 원하지 않았다. 만약 핵 확산 비관론자들의 주장이 맞다면, 핵 억지는 계속해서 실패했을 것이다. 핵 확산 비관론자들은 대재앙의 잠재적 원인들을 다룬다. 그런데 핵 확산 낙관주의자들이 보았을 때, 이 원인들은 아무런 결과도 만들어 내지 못한다. 역사의 증거들은 비관주의자들의 예측

을 뒷받침하지 않는다. 이로 인해 다음과 같은 질문들을 하게 된다. 인도
와 파키스탄으로 핵 무기가 전파되었는데, 왜 이것이 좋은 결과가 아니라
나쁜 결과를 만들어 내어야 하는가? 인도와 파키스탄의 어떤 특별한 상황
이 이 두 국가의 운명을 핵 규범을 위반할 운명으로 만드는가? 만약 인도
와 파키스탄이 다른 핵 무기 보유국가들과 차이가 있다면, 과거 행복했던
핵 역사를 이 두 국가에서 기대할 수는 없을 것이다. 미국의 평론가들은
이전에 미국과 소련의 차이를 강조했고, 최근에는 인도와 파키스탄의 차
이를 강조한다. 겉으로 보이는 차이점들 가운데, 관련 국가들의 차이, 갈
등 역사의 차이, 갈등 국가들 간의 거리 차이 등이 가장 두드러져 보인다.
나는 이것들을 하나씩 검토하고자 한다.

누가 누구를 억지하는가에 따라 억지의 결과가 달라지는 것인가?

수십 년간 미국은 두 야만적인 국가들을 억지하기 위해 노력해 왔다. 하
나는 '악의 제국' 소련이었고, 다른 하나는 과대망상증 환자에 의해 통치되
는 전체주의 국가였다. 최근 일부 학자들은 과거에 미국, 소련, 중국이 안
정되어 있었고, 합리적인 사회였기 때문에 억지가 작동할 수 있었다고 주
장한다. 예를 들어, 독일 외교 사회 연구소의 칼 카이저Karl Kaiser와 토론토
대학의 아더 루비노프Arthur G. Rubinoff는 억지의 성공이 맥락에 달려 있다고
주장한다. 즉, 억지에 관여된 국가들이 어떤 국가들이고, 그 국가들 간의
관계가 어떠한지가 억지의 결과를 결정한다는 것이다. 카이저는 "동양과
서양 모두 핵 억지의 안정성은 다수의 군 요인들과 정치적 요인들에 달려
있다. 지역에 따라서는 이 요인들이 완전히 없을 수도 있고, 일부분만 있
을 수도 있다."라고 주장한다. 그리고 루비노프는 미국-소련 갈등과 인도
-파키스탄 갈등을 비교하는 것이 바보 같은 일이라고 하면서, 인도-파
키스탄 갈등의 역동성이 "제1차 세계대전 발발 상황을 연상시킨다."라고
주장했다. 연상은 할 수 있지만, 제1차 세계대전 발발 당시에는 어느 국가
도 핵 무기를 보유하지 않았다. 한편, 루비노프는 인도와 파키스탄의 종교

적, 정치적 특성들을 살펴본 후, "미국-소련 갈등 시기를 특징지었던 억지상황과 닮은 점이 하나도 없다."라고 주장했다.[65] 루비노프의 이 주장은 인도와 파키스탄이 핵 무기를 보유하기 전 상황에서는 맞는 주장이다.

냉전의 역사는 이렇게 말한다. 핵 무기를 보유한 국가들의 특징이 중요한 것이 아니라, 그 국가들이 핵 무기를 보유하고 있다는 사실이 중요하다. 핵 무기 보유국가들 간에는 많은 차이점이 있다. 그런데 그들이 만든 무슨 차이점이 평화를 지켜 왔는가?

지도자의 정체성이나 국가의 특성과는 상관없이, 한 국가의 의사결정은 국제사회의 영향을 많이 받는다. 재래식 무기를 갖춘 방어적인 국가는, 공세적인 국가의 공격의도를 단념시키기 위해서 얼마나 많은 군사력을 확보해야 하는지 스스로에게 질문해야 한다. 그런데 높은 수준의 위험도 감수하려고 하는 공세적인 국가를 단념시키기는 어렵다. 이때는, 상대 정부의 특징과 지도자의 기질을 주의 깊게 따져 보아야 한다. 하지만 국가들이 핵 무기를 보유한 경우, 한 국가의 보복 핵 타격 능력이 상대국가의 공격을 억지할 것이다. 상대국가의 특성을 미리 살펴보거나, 상대국가 지도자를 면밀히 검토할 필요가 없다. 핵 무기가 널리 전파된 세계에서는 한 국가 지도자가 이오시프 스탈린Joseph Stalin이든, 마오쩌둥이든, 사담 후세인이든, 김정일이든 상관없이, 공세적인 행동이 자신의 파멸을 가져올 수 있다는 지식만 가지고 있다면 억지가 가능할 것이다.

억지자의 최근 역사에 따라 억지의 결과가 달라지는 것인가?

인도와 파키스탄은 지난 50년 동안 세 차례 전쟁을 치렀다. 그리고 카슈미르 지역은 파키스탄 입장에서 목에 가시와 같은 지역이다. 이에 반해, 미국과 러시아는 한 번도 서로 전쟁을 하지 않았다. 하지만 다른 핵 무기 보유국가들의 상황은 인도-파키스탄 상황에 더 가깝다. 그리고 핵 무기가 이 국가들 간의 평화를 지켜주고 있다. 러시아와 중국은 수 세기에 걸쳐 수많은 군사적 침입을 주고받았다. 1960년대 소련과 중국이 핵 무기를

보유한 상태에서, 시베리아 국경지역에서 작은 충돌들이 수차례 발생했
다. 작은 충돌이 꽤 큰 규모의 군사갈등으로 확대된 적도 있었다. 인도와
파키스탄의 적대적 경쟁관계는 민족적 분노와 이념적 차이가 더해 지면서
더 악화되었다.

핵 무기 보유국가들 간의 갈등이 주변 지역을 벗어나 확대된 사례는 극
히 예외적이다. 오늘날 핵 무기를 보유한 9개의 국가들 중 6개의 국가가
과거 몇십 년 이내에 이웃 국가들과 전투를 벌였다. 여기에는 러시아, 중
국, 이스라엘, 파키스탄, 인도, 북한이 포함된다. 인도 - 파키스탄 상황과
유사한 사례가 없다고 생각하는 사람들은 중동 상황을 살펴볼 필요가 있
다. 물론 상황이 정확히 일치하는 것은 아니지만 시사점을 얻을 수 있다.
중동 갈등은 타의 추종을 불허할 정도로 오래 지속되고 있는 갈등이고,
화해할 수 없는 갈등이며, 불신과 미움의 감정이 존재하는 갈등이고, 전
쟁이 끝없이 반복되는 갈등이다. 1973년, 핵 무기를 보유하지 않은 두 개
의 국가인 이집트와 시리아가 이스라엘을 공격하면서 전쟁이 시작되었다.
핵 무기를 가진 이스라엘에 의해 전쟁의 범위가 제한되었고, 전쟁이 통제
를 벗어나 확대되지 않았다.[66]

거리에 따라 억지의 결과가 달라지는 것인가?

인도 - 파키스탄의 관계와 미국 - 소련 관계를 비교할 때, 지리적 인접
성이 하나의 큰 차이점으로 계속 강조되었다. 미국과 소련은 거리상으로
매우 멀리 떨어져 있지만, 인도와 파키스탄은 착 달라붙어 있다. 두 국가
는 몹시 거슬리고, 위험한 방식으로 서로를 끊임없이 자극한다. 조지 페
코비치George Perkovich는 인도 - 파키스탄 상황이 주는 두려움을 이렇게 표
현했다. "누군가 어떤 것을 불어서 크게 만들었다. 인도는 이렇게 말한다.
'됐어요. 그것을 터뜨리세요. 그리고 당신은 갈 길을 가세요. 그런데 누가
이것을 받아들일까?'"[67] 두 적대자가 "벼랑 끝으로 간다."라는 식의 두려
움을 표현한 글들이 냉전기간에도 많이 있었다. 이 글의 전개는 이렇다.

'극단적인 상황에서 어느 일방이 핵 무기를 발사한다. 일단 상대방도 핵 무기를 사용하게 되면, 어느 쪽도 기꺼이 상대방에게 굴복하여 상황을 종식시키려고 하지 않는다.' 하지만 실제로는, 위기 상황에서 패배를 인정하는 것이 그리 큰 문제가 아니라는 것이 입증되었다. 두 국가가 만약 함께 파멸해야 하는 상황에 놓인다면, 두 국가는 생존이라는 공동의 이익을 완전히 공유하게 될 것이다. 물론 두 국가가 서로 다른 어떤 것을 원할 수 있다. 하지만 두 국가는 무엇보다도 위태로운 상황에서 벗어나고자 할 것이다. 카길 전투 상황에서, 인도는 "경계태세 3호"를 발령했다. 경계태세 3호가 발령되면, 군인들이 핵 탄두를 운반수단에 탑재할 준비를 하게 된다. 파키스탄도 인도와 비슷한 조치를 취했다. 이러한 행동들은 경솔하고 위험한 움직임처럼 보인다. 하지만 우리는 무엇을 예상하는가? 미국과 소련도 수차례에 걸쳐 핵 무장 경보를 발령했다. 이 경보가 말하는 것은 이렇다. "상황이 심각하게 돌아가고 있다. 우리 모두 진정하는 편이 낫다." 남아시아의 역사적 경험이 비관적 전망을 불러일으키긴 하지만, 인도-파키스탄은 전쟁을 하더라도 일정 수준을 넘어서지 않았다. 메논 장군은 이렇게 적었다. "인도와 파키스탄 간의 세 차례 전쟁을 분석해 보면, 양쪽 모두 전투 중에 시민들의 인명 피해가 발생하지 않도록 주의하는 신사적인 태도를 보였다."[68] 1999년 파키스탄의 카슈미르 침공은 경솔한 것이었을지도 모른다. 하지만 메논이 정확하게 지적한 것처럼, "침공 다음에 파키스탄이 상황 악화를 원하지 않는다는 신호를 보낸 것은 성숙되고 진지한 것이었다."[69] 그리고 카길 군사작전에서, 인도는 결코 군대를 통제선 너머 파키스탄 지역으로 진출시키지 않았다.

역사는 오직 우리가 알기 원하는 것만 우리에게 말해준다. 2명의 뉴욕타임즈 기자는 그때와 지금을 비교하면서 이렇게 말한다. "쿠바를 제외하고, 미국과 소련은 그들의 군대가 직접 충돌하는 상황이 발생하지 않도록 주의했다."[70] 그러면 나토NATO 군대와 바르샤바 조약기구 군대가 중부 유럽에서 한 것은 무엇인가? 중부 유럽에서 지속된 군사대결은 매우 심각한 것이었다. 지리적 인접성은 경고 시간을 짧게 만든다. 인도 수도 뉴델리에서 미사일을 발사하면 5분 안에 파키스탄 수도 이슬라마바드에 도착한다. 과거 핵 무기 보유국가들은 군사적으로 매우 근접했다. 쿠바는 미국 해안에서 90마일 밖에 떨어져 있지 않았다. 이것은 충분히 가까운 거리였다. 미국은 소련 국경으로 항공기를 날려 보냈고, 소련 레이다가 미국 항공기를 식별하지 못할 것이라고 확신한 미국은 미국 항공기를 소련 영공으로 들어가게 했다. 미국은 이러한 군사작전을 지속했다. 2001년 4월, 미국 정찰기가 남중국해 상공에서 중국 전투기와 충돌했다. 미국 정찰기가 국제법을 명확히 준수했다고 하더라도, 근접 정찰은 도발적인 행위이다. 아이젠하워 대통령은 1956년 8월 미국 항공기가 중국 해안에서 32마일 남쪽을 비행했을 때 이렇게 말했다. "만약 다른 나라 항공기가 우리 해안에서 20~50마일 떨어진 상공을 비행한다면, 우리는 그 항공기를 격추시킬 준비를 할 것이다. 그리고 실수든지 아니든지 만약 우리 쪽으로 더 가까이 다가온다면 격추시킬 것이다."71)

1987년에 실시된 브래스탁스Brasstacks 군사훈련은 인도의 모든 병과가 참여한 군사훈련이었다. 세이건이 말한 것처럼, 널리 알려진 바로는, 순다르지 장군이 이 훈련을 계기로 파키스탄과 전쟁을 벌여 파키스탄의 핵 시설을 파괴하고자 했다. 순다르지 장군은 비록 파키스탄이 약간의 핵 폭탄을 가지고 있다고 하더라도 지상에서 모두 파괴할 수 있다고 생각한 것 같다. 돌이켜 보면, 브래스탁스 군사훈련은 총리실, 외무부, 국방부, 각 군 본부가 정책 조정에 실패한 전형적인 사례에 더 가까워 보인다.

브래스탁스는 핵 역사에서 볼 때 새로운 것이 아니다. 미국과 소련의 도발적인 행동과 비교하면 매우 약한 것이다. 예를 들어, 1983년 나토NATO 군사훈련인 '에이블 아처Able Archer'가 다른 때보다 더 큰 규모로 진행되었다. 이 훈련은 특별히 긴장이 고조된 시점에 시작되었다. 소련은 미국 전쟁 계획의 핵심이 '기습'이라고 확신했다. 이 군사훈련 기간에, 소련은 나토의 가상 핵 무력 경계 연습을 실제 상황으로 이해했다. 그리고 미국의 퍼싱-2Pershing-II 미사일들이 유럽에 곧 전개될 예정이었다. 소련은 퍼싱-2 미사일 중 일부가 유럽에 이미 도착했다고 확신했다. 퍼싱-2 미사일은 50킬로톤 폭탄 장착이 가능하고, 오차 범위가 50미터 이내이며, 발사 후 10분 이내에 모스크바를 타격할 수 있다.72) 레이건 행정부 초기에 캐스퍼 와인버거Casper Weinberger 국방장관과 여러 관료들은, 핵 전쟁을 할 수 있고, 핵 전쟁을 지속할 수 있고, 핵 전쟁에서 이길 수 있는 것이 우리의 목표라고 강조했다. 이런 여러 가지 이유들로 인해, 소련 지도자들은 핵 전쟁이 임박했다고 판단했다.

　미국과 러시아는 지리적으로 멀리 떨어져 있다. 그런데 미군과 미국 미사일이 유럽과 동북아시아에 배치되어 있는 상황에서 국가 간 거리가 무슨 차이를 만들어 내는가? 인도와 파키스탄의 충돌이 전례없는 것이라고 생각하는 사람이 있다면, 냉전 역사에 대한 지식이 부족하거나 기억력에 문제가 있는 사람이다. 지리적 인접성은 발사에서 도달까지의 시간을 줄인다. 경고의 시간이 거의 없기 때문에, 빠른 의사결정이 요구되는 것처럼 보인다. 하지만 날아오는 미사일에 대한 조기 경보가 잘못된 것임이 판명될 경우, 양쪽 모두 치명적인 피해를 입게 될 것이다. 억지는 신속한 보복 위협을 필요로 한다. 미국과 러시아의 사고에 깊이 박혀 있는 이 억지의 개념은, 미국과 러시아가 여전히 핵 무기의 즉시 사용가능 상태를 유지하고 있는 오늘날에도 유효하다. 하지만 핵 공격을 받을 경우 적절한 때에 보복 공격을 가할 것이라는 확신만 상대방에게 심어 줄 수 있다면 비록 보복 공격이 신속히 이루어지지 않는다고 하더라도, 미래 핵 공격 국가를 억지할 수 있을 것이다. 인도 전략가 수브라마니암이 지적한 것처럼, "보복 공격에 걸리는 시간은 그리 중요하지 않다."73) 소량의 핵 무기를 보유한 국가가 취약할 수도 있다. 하지만 핵 공격을 가하려는 국가가 상대국가의 핵 무기가 발사되기 전에 소량의 핵 무기를 모두 파괴할 수 있다고 확신하는 경우에만, 소량의 핵 무기가 대량의 핵 무기보다 더 취약하다.

  조직이론가들이 복잡하고 단단하게 연결된 시스템에 대해서 우려하는
것은 적절하다. 왜냐하면, 복잡하고 단단하게 연결된 시스템이 손상을 주
는 사고accident에 취약하기 때문이다. 군사충돌을 벌이고 있는 핵 무기 보
유국가들을, 조직이론가들은 하나의 단단하게 연결된 시스템으로 간주해
야 한다고 확신한다. 하지만 이 확신은 잘못된 것이다. 운 좋게도, 핵 무
기는 지리적 인접성의 효과를 감소시키고, 재래식 군사충돌의 복잡성을
줄여 준다. 이로 인해 국가들 간의 연결성이 느슨해졌다. 조직이론가들은
핵 무기 시스템의 기술적 복잡성과 핵 무기가 만들어 놓은 상황의 단순성
을 구별하지 못하고 있다.

  세이건은 인도와 파키스탄 핵 무기의 생존가능성이 보장되지 않는다는
점을 지적한다. 하지만 인도와 파키스탄 어느 쪽도 상대방의 모든 핵 무
기를 완전히 파괴할 수는 없다. 이 점이 중요한 것이다. 이상하게도, 많은
핵 확산 비관론자들은 소량의 핵 무기를 보유했을 뿐만 아니라 기술적으
로 제한된 핵 무력을 완성한 국가들이, 선제 핵 타격 능력을 개발하는 어
려운 과업을 성취할 수 있을 것이라고 믿는다. 그러면서도, 많은 비관론
자들은 이 국가들이 자신의 핵 무력을 취약하지 않도록 만드는 쉬운 과업
은 달성하지 못할 것이라고 생각한다. 그들은 다음의 기본적인 핵 진실을
간과하고 있다. "만약 일부 핵 무기가 취약하지 않다면, 모든 핵 무기가
취약하지 않은 것이다." 상대국가의 핵 무기를 상당 부분 파괴한다고 하
더라도, 살아남은 소량의 핵 탄두로 인해 큰 피해를 입을 수 있다. 재래식
무기만 존재하는 세계에서는, 선제 공격이 전쟁의 경로를 결정하고 초기
이점을 제공해 준다. 하지만 핵 무기는 선제 공격의 모든 이익을 소멸시
킨다. 선제 공격을 가했다가 핵 보복 공격으로 6개 정도의 도시를 잃게
된다면 초기 이점이 무슨 소용이 있겠는가?

  국가 지도자의 민감성이 핵 무기의 숫자, 지휘 통제의 복잡성, 경쟁국가
와의 지리적 거리, 경쟁국가와의 상호작용 역사보다 더 중요하다. 운 좋게
도, 국가 지도자들이 자신만만하고 무모할 수 있는 환경에 놓여 있다고 하

더라도, 핵 무기는 국가 지도자들로 하여금 현명하게 행동하도록 만든다.

전례가 없다는 이야기를 많이 듣는 남아시아 상황과 관련하여 많은 전례들을 찾았다. 현재와 과거가 상당히 다르다고 가정하기보다, 우리는 과거와 현재 사이의 유사성을 강조하고자 한다. 인도와 파키스탄은 기존 핵 무기 보유국가들로부터 많은 것을 배울 수 있다. 일부 국가들의 경우, 핵 무기 보유 초기부터 핵 무기를 성숙하게 관리해 왔다. 그런데 미국 조지 부시 행정부는 핵 무기 관리에 있어서 제2의 아동기로 되돌아간 것처럼 보인다. 세이건은 미래 인도－파키스탄 위기는 핵 위기가 될 것이라고 전망한다. 핵 무기를 보유한 국가들의 충돌 중에서 '위기'라고 불릴 정도의 충돌은 핵 무기 충돌 밖에는 없다. 재래식 무기 세계에서는 위기가 불안정을 가져오는 경향이 있다. 국가 지도자들은 위기 상황에서 선제 공격의 이점을 생각하게 되고, 결과적으로 전쟁이 발발하기도 한다. 이에 반해 핵 무기는 위기 상황을 안정시켜 준다. 이런 점에서, 인도와 파키스탄이 핵 무기를 보유함으로써 이전보다 더 나은 상황에 놓이게 되었다.

한편, 핵 무기가 상황 악화를 제어한다는 것을 알게 되면서, 핵 무기 보유국가들은 소규모 전쟁을 시도하고자 하는 유혹에 빠지게 된다. 글렌 스나이더Glenn Synder는 이미 오래전에 '전략적 안정·전술적 불안정의 역설'을 이야기했다. 다른 모든 거래와 마찬가지로, 핵과 관련된 부분에서도 편익과 비용이 함께 존재한다. 높은 수준의 전쟁이 더 이상 불가능해지는 '편익'을 얻게 된다면, 낮은 수준의 전투 가능성이 유지되는 '비용'은 그리 큰 것이 아니다. 핵 무기 보유국가들 간에 높은 수준의 전쟁을 하는 것은 불가능하다. 이것은 명확하다. 왜냐하면, 누군가 큰 이익을 얻기 위해 높은 수준의 전쟁을 개시할 경우, 모두가 재앙적인 손실을 입게 되기 때문이다.

세이건은 스나이더의 논리를 한 단계 더 진전시킨다. 그는 이렇게 주장한다. '그럼에도 불구하고, 파키스탄과 인도는 더 높은 수준의 군사 충돌을 하게 될 것이다. 두 국가 중 어느 한쪽이 통제권을 상실하기 시작하면,

제3국이 개입하여 핵 무기 사용을 방지할 것이다.' 그런데 세이건의 이 주장은 냉전 시대에도 있었던 주장이다. 냉전 시기에 미국과 소련은 다른 국가들의 갈등에 개입해야 할 많은 이유들을 생각하고 있었다. 냉전이 종식되면서 이러한 개입의 필요성이 감소했다. 수브라마니암이 말한 것처럼, "냉전이 지배하던 세계에서는, 인도에 대한 중국의 핵 위협이 소련 또는 미국에 의해 무력화될 것이고 확실히 예측할 수 있었다. 하지만 냉전이 종식된 후 이러한 예측가능성이 사라졌다."[74] 낮은 수준의 전투에 제3국이 개입하는 것은 여전히 가능하다. 하지만 어느 당사국도 제3국에 의존하지 않을 것이다.

칸티 바즈파이는 핵 무기의 확산으로 인해 해로운 결과가 나타날 수 있다고 주장한다. 즉, 핵 무기가 적대국들 간의 동의의 필요성을 제거해 버릴 수 있다는 것이다. 바즈파이는 억지가 작동하게 되면, 국가들이 굳이 차이를 해결하기 위해 노력하지 않을 것이라고 말한다. 그런데 인도와 파키스탄이 핵 무기를 보유하지 않고 있던 시절, 이 두 국가는 카슈미르 또는 다른 문제들에 대해서 합의에 이르지 못했다. 핵 무기를 보유한 지금, 두 국가는 그들의 문제에 대해서 논의할 인센티브를 가지게 되었다.

인도와 파키스탄의 위기는 반복적으로 나타난다. 인도와 파키스탄이 위기를 겪을 때마다, 재래식 무기 충돌이 결국 핵 전쟁으로 확대될 것이라는 절망적인 예측이 나온다. 2001년 12월 13일, 5명의 무장괴한이 인도 국회 의사당을 습격했다. 결국 무장괴한을 포함해서 14명이 사망했다. 인도는 파키스탄 테러리스트들을 비난하면서, 사상 최대 규모의 병력을 동원했고, 군대와 장비를 인도-파키스탄 국경으로 이동시켰다. 1990년 위기 때와 마찬가지로, 미국은 콜린 파월Colin Powell 국무장관과 외교관들을 급파하여 양쪽을 진정시키기 위해 노력했다. 인도와 파키스탄 모두 분노를 나타내었고, 과장된 말들이 넘쳐났다. 한 미국 평론가는 미군이 실시한 인도-파키스탄 워 게임 결과를 공개했다. 이 워 게임 결과에 의하면, 인도-파키스탄 전쟁은 재래식 무기 전쟁으로 시작해서 핵 무기 전쟁으로 막을 내린다.[75] 인도와 파키스탄 지도부 모두 비록 상대방이 핵 무기를 보유하고 있지만 재래식 무기로만 전쟁할 것이라고 강조했다. 인도와 파키스탄의 민간 지도자들과 군 지도자들 모두 핵 무기를 보유한 국가를 상대로 재래식 전쟁을 벌이는 것이 얼마나 위험한 것인지를 잘 이해하고 있다. 파키스탄 지도자 무샤라프 장군의 발표문들은 주로 유화적이었다. 인도군 지도자들도, 인도군의 모든 군사작전은 게릴라 훈련 캠프와 극단주의자들이 사용했던 군사시설에 국한되어야 한다고 강조했다. 한 영리한 분석가는 이렇게 설명했다. "인도가 이 사태를 바라보는 방식은 이러하다. 인도가 파키스탄의 핵심이익을 위협하지 않는다면, 파키스탄은 핵 무기를 사용할 이유가 없다."[76] 인도 지도자들은 비정규군의 인도 침입을 통제하도록 파키스탄에 압력을 가하는 것이 목표임을 분명히 했다. 여기에 대해서, 파키스탄은 카슈미르의 안정을 위해 비정규군에게 압력을 지속적으로 가하겠다고 약속했다. 불필요한 우려를 하는 사람들을 제외하고, 대부분의 관찰자들은 인도와 파키스탄이 핵 전쟁 문턱 가까이 가거나, 핵 전쟁 문턱을 넘을 것으로 예상하지 않았다. 핵 무기가 충돌의 범위를 제한하고 궁극적으로 평화를 보존한다는 가정이 다시 한번 입증되었다.

업데이트

내가 이 장을 작성한 2003년 이후, 인도와 파키스탄에서 중요한 사건이 많이 발생했다. 여기에는 인도의 새로운 "콜드 스타트Cold Start" 재래식 군사 독트린 채택, 2008년 뭄바이 테러 공격, 칸 네트워크A. Q. Khan network 공개가 포함된다. 이 사건들은 주목해야 할 만큼 중요하다. 하지만 그 어느 것도 인도와 파키스탄이 핵 무기를 보유함으로써 남아시아가 더 안정될 것이라는 나의 평가를 변화시키지는 못한다.

인도는 2004년에 "콜드 스타트"라고 알려진 새로운 재래식 군사 독트린을 발표했다. 이 독트린은 인도의 병력 동원 시간을 줄이고, 제한적인 재래식 전쟁에서 선택 가능한 전투방식들을 증가시키기 위해 채택되었다.

남아시아 안보 전문가들은 이 독트린이 안정을 해칠 것이라고 전망한다. 하지만 나는 이 전망에 동의하지 않는다.[77] 이전보다 더 공세화된 독트린이 위기 상황을 핵 전쟁으로 몰고 갈 가능성은 거의 없다.

인도의 개정된 재래식 군사 독트린에도 불구하고, 인도나 파키스탄이 핵 무기를 보유한 상대를 대상으로 심각한 재래식 전쟁을 벌일 것이라는 가정은 아주 잘못된 것이다. 인도와 파키스탄 모두 심각한 재래식 군사충돌이 핵 무기사용을 불러올 수 있다는 것을 잘 알고 있다. 상대국가가 우발적으로 또는 의도적으로 핵 무기를 사용할 것인지에 대해 인도와 파키스탄이 모두 알 수 없는 상황이라면, 예상되는 결과가 매우 재앙적이기 때문에, 재래식 군사 충돌을 시작하지 않으려고 할 것이다. 심지어 어느 한 국가의 작은 핵 무기 사용 가능성도 재래식 전쟁을 억지하는 데 충분할 것이다. '콜드 스타트' 또는 어느 다른 독트린도 이러한 사실을 변화시킬 수는 없다.

2008년, 테러 단체인 라슈카르-에-타이바Lakshar-e-Taiba가 뭄바이에 연쇄테러를 가해 163명이 사망했다. 이 사건은 정말로 통탄할 사건이다. 하지만 나는 "파키스탄의 핵 방패가 이러한 테러 공격을 가능하게 했다."[78]라는 주장에 대해서는 동의할 수 없다. 수십 건의 끔찍한 사건들이 인도-파키스탄 역사에 있었다. 이 사건들 중에서 2008년 테러사건은 그 규모가 가장 큰 사건이었다. 그렇지만, 이 사건이 인도-파키스탄 충돌 역사에서 새로운 장을 연 사건이라고 할 필요는 없다. 그리고 이 테러 공격에 대해 인도는 절제된 대응을 했다. 이를 통해, 내가 여기에서 여러 차례 설명한 것처럼, 핵 무기가 진정한 안정요인으로 작용하고 있음을 알 수 있다.[79]

2008년 큰 규모의 테러사건이 있은 후에, 많은 사람들은 인도가 파키스탄에 보다 결정적인 대응을 할 것이라고 예상했다. 이 테러 공격은 분명히 파키스탄에서 계획되었고, 파키스탄 정보기관SI의 지원도 받았을 것이다.[80] 하지만 새로운 콜드 스타트 독트린에도 불구하고, 인도는 2008년에 파키스탄을 재래식 무기로도 공격하지 않았다. 심지어 인도는 라슈

카르-에-타이바의 훈련캠프도 보복 공격하지 않았다. 인도의 대부분의 대응은 자체 테러 방지 강화에 맞추어졌다.[81] 이를 통해 알 수 있는 것은, 인도와 파키스탄 간의 재래식 전쟁이 아주 쉽게 핵 전쟁으로 악화될 수 있고, 재앙적인 결과를 맞이할 수 있다는 것을 인도 관리들이 이해하고 있다는 것이다. 이로 인해, 인도 관리들은 보다 조심스러운 경로를 선택했다. 나는 민간인을 대상으로 하는 야만적인 테러행위가 더 이상 발생하지 않기를 바란다. 한편, 이 사건을 통해 한 가지 분명하게 밝혀진 점이 있다. 그것은 핵 무기가 존재하는 상황에서, 무력의 사용에 관한 결정이 매우 신중하게 이루어질 것이라는 점이다.

마지막으로, 2003년 파키스탄 우라늄 농축프로그램 책임자를 맡았던 압둘 카디르 칸Abdul Qadeer Khan이 암시장 네트워크를 통해 이란, 북한, 리비아 같은 국가에 원심분리기와 핵 무기 설계도와 같이 민감한 물품을 판매했다는 것이 공개되었다. 2011년 보고서에 의하면, 시리아도 칸의 고객이었을 가능성이 있다.[82] 암시장에서 핵 물품이 거래되는 것은 분명히 문제가 있다. 앞으로 칸의 전철을 밟고자 하는 사람들이 또 나타날 것이다. 하지만 내가 강하게 확신하는 것은, 철저한 감시와 정보활동을 통해 우리가 이 문제를 관리해 나갈 수 있다는 것이다.

미국, 영국, 독일이 칸 네트워크 활동을 좌절시키기 위한 적극적인 노력에 동참했다. 이 국가들은 칸 연구소의 자금확보를 차단시켰고, 불법화물을 압수했으며, 궁극적으로 칸으로 하여금 모든 것을 공개적으로 자백하도록 만들었다. 이 국가들이 칸의 유해한 활동을 중단시키지는 않았지만, 이 국가들의 노력 덕분에 칸 네트워크의 활동이 확실히 억제되었다.

칸의 고국인 파키스탄도 핵 물품의 암거래가 문제라는 것을 인식하고 있다. 파키스탄같이 삐딱한 국가들도 불안정한 방식으로 자신의 권위에 도전하는 비국가 행위자를 용인하지 않는다. 파키스탄 정부는 칸 네트워크가 파키스탄을 위험에 빠뜨릴 수 있다는 것을 잘 알고 있다. 무샤라프 대통령은 암시장 네트워크가 공개되기 전에 칸이 은퇴하도록 압력을 가했

다. 그리고 파키스탄 정부는 칸을 심문하고 가택연금하는 것에 동의했
다.[83] 누군가는 핵 물품 암거래에 국가가 훨씬 더 강력하게 개입하는 것
을 좋아할지도 모른다. 하지만 기본적인 사항은 분명하다. 불법적인 핵
활동을 국가가 지원하는 것은 매우 위험한 일이다.

　마지막으로, 우리가 우리 자신에게 질문해야 하는 것은, 칸의 불법적인
거래가 핵의 미래를 실제로 어느 정도 바꾸어 놓았는가이다. 나는 비도덕
적인 국가가 핵 무기를 보유할 수 있도록 칸이 도움을 준 것이 중대한 사
항임을 부인하지 않는다. 원심분리기와 핵 무기 설계도를 거래한 것이 결
코 작은 일이 아니다. 하지만 이란과 북한은 칸과 접촉하기 수십 년 전부
터 핵 개발 프로그램을 가지고 있었다. 칸의 암시장 물품들이 이 국가들
의 핵 무기 개발을 가속화시켰을 지도 모른다. 하지만 칸의 지원이 이 국
가들의 핵 개발 프로그램에 절대적이었다고 보기는 어렵다. 테러와 암시
장 거래를 결코 가볍게 취급해서는 안 되지만, 이것들은 과거 인도와 파
키스탄이 벌여왔던 전쟁과는 전혀 비교할 수 없는 것이다.

　인도와 파키스탄이 핵 무기를 보유한 이후, 상황은 개선되었는가 아니
면 악화되었는가? 이 두 국가의 미래는 암담할 것인가 아니면 밝을 것인
가? "더 밝을 것"이라고 아무도 말하지 않는다면 나는 무척 놀랄 것이다.
나는 인도, 파키스탄의 어려움과 다른 핵 무기 보유국가의 어려움을 비교
하면서 중요한 차이점을 찾고자 했다. 하지만 이것은 헛수고였다. 중요한
차이점을 발견하지 못했다. 핵 무기는 자신을 보유한 모든 국가들로 하여
금 같은 상황에 처하도록 만든다. 억지 낙관주의자들은 인도-파키스탄을
"리트머스 테스트"라고 부른다. 핵 억지는 지금까지 직면한 모든 시험들
을 통과했다.

06

이라크, 북한 그리고 이란

핵 무기 전파, 그 끝없는 논쟁

06

·

이라크, 북한 그리고 이란

스콧 세이건과 케너스 왈츠 그리고 미라 랩-후퍼

2002년 1월 의회 국정연설에서 조지 부시 대통령은 이라크, 북한, 이란이 위험한 "악의 축"을 형성하여 미국과 세계 평화를 위협하고 있다고 주장했다. 일련의 미국 정보기관들의 발표에 의하면, 이라크, 북한, 이란이 생화학 무기를 보유하고 있을 가능성이 컸으며, 이 세 국가 모두 핵 무기 개발 프로그램을 시작한 것으로 추정되었다. 부시 대통령은 부상하는 위협들을 수용할 수 없는 이유를 다음과 같이 설명했다.

이와 같은 국가들과 그들의 테러리스트 동맹들은 '악의 축'을 형성하여 세계 평화를 위협한다. 대량살상무기를 추구하는 이 정권들은 미국과 국제사회에 중대하고 점증하는 위험이 되고 있다. 이 정권들은 그들의 무기를 테러리스트들에게 제공할 수 있고, 테러리스트들의 증오에 걸맞은 수단들을 나누어 줄 수 있다. 그들은 우리의 동맹국을 공격하거나 미국을 협박할 수 있다. 이 중 어떤 것이 되었든지 간에, 무관심의 비용은 재앙적일 것이다.[1]

　부시 대통령의 악의 축 발언이 있은 후 10년이 지나, 이 세 국가의 핵 풍경은 엄청나게 변화되었다. 세 국가 중 첫 번째 국가인 이라크는 2003년 미군의 침공을 받았고, 결국 미국에게 점령당했다. 두 번째 국가인 북한은 핵 개발을 지속하였고, 2006년과 2009년 핵 무기 실험을 실시했다. 세 번째 국가인 이란은 상당한 양의 농축 우라늄을 생산했고, 핵 무기를 추구하지 않도록 한 핵확산방지조약NPT의 규약 위반으로 비난받았다. 그리고 북한과 이란은 유엔 안전보장이사회의 아주 강한 제재를 반복적으로 받고 있다.

　이 책을 읽고 있는 독자들은 3개국의 상황전개에 대해서 우리 저자들이 서로 다른 견해를 가지고 있다는 것을 알고도 그리 놀라지 않을 것이다. 이 장에서, 우리는 먼저 이라크, 북한, 이란의 핵 확산, 비확산의 역사를 간단히 설명할 것이다. 배경설명 이후 왈츠는 다음의 주장을 할 것이다. 첫째, 이라크의 사담 후세인이 핵 무기를 획득한다고 하더라도 2003년 부시 행정부보다 덜 위험할 것이다. 둘째, 북한의 적은 숫자의 핵 무기 개발은 한반도에서 공격을 유발하는 것이 아니라 공격을 억지할 것이다. 셋째, 이란이 핵 무기 확보에 성공한다고 하더라도, 미국과 주변 국가에 심각한 위험요소가 되지 않을 것이다. 왈츠의 주장이 끝나고 세이건이 다음과 같은 견해를 밝힐 것이다. 첫째, 핵 무기로 무장한 이라크는 지역과 국제 안보에 심각한 위협이 될 것이다. 둘째, 북한의 핵 무기 보유는 전혀 새로운 확산 문제들을 야기할 것이다. 셋째, 미래 이란의 핵 무장은 극도로 위험할 것이다.

　2002년 10월에 제출된 미국 '국가정보판단 보고서NIE'에 의하면, 사담 후세인은 1991년 걸프전쟁 이후 파괴된 이라크 핵 무기 개발 프로그램을 재개하기 시작했고, 1980년대 이란과의 전쟁 때 사용했던 화학 무기 능력 일부를 계속해서 유지하고 있을 가능성이 있었다.[2] 콜린 파월 미 국무장관은 이 보고서의 주장을 뒷받침하는 증거들을 2003년 2월 유엔 안전보장이사회에 제출했다. 하지만 프랑스, 러시아 등 안보리 상임이사국을 포함하여 많은 유엔 안보리 이사국들이 이라크에 대한 군사개입에 찬성하지 않았다. 안보리 이사국들의 반대에도 불구하고, 부시 대통령은 2003년 3월 말 미군에 이라크 공격을 명령했고, 미군은 바그다드를 지키고 있던 정예 공화국 수비대를 포함해서 이라크 군대를 아주 빠르게 격파했다. 미군이 이라크 수도 바그다드를 점령한 직후, 부시 대통령은 "임무 완수"를 선언하면서 성대한 기념행사를 가졌다. 그런데 얼마 지나지 않아 부시 행정부는 2가지 예상치 못한 골치 아픈 상황에 직면했다.

첫 번째는, 1998년 12월 유엔 무기 조사단이 이라크에서 철수한 이후, 사담 후세인이 핵 무기를 획득하기 위한 노력을 재개하지 않았다는 것이 미국 자체 조사 결과에 의해 밝혀졌다.

두 번째는, 부시 행정부 관리들의 예측이 완전히 빗나갔다. 그들은 사담 후세인을 권좌에서 몰아내기만 하면 이라크에 평화로운 파라다이스가 열릴 것이라고 예측했다. 그런데 후세인이 축출당한 이후 이라크에서는 수니파 반란군, 시아파 민병대, 알-카에다, 이라크 정부군 간의 복잡한 내전이 발생했다. 그리고 이라크 주둔 미군이 표적이 되었다. 걸프전쟁 개시 때부터 2012년 4월까지, 4,488명의 미군과 106,000명 이상의 이라크 시민이 사망한 것을 알려졌다.3)

북한 핵 무기 프로그램의 역사는 이라크, 이란 역사와 완전히 다르다. 1993년 국제원자력기구IAEA 조사관들은 북한이 영변 원자로에서 폐연료봉을 비밀리에 제거함으로써 핵확산방지조약NPT을 위반했다고 보고했다. 이에 대해 북한은 그런 적이 없다고 부인했다. 그리고 북한이 국제원자력기구IAEA 조사관들을 추방하고, 핵확산방지조약NPT에서 탈퇴하겠다고 발표하면서 위기는 고조되었다. 조약 탈퇴 선언 후 90일이 지나면 법적으로 탈퇴가 완성된다. 경제 제재와 북한 핵시설에 대한 미 공군 폭격 위협에 직면한 김일성 정권은 결국 한 발 뒤로 물러섰고, 1994년 클린턴 행정부와 협상을 진행하여 "제네바 합의"를 만들어 냈다. 이 합의에 따라 북한은 영변 원자로 가동을 중지하고, 폐연료봉에 대한 국제원자력기구IAEA의 안전조치를 수용하였다. 이에 대한 대가로 미국은 핵 확산 저항성이 더 높은 경수로 원자력 발전소를 북한에 건설해 주기로 하였다.

부시 행정부는 출범 초부터 "제네바 합의"의 유용성에 대해서 매우 비관적이었다. 그리고 2002년 1월 북한을 악의 축의 한 국가로 지명했고, 2002년 가을 북한이 제네바 합의를 몰래 위반해 왔다고 주장했다. 이 시기에 북한은 파키스탄에서 들여온 원심분리기를 이용한 우라늄 농축 프로그램을 비밀리에 시작하고 있었다. 미국의 이러한 비난과 증대되는 적대감에 대한 대응으로, 북한은 2003년 국제원자력기구IAEA 조사관들을 다시 추방하고, 핵확산방지조약NPT에서 탈퇴했으며, 저장 수조에서 폐연료봉을 꺼내서 핵 무기 연료인 플루토늄을 추출하기 시작했다. 북한 외무성 대변인은 미국의 이라크 침공을 신랄하게 비판하면서, 북한이 또 다른 이라크가 되지 않을 것이라고 했다.

> 오직 물리적인 억제력, 그 어떤 첨단 무기에 의한 공격도 압도적으로 격퇴할 수 있는 막강한 군사적 억제력을 갖추어야만 전쟁을 막고 나라와 민족의 안전을 수호할 수 있다는 것이 이라크 전쟁의 교훈이다.

> 미국이 악의 축이라고 폭언한 3개 나라 중에서 벌써 한 나라가 무참하게 군사적 공격을 당하고 있는 것을 뻔히 보면서 우리가 무장해제 요구에 응하리라고 생각한다면 그보다 더 큰 오산은 없을 것이다.4)

북한은 2006년 10월 첫 핵 무기 실험을 실시했다. 2009년 5월, 북한은 다시 핵 무기 실험을 했는데 기술적으로 더 큰 성공을 거두었다. 지금 분명한 것은, 핵확산방지조약NPT 규정, 유엔 제재, 군사적 위협에도 불구하고, 북한 정권은 소량의 핵 무기 확보에 성공했다는 것이다.5)

이란은 핵 무기 추구에 있어서 북한과 다른 방향을 선택했다. 핵확산방지조약NPT 제4조에는 평화적 핵 에너지 이용이 비핵보유 조약국들의 '양도할 수 없는 권리'라고 명시되어 있다. 이란 정부는 자신들의 핵 활동이 국가 핵 에너지 프로그램에 따른 것이라고 반복적으로 주장했다. 2002년 8월, 이란 반정부단체가 이란 중부지역인 나탄즈Natanz에 큰 규모의 우라늄 농축시설이 존재한다는 사실을 최초로 폭로했다. 그리고 2003년 이란이 그 시설에 대한 국제원자력기구IAEA의 사찰을 허용함으로써 그 시설의 존재가 확인되었다.[6] 몇 가지 사실로 인해 이란에 대한 의심이 증대되었다. 먼저, 이란이 국제원자력기구IAEA에 그 시설을 사전에 알리지 않았고, 칸 네트워크를 통해 비밀리에 원심분리 기술을 확보했으며, 핵 무기 관련 실험을 한 증거가 국제원자력기구IAEA 사찰관과 미 정보기관에 의해 발견되었다. 부시 행정부는 대통령의 악의 축 발언 이후, 중동에서 "정권교체"를 하겠다는 목표를 비밀로 하지 않았다. 부시 행정부 한 관리에게 기자가 이런 질문을 했다. '2003년 바그다드 함락이 이란에게 주는 교훈은 무엇인가요?' 이 질문에 대해 그 관리는, "번호표를 받으세요", 즉 '다음은 당신 차례다'라고 대답했다.[7]

미국의 이라크 침공 그리고 이란 무기관련 비밀 핵 활동 공개 이후, 이란은 무기관련 핵 활동을 중단하고, 나탄즈 저농축 우라늄 생산 프로그램을 제한하는 모습을 보였다. 이란 핵 위기가 다시 고조된 것은 오바마 행정부 때였다. 이란이 두 번째 비밀 우라늄 농축시설을 쿰Qom 근처에 건설하고 있는 것이 공개되었다. 그 당시 이란 정부는 무기급 핵 물질을 보다 빨리 확보하기 위해, 나탄즈 시설에서 보다 높은 수준의 우라늄을 농축하기 시작했다. 2011년 3월, 국제원자력기구는 보고서를 통해 이란이 핵확산방지조약 규정을 준수하고 있는지 확인할 수 없다고 밝혔다. 2011년 11월, 국제원자력기구는 여기서 한 단계 더 나간 보고서를 발표했다. 이 보고서에는 "이란이 핵 폭발 장치 개발과 관련된 활동을 하고 있음"을 보여주는 믿을 만한 정보가 있다는 내용이 명시되어 있었다.[8]

이란은 유엔 안보리의 농축 우라늄 생산 중지 요구를 계속해서 거부했다. 2012년 4월까지 이란은 약 5,451kg의 저농축 우라늄을 확보하고 있는 것으로 추정되었다. 만약, 이란이 핵확산방지조약을 탈퇴하고 저농축 우라늄을 무기급 수준으로 농축할 경우, 이 정도 양이면 이론상 핵 무기를 1개에서 4개까지 제조할 수 있다.[9] 알려진 바에 의하면, 미국 오바마 정부와 이스라엘 베냐민 네타냐후Benjamin Netanyahu 정부는 이란 핵 시설을 파괴하기 위한 공중폭격을 검토한 바 있다. 하지만 미국과 이스라엘 모두 현재까지 군사 행동을 결정하지 않고 있다. 그 이유는 이란의 핵확산방지조약 탈퇴를 군사 공격이 아닌 다른 수단으로 막을 수 있다고 보기 때문이다. 미국과 이스라엘이 군사 공격을 한다고 하더라도, 이란 핵 개발 프로그램의 진행을 지연시킬 수 있을 뿐이다.

그러면 핵 개발이 얼마나 위험한 것인가? 우리 왈츠와 세이건은 핵 확산의 최근 사례와 앞으로의 사례들이 가져올 영향에 대해 그리고, 이 문제들을 해결하는 최선의 방법에 대해 서로 다른 의견을 가지고 있다. 먼저 왈츠가 이라크, 북한, 이란 사례를 검토한다. 왈츠는 이 세 국가가 핵 무기를 보유하는 것에 대해 현재뿐만 아니라 미래에도 그리 두려워할 필요가 없다고 주장한다. 물론 세이건은 이와 반대되는 주장을 한다.

걱정할 필요가 없는 이유들

케네스 왈츠, 미라 랩-후퍼

지난 수십 년 동안, 이라크, 북한, 이란은 모든 국가들이 두려워하는 신생 핵 불량국가로 주목을 받아왔다. 이 세 국가가 과거에 적대적인 행동을 보여 주었다는 것은 그리 놀라운 것이 아니다. 2002년 부시 대통령이 이 세 국가를 "악의 축"으로 묶어서 부르기로 한 결정이 결국, 이라크, 북한, 이란으로 하여금 불량스러운 대응을 하도록 만들었다. "악의 축" 발언 이후 승인된 이라크에 대한 예방전쟁은, 이들에게 미국을 억지할 수 있는 가능한 방법을 강구하도록 했다. 국제정치에서 국가들은 구성단위unit들과 같은 것이다. 따라서, 이 세 국가가 유사하게 반응하는 것은 그리 놀라운 일이 아니다. 이 국가들이 처해 있는 안보환경을 통해, 국가들의 행위를 예측할 수 있다. 부시 대통령의 악의 축 발언 이후, 이란과 북한이 핵 개발 속도를 높였다는 것은 결코 놀랄 일이 아니다. 내가 놀라는 것은, 세계 지도자들이 이 국가들의 핵 프로그램을 극복 불가능한 국제적 도전이라고 확신하는 것처럼 보인다는 것이다.

　국내 정치 검토가 한 국가의 핵 관련 결정을 바라보는 최고의 렌즈라고 주장하는 학자들이 있다. 세이건은 핵 관련 문제들을 조직이론적 관점으로 분석하는 것을 선호한다. 하지만 핵 관련 결정을 포함해서 국가에 영향을 미치는 국제정치의 기본구조와 비교했을 때, 이러한 관점들은 극히 적은 부분만 다룬다. 체계적 관점Systemic Perspective으로 이라크, 북한, 이란을 검토해 보면, 왜 이 국가들이 핵 무기를 보유하고자 하는지 분명히 알 수 있다. 또한 체계적 관점은 이 핵 보유 희망국가들이 왜 새로운 도전이 아닌지를 설명해 준다. "불량"국가들이 핵 무기를 보유하게 되면, 국제사회에 큰 위험이 될 것이라고 주장하는 사람들이 있다. 나는 이 주장에 반대한다. 핵 무기를 보유한 북한과 이란은, 냉전기간에 핵 무기를 보유했던 중국과 소련이 보여 주었던 것과 아주 비슷한 행동을 할 것이라고 나는 생각한다.

　이전부터 핵 무기를 보유하고 있는 국가들과 마찬가지로, 이란, 북한, 이라크도 핵 무기를 오직 억지용으로만 사용할 수 있다. 이 세 국가가 일단 핵 무기를 보유하게 되면 덜 폭력적이 될 것이다. 이란과 북한이 핵 물질이나 핵 무기를 테러리스트들에게 이전할 동인이 부족할 것이다. 이와 반대로 이란과 북한은 그들의 핵 물질과 핵 무기를 통제하는데 큰 이점을 가질 것이다. 그리고 이 국가들이 민감한 기술의 수출을 시도한다고 하더라도, 주요 강대국들이 이 문제를 관리할 수 있다. 심각한 안보 우려 때문에 이란, 북한, 이라크가 핵 무기에 관심을 가지게 되었다. 이 점은 1945년 이후 핵 무기를 보유한 모든 국가에 동일하게 적용된다. 다른 모

든 국가들과 마찬가지로, 이 국가들에게 핵 무기는 억지용일 뿐이기 때문
에 우리가 두려워할 필요가 없다. 그리고 핵 무장한 북한과 핵 무장한 이
란과 함께 편안히 살아가면 된다. 이라크와도 마찬가지다.

이라크

2002년 9월 26일, 나(왈츠)를 포함해서 33명의 국제관계 학자들이 뉴
욕타임즈에 광고를 게재했다. 광고에서 우리는 이라크와의 전쟁이 미국의
국가이익에 도움이 되지 않는다고 주장했다. 우리가 제시한 핵심내용 중
하나는 이러하다. "사담 후세인이 핵 무기를 획득한다고 하더라도, 그는
미국 또는 이스라엘의 대규모 보복이 두려워 핵 무기를 사용하지 못할 것
이다."[10] 그리고, 우리는 사담 후세인이 미국 또는 미국의 동맹국에 대한
공격을 준비하지 않고 있다는 점을 상기시키면서, 이라크에 대한 철저한
봉쇄를 권고했다. 나는 10년이 지난 후에도 그때와 마찬가지로 그 광고문
에 담긴 주장들에 대해 확신하고 있다. 미국은 2003년에 이라크로 진격해
서는 안 되는 것이었다. 당시 미국의 핵심이익이 침해되지 않았고, 미국
과 미국의 동맹국들이 위험에 직면하지도 않았다. 당시 사담 후세인이 핵
무기를 가지고 있었다고 하더라도, 핵 무기를 사용하지 않았을 것이다.

2002년, 미국 국가안보전략NSS은 핵 무기를 획득하고자 하는 "불량"국
가들에 대해 군사력의 선제 사용이 가능하도록 했다.[11] 하지만 이것은 선
제 공격 독트린이라기보다는 예방 공격 독트린이었다. 당시 사담 후세인
은 가까운 미래에 누군가를 공격하려고 준비하지 않았다. 사실, 2003년에
이라크가 미국에 큰 위협이 되었다고 말하기 어렵다. 이라크는 경제적으
로 허약했다. 이라크 국내총생산GDP은 200억 달러에 불과했다.[12] 미국의
1년 국방예산 4,000억 달러와 비교해 보라.[13] 2003년 당시 이라크의 군
사력과 기반시설은 1991년 걸프전쟁 때와 비교해서도 훨씬 빈약한 상태
였다. 사담 후세인이 미국의 긴급한 위협이라고 널리 알려졌던 것은, 그
가 핵 무기 획득을 시도하고 있다는 주장 때문이었다. 하지만 미군의 이

라크 점령 이후 이 주장이 사실이 아니었음이 판명되었다. 이라크는 핵 프로그램을 재개하지 않았다. 설령 부시 행정부가 두려워하는 최악의 상황이 이라크에서 입증되었다고 하더라도, 예방을 위한 군사력 사용은 무책임하고 불필요한 것이었다. 핵 무기를 보유한 이라크가 여전히 임박한 위협이 되지 않았을 것이다.

2003년, 다음의 세 가지 주장이 사담 후세인을 무장해제시키기 위한 미국의 군사 공격을 정당화하는 데 사용되었다. 첫째, 사담 후세인이 실제로 핵 무기를 사용할 수 있다. 둘째, 사담 후세인이 핵 무기를 비국가 행위자들에게 이전시킬지 모른다. 셋째, 이라크가 보유한 핵 무기를 이라크 정부가 통제할 수 없을 가능성이 있다. 그런데 이 세 가지 긴급 상황이 발생할 가능성은 극히 낮았다. 이라크가 핵 무기로 무장했다고 하더라도 미국에 심각한 위협이 되지 않았다. 그리고 핵 무기를 보유했다는 것이 군사 공격을 그리고 10년 이상의 전쟁을 정당화시키지 않는다.

첫째, 사담 후세인이 핵 무기를 획득했거나 자체로 만든 경우를 생각해 보자. 사담 후세인이 야만적인 독재자인 것은 분명하다. 그는 자신의 국민들을 학대했고, 국제적으로 많은 문제를 일으켰다. 하지만 억지가 다른 핵 무기 보유국가 지도자들에게 적용되는 것처럼, 사담 후세인에게도 적용된다. 대부분의 독재자들이 그런 것처럼 사담 후세인의 최대 목표는 정권의 생존이다. 34년간 권력을 유지한다는 것이 그리 간단한 일이 아니다. 오직 자신의 행동이 국내적으로 그리고 국제적으로 어떤 결과를 가져오는지에 대해 매우 민감한 지도자만이 그만큼 긴 기간 동안 권력을 장악할 수 있다. 만약 사담 후세인이 이스라엘이나 다른 지역 강국을 핵 무기로 공격했다면, 그는 신속하고 재앙적인 보복 공격을 당했을 것이다. 핵 무기 사용은 죽을 때까지 권력을 유지하는 것을 인생의 목적으로 삼는 지도자에게 결코 조언할 만한 것이 못 된다. 1차 걸프전쟁 때 이라크는 주저함 없이 이스라엘을 향해 스커드 미사일을 발사했다. 하지만 핵 무기는 성질이 다른 무기다. 핵 무기를 사용하기 위해서는 필연적으로 압도적인 대응을 각오해야 한다. 사담 후세인은 이러한 사실을 알고 있었을 것이고, 핵 무기를 보유하고 있었다고 하더라도 사용하지 않았을 것이다.

부시 행정부는 사담 후세인이 자국민을 대상으로 화학 무기를 사용했다는 점을 강조하면서, 사담 후세인이 핵 무기를 사용할 가능성이 있다고 주장한다. 사담 후세인이 쿠르드족에게 한 행위는 야만적이고 통탄할 일이다. 하지만 이것을 핵 무기 사용과 연결 짓는 것은 잘못된 것이다. 사담 후세인 또는 다른 지도자가 핵 무기를 사용할 경우, 그 결과는 단정적이고 명백한 것이다. 이스라엘과 미국의 핵 보복 공격에 직면할 것이다. 2003년 이후 발표된 보고서에 따르면, 사담 후세인의 최우선 목표는 국가와 정권의 생존이었다. 그렇기 때문에 핵 무기 사용은 더더욱 생각할 수 없는 것이었다.[14]

사담 후세인이 핵 무기를 보유했다고 하더라도 테러리스트들에게 핵 무기를 이전하지는 않았을 것이다. 사담 후세인과 알 카에다^Al Qaida와의 관련성이 거의 없었다는 것이 밝혀지기도 했다. 권위적 지도자들은 핵 무기를 자국민에게 사용하는 것을 꺼릴 뿐만 아니라, 자신의 핵 무기를 무책임하고 통제불능인 조직에게 이전하지 않으려는 특성이 있다. 핵 무기를 획득하기 위해서는 엄청난 재정적 부담을 져야 한다. 사담 후세인은 이렇게 어렵게 획득한 핵 무기를 비국가 행위자와 공유하는 것을 원하지 않았을 것이다. 만약 세계 어느 곳에서 테러리스트에 의해 핵 폭탄이 폭발한다면, 그 핵 폭탄의 출처를 찾는 노력이 필연적으로 촉발될 것이며, 출처로 밝혀진 국가의 지도자는 자리를 보존하지 못할 것이다. 다시 한번 말하지만, 사담 후세인은 이러한 사태를 결코 원하지 않았을 것이다.

마지막으로, 세이건을 포함하여 많은 전문가들은 이렇게 주장한다. '개발도상국의 불량 정권들은 자신들의 핵 무기를 통제할 수 없을 것이며, 우발적인 핵 폭발이나 핵 무기 절도를 경험하게 될 것이다.' 하지만 만약에 사담 후세인이 핵 무기를 보유했다면, 그 핵 무기들은 비교적 안전했을 것이다. 사담 후세인은 그리 많은 핵 무기를 확보할 수 없었을 것이다.

10개 또는 20개 정도 확보했다고 가정할 때, 하나의 작은 은닉처면 보유한 핵 무기를 숨기는데 충분했을 것이고, 핵 무기 목록을 기록·정리하는 것이 어렵지 않았을 것이다. 사담 후세인 정권이 고도로 중앙집중화되어 있었기 때문에 정권을 그렇게 오래 유지할 수 있었다. 많은 독재자들과 마찬가지로 사담 후세인도 통제에 대한 강박이 지나칠 정도였다. 이라크보다 구소련 핵 무기를 강탈하는 것이 훨씬 더 쉬웠을 것이다.

2003년 이후, 사담 후세인이 이라크 핵 프로그램을 재개하지 않은 것이 분명해졌다. 사실, 사담 후세인은 억지력이 실제로는 없으면서 마치 있는 것 같은 인상을 고의적으로 주고자 했다. 이라크 장군들 그리고 사담 후세인 측근들과의 인터뷰를 보면, 그들은 핵 물질에 대한 조사를 회피하고자 했다. 이것이 암시하는 것은 이라크가 심각한 대량살상무기 프로그램을 가지고 있을지 모른다는 것이다. 이를 통해, 사담 후세인은 이란과 미국의 공격을 억지할 수 있었고, 자신의 정권을 유지할 수 있었다.[15] 결국, 사담 후세인의 이런 가식적인 태도가 2003년 미국의 침입을 정당화시켜 주었다. 한편, 사담 후세인의 이런 태도가 우리에게 알려주는 것이 있다. 그것은, 사담 후세인이 핵 무기 사용 능력을 추구했던 것이 아니라, 핵 무기를 억지력으로 활용하고자 했다는 것이다.

결론적으로, 핵 무기로 무장한 이라크가 미국에 심각한 위협이 될 것이라고 믿을 만한 근거는 거의 없다. 그리고 핵 무기 보유 위협이 침입을 정당화시켜 주지 않는다. 독재자의 통치하에 있는 "불량국가들"은 매우 통합적이고 통제된 방식으로 행동한다. 그리고 2003년 이후 발견된 증거들이 말해 주는 것은, 사담 후세인이 억지능력을 확보하기 위해 핵 무기에 관심을 가졌다는 것이다. 이것은 핵 무기를 보유한 많은 국가 지도자들과 동일한 것이다.

북한

북한은 기자들과 정치인들의 주목을 많이 받는 국가다. 새롭게 핵 무기를 보유한 북한이 2006년 핵 실험 이후 더 위험해지지는 않았다. 북한은 오래전부터 사나운 골칫거리다. 그 뿌리는 한국전쟁으로 거슬러 올라간다. 이 전쟁 초기 남한은 한반도에서 거의 사라질 뻔했다. 하지만 이후 한국전쟁에서 북한은 승리하기 어려웠고, 휴전하기는 더욱 어려웠다. 휴전 이후 수십 년에 걸쳐, 북한은 남한에 타격을 주기 위해 여러 차례 기회를 잡았다. 1968년에 박정희 대통령을 살해하려고 했고, 1974년에는 박정희 대통령 부인을, 1983년에는 많은 장관들을 암살했다. 시간이 지나면서 북한의 행위는 보다 온건해졌고, 보다 효과적으로 억제되었다. 하지만 북한은 고립된 상태에서 파괴적인 행동을 하기도 한다. 2010년 3월 26일에 천안함을 침몰시켰고, 2010년 11월에는 연평도에 포격을 가했다. 확실히 이러한 북한의 행동은 사람들을 분노하게 만든다. 북한의 이러한 도발의 목적은 남한, 미국, 일본을 괴롭히고, 북한의 의도와 미래 계획에 대한 불확실성을 증대시키는 것이다. 북한의 계획에 대해 크게 우려할 이유는 없다. 핵 무기와 관련해서 보더라도, 북한은 핵 무기를 대량으로 보유할 능력이 없다.

북한에 100만 명 이상의 현역군인들이 있지만, 북한은 군사적으로 강한 국가가 아니다. 북한은 기본적인 군사훈련에 필요한 연료와 장비들도 충분하지 못하다.16) 북한은 남쪽으로 땅굴을 여러 개 팠는데, 그 의도가 분명하지 않다. 왜냐하면, 그 땅굴 남쪽 지역에 한국군과 미군이 밀집되어 있기 때문이다.17) 북한은 주기적으로 남한 정부와의 협상에 관심을 보인다. 남북 협상에서 이산가족 교환 방문이 합의되기도 한다. 수십만 명의 한국군과 미군은 북한에 분명한 메시지를 보내고 있다. 그것은 제2의 한국전쟁이 발발할 경우 모든 것을 잃게 된다는 것이다.

북한이 고립된 상태에서 공세적인 행동을 하는 경향이 있음에도 불구하고, 1953년 휴전 이후 한반도에서 군사적, 정치적 현상 유지가 잘 이루어지고 있다. 남북 간에 진정한 평화조약이 체결되어 있지 않지만, 전후 영토 규정도 잘 지켜지고 있다. 그리고 한미 간의 동맹도 굳건하다. 한편, 북한은 수십 년에 걸쳐 오직 쇠퇴하는 경로를 밟아가고 있다. 매년 수많은 난민들이 북한을 탈출하고 있으며, 이러한 상황이 북한 정부를 곤혹스럽게 만들고 있다. 그리고 북한 정부는 북한 주민들을 제대로 먹이지도 못하고 있다.18)

1989년부터 1991년 사이에 북한은 국제적인 어려움에 직면했다. 소련이 붕괴되었고, 쿠바가 고립되었으며, 북한에 대한 중국의 관심이 줄어들었다. 반면에 한국, 일본과 같은 동아시아 국가들은 여전히 강한 동맹을 유지하고 있었다. 미국은 이 지역에 대한 개입을 지속하고 있었고, 한국과 일본은 동맹의 지원을 잘 받고 있었다. 북한의 간헐적인 도발은 자신의 강함이 아니라 약함을 나타내는 것이었다. 불안정한 북한 정권은 주민들에게 이러한 어려움이 모두 외부 여건 때문이라고 설명했다. 북한은 오랫동안 북한 주민들이 한국, 일본 시민들보다 더 풍요롭게 살고 있다고 믿게 하는 데 상당히 성공했다. 하지만 이런 가짜 선전은 다른 나라 정보들이 북한으로 흘러 들어가면서 서서히 힘을 잃었다. 북한 정권의 간헐적인 도발행위는 북한 정권의 불안정성 측면에서 이해해야 한다.

2006년, 북한이 1차 핵 실험을 했다. 하지만 북한은 이미 수십 년 전부터 핵 능력에 관심이 있었고, 1950년대에 소련의 지원을 받아 핵 프로그램을 시작했다. 북한은 가까운 사회주의 동맹국들이 사라지고 나서, 오랫동안 지속되어 온 핵 무기 획득 노력을 더욱 가속화시켰다. 이것은 극도로 불안정한 정권이 선택한 분명한 대응이었다. 클린턴 행정부 초기 북한의 활발한 핵 무기 추구로 인해 한반도에 위기 상황이 조성되었고, 이 위기 상황은 1994년에 해결되는 것처럼 보였다.

1994년 북미 간에 체결된 제네바 합의에 따르면, 미국은 북한에 경수로와 중유를 제공해 주고, 대신에 북한은 비핵상태를 유지한다. 하지만 미국이 이 합의를 제대로 이행하지 않았다.[19] 조지 부시 행정부는 출범 초기부터 제네바 합의를 파기하고자 했다. 부시 대통령은 취임 다음 해인 2002년, 북한을 "악의 축"에 포함시켰다. 북한은 다음 해인 2003년 핵확산방지조약NPT를 탈퇴했고, 핵 시설을 감독하던 국제원자력기구IAEA 조사관들을 추방했다. 그로부터 3년 후 북한은 1차 핵 실험을 실시했다. 부시 행정부 출범 후 1년 동안 북한이 어떤 교훈을 얻었을지 추론해 보는 것은 그리 어렵지 않다. '미국의 약속은 믿을 수 없다.' '핵 무기를 추구하는 국가가 미국의 표적이 될 것이다.' '이라크의 운명을 피하는 가장 안전한 방법은 실제로 핵 억지력을 획득하는 것이다.'

　북한이 핵 무기를 보유하기로 결정한 이유를 이해하는 것은 어렵지 않다. 여기서 궁금한 것은, 왜 북한이 핵 무기를 추구했는가가 아니라, 핵 무기를 보유한 북한이 어느 정도로 심각한 위협인가 하는 것이다. 나는 핵 무기를 보유한 북한이 특별히 위험하다고 생각하지 않는다. 아마도 독자들은 이러한 나의 견해가 그리 놀랍지도 않을 것이다. 북한의 행동들은 자신의 안보에 대한 극심한 우려에서 기인한 것이다.

　이 장에서 나는 북한의 새로운 핵 무장에 대해 우리가 왜 불안해할 필요가 없는지에 대해서 설명할 것이다. 첫째, 핵 무장한 북한이 핵 무기를 보유하기 전보다 확실히 덜 공세적이 되었다. 그리고 북한은 동아시아 지역에 핵 무기를 사용할 수도 없고, 사용하지도 않을 것이다. 둘째, 북한이 민감한 핵 물질을 이전시킬 경향성을 보이고는 있지만, 이것은 쉽게 봉쇄될 수 있는 위협이다. 셋째, 최근 상황들을 살펴보면, 북한이 확보한 핵 능력 자체가 그리 강하지 못하다. 넷째, 국제사회는 북한이 보유한 적은 수의 핵 무기보다 북한 정권의 붕괴에 관심을 가지는 것이 훨씬 더 가치가 있다. 그리고 다섯째, 미국의 동맹 관계와 중국의 성장은 동북아시아의 안정된 미래를 보여주는 좋은 조짐이다. 다음에서 한 가지씩 살펴보자.

　첫째, 2006년 1차 핵 실험 이후, 북한이 핵 무기 보유 이전보다 더 공세적이 되었다는 증거는 거의 없다. 2010년 천안함 폭침과 연평도 포격

도발은 확실히 받아들일 수 없는 행동이다. 하지만 과거 북한이 자행했던 대규모 암살작전과 비교해 보면, 이 사건들은 심각한 교전이라기보다는 골치아픈 사건이다. 이전에 핵 무기를 새롭게 보유한 국가들과 마찬가지로, 북한 정권도 자신이 핵 무기를 보유함으로써 국제사회의 표적이 되었다는 것을 잘 인식하고 있다. 미국, 러시아, 중국과 같은 강대국들이 북한의 핵 무기 획득 이후 북한 상황을 유심히 지켜보고 있다. 그리고 북한 정권도 가끔씩 강대국들의 심기를 불편하게 만드는 정도의 사건으로 자신의 존재를 상기시킨다. 핵 무기는 심각한 공세 행동을 늘리기보다는 줄여 준다.

북한이 때때로 비행을 저지르는 경향성을 보인다. 그렇다고 해서, 김정은 정권이 실제로 핵 무기를 사용할 것이라고 볼 수는 없다. 천안함 폭침과 연평도 포격을 핵 무기 사용과 연결시킬 수는 없다. 한반도에 긴장이 고조된다고 하더라도, 북한은 핵 무기를 사용하지 않을 것이다. 왜냐하면, 핵 무기를 사용할 경우 미국의 재앙적인 보복을 피할 수 없다는 것을 북한 지도부가 잘 알고 있기 때문이다. 핵 무기를 보유한 국가의 지도자가 아무리 호전적이라고 하더라도, 핵 무기는 전쟁에서 일반적으로 사용할 수 있는 무기가 아니다.

둘째, 북한이 민감한 핵 물질을 국경 밖으로 이전시킬 것이라고 우려하는 사람들이 많다. 북한은 가난하고 고립되어 있다. 따라서 북한에 엄청나게 좋은 조건을 제시할 경우, 북한이 불법적인 기술을 판매할 수 있다는 견해이다. 과거에 북한이 민감한 물품들을 수출할 의사가 있었음이 입증되기도 했기 때문에, 이러한 우려는 정말로 유효하다. 하지만 나는 이러한 위험요소들이 확실히 봉쇄될 수 있다고 확신한다. 나의 확신을 뒷받침하는 강력한 증거가 있다. 북한이 시리아의 알-키바Al-Kibar 원자로 건설에 도움을 준 적이 있었다. 미국과 이스라엘 정보당국이 이 사실을 포착했고, 2007년 이스라엘이 알-키바 원자로를 공중폭격으로 완전히 파괴했다.[20] 북한이 미얀마에 미사일 기술을 이전해 준 것은 잘 알려진 사실이다. 하지만 다자간 해상 안보체인 확산방지구상Proliferation Security Initiative
에 의해 북한과 연관된 불법 화물들이 수차례 적발되었다. 이것이 입증해
주는 것은, 북한이 민감 물질들을 비밀리에 수출하는 것이 간단한 일이
아니라는 것이다.21) 미국과 국제사회의 감시 능력은 매우 뛰어나며 북한
의 수출 시도를 차단하기에 충분한 능력이 있다는 것을 보여주고 있다.

　나의 견해를 비판하는 사람들은, 정보당국의 노력이 완전하지 않다고
말한다. 그리고 북한이 국제사회의 감시망을 뚫고 핵 기술의 일부라도 이
전하게 될 경우, 심각한 핵 확산의 문제가 발생할 것이라고 주장한다. 하지
만 민감한 핵 기술이 이전되었다고 해서 핵 무기가 확산되었다고 말하기는
어렵다. 북한이 핵 무기 부품들을 판매할 의사가 있고, 고객을 찾고 있다고
해서, 그 장래 고객이 핵 무기를 획득할 것이라고 판단할 수는 없다.

　리비아의 대량살상무기WMD 프로그램을 예로 들어 보자. 무아마르 카다
피Muammar Qaddhafi 통치 시기에, 리비아는 핵 무기 프로그램을 오랫동안 추
진했지만 아주 성공적이지 못했다. 2000년을 전후하여, 리비아는 압둘 카
디르 칸의 고객이 되었다. 당시 칸은 파키스탄 밖에서 불법 암시장 핵 네
트워크를 운영하고 있었다. 카다피는 칸에게서 원심분리기부터 핵 무기
설계도까지 모든 것을 구입했다. 하지만 2003년 카다피가 핵 무기 프로그
램을 포기할 때까지, 리비아는 핵 무기를 하나도 확보하지 못했다. 여기
서 분명한 것은, 리비아가 핵 무기 부품들을 구입할 수는 있었지만, 그 부
품들을 핵 무기로 완성하지 못했다는 것이다.22) 북한의 잠재적 고객들도
카다피와 똑같은 경험을 하게 될 것이다. 필수적인 노하우 없이 핵 무기
기술만 확보해서는 성과를 낼 수가 없다.

　핵 무장한 북한이 심각한 위협이 되지 않을 것으로 예상되는 또 다른
이유는, 북한이 확보한 핵 무기 프로그램이 불안정하기 때문이다. 내가
앞에서 언급한 것처럼, 북한은 1950년대부터 핵 프로그램을 시작했고,
2006년에 첫 핵 무기 실험을 했다. 이것은 결코 빠른 진전이 아니다. 북
한이 첫 번째로 실험한 플루토늄 핵 폭탄은 1킬로톤kt 미만의 위력을 보였

다. 핵 실험에서 이 정도의 폭발 위력이 나올 경우 대체로 "실패fizzle"로 판정한다. 많은 관찰자들은 심각한 핵 무기 설계 문제가 수준 이하의 결과를 가져왔을 것으로 추정한다. 2009년 2차 핵 실험의 폭발위력이 1차 때보다 더 강해지긴 했지만, 미국의 초기 핵 실험에 비해 여전히 위력이 약하다.23) 북한이 소량의 핵 무기를 보유하고 있는 것으로 관측된다. 하지만 북한 핵 무기의 성능과 특성에 대해서는 거의 알려져 있지 않다.24) 만약 핵 무기 설계에 문제가 있다면, 북한 핵 무기의 성능은 많이 떨어질 것이다. 그리고 우리는 북한 핵 무기의 크기에 대해서도 아는 바가 없다. 북한 핵 무기는 어떻게 운반되는가? 북한정권이 원할 때 핵 무기를 사용할 수 있을까? 2차 핵 실험 이후에도 북한의 핵 프로그램이 불안정했음을 뒷받침하는 증거가 있다. 그것은 2010년 북한이 우라늄 농축시설을 공개했다는 점이다. 북한은 2010년 로스 알라모스Los Alamos 핵연구소 소장을 역임한 지그프리드 헤커Siegfried Hecker에게 우라늄 농축시설을 보여주었다. 만약 북한이 안정적인 플루토늄 핵 폭탄 제조 공정을 갖추고 있다면, 왜 굳이 우라늄 농축방법을 추구할 것인가? 두 차례의 핵 무기 실험에서 드러난 것처럼, 북한은 아마도 플루토늄 핵 무기 설계에 어려움을 겪고 있을 것이다. 플루토늄 추출은 좀 쉬운 편이지만, 플루토늄으로 핵 무기를 만드는 것은 어렵다. 이에 반해 우라늄 농축은 어려운 과정이 필요하지만, 우라늄 핵 무기의 설계는 훨씬 단순하다. 북한이 우라늄 농축을 시작했다는 것은 플루토늄 핵 무기 공정에 만족하지 못했다는 것을 의미한다.

　북한의 핵 능력과 간헐적인 공세적 행동에 대한 광범위한 두려움은, 김정은 정권의 붕괴라는 한반도 최악의 시나리오를 제대로 파악하지 못하도록 한다. 북한 정권은 오랫동안 마지막 호흡을 이어가고 있다. 북한 정권은 주민들을 먹이지 못하고 있고, 주민들에게 생산성 있는 일자리를 제공하지 못하고 있으며, 점차적으로 주민들을 외부세계에 노출시키고 있다. 김정일로부터 김정은으로의 권력 승계는 매끄럽게 진행되었다. 하지만 이 권력승계가 국가의 쇠퇴를 막아내지는 못하고 있다. 만약 북한이 붕괴한다면, 북한의 안전을 확보하기 위한 국제사회의 노력이 필요할 것이다. 이 노력에는 북한 핵 물질과 미사일 기술을 안전하게 보호하는 것이 포함된다. 미국은 중국과 일본 같은 국가들의 도움을 받아, 북한 붕괴라는 긴급 사태에 대비한 계획을 수립해야 한다. 미국은 동북아시아의 파트너 국가들과 함께 이 최악의 시나리오를 적절히 관리해 나갈 수 있을 것이다. 그리고 국제사회는 이 사태 해결에 상당한 관심을 가져야 할 것이다.[25]

북한, 미국 그리고 동북아시아 국가들은 모두 북한이 폭력적인 사태 속에서 붕괴하지 않도록 하는 것에 공통된 이해관계를 가진다. 동북아시아의 실질적인 위험은 북한의 적대성에 의해 야기된 특정한 사건이 아니라, 북한 정권이 폭력사태 가운데 붕괴하는 것이다. 이러한 사태가 발생하지 않도록 가능한 모든 수단들을 동원해야 한다. 북한이 온전한 상태로 유지되는 한, 우리는 북한의 핵 무기를 그리 두려워할 필요가 없다.

마지막으로, 현재와 미래의 동북아시아 상황에 대해서 보다 포괄적으로 논평하고자 한다. 현재, 많은 전문가들은 북한의 핵 무장과 중국의 성장을 지역의 불안정 요소로 우려한다. 쇠퇴하는 미국이 동북아시아 지역에 대한 안보 공약을 유지할 수 있을까? 만약 미국의 안보 공약이 유지될 수 없다면, 한국과 일본이 핵 무기를 보유하고자 하지 않을까? 이 지역에서 동맹관계는 1950년대부터 지금까지 안정적으로 유지되고 있다. 한국과 일본은 핵 무기를 보유할 능력을 충분히 갖추고 있다. 하지만 미국과의 안보관계를 해칠 우려가 있어서 핵 무기 보유를 추구하지 않고 있다. 미국의 안보 공약 이행 가능성이 현저하게 줄어들 경우, 한국과 일본은 핵 무기 보유를 다시 고려하게 될 것이다. 그렇다고 해서, 가까운 미래에 한국과 일본이 핵 무장을 할 것 같지는 않다.

여기에 더하여, 핵 문제와 관련해서 살펴보았을 때, 중국의 성장은 결코 나쁜 일이 아니다. 중국은 역사적으로 작은 국가들의 내정에 간섭하는 데 관심이 없다. 여기에는 작은 국가들의 핵 무기 프로그램도 포함된다. 하지만 중국의 힘이 더 강해지면, 그만큼 핵 문제에 대한 중국의 관심도

커질 것이다. 성장하는 중국은 동북아시아의 안정을 더 원할 것이고, 고분고분하고 협력적인 북한을 더 선호할 것이다. 중국이 6자회담을 되살릴 수만 있다면, 중국이 북한 핵 문제 해결의 주도권을 잡을 수 있을 것이다. 북한이 핵 무기를 포기할 것 같지는 않다. 리비아에 대한 나토의 공중폭격 후, 북한 대표가 "카다피가 핵 프로그램을 계속 유지했어야 했다."라고 공개적으로 말했음을 기억하라. 하지만 북한이 핵 무기를 포기하지 않는다는 것이 동북아시아 지역에 충돌이 예상된다는 의미는 아니다.[26] 2006년부터 지금까지 우리는 핵 무장한 북한과 함께 살고 있다. 이것이 핵 무장한 북한과 함께 살 수 있음을 입증하는 것이기도 하다. 사실, 우리는 과거 더 적대적인 북한보다 핵 무장한 지금의 덜 적대적인 북한을 더 선호할지도 모른다.

이란

지금 이란과 미국은 갈등과 상호 불신 관계를 유지하고 있다. 하지만 이전 왕정 시기에 이란과 미국 관계는 매우 좋았다. 이란 왕Shar이 지역 패권을 목표로 했을 때, 미국은 이란이 목표를 달성할 수 있도록 적절히 지원했다. 이란과 미국의 이해관계가 주로 일치했으며, 이란 왕정은 미국의 비공식적이지만 매우 믿을 만한 동맹 역할을 했다. 그러다가, 1979년 이란에서 왕정이 타도되고, 불안정하고 예측불가능한 정권이 들어섰다. '인질 위기Hostage Crisis'와 같은 극적인 사건이 발생하면서 이란과 미국의 관계는 최악의 순간을 맞이했다. 1979년 이란과 미국의 관계가 악화된 후 지금까지도 관계가 개선되지 않고 있다. 여러 측면에서 볼 때 이란과 미국의 관계는 더욱 나빠지고 있다. 이렇게 된 여러 이유 중에서 가장 결정적인 이유는 과거 수십 년간 이어져 온 미국의 대이란 정책이다. 9·11 테러 공격 직후, 이란은 미국에 대테러 지원을 제공하면서 일종의 화해 메시지를 보냈다. 하지만 2002년 부시 대통령은 이란을 포함하여 3개 국가를 '악의 축'으로 지명했고, 얼마 지나지 않아 그 중 한 국가를 침공했다. 미국의 이라크 침공은 이란의 적대감과 불안을 가중시켰다. 이란과 이라크는 우호적으로 지낼 수 있는 관계는 아니지만, 수십 년 동안 중동 지역의 안정적인 힘의 균형자 역할을 해 왔다. 미국이 이라크를 침공하여 힘의 균형을 깨뜨림에 따라, 이란이 강대국으로 부상했다. 미국은 압도적인 힘과 이라크 재건의 명확한 방향을 가지고 있었다. 자연스럽게 미국에 대한 이라크 주변국가들의 두려움은 커졌다.

재래식 무기만으로 미국의 공격을 단념시키거나 억지할 수 있는 국가는 없다. 미국의 침공을 우려하는 작은 국가들은 자체 핵 능력을 자연스럽게 추구하게 된다. 이라크는 이런 능력이 부족했고, 결과적으로 미국의 침공을 받았다. 북한은 자체적인 핵 무기 프로그램을 가지고 있었고 미국의 침공을 받지 않았다. 이란은 북한이 미국의 군사력으로부터 자신을 지킬 수 있게 되었다고 결론을 내렸다. 만약 이란이 미국의 내정 간섭을 억지하고자 한다면, 자체 핵 무기 능력을 갖추어야 한다.

이란의 핵 무기 프로그램은 왕정 시대에 시작되었다. 하지만 주목을 받은 것은 2002년 이후이다. 2007년 미국 '국가정보판단 보고서NIE'에 의하면, 2003년에 이란이 핵 프로그램을 중단했다. 2003년은 미국이 이란의 가장 인접한 국가인 이라크를 침공한 해이다.[27] 하지만 중단이 종료는 아니었다. 이란은 다시 열정적으로 핵 프로그램을 시작했다. 이러한 사실을 뒷받침하는 수많은 증거들이 있다. 미국이 이라크를 점령한 후, 이란에 대한 미국과 이스라엘의 위협이 지속되었다. 이런 상황에서 이란이 핵 능력 확보를 추구하는 것은 당연해 보인다. 그 어떠한 국가라도 이러한 조건하에 놓인다면, 할 수 있는 모든 방법을 동원해서 압도적으로 강력한 외국의 간섭을 막고자 할 것이다. 이란이 핵 무기 추구로 방향을 잡았을 때, 미국의 언론인, 관리, 학자들은 이란이 비도덕적인 목적을 위해 핵 무기를 확보하려고 한다고 우려했다. 우리는 우리 자신에게 다음 질문을 하기 시작해야 한다. 핵 무장한 이란이 이웃 국가와 주변 국가에 무엇을 할 수 있는가? 이웃 국가를 위협하기 위해서, 테러리스트를 지원하기 위해서,

다른 국가들에게 대량살상무기WMD를 공급하기 위해서 핵 무기를 사용할 것인가? 우리는 이 모든 가능성을 검토해 보아야 한다.

핵 무장한 이란의 미래를 생각할 때 한 가지 명심해야 할 중요한 요소가 있다. 그것은 이란 내에 수정주의자들이 어느 정도 있으며, 이란이 주변 지역에 대해 어느 정도의 원대한 계획을 가지고 있는가 하는 것이다. 이란은 자신의 영토를 확장하는데 별로 관심이 없다. 그리고 이러한 생각이 바뀔 것 같지도 않다. 이란의 우선적인 지리적 관심사는 호르무즈Hormuz 해협의 안정적인 통제다. 이란은 영토와 관련해서는 현상 유지를 희망한다. 이란의 핵 무기 획득은 안보추구 국가의 필요에 맞는 것이다. 앞에서 검토한 바와 같이 미국의 대중동 역사를 보았을 때, 이란은 핵 무기로 미국을 억지하기를 원한다. 이란이 설정하고 있는 제한된 목표들이 이란의 핵 무기 사용 결정에 영향을 미치지 않을 것이다.

현재 9개의 국가가 핵 무기를 보유하고 있다. 이 9개의 국가 중 단 한 국가도 핵 무기를 억지용 이외의 용도로 사용하려고 하지 않는다. 핵 무기를 더 많이 가진 기존 핵 무기 보유국가들도 하지 않는 것을, 새롭게 핵 무기를 보유한 국가가 어떻게 하려고 하겠는가? 핵 공갈이 종종 우려되기도 한다. 한국전쟁 때 미국이 한 번 핵 공갈을 시도한 적이 있다. 그런데 이런 핵 공갈이 실제로 성공하기는 매우 어렵다는 것이 학자들의 일반적인 견해다.28) 이란은 핵 무기 사용에 있어서 기존 9개의 핵 무기 보유국가와 비슷한 길을 걸을 것이다. 따라서 우리는 이란의 핵 무기 개발을 그렇게 두려워할 필요가 없다.

핵 무기를 보유한 이란의 미래를 염려하는 사람들은, 몇 가지 핵심 우려사항을 공유한다. 첫째, 이란은 핵 무기를 방패 삼아 대리 전쟁을 개시하거나 테러리스트들을 후원할 수 있다. 둘째, 이란은 핵 무기를 테러리스트들에게 이전하거나 핵 무기에 대한 통제력을 상실할 수 있다. 셋째, 이스라엘과 실질적인 핵 교환을 할지도 모른다. 넷째, 이란의 핵 보유는 중동지역에 핵 도미노 현상을 불러올 수 있다. 그리고 다섯째, 이란의 핵 무기 획득은 핵확산방지조약NPT과 비확산 레짐에 엄청난 충격을 줄 것이다. 나는 이 다섯 가지의 주장을 하나씩 검토할 것이다. 이 주장 중 일부는 과장되었고, 또 다른 일부는 근거가 없다. 어떠한 주장도 우리가 핵 무장한 이란과 함께 살아갈 수 없다는 것을 증명해 주지 않는다.

첫 번째로 검토할 것은, 핵 무장한 이란이 비도덕적인 목적을 위해 핵 무기를 방패로 이용할 것이고, 더 제멋대로 할 것이라는 주장이다. 핵 경계론자들은 핵 무장한 이란이 중동 테러에 대한 지원을 강화하는 데 핵 능력을 이용할 것이라고 예측한다. 하지만 이 주장들은 1945년 이후의 역사적 기록과 전혀 맞지 않는다. 한 국가가 핵 무기를 보유하게 되면, 자신의 취약성을 더 의식하게 된다. 핵 무기 보유국가들은 자신들이 강대국의 잠재적 타깃이 될 수 있다는 것을 절실히 깨닫게 되고, 이로 인해 과감하고 공세적인 행동을 하기 어렵다. 마오쩌둥이 다스리던 중국도 1964년 핵 무기를 보유한 이후 훨씬 더 온건해졌다. 인도와 파키스탄도 오랜 경쟁관계에 있었음에도 불구하고, 핵 무기 보유 이후 더 조심하는 모습을 보여주었다. 심지어 많은 국가들이 불량국가라고 생각하는 북한조차도 핵 무기 보유 이후 덜 완강해졌다.

새롭게 핵 무기를 보유한 모든 국가들은, 핵 무기가 오직 억지라는 한 가지 목적만을 위해 사용될 수 있다는 것을 발견하게 된다. 이란만 이런 사실을 발견하지 못할 것이라고 판단할 근거는 없다. '안정－불안정의 역설'에 대한 염려도 과장된 것이다. 글렌 스나이더Glenn Snyder와 같은 학자들은, 핵 무기의 억지력이 도리어 낮은 수준의 군사력 사용을 가능하게 한다고 주장한다. 간략하게 말해서, 전략적 안정성이 전술적 불안정성을 낳는다는 것이다.[29] 그러면 왜 이란이 근처에 이스라엘과 같은 핵 무장 국가가 있는 지역에서 낮은 수준의 군사력을 사용하는 모험을 할 것인가? 이러한 모험은 이란의 안보추구 목표에 전혀 도움이 되지 않는다.

핵 무장한 이란에 대한 또 다른 우려는, 이란이 핵 무기를 테러리스트들에게 넘겨주거나 핵 무기에 대한 통제력을 상실할 수도 있다는 것이다.

다시 한번 미국의 놀라운 감시 능력을 상기시키고자 한다. 제3자에게 핵 무기를 이전하려는 국가가 있다면, 그 국가는 적발의 위험을 무릅써야 할 것이다. 특히 테러리스트들은 핵 무기를 위장하는 능력과 자신들의 움직임을 노출시키지 않는 능력이 부족하기 때문에 적발될 확률이 높다. 테러를 지원하는 국가 또는 파벌들은 테러 단체의 행동을 통제할 수 없을 뿐만 아니라 테러 단체들의 활동이 어느 방향으로 나아갈 것인지를 예측할 수 없을 것이다. 일단 이란 같은 국가가 핵 무기를 획득하게 되면, 자국의 핵 무기를 완전히 통제하기를 원한다. 그런데 테러리스트들에게 핵 무기를 이전한다는 것은 자신의 핵 무기에 대한 통제권을 완전히 상실한다는 것을 의미한다. 핵 무기를 보유하기 위해서는 대규모 투자가 필요하다. 대규모 투자를 통해 보유한 핵 무기를 근본적으로 통제할 수도 없고, 믿을 수도 없는 테러 단체에 이전시킨다는 것은 말이 되지 않는다.

비평가들은 '테러리스트들로부터 핵 무기 공격을 당한 국가가 어디로 보복 공격을 해야 할지 알 수 없기 때문에, 핵 무기를 가진 테러 단체가 극도로 위험하다.'라고 우려한다. 하지만 테러 단체가 핵 무기를 사용할 경우, 테러 단체에 핵 무기를 이전한 국가는 엄청난 위험에 직면하게 될 것이다. 물론 테러 단체가 핵 무기를 획득하고 사용할 가능성은 극도로 낮긴 하지만, 만약 테러 단체가 핵 무기를 획득해서 사용한다면, 미국과 여러 국가들은 핵 무기를 이전한 국가에 핵 공격을 가할 것이 확실하다. 우선 이러한 점이 핵 무기 보유국가로 하여금 핵 무기 이전을 고려하지 않도록 한다. 특정 테러 단체와 긴밀히 연결된 국가가 어디인지 잘 알려져 있기 때문에, 이러한 억지가 훨씬 강하게 작동한다. 만약 헤즈볼라 Hezbollah가 핵 무기를 획득해서 사용한다면, 국제사회는 이란을 먼저 주목할 것이다. 생존을 추구하는 국가라면, 테러 단체에게 핵 무기 통제권을 넘기는 극도로 어리석은 행동을 하지 않을 것이다.

일부 비평가들은 비국가 행위자들이 특별히 이란과 같은 국가로부터 핵 무기를 획득할 것 같다고 우려한다. 이란에는 대통령, '아야톨라Ayatollah'

라는 종교 지도자 등 다양한 국가 지도자들과 여러 군사조직들이 존재한
다. 이 군사조직 가운데는 미국으로부터 테러 단체로 지정된 '이슬람혁명
수비대IRGC'가 있다.[30] 만약 이란이 핵 무기를 획득한다면, '이슬람혁명수
비대'가 핵 무기 통제에 대한 책임을 맡을 것이다. 핵 무기를 통제하는 단
일 파벌은 하나의 국가 행위자로서의 지위를 갖는다. 그 파벌이 핵 무기
를 가지고 무엇을 할 수 있고, 무엇을 할 수 없는가? 비국가 행위자가 핵
무기 통제권을 맡았다고 하더라도, 그 비국가 행위자는 핵 무기를 억지용
이외의 용도로 사용하는 것은 생각할 수 없을 것이다. 이란에 있는 파벌
들이 핵 무기를, 억지 이외의 용도로 사용할 생각을 가지고 있다고 상상
하기 어렵다. 핵 무기를 보유한 국가들 중에서 핵 무기를 다른 국가들과
공유하는 국가는 아직 없다. 만약 '이슬람혁명수비대'가 이란의 생존과 자
신의 지위를 유지하기 원한다면, 기존 핵 무기 보유국가들과 같은 행동을
할 것이다.

  이란이 일단 핵 무기를 보유하게 되면 실제로 핵 무기를 사용할 것이라
고 우려하는 사람들이 있다. 핵 경계론자들은 미국과 소련의 핵 억지관계
가 이란과 이스라엘의 핵 억지관계와 근본적으로 다르다고 주장한다. 이
들이 주목하는 것은 지리적 거리이다. 미국과 소련은 대륙과 대양을 사이
에 두고 있을 정도로 거리가 멀다. 핵 무기 보유국가들이 지리적으로 매
우 인접해 있을 경우, 잘못된 판단에 훨씬 더 취약하다. 하지만 나는 이러
한 주장들이 사실이라는 근거를 발견하지 못했다. 이란과 이스라엘은 상
대적으로 작은 국가들이다. 이것이 의미하는 것은 아주 소수의 핵 무기
공격만으로도 쉽게 파괴될 수 있다는 것이다. 단 한 발의 핵 무기로 상대
방을 공격한다고 해도, 그 핵 공격이 자살행위가 될 수 있다는 것을 이란
과 이스라엘 모두 잘 알고 있다. 전략 용어로 표현한다면, 지리적으로 매
우 인접해 있는 국가들 간에는 매우 적은 수의 핵 무기만으로도 확증 파
괴가 가능하다. 우리는 이란이 이스라엘에 핵 무기를 사용할 의사를 가지
고 있다고 생각하지 말아야 한다. 핵 무장한 인도와 파키스탄이 서로에

대해 관용을 실천하고 있다는 점을 상기할 필요가 있다. 핵 공격에는 필연적으로 핵 보복이 뒤따르기 때문에 핵 무기 보유국가 간의 실질적인 핵 무기 사용은 생각할 수 없다.

네 번째 주요한 우려사항은, 이란의 핵 무기 획득이 중동지역에 핵 확산 도미노를 유발할 수 있다는 것이다. 특히 전문가들은 이란 핵 무기 보유에 대응해서, 사우디아라비아, 터키, 이집트가 독자적인 핵 무기 능력을 획득하기 위해 모든 노력을 다할 것이라고 전망한다. 이러한 우려가 근거 없는 것이긴 하지만, 자세히 검토할 필요는 있다. 사우디아라비아가 정치적, 경제적으로 긴밀한 관계를 맺고 있는 미국의 반대를 무릅쓰고 핵 무기를 획득할 것 같지는 않다. 사우디아라비아도 한국, 대만과 마찬가지로 중요한 안보 파트너인 미국을 화나게 하는 것이 현명하지 않다는 것을 알고 있다. 터키도 핵 무기를 보유해서 미국뿐만 아니라 나토와의 관계를 망치고 싶어 하지 않는다. 나토 회원국으로서 터키는 미국 핵 우산의 보호를 향유하고 있다. 만약 터키가 미래에 미국의 핵 우산이 터키의 핵 안전을 지켜주는데 충분치 않다고 판단한다면, 터키는 터키의 우려를 해소하기 위해서 나토와의 관계를 더 확실하게 강화하고자 할 것이다. 마지막으로, 이집트는 불과 얼마 전에 중요한 혁명을 경험했기 때문에, 이집트의 외교정책 우선순위가 무엇이 될 것인지 지금 이야기하는 것은 적절하지 않다. 이집트는 핵 무장한 이란을 위협으로 느낄 것이다. 하지만 이집트는 당분간 내부 안정에 온 힘을 기울일 것이다.

보다 일반적으로 학자들과 정책입안자들은, 한 국가의 핵 무장이 핵 "임계점tipping point"을 앞당긴다고 종종 우려한다. 하지만 이런 일은 결코 일어나지 않는다. 1960년대 초반 미국 정책입안자들의 우려와 달리, 중국의 첫 핵 무기 실험에도 불구하고 대부분의 아시아 국가들은 핵 무장의 길로 가지 않았다. 이전에 경험해 보지 못한 "임계점"을 중동에서 경험하게 될 것이라고 주장할 만한 근거가 없다.[31] "확산"이라는 용어를 이 책에서도 사용하고 있지만, 사실 "확산"이란 말의 정의는 빠르고 통제되지 않는 속도를 의미한다. 그런데 첫 번째 국가가 핵 무기를 보유하기 시작한 때로부터 아홉 번째 국가가 핵 무기를 보유할 때까지 60년 이상의 시간이 걸렸다. 이것을 "확산"이라고 부를 수는 없다. 아마도 시간이 더 걸리겠지만, 이란은 핵 무기 보유국가가 될 것이다. 그런데 이란의 핵 무기 보유가 일종의 "임계점"으로 작용할 것이라고 믿을 만한 근거는 거의 없다.

전문가들은 이란이 핵 무기를 보유하게 되면, 이미 허약한 핵확산방지조약NPT과 비확산 레짐이 쇠퇴하게 될 것이라고 우려한다. 먼저, 인도, 파키스탄, 이스라엘이 핵확산방지조약NPT 가입을 거절했다. 그리고 북한은 1차 핵 실험 전에 핵확산방지조약NPT에서 탈퇴했다. 현재, 이란은 핵확산방지조약NPT 가입국 지위를 유지하면서 핵 무기를 개발하고 있다. 많은 사람들은 이란의 핵 보유가 핵확산방지조약NPT에 재앙을 가져올 것이라고 우려한다. 핵확산방지조약NPT은 회원국가들이 자발적으로 참여하는 조약이다. 그리고 이 조약은 합의의 원칙에 따라 운영된다. 189개의 핵확산방지조약NPT 회원국들이 이 조약에 가입한 이유는, 이 조약이 각 회원국의 이해관계에 도움이 되거나 최소한 해를 끼치지 않기 때문이다. 우리는 핵확산방지조약NPT이 자체적으로 회원국을 제약하는 힘이 없다는 사실에 그리 놀라지 않는다. 핵 무기를 확보하기로 결심한 국가가 핵확산방지조약NPT 때문에 핵 무기 개발을 포기한 사례는 없다. 2009년 프라하Prague 연설에서, 오바마 대통령은 핵확산방지조약NPT과 비확산 레짐의 중요성을 다음과 같이 강조했다. "규칙은 반드시 준수되어야 하고, 규칙위반은 반드시 처벌받아야 하며, 회원국들의 약속은 반드시 지켜져야 한다."[32] 그런데 국제사회의 현실에서는 규칙이 준수되지 않고, 규칙 위반은 거의 처벌받지 않는다. 국제사회는 무정부 상태이기 때문에, 조약을 준수하지 않기로 결심한 국가를 우리가 강제할 수 없다. 이것은 변하지 않는 사실이다.

나는 핵 무장한 이란에 대한 우려들이 과장되었다는 것을 설명할 것이다. 그리고 우리가 핵 무장한 이란과 함께 안전하고, 편안하게 살아갈 수 있다는 점도 강조할 것이다. 이란은 중동 패권국가의 지위를 차지하는 데 관심이 있다. 하지만 이란이 성취할 수 있는 것에는 한계가 있을 것이다. 심각한 종교적, 문화적 차이 때문에, 수니파 국가들은 시아파 국가인 이란에 편승하지 않을 것이다. 이란이 핵 무기를 보유하게 되면, 사우디아라비아 같은 국가들은 주변 이슬람 국가들과 단결하기보다는 미국의 보호를 훨씬 더 추구할 것이다. 최근의 다른 사건들도 정확히 이러한 방식으로 진행되었다. 2010년, 이스라엘 방위군은 이란 핵 시설을 예방 타격하는 모의 훈련을 실시했다. 사우디아라비아가 이 훈련에 협력을 제공했다. 이스라엘 전투기가 사우디아라비아 영공을 안전하게 통과할 수 있도록 도움을 주었다.33) 우리는 사우디아라비아가 이스라엘과 공모해서 이란에 예방 타격을 가할 것인지 여부를 확신할 수는 없다. 나는 사우디아라비아의 공모를 권하고 싶지도 않다. 하지만 사우디아라비아의 행동이 보여주는 것은, 중동의 다른 국가들이 이란의 핵 무기 보유를 원하지 않는다는 것이다. 중동국가들은 이란에 편승하기보다 균형을 맞추기 위해 노력할 것이다.

이란이 핵 무기를 보유했다고 해서, 이스라엘의 주요한 지역전략이 변경될 것 같지는 않다. 이스라엘은 핵 무기 보유국가로 널리 알려져 있지만, 핵 무기 보유를 인정하지 않고 있다. 이스라엘은 앞으로도 이러한 "핵 모호성" 정책을 유지할 것이다. 매우 좋지 못한 주변 상황 속에 놓인 핵 무기 보유국가는, 핵 무기를 억지용으로 사용하는데 충분히 만족할 것이다. 이란이 핵 무기를 개발하고 있기 때문에 이스라엘은 핵 전략을 수정해야 한다고 말할 수 없다. 모호성을 유지하는 전략은 완벽하게 좋은 억지전략이다.

이스라엘과 이란의 관계는 많은 사람들이 생각하는 것처럼 그리 불안정하지 않다. 이 두 국가 관계의 역동성은 인도와 파키스탄 관계의 역동성과 아주 유사하다. 그리고 상호 관계 면에서는 이스라엘과 이란의 관계가 더 안정적이고, 덜 걱정스럽다. 이스라엘과 이란은 이웃 국가지만 관계가 우호적이지는 않다. 그렇다고 영토 분쟁이나 정치적 갈등이 있는 것

은 아니다. 상호 경쟁의식도 대체로 수사학적인 것이다. 인도와 파키스탄
이 핵 무기를 보유한 후 신속히 안정된 억지관계를 이룬 것처럼, 이스라
엘과 이란도 그렇게 될 것이다. 1988년 이후로 인도와 파키스탄 간의 갈
등이 전쟁으로 비화되지 않고 있으며, 상호 관계가 눈에 띌 정도로 평화
로워졌다. 인도와 파키스탄은 서로의 핵 시설을 공격하지 않기로 합의했
고, 두 국가 간의 불확실성을 감소시키기 위해서 신뢰 조성 조치들과 정
보 교환을 실시하고 있다. 이 오래된 두 경쟁국가가 핵 무기 보유 이후
평화로운 관계를 유지하고 있다. 이란과 이스라엘도 인도와 파키스탄의
경로를 따를 것이라고 기대할 수 있다. 이란은 이스라엘이 핵 무기를 보
유하고 있다는 것을 알고 있다. 이스라엘도 이란이 핵 무기 개발을 시작
했다는 것을 알고 있다. 이 두 국가는 상대국가가 자신에게 심각한 타격
을 가하지 못할 정도의 억지력을 충분히 확보하게 될 것이다.

  그러면 핵 무기를 개발하고 있는 이란에 대해서 미국은 어떤 정책을 펼
쳐야 하는가? 현재 진행 중인 이란에 대한 경제 제재가 이란의 핵 개발
속도를 늦추거나 양보를 이끌어 낼 것 같지는 않다. 만약 이란이 자국의
안보가 핵 무기에 달렸다고 확신한다면, 경제 제재는 효과를 나타내지 못
할 것이다. 그리고 만약 이란이 안보 우려를 가지고 있다면, 경제 제재가
핵 개발 속도를 더 높일 것이다. 학자들은 경제 제재가 성공한 사례가 극
히 적다는 점에 주목한다. 그리고 대량살상무기WMD 확산과 관련해서, 경
제 제재가 독자적으로 효과를 나타냈다고 말하기 어렵다. 미국은 이라크
침공 후에야 이라크에 대한 경제 제재의 효과를 확인할 수 있었다. 리비
아의 사례에서는 카다피가 핵 개발을 포기한 다음에 경제 제재의 효과를
알 수 있었다. 경제 제재 패키지는 이라크와 리비아 시민들에게 중대한
영향을 미쳤다. 이라크와 리비아에 대한 주요 물품 수입 제한은 시민들의
삶을 위협했다.34) 이란에 대한 경제 제재를 완화시켜 준다면, 이란 정부는
안보 위협을 덜 느끼게 될 것이고, 이란 시민들은 경제 제재가 야기한 어
려움에서 조금 벗어날 수 있을 것이다.

이란이 협상 테이블로 돌아오고, 핵 무기 개발 포기를 고려할 경우, 미국은 이것을 분명하게 환영하여야 한다. 설령 이란이 그렇게 하지 않는다고 하더라도, 그것이 그리 큰 문제는 아니다. 우리는 핵 무장한 이란과 함께 안전하고 편안하게 살아갈 수 있다.

우려해야 하는 이유들

스콧 세이건

우리가 국가라고 부르는 추상적인 독립체가 핵 무기를 통제하는 것이 아니다. 핵 무기는 국가 안에 존재하는 불완전한 보통의 개인들과 자기중심적인 보통의 조직에 의해서 통제된다. 따라서 우리는 핵 무기 확산의 결과를 이해하기 위해, 국가 내부에서 의사결정이 이루어지는 과정 등이 담긴 암상자black box를 열어서 살펴보아야 한다. 이를 통해, 누가 핵 무기 개발을 지휘하고 있는지 그리고 확보한 핵 무기를 누가 실제로 통제하는지를 알 수 있다. 조직이론은 다음의 질문에 대한 해답을 찾는 데 있어서 하나의 유용한 렌즈 역할을 한다. '각기 다른 국가의 정부가 어떻게 각기 다르게 구성이 되는가? 그리고 각기 다른 정부는 어떻게, 왜 각기 다른 방식으로 핵 무기를 사용하고자 하는가?'

지난 수십 년 동안, 미국 정부와 많은 국제공동체들은 이라크, 북한, 이란이 핵 무기를 획득할 경우 위험한 결과가 있을 것이라고 크게 염려했다. 이러한 염려는 여전히 유효하다. 우리가 알다시피, 사담 후세인은 자신의 공세적인 행동을 보호해 줄 방패로 핵 무기를 이용하길 원했다. 그리고 과거 사담 후세인의 전쟁 개시 결정은 그를 둘러싼 아첨꾼과 숭배자들이 제공한 잘못되고 왜곡된 정보에 기초한 것이었다. "악의 축" 국가들 중 하나인 북한이 핵 무기를 확보했다. 북한을 위험한 핵 무기 보유국가

라고 부르는 데는 조금 다른 이유가 있다. 북한 공산정권은 전통적으로
군을 엄격하게 통제하고 있다. 하지만 북한의 안전이 위태롭고, 빈곤이
극심해질 경우, 북한 군과 핵 관리 기관들은 살아남기 위해 핵 기술 등을
외부에 판매하거나 다른 것과 교환할 수 있다. 마지막으로, 이란은 가장
위험한 핵 확산국가가 될 것이다. 이란은 사담 후세인의 이라크와 같이
공세적인 경향을 가지고 있을 뿐만 아니라 핵 무기와 핵 무기 프로그램을
관리하게 될 이념적이고 급진적인 군사조직인 '이슬람혁명수비대IRGC'에
대한 강한 민간 통제가 결여되어 있다. 다음에서 위험한 핵 확산국가들을
차례로 분석할 것이다.

이라크

2003년 3월 미국이 이라크를 침공한 직후, 미군 조사관들은 사담 후세
인 정부가 1991년 걸프전쟁 이후 핵 무기 관련 시설들을 모두 파괴했다
는 사실을 발견하고 무척 놀랐다. 사담 후세인 정부는 핵 무기 관련 시설
들을 파괴하고 나서, 비밀 핵 프로그램을 재개하지 않았다. 사담 후세인
이 국제 조사관들에게 숨기고 싶어 했던 것은, 비밀 핵, 화학, 생물학 무
기 프로그램이 존재하지 않는다는 사실이었다. 1991년 걸프전쟁 이전에
사담 후세인이 건설했던 모든 핵, 화학, 생물학 무기 개발시설들은 걸프
전쟁 이후 이라크와 국제 조사관들에 의해 이미 해체되었다는 사실이 사
담 후세인의 큰 비밀이었던 것이다. 사담 후세인은 휴전 협약과 유엔 감
시체계하에서 대량살상무기 프로그램이 효과적으로 해체된 사실을 이란
과 이라크 국민들이 알기를 원하지 않았다. 사담 후세인은 이라크에 대한
유엔 제재가 해제되고 나면 대량살상무기 프로그램을 다시 시작하려고 했
다. 하지만 불행하게도 그러한 미래는 결코 찾아오지 않았다.

우리는 사담 후세인이 핵 무기 확보를 추구한 동기에 대해서 많이 알게
되었다. 그 동기는 매우 놀라운 것이었다. 사담 후세인은 내각, 군 관료들
과 회의를 하면서 그 내용을 비밀리에 녹음했다. 이 녹음테이프에 담긴

사담 후세인의 발언을 통해, 사담 후세인의 핵 무기 보유 핵심 동기가 이
란 또는 이스라엘의 공격에 대한 방어적 안보 염려가 아닌 것으로 드러났
다. 사담 후세인은 핵 무기를 전략적 방패로 삼아 이스라엘을 재래식 무
기로 공격하고자 했다. 1990년 이라크가 쿠웨이트를 침공하기 전에, 사담
후세인은 5년 이내에 이라크가 핵 무기를 보유할 것이라고 예측했다. 그
리고 동료들에게 이렇게 질문했다. "만약 아랍국가들이 핵 무기를 보유한
다면, 1967년 이후 이스라엘이 점령한 영토를 되찾을 수 있지 않겠는가?"
이것은 사담 후세인이 오랫동안 관심을 가졌던 주제였다.[35] 1970년대 말
사담 후세인은 이라크 고위 지도자들에게, "핵 무기는 이라크가 서안Weat
Bank과 골란 고원Golan Height을 되찾기 위해 이스라엘과 장기전을 벌이는
것을 가능하게 해 줄 것"이라고 말했다. 이라크의 핵 무기가 이스라엘의
핵 무기 사용을 억제할 것이기 때문에, 이라크는 이스라엘의 핵 무기 보
복 공격을 두려워할 필요 없이, 이스라엘과 재래식 전쟁을 치를 수 있다
는 것이다. 다음은 소름 끼치는 사담 후세인의 비밀 연설문이다.

> 이스라엘 적군이 우리 민간시설들을 공격할 때, 우리도 이스라엘 민
> 간시설을 공격할 수 있는 무기를 확보해야 한다. 이스라엘 적군이 이
> 라크나 시리아에 있는 민간시설을 공격하는 경우가 아니라면, 우리는
> 기꺼이 앉아서 핵 무기 사용을 자제할 것이다. 우리가 이런 능력을 확
> 보한다면, 장기전을 통해 이스라엘을 파괴할 수 있을 것이다. 그리고
> 서두르지 않고, 영토를 일 미터씩 회복할 수 있고, 이스라엘 적군을
> 피의 바다에 익사시킬 수 있다. 우리는 항상 이 정도의 전쟁에 대한
> 이상을 가지고 있다 …(중략)… 우리는 수천 명과 다음 수천 명의 손
> 실을 각오해야 한다. 우리는 12개월간 5만 명 순교자를 준비시켜야
> 한다. 그리고 목표를 추구해 나가야 한다.[36]

케네스 왈츠와 같은 핵 확산 낙관주의자들은, 모든 핵 무기 보유국가들
이 핵 무기를 오직 억지용으로만 사용할 것이라고 확신한다. 하지만 사담

후세인의 경우, 보다 안전하게 재래식 공격을 하기 위한 용도로 핵 무기
를 사용하고자 했다.

이라크 정부의 의사결정 과정에서 발견되는 한 가지 더 충격적인 사실
이 있다. 그것은 독재자가 공포 분위기를 조성함으로써, 그의 부하들이
독재자를 즐겁게 하기 위해 기만과 거짓말로 진실을 감추어 버린다는 것
이다. 사담 후세인은 자신의 의견에 반대하는 것을 용납하지 않았고, 군
전문가의 조언을 일축했으며, 객관적인 정보 보고서보다 자신의 신비로운
직관을 더 신뢰했다. 사담 후세인과 그의 야만적인 아들들의 결정이나 주
장에 의문을 제기하는 사람들은 혹독한 처벌을 받았다. 이러한 공포 분위
기로 인해 이라크 군사 능력에 대한 보고는 항상 과장되었고, 외국 정부
와 소통한 후 이라크에 유리한 쪽으로 내부 보고서가 작성되었다. 사담
후세인은 거의 모든 전략적 결정을 혼자서 했다. 그는 자신의 지혜와 소
위 말하는 "정치적 기민함"에 맞지 않는 정보와 자문사항들을 보좌관들이
제시하지 못하도록 했다. 비밀 녹음테이프에 의하면, 1990년 쿠웨이트 침
공 직후 사담 후세인은 그의 동료들에게 이렇게 말했다. "나는 정보기관
이 언론과 정치분석으로부터 미국에 관한 정보를 추론해 내는 것을 금지
시켰다 …(중략)… 나는 정보기관에게 어떠한 분석자료도 제출하지 말라고
했다. 나는 분석에서 탁월한 능력을 가지고 있다 …(중략)… 우리는 그러
한 원칙하에서 일을 계속해 나가는 데 동의했다 …(중략)… 그 원칙은 내
가 이란과의 전쟁에서 활용했던 것이다. 그 원칙 중 일부는 일반적인 추
론을 벗어나고, 일부는 창의적이며, 통합적이다. 이 원칙들은 모두 명백한
증거를 토대로 하지 않는다."37)

사담 후세인은 전략적 의사결정이 필요한 부분을 구획화하였고, 군사
충돌이 발생하기 전에 군 사령관들이 서로 작전계획을 조율하지 못하도록
했다. 이런 조치를 통해, 사담 후세인은 군 사령관들이 자신의 권위에 도
전하거나 쿠데타를 준비하지 못하도록 했다. 이것은 결국 이라크군의 기
획 및 작전 능력을 상당히 후퇴시켰다. 1980년 이란의 이라크 침공이 예

상되었을 때도, 이라크 군 사령관들에게 주어진 전쟁 준비기간은 단지 수 일 또는 수 주에 불과했다. 사담 후세인의 증언에 따르면, 국방부 장관과 합동참모본부 의장 모두 1990년 쿠웨이트 침공에 대한 정보를 침공 이전에 보고받지 못했다.[38] 사담 후세인의 전략적 결정이 흐릿한 망상 가운데 내려지기도 했다. 1991년, 사담 후세인은 쿠르드 족Kurds과 이란에 사용했던 것보다 200배 이상 강력한 화학 무기를 막 개발했으며, 그 무기로 "이스라엘 국민 절반을 날릴 수 있다."라고 주장했다. 사담 후세인은 1991년 걸프전쟁 이후, 이라크 군대의 우세한 "전투 정신" 덕분에 미국이 주도하는 연합군과의 전투에서 사실상 승리를 거둘 수 있었다고 말했다. 2003년 미국이 이라크를 침공하기 전에, 사담 후세인은 미국이 바그다드로 군대를 진격시킬 수 없을 것이며, 이라크의 정권을 교체하지 못한 채 제한적인 승리에 만족해야 할 것이라고 주장했다.[39]

사담 후세인의 이러한 병적인 의사결정 스타일은 다음의 경고 사인을 우리에게 보여준다. 만약 사담 후세인의 이라크가 비밀 핵 프로그램을 통해 핵 무기를 보유했다면, 그 핵 무기가 중동지역의 안정적 억지에 기여하지 않았을 것이다. 핵 무기를 보유하지 않은 사담 후세인이 1980년 이란을 공격했고, 1990년 쿠웨이트를 침공했으며, 1991년 이스라엘에 미사일을 발사했다. 이러한 사실들은 핵 무기를 보유한 사담 후세인이 보다 조심스럽게 행동할 것이라는 확신에 반대되는 것이다.

2003년 미국은 이라크를 침공하기 전에 이라크 대량살상무기WMD에 대한 잘못된 정보를 공개했다. 그리고 바그다드 함락 이후 미국의 전후 위기 상황 작전 계획이 적절히 이행되지 않았다. 핵 무기를 보유한 이라크의 위험에 대한 강조가 이 두 가지 실패에 대한 변명이 될 수는 없다. 2003년 이라크 전쟁을 시작하면서 일부 미국 관료들은, 이라크 국민들이 침공해 온 미군을 두 팔 벌려 환영할 것이고 제퍼슨Jefferson식 민주주의를 평화적으로 받아들일 것이라고 확신했다. 이러한 잘못된 확신은 지나친 자신감에서 나온 것임을 우리는 잊지 말아야 한다. 지도자의 그릇된 의사결정과 분명하게 드러나는 조직의 약점이 이라크뿐만 아니라 미국에도 존재한다.

북한

조지 부시 행정부는 북한의 핵 무기 프로그램 시작에 대한 책임이 없다. 북한은 이미 오래전에 핵 무기 프로그램을 시작했다. 그러다가 클린턴 행정부 시기 북미 간에 극심한 핵 위기가 있었고, 제네바 합의가 체결되면서 북한의 핵 무기 프로그램이 상당부분 축소되었다. 제네바 합의에 의하면, 북한은 플루토늄을 생산하는 흑연 감속 원자로를 해체하기로 하였고, 원자로에서 추출된 사용 후 연료봉은 영변 핵 시설 내 수조에 보관하기로 하였으며, 이를 검증하기 위해 국제원자력기구IAEA 조사관이 상주하기로 하였다. 부시 행정부는 이 제네바 합의 파기에 일정 부분 책임이 있다. 2002년 미국 관리들은 북한을 방문하여, 파키스탄이 북한의 비밀 우라늄 농축 프로그램 개발에 도움을 주었다는 증거를 제시했다. 증거를 확인한 북한 당국은 급작스럽게 핵확산방지조약NPT을 탈퇴했고, 사용 후 연료봉에서 플루토늄을 분리해 내는 것을 시작으로 핵 무기 프로그램을 다시 가동시켰다. 이후 2006년에 1차 핵 무기 실험을 실시했다.

북한은 사용 후 연료봉에서 수 개의 핵 무기를 만들 수 있는 플루토늄을 추출했다. 미국은 북한의 원자로에서 나오는 사용 후 연료봉의 숫자와 그 연료봉에서 추출할 수 있는 플루토늄의 양을 알기 때문에 북한 핵 무기의 숫자를 추정할 수 있다. 하지만 미국은 북한이 핵 탄두 소형화 면에서 어느 정도 진전을 이루었는지에 대해서는 잘 알지 못한다. 핵 탄두가 소형화되어야 북한이 대량 보유하고 있는 장거리 미사일에 탑재가 가능하다. 북한 관리들은 남한과 미국의 위협이 상존하고 있기 때문에, 억지력을 지속적으로 강화해 나갈 필요가 있다는 점을 계속해서 강조한다. 북한 정권은 2010년 북한을 방문한 스탠포드Stanford 대학 교수이자 로스 알라모스Los Alamos 핵연구소 소장을 역임한 지그프리드 헤커Siegfried Hecker에게 그

때까지 비밀리에 가동하던 우라늄 농축시설을 공개했다. 이것은 미국 정보기관과 서방 학자들에게 무척 놀라운 일이었다.[40] 이 우라늄 농축시설에는 파키스탄 설계에 기반한 우라늄 농축 원심분리기가 가득 차 있었다. 이 우라늄 농축시설은 북한이 핵 무기 생산 능력을 확대하는 데 상당한 기여를 할 것이다.

케네스 왈츠는 북한의 이러한 핵 무기 개발에 대해 우리가 두려워할 이유가 거의 없다고 주장한다. 그는 "과거에 보다 적대적이었던 북한"보다 미래에 더 많은 핵 무기를 보유한 북한을 우리가 더 선호해야 할 것이라고 설명한다. 이런 낙관적인 관점은 최근 북한이 보여준 공세적 행동의 수준을 과소평가하고, 북한이 개발할 수 있는 보다 유용한 핵 무기의 미래 진전을 잘못 평가한다. 그리고 북한 핵 물질과 핵 기술의 외부 유출을 억제, 억지, 대응하는 미국의 능력을 지나치게 과대평가한다.

북한과 관련하여 조금 안심되는 측면이 있다는 점을 인정해야 한다. 북한 정권은 전통적인 아시아 왕국의 성격이 있고, 최고 권력이 아버지에서 아들로 세습되며, 지도자들이 신격화되어 있다. 그리고 공산주의 정부와 공산당 지도자들이 집단적 의사결정을 하며 군에 대하여 강한 통제권을 행사한다. 이러한 특징들이 결합되면서 북한 사회에는, 최고 지도부 명령에 대하여 어떠한 의문도 제기하지 않고 복종하는 엄격한 지휘 통제 체제가 만들어졌다. 북한의 특이한 조직 구조는 북한 지도부로 하여금 아주 빈번하게 탐색하고, 엄포 놓고, 허세를 부리도록 한다. 하지만 강한 반발에 직면하면 뒤로 물러난다. 예를 들어, 2010년 3월 북한군은 서해에서 남한 초계함인 '천안함'을 어뢰 공격으로 침몰시키는 도발적 행동을 했다. 이후 남한이 군병력을 동원하자, 북한 정권은 추가적인 군사 행동명령을 조심스럽게 자제한 채 남한과 미국을 "제국주의자"라고 말로만 비난했다. 북한에서는 공산당이 국가를 규율하고, 집단적 의사결정이 이루어지며, 군에 대한 민간 통제가 강력하다. 따라서 북한에서는 우리가 이라크와 이란에서 보았던 것과는 다른 종류의 도전이 나타난다. 북한의 핵 무장이 심각한 위험이 될 수밖에 없는 3가지 이유를 제시하고자 한다.

첫째, 북한은 약할 때 더 공세적이고, 강할 때 더 조심하는 태도를 보인다. 북한의 이러한 태도를 우리는 왜 낙관적으로 바라보아야 하는가? 2010년 3월, 북한이 천안함을 침몰시켜서 46명의 남한 해군 승무원이 사망했다. 그리고 2010년 11월, 북한 지도부는 남한 연평도에 포격을 가하도록 북한 포병부대에 명령했다. 이 포격으로 남한 해병 2명과 민간인 2명이 사망했고 19명이 부상을 입었다. 물론, 이 사건들이 분쟁 수역에서 발생했고, 이 사건 후 북한은 상황을 악화시키지 않았다. 북한의 연평도 포격 도발 이후 남한군이 북한 본토에 보복 포격을 가했지만, 북한은 아무런 반응을 보이지 않았다. 왈츠는 이 사건들을 "심각한 교전이라기보다는 골치 아픈 사건"이라고 언급했다. 왈츠의 이러한 언급은 사건을 지나치게 과소평가 한 것이다. 왈츠는 이 "골치 아픈 사건"과 과거 북한 정권이 남한 정부를 상대로 시도했던 "대규모 암살 시도"를 비교했다.(제6장) 북한의 대규모 암살시도 중 가장 많은 요원들이 동원된 것은 1968년 청와대 습격사건이다. 이 사건으로 26명의 남한 군인이 사망했다. 이것은 2010년 천안함 사건으로 46명의 남한 군인이 사망한 것보다 더 적은 숫자이다. 나는 북한의 핵 무기 보유가 북한 행동에 긍정적으로 영향을 미쳤다고 볼 이유가 없다고 생각한다. 그리고 북한이 일단 더 많고 더 효과적인 핵 무기를 보유하게 되면, 더 조심하게 될 것이라는 예측을 뒷받침하는 근거는 매우 적다.

북한 핵 개발과 관련해서 두 번째로 우려되는 점은, 북한 지도부가 핵 무기 생산의 확대와 보유 중인 미사일에 탑재 가능하도록 핵 탄두를 소형화하는 것 그리고 미국, 한국, 일본을 타격할 수 있는 장거리 미사일 개발 및 전개를 결심한 것으로 보인다는 점이다. 현재 북한은 새로운 우라늄 농축시설들을 가동하고 있다. 북한은 가스흑연 원자로를 해체함에 따라 플루토늄을 생산할 능력이 부족해졌다. 이에 대한 대안으로 고농축 우라늄HEU, Highly Enriched Uranium을 이용한 핵 무기 제조방안이 북한 지도부에 아주 매력적인 방안으로 보였을 것이다. 2003년 미국 정보기관들은 칸Khan이 리비아에 고농축 우라늄 폭발장치의 설계 청사진을 판매한 사실을 발견했다. 이 설계 청사진은 이미 시험이 끝난 중국 핵 무기 설계에 기반한 것이었다. 칸이 리비아에 판매한 폭탄 설계 청사진 그리고 핵 물질과 핵 기술 패키지를 북한에도 판매했다고 추정하는 것이 합리적이다. 북한은 플루토늄에 기반한 핵 무기보다 고농축 우라늄을 이용한 핵 무기를 더 선호했을 것이다. 왜냐하면, 이미 시험을 통해 성능이 입증된 설계도를 활용하여 장거리 미사일에 탑재 가능한 소형 핵 탄두를 더 쉽게 만들 수 있기 때문이다.41) 마지막으로 2010년 10월, 북한은 열병식에서 새로운 이동식 중거리 탄도미사일IRBM을 선보였다. 알려진 바로는, 이 미사일의 사거리는 3,000~5,000km이며, 러시아 잠수함 발사 탄도미사일 기술을 활용했다.42)

나는 북한 핵 무기 보유에 따른 우려 사항 중 이 세 번째가 가장 중요하다고 생각한다. 앞에서 살펴본 것처럼, 북한은 군사기술 수입을 통해 핵 능력을 향상시켜 왔다. 지금 북한 경제는 거의 마비 상태다. 북한 정부는 돈이 된다면 사실상 그 어떤 것이라도 외국에 판매하고 싶어 한다. 북한 지도부는 위조지폐, 가짜 의약품, 불법 마약류를 생산하여 밀거래하기 시작했다. 그리고 보다 많은 돈을 벌 수 있는 미사일과 핵 기술 밀거래 사업에 신속히 뛰어들고 있다.

한편, 밀거래는 어려운 사업이다. 밀거래 작업을 위해서는 비밀이 유지되어야 하고, 조직이 분산되어야 한다. 그런데 북한은 전통적으로 중앙집중화된 관리체계에 의존하고 있다. 밀거래를 위해서는 이러한 관리체계가 빠르게 변화해야 한다. 북한 밀거래 네트워크에 대해 가장 철저한 연구를 진행한 시나 체스넛Sheena Chestnut은 연구 보고서에서 다음의 매우 충격적인 경향을 알려준다. "북한 불법활동의 패턴을 분석해 보면, 북한의 불법 밀거래가 중앙집중적으로 기획되고 북한 중앙정부가 제재를 받고 있지만 언제나 중앙에서 통제하는 것은 아니다. 그리고 불법 밀거래의 주요 행위

자가 처음에는 북한 기관이었는데, 시간이 지나면서 통제를 덜 받는 외국
범죄 파트너들이 밀수된 물품의 운송과 분배를 담당하고 있다."⁴³⁾ 북한이
파키스탄과 이란으로 미사일을 실어 나르는 것이 관찰되었다. 그리고 북
한이 시리아와 리비아에 핵 물질 또는 핵 기술을 판매한 것으로 알려져
있다. 북한은 이와 비슷한 거래들을 다른 여러 나라와 했을 것으로 의심
받고 있다. 나는 김정은 위원장이 앞으로 북한 핵 수출에 대한 엄격한 통
제를 실시해 주기를 희망한다. 하지만 이것은 하나의 희망일 뿐 확실한
기대는 아니다.

  왈츠도 결국에 가서는 북한의 핵 밀거래 활동이 하나의 문제라는 점을
인정했다. 하지만 그는 미국과 미국의 동맹국들이 뛰어난 감시 능력을 갖
추고 있고, "북한의 수출 노력을 기민하게 봉쇄"할 수 있다고 하면서, 북
한 핵 밀거래의 중대성을 낮게 평가했다. 나는 왈츠의 이러한 주장에 동
의할 수 없다. 가장 극적인 사례 하나를 소개하겠다. 미국 정보기관은
2001년에 시작된 시리아의 비밀 원자로 건설을 알아차리지 못했다. 이 비
밀 원자로 건설과정에 북한이 도움을 주었으며, 건설 현장은 십자군 요새
의 잔해로 위장되었다. 2007년, 이스라엘 정보기관이 미국 CIA에 이 사
실을 알려주었다.⁴⁴⁾ 2007년 9월, 이스라엘 공군이 시리아의 비밀 원자로
(알-키바 원자로)를 파괴했다. 하지만 미국은 여전히 플루토늄 재처리 시
설로 의심되는 시설들의 위치를 파악하지 못하고 있으며, 국제원자력기구
IAEA도 시리아의 의심지역 접근을 거부당한 상태이다. 그리고 미국 정부가
세계에서 가장 고립된 두 국가인 북한과 미얀마의 핵 협력 활동에 대한
정보를 수집하고 있기는 하지만, 북한이 미얀마의 의심스러운 핵 프로그
램에 어느 정도 도움을 주고 있는지 잘 파악하지 못하고 있다. 마지막으
로 이란의 핵 기술과 노하우 그리고 북한의 미사일 기술과 노하우가 교환
되는 등 북한과 이란 간에 긴밀한 협력이 이루어지고 있다는 주장들이 많
이 있다. 하지만 미국 정보기관들은 이러한 주장들을 확인하거나 부인할
만큼 확실할 증거가 부족한 상황이다.⁴⁵⁾

일부 비관적인 전문가들은 북한의 핵 개발이 동아시아 국가들의 핵 확산을 촉진시킬 것이라고 예측한다. 하지만 최소한 지금까지는 그 예측이 빗나갔다. 한편, 왈츠와 핵 확산 낙관주의자들이 핵 무기를 보유한 북한이 국제적 행위를 조심스럽게 할 것이라고 예측했지만 그것도 맞지는 않았다. 미국은 북한 핵 무기 개발을 안정요인으로 환영해서는 안 되며, 북한 핵 위협을 봉쇄하고 나아가 북한이 핵 무기를 포기하도록 제재, 협상, 억지를 모두 활용하여야 한다. 하지만 나는 북한이 빠른 시간 안에 핵 무기를 포기할 것이라고 낙관하지 않는다.

이란

나는 다음에서 핵 무기 획득을 위한 노력 사례 가운데 가장 최근의 일이면서 가장 심각한 사례를 설명하려고 한다. 그 사례는 이란 사례이다.[46] 학자들과 관리들이 이란 핵 야망을 바라보는 2가지 관점이 있다. 첫 번째 관점은 미국이 이란의 핵 무기 확보를 막을 수 없을 것이라고 보는 숙명론이다. 두 번째 관점은 비록 이란이 핵 무기 보유국가가 된다고 하더라도 미국이 이란을 제어할 능력이 있다고 보는 지나친 낙관론이다. 숙명론자들은 이란과 그 이외 국가들의 핵 무기 획득을 장기간 막는 것은 불가능하다고 주장한다. 핵 기술과 노하우가 확산되고 있고, 핵확산방지조약NPT 당사국들이 플루토늄 추출과 우라늄 농축 권한을 가지고 있기 때문에, 핵 무기 획득을 결정한 정부는 결국 핵 무기 보유국가가 된다는 주장이다. 그리고 1981년 이스라엘이 이라크의 오시락Osirak 원자로를 공중폭격으로 파괴했는데, 이것은 이라크의 핵 프로그램 진전을 조금 늦추었을 뿐이다. 이라크에 사용했던 공중폭격으로 이란 핵 시설을 완전히 파괴하기는 어려울 것이다. 왜냐하면, 이란이 나탄즈Natanz 우라늄 농축시설들을 지하 깊은 곳에 건설했기 때문이다. 많은 전문가들은 이란이 비밀 핵 시설들을 여러 곳에 숨겨두었을 것으로 의심하고 있다. 핵 비확산 노력에 대한 비관론 확산 그리고 이란의 저농축 우라늄LEU, Low Enriched Uranium 생산량 증대로 인해, 많은 분석가들은 핵 무장한 이란을 억지하는 최선의 방법이 무엇인가로 관심을 돌리고 있다. 이것은 이해할 만하다.

2006년 3월, 부시 행정부의 한 관리는 익명으로 뉴욕타임즈에 "우리 대부분은 이란이 조만간 핵 무기를 확보하거나 핵 무기를 만들 수 있는 기술을 확보할 것으로 생각하고 있다. 이것이 현실이다."라고 설명했다.[47] 뉴욕타임즈에 의하면, 오바마 행정부 관리들은 이란의 핵 무장이 불가피한 것인지 그리고 만약 이란의 핵 무장이 불가피한 것이라면, 미국은 이란을 어떻게 억지하고 봉쇄하는 것이 최선인지에 대해서 논의했다.[48] 하지만 이런 숙명론적인 분석들은, 원하지 않는 결과에 대응하는 장기 비상계획으로 고려되어야 한다. 이 분석들이 이란의 핵 야망을 불가피한 것으로 또는 수용가능한 것으로 받아들이는 변명이 되어서는 안 된다. 확산 숙명론과 억지 낙관론은 특히 끔찍한 방식으로 상호작용한다. 이란의 핵 무기 확보가 불가피하다고 우리가 더 생각할수록, 우리는 "이란의 핵 무기 확보가 아마 별일이 아닐 거야."라고 말하게 될 것이다. 그리고 이란의 핵 무기 확보가 별일이 아닐 것이라는 우리의 확신이 더 강해질수록, 우리는 이란의 핵 무기 확보를 막는데 필요한 외교적, 전략적 노력을 덜 하게 될 것이다.

왈츠는 이란이 일단 핵 무기를 확보하게 되면, 냉전 시기 핵 무기 보유 국가들처럼 조심스럽게 행동할 것이라고 가정한다. 하지만 이란은 냉전 시기 공산주의 중국과 소련이 가지고 있었던 내적 특성, 즉 위기를 회피할 수 있는 이념, 중앙집중화된 집단적 의사결정, 군에 대한 민간의 엄격한 통제 등을 가지고 있지 않다. 핵 무기를 보유한 이란의 미래를 전망하기 위해서, 냉전 시기 핵 무기 보유국가 사례를 검토해서는 안 된다. 대신에 우리는 파키스탄, 이라크처럼 보다 최근에 핵 무기를 보유했거나 핵 무기 보유를 추구하는 국가들 사례를 살펴보아야 한다.

첫째, 1999년 파키스탄 사례와 1990년대 사담 후세인의 사례를 이미 앞에서 살펴본 바 있다. 이 사례들을 토대로 전망해 본다면, 핵 무기를 보

유한 이란의 지도자들은 핵 무기를 방패로 삼아 보다 안전한 상황에서 주
변 국가와 미국을 상대로 공세적 행동을 할 것이다. 우리는 이러한 상황
을 우려해야 한다. 이란은 레바논 중심의 시아파 민병대인 헤즈볼라
Hezbollah의 주요 무기 공급원이다. 그리고 이란은 헤즈볼라의 이스라엘 내
부 민간 목표물과 군 목표물에 대한 공격을 지원하고 있다. 이란은 헤즈
볼라가 1996년 사우디아라비아 코바르 타워스Khobar Towers의 미군 막사를
폭탄으로 공격하는 데 지원을 제공했다. 그리고 2003년 이후, 이라크 내
에서 미군과 전투를 벌였던 이라크 시아파 민병대에게 비밀리에 무기를
공급했다. 이란 지도자들은 중동지역의 아랍 정부들에게 혁명을 요구한
다. 미국 관리들에 의하면, 이란이 리비아의 카다피 정권에 특수 포탄을
제공했고, 이 포탄이 독가스의 일종인 이페리트mustard gas로 채워져서 사
용되었다.49)

   만약 이란이 핵 무기를 확보한다면, 이란이 중동에서 다소 공세적으로
행동하지 않을까? 한편으로, 이 질문에 대하여 우리는 케네스 왈츠로부터
한 가지 통찰을 얻을 수 있다. 만약 이란이 핵 무기 보유국가가 된다면,
미국과 이스라엘은 이란 공격을 더 꺼리게 될 것이다. 이란이 핵 무기 확
보를 원하는 중심적인 동기는 '강요된 정권 교체'에 대한 우려이다. 다른
한편으로 다양한 이란 사람들, 특히 '이슬람혁명수비대IRGC' 사람들은 핵
무기를 보유했기 때문에 더 안전하게 지역 미군을 공격할 수 있고, 이스
라엘에 대한 테러 공격을 지원할 수 있으며, 주변 아랍 정권을 불안정하
게 만들 수 있다고 느낄 것이다.

   두 번째 중요한 질문은 이란 핵 무기를 누가 통제할 것인가이다. 물라
mullah, 이슬람교 율법학자, 선출된 정치인, 전문화된 군, 이슬람혁명수비대IRGC 중
누가 통제할 것인가? 여러 증거들을 살펴보았을 때, 이슬람혁명수비대가
핵 무기를 통제할 것으로 예상된다. 전문화된 이란 군이 아니라 이슬람혁
명수비대가 지금까지 핵 기술을 비밀리에 구입했고, 핵 시설을 보호했으
며, 핵 무기 운반체계에 대한 연구를 진행했고, 핵 무기 활동을 관리해 왔

다. 이슬람혁명수비대는 중동 테러 조직들과의 연계 활동도 맡고 있다. 결
과적으로, 테러 조직들과의 연계 활동을 담당하는 이슬람혁명수비대가 이
란 핵 무기의 지휘 통제 책임도 맡게 되는 치명적인 상황이 올 수 있다.

　이란 중앙정부의 정치 지도자들이 이슬람혁명수비대의 핵 무기 운영에
관한 세부사항을 완전히 통제할 수 있을 것이라고 보기 어렵다. 이슬람혁
명수비대는 "진정한 신자들"을 사병으로 선발하며, 이들에게 이념적 교화
를 실시한다. 2003년 국제원자력기구IAEA는 이란 원심분리기 시설을 조사
하면서, 이슬람혁명수비대 예하 부대들이 핵 물질 생산시설의 안전을 담
당하고 있음을 알게 되었다. 이슬람혁명수비대는 이란에서 가장 급진적인
종교 지도자들과 관계를 맺고 있다. 급진적인 종교 지도자들 중 일부는
(많은 전통적 시아파 종교 지도자들의 견해와 달리) 핵 무기의 획득과 사용이
이슬람법에 적합하다고 주장한다.50)

　이란 중앙정부가 이슬람혁명수비대를 통제할 수 있는가에 대한 염려는
단순한 이론상의 문제가 아니다. 지난 수십 년 동안 이슬람혁명수비대 고
위 지휘관들이 중앙 정부 관리들에게 공격적으로 행동하고도 아무런 제재
를 받지 않은 사례가 셀 수 없을 정도로 많다. 2002년 1월, 이스라엘 해
군이 이란에서 팔레스타인 영토로 무기를 운반 중인 선박 한 척을 나포했
다. 많은 서방 관리들이 불량한 이슬람혁명수비대의 작전이라고 확신했던
이 무기운반 작전은 이란 모하마드 하타미Mohammad Khatami 대통령의 승인
이나 인지 없이 실시된 것이었다.51) 2007년 9월에도 이와 유사한 사건이
발생했다. 이슬람혁명수비대의 통제를 받는 해군 선박들이 영국 해군 병
사들을 체포하여 2주간 억류했다. 이란은 이 영국 해군 병사들이 이란 영
해를 침범했다고 주장했다. 영국과 미국 관리들은 영국 해군 병사 체포가
"아마도 중앙정부 상급자들의 지시에 따른 것이 아닐 것"이라고 확신했
다.52) 마지막으로, 2011년 주미 사우디아라비아 대사에 대한 이란의 암
살 시도는 하나의 흉포한 작전이었다. 미국의 한 고위 관리는 기자에게
이렇게 말했다. "그것은 흉포한 계획이다. 그들은 우리가 지금까지 알지

못했던 매우 다른 전술을 사용하고 있다."53)

핵 무기가 안정 비슷한 것이라도 제공해 주기 위해서는, 정부가 핵 무기를 엄격하게 지휘하고 통제할 수 있어야 한다. 앞에서 살펴본 이란의 사례들은 충격적인 경고를 하고 있다. 이란의 핵 무기 운영은 매우 위험할 수 있다. 이란 중앙정부는 핵 무기 운영을 지휘하거나 통제할 수 없다. 왜냐하면, 핵 무기를 운영 관리하게 될 이슬람혁명수비대가 이란 중앙정부의 통제권 밖에 있기 때문이다.

이렇게 서서히 다가오는 위험에 직면한 일부 서방 정부 관리들은, 억지에 대한 맹목적 신뢰에 의존한다. 이란이 핵 무기를 테러리스트들에게 넘겨주는 것을 차단하기 위해, 2006년 프랑스 정부는 핵 테러를 실시한 테러리스트의 공범인 국가에 핵 공격을 가할 것이라고 선언했다. 하지만 테러리스트가 사용한 핵 폭탄의 핵 물질이 어디에서 온 것인지 확실하지 않을 경우 무엇을 할 수 있는가라는 어려운 질문이 남는다. 이 질문에 대해서 "귀속(歸屬) 억지" 개념은 명확한 답을 제시하지 못한다.

그리고 당시 프랑스 대통령이었던 자크 르네 시라크Jacques René Chirac는 케네스 왈츠의 억지 낙관주의적 전술에서 벗어난 이야기를 했다. 프랑스 정부는 이후에 시라크 대통령이 언론에 보도되지 않는 조건에서 생각나는 대로 말한 것이라고 해명했다. 뉴욕타임스에 보도된 바에 따르면, 시라크 대통령은 이렇게 말했다. "나는 핵 무기를 보유하고 있다는 사실이 이 상황을 위험하게 만드는 것은 아니라고 말하고 싶다. 한 국가가 핵 무기를 가질 것이고, 조금 후에 두 번째 국가가 핵 무기를 가질 것이다. 이 자체는 그리 위험한 것이 아니다. 가장 위험한 것은 확산의 결과다."54)

이란이 핵 무기를 획득한다면, 실제로 중동에서 핵 무기가 확산될 위험이 있다. 예를 들어, 2011년 6월, 사우디아라비아의 왕자 파이살 빈 압둘아지즈 알사우드Faisal bin Abdulaziz Al Saud는 이렇게 말했다. "이란의 핵 무기 개발은 사우디아라비아로 하여금 극적인 결과를 가져올 수 있는 정책을 추진하도록 만들 것이다. 만약 이란이 군사 프로그램을 성공적으로 밀고 나간다면, 우리도 그 길을 따라야만 할 것이다."55)

이와 같이 중동지역의 핵 확산이 하나의 실제 위험인 것은 분명하다. 하지만 이란 핵 무기 자체도 충분한 위험성을 안고 있다. 이란의 핵 무기 획득이 주변지역으로의 핵 확산을 가져올 수 있기 때문에 걱정스럽다고 말하는 것은, 마치 자신의 아이에게 "헤로인을 해서는 안 돼. 왜냐하면, 더 강한 마약을 하도록 만들기 때문이야."라고 말하는 것과 같다.

결론: 위험을 무시하고 낙천적으로 이야기하기

억지 낙관주의자들은 다가올 위험을 생각하지 않고 낙천적으로 세상을 살아가는 개인들과 같다. 그들은 종종 위험을 무시하고 낙천적으로 이야기한다. 미래에 미국과 중동지역 국가들이 핵 모호성을 유지하는 이란과 함께 살아가야 할지도 모른다. 우리는 절대 이것을 환영하거나 축하해서는 안 된다. 일부 전문가들은 이란 핵 프로그램이 더 많이 진행되기 전에 이란 핵 시설에 대한 예방 공중 폭격이나 예방전쟁을 실시해야 한다고 주장하기도 한다. 하지만 이러한 군사력 사용 선택은 완전한 성공을 거두기가 어렵다. 미국 전 국방부 장관 로버트 게이츠Robert Gates와 이스라엘 정보기관 모사드 전 국장 메이어 다간Meir Dagan도 이와 같은 경고를 한 바 있다.56) 가능하다면 유엔 안보리의 제재를 통해서 그리고 필요하다면 미국과 동맹국들의 제재를 통해서 이란에 압력을 가하는 것이 더 효과적이다. 그리고 스턱스넷Stuxnet 컴퓨터 바이러스 공격과 같이 이란의 업무를 방해하는 노력도 해 볼 만하다. 이란의 민주화 운동을 촉진시키기 위해서, 이란 내부 반정부 세력에 대한 지원을 강화하는 것도 고려해야 한다. 그리고 이란 정유 제품 수입 금지 등 이란의 무역을 막는 조치를 확대해 나가는 것도 검토해 보아야 한다. 미국과 국제공동체는 이란 핵 문제와 관련하여 아직 결정적 위기의 순간을 맞이하지는 않았다. 하지만 머지않아 미국과 국제공동체는 이란과 전쟁을 치를 것인지 아니면 핵 무장한 이란과 함께 살아갈 것인지를 선택해야 할 것이다. 우리의 정책적 목표는 그 선택의 날이 가능한 먼 미래가 되도록 하는 것이다. 먼 미래에는 다른 방안들이 효과를 나타낼 수도 있을 것이다.

07

핵 무기가 없는 세계가
최선의 선택인가?

핵 무기 전파, 그 끝없는 논쟁

CHAPTER

07

•

핵 무기가 없는 세계가
최선의 선택인가?

스콧 세이건과 케네스 왈츠

핵 무기가 없는 세계가 최선의 선택이다.

스콧 세이건

버락 오바마Barack Obama 대통령이 핵 무기 없는 세계를 원한다고 말할 때마다, 핵 강경론자들은 강력히 반발했다. 오바마 대통령 취임 직후, 레이건 행정부 시기 국방부 고위 관리를 지낸 프랭크 개프니Frank Gaffney는 오바마 대통령이 "세계 유일 초강대국을 핵 불능국가로 전환시키려고 한다."라고 말했다. 오바마 대통령은 2009년 프라하 연설에서 "미국은 핵 무기 없는 세계를 만들기 위한 구체적인 조치를 취할 것"이라고 약속했다. 이에 대해 전 국방부 장관 제임스 슐레진저James Schlesinger는 "'우리가 핵 무기를 폐기할 수 있다'는 개념은 미국의 공상적 이상주의와 미국의 편협한 지역주의의 조합을 떠올리게 한다."라고 말했다. 그리고 2009년 오바마 대통령이

노벨 평화상을 수상했을 때, 타임 메거진Time Magazine조차도 "평화를 원하십
니까? 핵 무기에게 노벨상을 주십시오."라는 제목의 기사를 게재했다.

오바마 대통령은 목소리를 높여서 그리고 기회가 있을 때마다, '미국은
핵 무기 없는 세계를 추구한다.'라고 선언했다. 그리고 오바마 행정부는
핵 없는 세계 실현이라는 장기 목표를 실현하기 위해 구체적인 조치를 강
구했다. 나는 이것이 옳은 방향이라고 생각한다. 오바마 대통령이 '미국은
핵 무기 없는 세계를 추구한다.'라고 선언한 것은, 미국이 1970년에 가입
한 핵확산방지조약NPT의 규정을 준수하겠다고 선언한 것과 같다. 미국은
1970년에 핵확산방지조약NPT에 가입하면서 제6조 "조속한 시일 안에 핵
무기 경쟁 중지와 핵 군비 축소를 위한 효과적 조치에 관한 교섭을 성실
히 추구"하는데 동의 했다. 그리고 미국 헌법 제6조 제2항에 따르면 핵확
산방지조약과 같이 미국의 권능으로써 이미 체결된 조약은 "국가의 최고
법률the supreme Law of the Land"이다. 기초적인 수준에서 볼 때, 오바마 대통
령은 단순히 미국 법을 따를 것이라고 말한 것이다.

그렇다고 이러한 법률 세부사항에 의해 핵 무기 폐기 열망이 나온 것은
아니다. 이 열망은 국제 수준의 핵 미래에 대한 2가지 중요한 통찰에서
비롯된 것이다. 첫째, 가까운 미래에 미국의 가장 위험한 핵 위협이 될 대
상은 냉전 시기에 적국이었던 중국과 러시아가 아니라, 테러리스트들과
새롭게 핵 무장한 국가가 될 것이다. 둘째, 미국과 기존 핵 무기 보유국가
들이 핵 군비 축소를 위해 성실히 노력한다면, 비핵국가와 테러 단체로
핵 무기가 전파될 가능성이 줄어들 것이다.

냉전 시기에 핵 무기는 냉전이 뜨거워지지 않도록 만드는 위험한 필수
품이었다. 일부 학자들과 정책입안자들은 냉전 시기에 핵 무기가 억지수
단으로 활용되었다는 그 단순한 사실에 대한 향수가 있다. 그런데 이들은
세상이 얼마나 많이 변했는지를 이해하지 못하고 있다. 우리가 지금 직면
한 선택은, 이 세계에서 핵 무기를 없앨 것인지 아니면 양극 냉전 시기의
억지로 복귀할 것인지에 관한 것이 아니다. 우리가 선택해야 할 것은, 핵

무기 없는 세계를 만들 것인지 아니면 핵 무기를 가진 국가들이 더 많은 세계에서 살 것인지에 대한 것이다. 만약에 핵 무기를 가진 국가들이 더 많아지고, 이 세계에 핵 무기가 더 늘어난다면, 테러리스트들이 핵 무기를 구입하거나 탈취할 기회가 더 늘어날 것이다. 테러리스트들이 핵 무기로 무장할지도 모른다는 우려는 이전부터 있었다. 1977년, 테러집단인 '혁명세포 Revolutionary Cells'가 서독에 있는 미군기지를 공격했다. 이 공격의 목적은 전술 핵 무기를 탈취하는 것이었다. 1990년대에 일본 옴 진리교 광신적 종교집단은 러시아 군인들을 모집하여 러시아 핵 무기를 손에 넣으려고 했다. 결국 핵 무기 확보 노력은 실패로 돌아갔고, 화학 무기인 사린 가스를 이용하여 도쿄 지하철 테러를 저질렀다. 오사마 빈 라덴은 핵 무기를 획득하는 것과 그 핵 무기로 서방국가를 공격하는 것이 이슬람 지하드 전사들의 의무라고 주장한 것으로 알려져 있다. 알 카에다는 과거에 고위 파키스탄 핵 과학자들에게 도움을 요청한 적이 있으며, 현재 파키스탄 연구실 안에 알 카에다 "비밀 정보요원들"이 활동하고 있을지도 모른다. 핵 무장한 테러리스트들의 훨씬 강력한 파괴의 위험이 서서히 다가오고 있다. 핵 보복 공격의 위협으로 테러리스트들을 억지할 수는 없다. 테러리스트들이 핵 무기를 구입하거나 탈취하지 못하도록 막는 것 그리고 테러리스트들이 핵 물질을 확보하지 못하도록 하는 것이 훨씬 더 나은 전략이다. 만약 이란과 시리아처럼 핵 무기 보유를 열망하는 국가들이 미래에 핵 무기를 획득하게 된다면, 테러리스트들이 핵 무기를 손에 넣을 가능성이 분명히 증가할 것이다. 그리고 미국과 기존 핵 무기 보유국가들이 핵확산방지조약NPT을 준수하지 않고, 핵 무기 보유를 자신들의 당연한 권리로 내세우는 위선적 태도를 보인다면, 핵 확산 위험을 줄이는 데 필요한 국제적 협력의 가능성은 감소할 것이다.

조지 부시 행정부 관리들은 미국의 보유 핵 무기 숫자 또는 군사대비 태세와 비핵국가들의 비확산 결정 사이에 아무런 연관 관계가 없다고 확신했다. 하지만 오바마 행정부의 '핵 태세 검토보고서Nuclear Posture Review'

에 다음과 같이 서술된 것처럼, 이 둘은 간접적이고 측정하기가 어렵긴 하지만 강한 연관성을 가진다. "핵확산방지조약NPT에 규정된 핵 군축 의무를 우리가 진지하게 이행하는 모습을 보여줌으로써, 우리는 비확산 레짐을 견고히 하고 핵 물질의 안전을 지키는데 필요한, 국제사회의 폭넓은 지지를 확보할 수 있는 능력을 강화할 수 있다."[1]

　군비 축소의 진전이 비확산의 진전을 가능하게 한다는 오바마 행정부의 판단이 옳았음을 보여주는 많은 신호들이 있다. 2010년 4월 워싱턴에서 개최된 핵안보정상회의에 46개국이 참가했으며, 참가국들은 테러리스트들로부터 핵 물질을 지키기 위한 구체적인 조치들에 합의했다. 그리고 2010년 5월, 핵확산방지조약NPT 검토회의Review Conference가 협력적인 분위기 속에서 진행되었고 최종문서가 합의되었다. 최종문서에는 모든 조약 국가들이 개선된 원자로 안전조치에 서명할 것 그리고 조약 규정을 준수하지 않는 정부들은 태도를 변경할 것 등의 내용이 포함되었다. 이것은 부시 행정부 시기였던 2005년에 개최된 핵확산방지조약 검토회의가 실패로 끝난 것과 명확히 대비된다. 새로운 협력의 정신으로 미·중 간의 군비통제 협상과 미·러 간의 군비통제 협상이 진전을 이룰 때, 이란에 대한 유엔 안보리의 추가 제재가 성과를 거둘 수 있을 것이다.

　핵 무기 없는 세계에 대한 심각한 도전들은 여전히 존재한다. 하지만 한 가지 중요한 현상이 있다. 그것은 모든 국가들 사이에서, 최종 군비 축소 협약이 체결될 것이고, 새로운 핵 무기 보유국가의 등장이 허용되지 않을 것이라는, 확신이 증가하고 있다. 핵 무기 없는 세계를 만들기 위해서는 기존 핵 무기 보유국가들이 핵 무기를 모두 포기해야 한다. 이렇게 만들어진 핵 없는 세계에서, 한 국가가 핵 무기를 획득하기로 결정할 경우, 이 국가를 처벌하고, 결정을 뒤엎는 과정에 기존 핵 무기 보유국가들이 더욱 강력하게 참여할 것이다. 그런데 현실에서는 역설적으로, 핵 무기 보유국가들이 아주 많은 핵 무기를 확보하고 있기 때문에, 새로운 핵 무기 보유국가의 등장을 수용하려는 유혹에 굴복하기 쉽다. 군비를 축소하는 데 있어서, 현실에 안주하는 태도는 아주 현명치 못한 것이다. 일단 핵 무기를 보유한 국가들은 비확산을 위해 노력하여야 한다.

핵 무기 없음을 검증하는 것은 또 하나의 분명한 도전이다. 설령 보다 나은 검증 기술이 만들어진다고 하더라도, 이전 핵 무기 보유국가가 비밀리에 핵 무기 재개발을 준비하다가 적발될 경우, 어떻게 처리해야 하는가에 대한 문제가 남을 것이다. 이 문제를 해결하는 한 가지 방법은 이전에 핵 무기를 보유했던 모든 국가들에게 핵 무기를 재개발할 수 있는 길을 열어주는 것이다. 역설적으로, 이러한 기회 부여는 핵 포기에 확신을 부여할 뿐 아니라 억지의 효과도 있다. 먼저, 핵 무기를 포기해야 하는 국가들은, 핵 무기를 다시 확보할 수 있는 기회가 있기 때문에 핵 무기 포기를 위한 마지막 조치에 나설 수 있다. 그리고 핵 무기를 포기한 기존 핵 무기 보유국가들은, 내가 핵 무기를 재개발할 경우 다른 국가들도 핵 무기를 재개발할 것임을 알기 때문에 핵 무기를 재개발하지 않게 된다. 한마디로 말해서, 심지어 핵 무기가 없는 세계에서도 잠재적인 형태의 핵 억지가 가동될 수 있다.

마지막으로, 탄도미사일 방어체계에 대한 질문이 있다. 냉전 동안 그리고 냉전 직후, 이 책의 저자들을 포함하여 많은 학자들과 관리들은 탄도미사일 방어체계를 "불안정 요인"으로 간주했다. 왜냐하면, 각 국가의 핵 안보는 상대방을 황폐화시킬 수 있는 수준의 보복 타격 능력에 달려 있기 때문이다. 그런데 만약 선제 핵 공격을 한 국가가 미사일 방어를 통해 보복 핵 타격을 막을 수 있다면, 상호 확증파괴가 더 이상 효력을 발휘하지 못한다. 나는 러시아 또는 중국의 대륙간 탄도미사일 방어에 대해서도 같은 입장이다. 하지만 핵 군축의 세계에서는 미사일 방어체계가 지금과 달리, 보다 안정적인 역할을 수행할 수 있다. 미래 상호 미사일 방어체계는 중간에 누군가 속임수를 쓰지 않을까 하는 우려를 줄여주기 때문에 군축의 마지막 단계를 가능하게 해 준다. 그리고 미사일 방어체계는 다른 국가의 성공적인 규칙 위반에 대하여 적절한 시기에 대응할 수 있는 능력을 각국 정부에게 부여해 줄 수 있다.2) 핵 무기가 없는 세계에서도 국가 간의 이해갈등은 존재할 것이고, 각국 정부는 국제적인 의무를 이행하지 않으려는 유혹을 느낄 것이다. 그리고 핵 무기가 없는 세계에서도 전쟁은 있을 것이다. 핵 무기 없는 세계가 유지되기 위해서는, 재래식 무기로 무장한 강대국들이 핵 군축과 비확산 규칙들이 준수될 수 있도록 공정하고 적극적인 역할을 수행해야 한다. 잠재적 핵 확산국가가 핵 무기를 보유하지 못하도록 "강제 조치"를 취해야 할지도 모른다.

중세 시대에 유럽 지도 제작자들은 알려진 세계의 끝, 즉 미지의 세계에 '여기에 용이 있다hic sunt dracones'라는 말을 써 놓았다. 핵 군축에 대한 비평가들은 중세 시대 지도 제작자들과 비슷하다. 이들은 숨겨진 핵 괴물들로 가득 찬 미지의 영토로 들어가는 두려움을 가지고 있다. 하지만 이 용들은 환상에 불과하다. 적절한 검증, 위반에 대한 강제조치, 상호방위체계 구축 등 핵 무기 없는 세계를 만들어가는 데 있어서 우리가 직면하게 될 전략적 도전들은 지금까지 우리가 경험해 보지 못한 도전들이다. 만약 우리가 상호 수용가능하고, 검증 가능한 핵 군축의 세계로 나아가는 안전한 경로를 찾지 못한다면, 우리가 향해가는 세계는 수많은 핵 무기 보유국가들과 테러리스트의 유혹이 존재하는, 위험이 가득한 곳이 될 것이다.

핵 무기가 없는 세계가 최선의 선택이 아니다.

케네스 왈츠

영국 경제학자 노먼 에인절Norman Angell은 거듭해서 "전쟁은 수지가 맞지 않는다."라고 이야기했다. 그런데 역사가 입증해 주는 것은 국가들이 에이절의 교훈을 받아들이기 어렵다는 것이다. 제1차 세계대전의 참상이 아직 기억에 뚜렷이 남아있는 상황에서, 유럽국가들은 제2차 세계대전을 시작했다. 제1차 세계대전 종료 21년 만에 제2차 세계대전이 시작된 것이다. 1945년 8월까지 특히 강대국들 간에 폭력적인 갈등이 지속되었다.

　소련의 "강철 사나이" 스탈린이 미국에 이어 신속하게 핵 무기를 개발했다. 서방세계 대사들에게 "적절한 시기에 우리는 당신들을 묻어 버릴 것이다"라고 말한 흐르시초프가 소련의 최고 지도자가 되었을 때, 서방세계의 많은 사람들은 지옥의 모든 문들이 느슨해졌다고 생각했다. 시카고 대학 총장 로버트 메이나드 허친스Robert Maynard Hutchins와 저명한 수학자이자 사회 비평가인 버트런드 러셀Bertrand Russell은 핵 무기 시대에 세계 전쟁의 유일한 대안은 세계 정부라고 주장했다. 핵 무기가 있는 상태에서 전쟁이 일어나면 아마도 문명과 함께 우리 모두가 소멸되고 말 것이다. 역사적 사실을 통해, 세계 정부의 대안이 핵 억지라는 것이 입증되었다. 핵 억지는 냉전과 그 이후까지 긴 시간 동안 세계 강대국들 간의 전쟁을 소멸시켰다.

　폭력적인 갈등이 여전히 존재하는 것은 사실이다. 하지만 폭력적 갈등은 국제정치의 변두리에서 발생하고 있을 뿐이다. 특히 미국은 가난하고 약한 국가를 두드려 패는 것을 좋아한다. 1983년부터 20년 동안 미국은 여섯 번 다른 나라를 공격했는데, 이라크로 시작해서 이라크로 끝났다. 제2차 세계대전 이후 핵 무기를 보유한 국가들 간에는 전쟁이 한 번도 없었다. 역사적 사건에 대한 가정을 검증하는 것은 사회과학자가 가장 좋아하는 실내 스포츠이다. 사회과학자들의 모든 검증을 통과한 유일한 가정이 바로 이 사실이다. 핵 무기는 지금까지 인류가 알고 있는 무기 중에서 평화를 유지하는 최선의 무기이자 사실상 유일한 무기이다. 누군가는 이 무기가 많은 팬을 보유하고 있을 것이라고 생각한다. 하지만 실상은 그렇지 못한 것처럼 보인다.

　오바마 대통령은 이 세계를 보다 안전한 곳으로 만들겠다는 희망을 가지고, 미국인들을 핵 무기에서 해방시키기를 원했다. "핵 무기 제로"라는 표현은 직관적인 호소력이 있다. 핵 무기는 엄청난 파괴력을 가지고 있으며, 방어가 불가능하다. 그렇다면 왜 국가들이 핵 무기 폐기에 동의하거나 단결해서는 안 되는가? 왜 '핵 무기 제로'가 최선의 선택이 아닌가?

핵 무기는 냉전 이후 세계 평화를 유지하는 데 기여해 왔다. 이러한 핵 무기를 폐기할 경우 한 가지 확실한 효과가 있다. 그것은 제3차 세계대전을 마음 놓고 벌일 수 있는 세계가 만들어지는 것이다. 다른 지배국가들과 마찬가지로 미국은 많은 국제사회의 지도자들 마음속에 무시무시한 위협으로 존재한다. 조지 부시 대통령은 2002년 1월 이라크, 이란, 북한을 '악의 축'으로 지정했다. 그러고 나서 부시 대통령은 그 국가들 중 한 국가의 침공을 명령했다. 이때 나머지 두 국가는 무엇을 생각했을까? 다음은 자기 차례라고 생각하는 것이 정상적일 것이다. 그리고 미국의 침입을 억지하기 위한 조치를 취하고자 했을 것이다. 하지만 이란과 북한이 어떻게 세계를 지배하는 미국을 억지할 수 있을까? 역사적으로 볼 때, 재래식 방어와 억지로는 미국을 막을 수가 없다. 오직 핵 무기만이 다른 국가에 대한 미국의 침공을 단념시킬 수 있다.

미국이 핵 무기를 감축할 의사가 있다는 것을 다른 국가들에게 제시하게 되면, 핵 무기 보유국가들은 미국의 감축 사례를 따르게 될 것이고, 핵 무기 보유국이 되고자 하는 국가들은 핵 무기 확보 노력을 포기하게 될 것이라는 주장이 있다. 하지만 이 주장은 비현실적이다. 오바마 대통령 시절 백악관에서 핵 무기 감축과 관련된 많은 발표가 있었지만, 보복 공격이 불가능한 수준으로 핵 무기를 감축하겠다는 발표는 단 한 번도 없었다. 오바마 대통령은 체코 국민들 앞에서 행한 연설에서, "나는 핵 무기 없는 세계를 향해 구체적인 조치를 취해 나갈 것"이라고 약속했다. 하지만 그는 이어서 이렇게 말했다. "실수하지 말라. 핵 무기가 존재하는 한, 미국은 안전하고, 확실하고, 효과적인 핵 무기로 모든 적들을 억지할 것이고, 동맹국들에 대한 방어를 보장할 것이다." 즉 미국과 미국의 동맹국들이 핵 선제 공격을 받을 경우, 재앙적인 수준의 보복 공격을 가할 수 있는 핵 능력을 미국은 유지하겠다는 것이다. 핵 무기의 숫자는 매우 적은 수준으로 감소될 수 있다. 하지만 만약 핵 보복 공격이 가능한 수준이 유지된다면, 국가 간 군사 관계에는 아무런 변화가 없다. 많은 정파들이 수십 년 동안 미국 정부 안과 밖에서, 적군의 대륙간 탄도미사일로부터 미국 본토를 보호할 수 있는 핵 무기 방어체계(국가 미사일 방어체계) 구축을 요구했다. 시간이 지나면서 미국 정부는 더 얇고 더 유연한 지역 미사일 방어체계를 선호하게 되었다. 나는 미국 정부가 국가 미사일 방어역량에서 문제의 여지가 있는 부분을 포기한 것을 기쁘게 생각한다.[3]

실제로는 그런 일이 없었지만, 광역 미사일 방어체계는 너무 쉽게 극복될 수 있기 때문에 핵 무기를 효과적으로 방어하기 어렵다. 이것은 야심 있는 적대국의 상황도 마찬가지이다. 재래식 무기의 세계에서는, 기술과 전략의 변화에 따라 방어의 효과가 달라진다. 하지만 핵 무기의 세계에서는, 공격이 언제나 방어를 압도한다. 약간의 돈을 들여 만든 핵 무기들이, 수십억 달러를 투입해서 구축한 미사일 방어체계를 무력화시킬 수 있다. 만약 핵 무기 공격 국가가 상대방의 사드THAAD 또는 SM – 3와 같은 광역 미사일 방어체계를 극복하고자 한다면, 미사일 방어체계가 가지고 있는 한계를 넘어서는 수준의 운반체를 발사하거나 아니면 방어체계를 혼란하게 하는 궤적을 가진 물체를 발사하면 된다. 예를 들어, 공기주입용 풍선 미끼를 쏘아 올리면 상대방의 미사일 방어체계가 혼란을 일으키고 결국 무용지물이 된다.[4]

탄도미사일 방어체계 구축을 부정적으로 보는 실질적인 이유가 많이 있긴 하지만, 이와 관련된 이론적인 고찰 또한 중요하다. 특히 핵 무기의 보급은 공격과 방어에 관한 모든 고전적 지혜들을 바꾸어 놓는 데 기여했다.[5] 대륙간 탄도미사일과 폭격기는 공격 수단으로 널리 받아들여진다. 한편, 핵 무기는 유일하게 억지용 무기로 사용될 뿐이다. 나는 여러 차례에 걸쳐 핵 무기는 전쟁에서 사용할 수 없는 무기라는 점을 강조한 바 있다. 따라서 핵 무기 공격에 대응하고자 하는 미사일 방어체계는 핵 무기의 억지력을 감소시키는 것이 목적이기 때문에 공격 수단으로 받아들여져야 한다. 러시아와 중국은 미국의 미사일 방어체계 전개에 대해서 소리높

여 반대한다.[6] 이것은 그리 놀랄 일이 아니다. 미사일 방어체계 전개는
재정적으로 무책임하고, 기술적으로 실행 불가능하며, 전략적으로 현명하
지 못하다. 만약에 세계 지도자들이 '핵 무기 제로'를 추구하기로 합의하
는 실수를 범한다면, 합리적인 지도자가 통치하는 핵 무기 보유국가는 무
엇을 할 것인가? 이 질문에 대한 대답은 단순하고 명확하다. "속일 것이
다." 핵 무기는 작고 가볍기 때문에 숨기거나 운반하기 쉽다. 핵 탄두를
작은 화물차 또는 작은 배에 실어서 국경 밖이나 항구로 보낼 수 있다.
모든 핵 무기를 감시하거나 규제하는 것이 불가능하기 때문에, 핵을 확보
할 수 있는 국가들은 '핵 무기 제로' 규칙을 위반하고 싶을 것이다. 그리
고 일부가 속임수를 써서 핵 무기를 확보할 경우, 나머지 국가들도 속임
수를 써서 핵 무기를 확보하는 것이 자국에 유리하다. 이것은 훨씬 더 나
쁜 경우인데, 만약에 '핵 무기 제로'가 일반적으로 받아들여질 경우, 일부
국가들은 핵 무기를 보유하지 못하게 됨으로써 심각한 위협에 직면하게
될 것이다. 그렇게 되면 핵 무기를 다시 확보하기 위한 격렬한 쟁탈전이
벌어질 것이다. 토머스 셸링Thomas Schelling이 오래전에 쓴 글과 같이, "일
반적인 뇌 수술은 한계가 있다. 무기와 무기를 만드는 방법에 대한 기억
을 지울 수 있는 방법은 아무것도 없다."[7]

　　핵 무기 시대의 새벽을 맞이하고 있다. 핵 무기를 보유한 국가들 또는
핵 무기의 보호를 받는 국가들만이 지금 평화를 누리고 있다. 평화를 좋
아하는 사람들은 핵 무기를 사랑해야 한다. 핵 무기는 그 자체가 사용되
지 않도록 발명된 유일한 무기다. '핵 무기 제로'를 지지하는 사람들은 사
실 우리가 오랜 기간 누리고 있는 평화의 원천을 없애야 한다고 주장한
다. 우리는 핵 무기 세계에서 평화를 향유하고 있다.

　　인도와 파키스탄은 하나의 구체적인 사례를 제공해 준다. 1998년 5월
인도와 파키스탄이 핵 무기 실험을 했을 때, 언론인, 학자, 관료들은 남아
시아에서 전쟁과 혼돈이 발생할 것이라고 예측했다. 하지만 이 예측은 빗
나갔다. 내가 기대한 것처럼, 인도와 파키스탄 사이에 긴 평화가 찾아왔

다. 인도와 파키스탄은 1998년 핵 무기 보유 이전에 카슈미르 지역을 두고 세 차례에 걸쳐 전쟁을 벌였으며 많은 사람들이 희생된 바 있다.

핵 무기를 보유한 국가들끼리는 전쟁을 하지 않는다. 이것은 지금까지의 역사가 보여주는 교훈이다. 이 교훈은 전쟁 가능성이 가장 높았던 국가들 간에서도 정확히 적용된다. 예를 들어, 미국과 소련 간에, 소련과 중국 간에 그리고 이란과 파키스탄 간에도 적용된다. 새롭게 핵 무기를 보유하는 국가들에 대한 국제사회의 평가는 대체로 부정적이다. 새롭게 핵 무기를 보유한 국가의 정부는 안정적인가? 그 국가의 지도자들은 합리적인가? 이 질문들에 대한 대답들이 국제사회를 불안하게 만든다. 하지만 이전에 좋지 않은 명성을 가지고 있었다고 하더라도, 새롭게 핵 무기를 보유하는 국가들은 기존 핵 무기 보유국가들과 정확히 똑같은 행동을 할 것이다. 새롭게 핵 무기를 보유하는 국가의 본래 특성이 핵 무기 보유 효과에 의해 압도당한다. 핵 무기 보유국가의 정부가 불안정할 수 있다. 그리고 핵 무기 보유국가의 지도자들이 비열하고 비합리적일 수 있다. 그렇다고 하더라도, 핵 무기 보유국가가 다른 핵 무장 국가를 핵 무기는 말할 것도 없고 재래식 무기로도 공격하지 않는다. 왜냐하면 재래식 군사 충돌은 통제를 벗어나기 쉽고, 핵 전쟁으로 악화될 수 있기 때문이다. 재래식 전쟁에서 국가들은 패배를 우려하지만, 핵 전쟁에서 국가들은 파멸을 우려한다. 핵 무기는 국가들로 하여금 모든 것을 조심하게 만든다. 한번 쿠바 미사일 위기를 돌이켜 보라. 그리고 끔찍한 문화혁명 기간에 중국이 보여준 외부 행동을 생각해 보라.

오늘날 모든 국가들은 투명성을 선호한다. 미국은 핵 경쟁 최전선에서 자신의 입장을 투명하게 밝히고 있다. 미국은 핵 무기 보유를 추구하는 국가들이 핵 개발 프로그램을 포기하는 것이 미국의 이익이라는 점을 투명하게 밝혔다. 그리고 미국은 기존 핵 무기 보유국가들이 핵 무기를 줄이거나 완전히 폐기하는 것이 미국에 이익이 된다는 점도 투명하게 보여주었다. 미국은 오랫동안 재래식 군사력 측면에서 세계 지배국가의 지위

를 유지하고 있다. 미국이 기꺼이 핵 무기 개수를 줄일 것인가? 물론 줄일
것이다. 미국은 현재 억지에 필요한 수준 이상의 핵 무기를 보유하고 있
다. 그러면 미국이 보복 타격에 필요한 수준 이하로 핵 무기를 줄일 것인
가? 분명히 그렇게 하지 않을 것이다. 미국은 이 점에 대해서도 투명하게
밝히고 있다.

세이건의 반론

케네스 왈츠는 제2차 세계대전 때 미군으로 참전했고, 냉전기간 때 현
실주의 "세력 균형" 이론의 대표 주창자였다. 그리고 냉전 이후에는, 모든
국가들이 일단 핵 무기를 획득하면 조심스럽게 행동할 것이라는 주장을
계속해 오고 있다. 왈츠는 제7장에서 핵 무기가 없어지면 "제3차 세계대
전을 마음 놓고 벌일 수 있는 세계가 만들어질 것"이라고 하면서 핵 군축
을 두려워했고, 더 나아가 핵 폭탄이 "평화를 지키는 최고의 무기"라고
주장했다. 그리고 왈츠는 오바마 대통령이 핵 무기 없는 세계에 대한 발
언은 많이 했지만, 실제로는 '핵 무기 제로'를 실천할 의도가 없었다고 지
적한다. 왈츠는 핵 무기의 평화 창출 효과를 과장하고 있고, 전쟁 원인에
관해서는 이상한 비정치적 관점을 내세우고 있으며, 핵 무기 테러위험을
완전히 무시하였고, 오바마 행정부의 핵 군축 관련 발표 내용을 잘못 전
달하였다. 나는 이 사항들을 하나씩 집중적으로 검토해 보겠다.

왈츠는 제7장에서 "핵 무기를 보유한 국가들 간에는 전쟁이 한 번도 없
었다."라고 주장했다. 하지만 이것은 사실이 아니다. 인도와 파키스탄은
핵 무기 실험 다음 해인 1999년 카길 전쟁을 했고, 이 전쟁에서 1,000명
이상의 군인이 사망했다. 카길 전쟁은 파키스탄이 핵 무기를 확보했음에
도 불구하고 발생한 것이 아니라, 파키스탄이 핵 무기를 확보했기 때문에
발생한 것이다. 파키스탄 장군들은 확보한 핵 무기가 전쟁을 막는 방패
역할을 해 줄 것이라고 생각했다. 즉, 핵 무기를 보유하고 있기 때문에 전

쟁이 발발하지 않을 것이라고 확신했고, 이 확신에 따라 파키스탄 군인들을 인도가 통제하는 카슈미르 지역으로 침입시켰던 것이다. 파키스탄 장군들의 판단은 잘못된 것이었다. 그것도 아주 위험하게 잘못된 것이었다.

왈츠는 또한 제7장에서 "제1차 세계대전의 참상이 아직 기억에 뚜렷이 남아있는 상황에서, 유럽국가들은 제2차 세계대전을 시작했다."라고 지적한다. 그런데 이것은 비정치적 관점으로 정치 과학을 대하는 것이다. 유럽의 주도권을 장악하고 레벤스라움Lebensraum, 생활권을 만들어 내겠다는 히틀러와 나치당의 야망이 전쟁 발발과 아무런 상관이 없단 말인가? 폴란드, 영국, 프랑스가 1939년과 1940년에 우연히 전쟁에 참전한 것이 아니다. 이 세 국가는 전쟁의 결과를 두려워하지 않는 과대망상증 지도자가 이끄는 팽창주의 세력의 공격을 받았다. 만약 미국이 히틀러와 같은 공격적인 지도자를 상대해야 한다면, 나도 미국이 억지를 위해 핵 무기를 보유해야 한다고 확실히 주장할 것이다. 하지만 지금 러시아와 중국 지도자들은 히틀러와 같이 공격적이지 않다. 그리고 이란 대통령이었던 마무드 아마디네자드Mahmoud Ahmadinejad와 같은 지도자들이 핵 무기를 확보하지 못하도록, 미국은 다른 국가들과 힘을 합쳐 압력을 가해야 하며, 핵 전파를 막기 위한 노력을 해야 한다.

"테러리즘"이라는 단어가 왈츠의 글에 등장하지 않는다. 그는 테러리스트들이 핵 폭탄을 획득해서 얻을 수 있는 이익이 과대계산되었으며, 각국 정부들은 자신의 핵 무기를 내부 또는 외부 위협으로부터 쉽게 보호할 수 있다고 주장한다. 하지만 왈츠의 이 두 주장은 모두 틀린 주장이다. 이슬람 지하드 전사들, 좌익 급진주의자들 그리고 종말론 광신자들 모두 핵 무기를 획득하기 위한 노력을 한 경험이 있다. 핵 무기가 더 확산된다면 이러한 테러 단체들이 핵 무기를 확보할 가능성이 증가할 것이다. 왈츠는 이 문제들을 해결할 뚜렷한 방안을 가지고 있지 않기 때문에 이 문제들을 외면한다.

오바마 대통령은 프라하 연설에서, 다른 핵 무기 보유국가들이 현재의 핵 능력을 유지한다면, 미국도 핵 무기를 감축하지 않을 것이라고 말했다. 왈츠는 오바마 대통령의 이 발언을, 미국이 핵 무기 감축에 대해 심각하게 생각하지 않는 증거로 인용한다. 그런데 이러한 왈츠의 주장은 잘못된 것이다. 오바마 대통령은 프라하 연설에서, 미국이 일방적으로 핵 무장을 해체하지는 않을 것이며, 핵 없는 세계를 만들어 가는 과정에 상당히 많은 시간이 걸릴 것임을 강조했다. 만약 우리가 다자간 핵 무기 감축 협상을 진행하고, 새로운 검증 기술을 개발해 낸다면, 안전하고 확실한 핵 감축이 가능할 것이다. 그리고 왈츠는 오바마 대통령의 현실주의에 대한 긍정적 표현을 위선으로 잘못 해석하기도 했다.

　핵 무기가 지금까지 '기가 막히게 좋은 것'인 적은 없다. 핵 무기는 은총이자 저주이며, 위험한 억지 무기이다. 냉전 시기에 우리는 아슬아슬한 위기 상황을 수차례 목격했다. 새롭게 핵 무기를 보유하게 될 국가들은 억지에 실패할 가능성이 훨씬 더 높다. 과거에 핵 무기는 아주 위험하지만 필요한 것이었다. 하지만 이것이 반복되어서는 안 된다. 이렇게 위험한 상황을 좋게 받아들여야 한다고 주장하는 것은 사람들에게 잘못된 인식을 심어주는 것이다.

왈츠의 반론

　1963년 존 케네디John F. Kennedy 대통령은, 1970년에 10개의 국가가 핵 무기를 보유할 수 있을 것이고, 1975년에는 15개에서 20개의 국가가 핵 무기 확보의 길을 따를 것이라고 예측했다.[8] 그런데 사실은, 핵 무기 보유국가의 수가 소련 해체 직후 10개의 국가로 최고점을 찍은 후 7개의 국가로 내려왔다가, 현재는 파키스탄과 북한이 추가되어 총 9개의 국가가 핵 무기 클럽에 남아 있다.

　핵 무기의 전파 속도가 왜 이렇게 느린 것일까? 그 해답은 핵확산방지조약NPT의 존재 때문이 아니고, 대부분의 국가들이 굳이 핵 무기를 확보하지 않아도 충분히 안전하다고 느끼고 있기 때문이다. 만약 한 국가가 자신의 안보를 핵 무기에 의존해야 한다고 확신하게 될 경우, 그 국가의 핵 무기 확보를 막는 것은 사실상 불가능하다. 조지 부시 대통령은 북한이 핵 무기 보유국가가 되는 것은 "받아들일 수 없을 것"이라고 발언했다. 하지만 북한이 핵 무기를 확보했을 때, 미국은 이것을 묵인했다. 만약 미국이 북한의 핵 무기 보유를 받아들일 수 없었다면, 북한 핵 시설을 공격했어야 한다. 그런데 그 선택 또한 미국이 확실하게 받아들일 수 없는 것이었다.

세이건은 핵 없는 세계를 만들기 위해서 협약의 강제성과 검증이 필요하다고 강조한다. 우리 잠깐 상상해 보자. 만약 세이건이 희망하는 핵 없는 세계가 실현되고 나서, 강대국들이 비밀리에 상당한 수준의 핵 무기를 다시 만드는 것이 확인될 경우, 국제사회는 무엇을 할 수 있을까? 핵 무기를 다시 확보한 국가를 재래식 무기로 공격할 수 있을까? 나는 그러지 못할 것이라고 생각한다.

세이건은 "법률 세부사항"을 거부하는 대신에 국제사회의 경건함에 의존한다. 세이건은 만약 미국이 핵 감축의 길로 들어섰다고 기존 핵 무기 보유국가들이 확신한다면, 기존 핵 무기 보유국가들도 핵 감축의 길에 함께 할 것이라고 주장한다. 그런데 문제는, 소량의 핵 무기를 보유하는 세계에서, 핵 무기를 전혀 보유하지 않는 세계로 넘어 가는 길이 없다는 것이다. 세이건은 핵 무기 없는 세계가 만들어지지 않는다면, 아주 빠른 시간 내에 많은 국가들이 핵 무장을 할 것이라고 확신한다. 나는 세이건이 왜 그렇게 생각하는지 잘 이해가 되지 않는다. 물론 많은 국가들이 핵 무기를 만들 수는 있다. 그런데 왜 지금 많은 국가들이 핵 보유국 클럽에 가입할 것이라고 예상해야 하는가? 누군가는 이렇게 대답할 것이다. 핵 보유국 클럽의 회원국가가 되면 명성을 얻을 수 있다. 그런데 파키스탄과 북한 같은 국가들이 새롭게 핵 보유국 클럽에 가입했지만 명성은 거의 얻지 못하고 있다. 구소련과 중국같이 강한 국가들도 이제는 더 이상 위협으로 간주되지 않는다. 세이건은 우리가 가지고 있는 우려사항들을 보잘 것없는 테러리스트들 그리고 새롭게 핵 무기를 보유한 국가들에게 전가시 키려고 한다.

세이건은 보다 많은 국가들이 핵 무기를 보유하게 되면, 테러리스트들 이 핵 무기를 구입하거나 탈취할 가능성이 높아진다고 강조한다. 테러리 스트들은 큰 골칫거리이고, 때때로 엄청난 테러를 자행한다. 우리는 모두 세계무역센터와 펜타곤이 테러 공격을 당했고, 이 테러로 3,000명 이상의 희생자가 발생한 사실을 잘 알고 있다. 하지만 테러리스트들과 관련된 이 런 생각이 우리를 안심시킨다. '테러리스트들은 우리 사회의 구조를 파괴 할 수 없고, 우리 영토를 정복할 수 없으며, 우리를 다스릴 수 없다.' 우리 는 강한 적들을 약한 적들로 대체시켰다는 안도의 한숨을 크게 내 쉬어야 한다.

미 주

Chapter 01 _ 핵 무기가 전파될수록 세계는 더 나아질 것이다

1) 마지노선은 제2차 세계대전 당시 프랑스 동부전선을 보호하기 위하여 구축한 참호의 연결선을 말한다.

2) Richard Smoke, *War: Controlling Escalation* (Cambridge, Mass.: Harvard University Press, 1977), pp.175 – 88.

3) Glenn H. Snyder, *Detrrence and Defence* (Princeton, N.J.: Princeton University Press, 1961), p.44; Stephen Van Evera, "Primed for Peace: Europe After the Cold War," *International Security* 15, no.3 (Winter 1990 – 91).

4) Snyder, *Detrrence and Defence*, pp.37,49, and 79 – 82; Bernard Brondie, *Escalation and the Nuclear Option* (Princeton, NJ: Princeton University Press, 1966), pp.74 – 78; Robert Jervis, "Why Nuclear Superiority Doesn't Matter," *Political Science Quarterly* 94 (Winter 1979 – 80); Shai Feldman, *Israeli Nuclear Deterrence: A Strategy for the 1980s* (New York: Columbia University Press, 1982), passim.

5) Bernard Brondie, *War and Politics* (New York: Macmillan, 1973), p.321.

6) Georg Simmel, "The Sociology of Conflict, I," *American Journal of Sociology* 9 (January 1904), p.501.

7) George Sansom, "Japan's Fatal Blunder," in Robert J.Art and Kenneth N. Waltz, eds., *The Use of Force* (Boston: Little, Brown, 1971), pp.208 – 9.

8) Cf. Lewis A. Dunn, "Nuclear Proliferation and World Politics," in Joseph I. Coffey, ed., *Nuclear Proliferation: prospects, Problems and Proposals* (Philadelphia: The Annals of the American Academy of Political Science, March 1977), pp.102 – 7. 이후 연구성과로는, Lewis A. Dunn, *Containing Nuclear Proliferation,* Adelphi Paper 263 (London: international Institute for Strategic Studies, 1991).

 9) Feldman, *Israeli Nuclear Deterrence*, p.163.

10) *The Middle East and North Africa, 1994,* 40th ed. (London: Europa Publications, 1993), pp.363, 810.

11) 이에 대한 간단한 설명은 다음을 참조할 것. S. E. Finer, *The Man on Horseback* (London: pall Mall Press, 1962), pp.106–8; and Roy Medvev, "Soviet Policy Reported Reversed by SALT II," *Washington Star*, July 7, 1979, p.1.

12) 다음을 참조할 것. Kenneth N. Waltz, "America's European Policy Viewed in Global Perspective," in Wolfram F. hanreider, ed., *The United States and Western Europe* (Cambridge, mass.: Winthrop, 1974), p.31; Richard K. Betts, *Soldiers, Statesmen, and Cold War Crises* (Cambridge, Mass.: Harvard University Press, 1977), appendix A. 레이건과 카터 행정부의 추가적인 증거가 첨부된 개정판은 다음과 같다. Betts, *Soldiers, Statesmen and Cold War Crises,* 2d ed. (New York:Columbia University Press, 1991).

13) 다음을 참조할 것. John J. Weltman, "Nuclear Devolution and World Order," *World politics* 32 (January 1980), pp.190–2.

14) 다음을 참조할 것. Dunn, "Nuclear Proliferation," p.101.

15) 예방 타격과 선제 타격의 구분은 제3장에서 논의될 것이다. 예방 타격은 다른 국가가 핵 군사력을 획득하는 것을 막기 위하여 타격하는 것이고, 선제 타격은 다른 국가가 핵 무기를 사용하기 전에 파괴하기 위하여 타격하는 것이다.

16) Walter H. Waggoner, "U.S. Disowns Mattews Talk of Waging War to Get Peace," *New York Times*, August 27, 1950, p.1.

17) William B.Bader, *The United States and the Spread of Nuclear Weapons* (New York: Pegasus, 1968), p.96.

18) 다음을 참조할 것. David M. Rosenbaum, "Nuclear Terror," *International Security 1* (Winter 1977), p.145.

19) 다음을 참조할 것. Kenneth N. Waltz, "Nuclear Myths and Political Realities," *American Political Science Review 84*, no.3 (september 1990)

20) Geoffrey Kemp, *Nuclear Forces for Medium Powers: Part I: Targets and Weapons*, Adelphi Paper 196 (London: International Institute for Strategic Studies, 1974).

21) Justin Galen(pseud.), "US Toughest Message to the USSR," *Armed Forces Journal International* (February 1979), p.31.

22) 다음을 참조할 것. Paul H. Nitze, "Assuring Starategic Stability in an Era of Detente," *Foreign Policy* 54, no.2 (Winter 1976–77), pp.207–32; Jamnes R. Schlesinger, "U.S.–U.S.S.R. Strategic Policies," Hearing before the Subcommittee on Arms Control, International Law and Organizations

of the Committee on Foreign Relations, U.S.Senate, 93rd Cong.,2d sess., March 4, 1974, in Robert J.Pranger and Roger P.Labrie, eds., *Nuclear Strategy and National Security; Points of View* (Washinton, D.C.: American Enterprise Institute, 1977), p.105; Colin Gray, "Nuclear Strategy: A Case for a Theory of Victory," *International Security* 4 (Summer 1979), pp.67−72.

23) Thomas C. Schelling, *The Strategy of Conflict* (New York: Oxford University Press, 1963), pp.187−203.

24) Glenn Snyder, "Crisis Bargaining," in C. F. Hermann, ed., *International crises: Insights from Behavioral Research* (New York: Free Press, 1972), p.232.

25) John G. Stoessinger, Henry Kissinger: The Anguish of Power (New York: W. W. Norton, 1976), ch.8.

26) Feldman, *Israel Nuclear Deterrence*, pp.29−32.

27) Steven J. Rosen, "Nuclearization and Stability in the Middle East," in Onkar Marwah and Ann Schultz, eds., *Nuclear Proliferation and the Near Nuclear Countries* (Cambridge, Mass.: Ballinger, 1975), p.173.

28) Frederic J. Brown, "Chemical Warfare: A Study in Restraints (1968)" in Art and Waltz, *The Use of Force*, p.183.

29) William T. R. Fox, "International Control of Atomic Weapons," in Bernard Brodie, ed., *The Absolute Weapon* (New York: Harcourt, Brace, 1946), p.181.

30) Donald A. Quarles, "How Much is Enough?" *Air Force* 49 (September 1956), pp.51−52.

31) Harold Brown, Department of Defense, *Annual Report, FY 1980* (Washington, D.C.: GPO, 1980), pp.75−76.

32) "Part II of the Press Conference by Valery Giscard d'Estaing, President of the French Republic" (New York: French Embassy, Press and Information Division, February 15, 1979).

33) Eldon Griffiths, "The Revolt of Europe," *Saturday Evening Post* 263 (March 9, 1963), p.19.

34) International Institute for Strategic Studies, *Strategic Survey* (London: Brassey, various years).

35) Brodie, "War in the Atomic Age" in Brodie, *The Absolute Weapon*, p.74.

36) Patrick Morgan, *Deterrence: A Conceptual Analysis* (Beverly Hills, Calif.: Sage, 1977), p.116.

37) Thomas C. Schelling, *Arms and Influence* (New Haven: Yale University Press, 1966), p.22.

38) Richard Pipes, "Why the Soviet Union Thinks It Could Fight and Win a Nuclear War," *Commentary* 64, no.1 (July 1977).

39) Joseph Nye, "Maintaining a Non−Proliferation Regime," *International Organization* 35 (Winter 1981).

40) Feldman, Israeli Nuclear Deterrence, ch.5.

41) Interviwed by auther, December 1978.

42) Norman Angell, *The Great Illusion* (London: William Heinemann, 1914).

Chapter 02 _ 핵 무기가 전파될수록 세계는 더 나빠질 것이다

1) References to Chapter 1 will appear in the text in parentheses(e.g., Ch.1, p.x). References to Waltz's earlier work will appear in endnotes.

2) Bruce Bueno de Mesquita and William H.Riker, "An Assessment of the Merits of Selective Nuclear Proliferation," *Journal of Conflict Resolution* 26, no.2 (June 1982), p.283.

3) John J. Mearsheimer, "Back to the Future: Instability in Europe after the Cold War," International Security 15, no.1 (Summer 1990), pp.5−56 (quote at p.20); Mearsheimer, "The Case for a Ukrainian Nuclear Deterrent," Foreign Affairs 72, no.3 (Summer 1993), pp.50−66. 일본에 대한 미어샤이머의 입장은 1993년 6월 21일 National Public Radio's "Morning Edition"에서 표현되었다(NPR Transcript, June 21, 1993, p.21).

4) Stephen Van Evera, "Primed for Peace: Europe After the Cold War," *International Security* 15, no.3 (Winter 1990−91), p.54; Sumit Ganguly, "India's Pathway to Pokhran Ⅱ," *International Security* 23, no.4 (Spring 1999), p.176; Peter Lavoy, "Civil−Military Relations, Strategic Conduct, and Stability of Nuclear Deterrence in South Asia," in *Civil−Military Relations and Nuclear Weapons* (Stanford Center for International Security and Arms Control, June 1994); Martin van Creveld, *Nuclear Proliferation and the Future of Conflict* (New York: Free Press, 1993); Shai Feldman, *Israel Nuclear Deterrence: A Strategy for the 1980s* (New York: Columbia University Press, 1982), pp.142−75, 238.

5) 대표적인 비관론적 관점에는 다음이 포함된다. Lewis A. Dunn, *Containing Nuclear Proliferation*, Adelphi Paper 263 (London: International Institute of Strategic Studies, 1991); Steven E. Miller, "The Case Against a

Ukrainian Nuclear Deterrent," *Foreign Affairs* 72, no.3 (Summer 1993), pp.67−80; Paul Bracken, "Nuclear Weapons and State Survival in North Korea," *Survival* 35, no.3 (Autumn 1993), pp.137−53; and Peter D.Feaver, "Proliferation Optimism and Theories of Nuclear Operations," *Security Studies* 2, no.3−4 (Spring/Summer 1993), pp.159−91.

6) See, for example, the symposium on rational deterrence theory in *World Politics* 41, no.2 (January 1989), pp.143−224.

7) Kenneth N. Waltz, "Nuclear Myths and Political Realities," *American Political Science Review* 84, no.3 (September 1990), pp.731, 734. 이 문제에 대한 왈츠의 영향력이 강해진 것은 위 논문이 1990년 'American Political Science Review'에서 발행한 최고의 논문으로 선정되었기 때문이기도 하다.

8) Kenneth N. Waltz, "The Origins of War in Neorealist Theory," in Robert I. Rotberg and Theodore K. Rabb, eds., *The Origin and Prevention of the Major Wars* (Cambridge University Press, 1988), pp.50,51. 추가로 다음을 참조할 것. Waltz, "The Emerging Structure of International Politics," *Intrnational Security* 18, no.2 (Fall 1993), pp.51−55.

9) Ibid. and Kenneth N. Waltz, "Response to My Critics," in Robert O. Keohane, ed., *Neorealism and Its Critics* (New York: Columbia University Press, 1986), p.331.

10) Waltz, "Nuclear Myths and Political Realities," p.739.

11) 이러한 관점의 고전적인 저서는 James G. March and Herbert Simon, *Organizations,* 2nd ed. (Cambridge, Mass.: Basil Blackwell, 1993). 관련 학문의 가치 있는 검토를 위하여 다음을 참조할 것. Charles Perrow, Complex Organizations, 3rd ed. (New York: Random House, 1986), pp.119−56; and Jonathan Bendor and Thomas H. Hammond, "Rethinking Allison's Models," *American Political Science Review* 86, no.2 (June 1992), pp.301−22.

12) March and Simon, *Organizations,* p.186. '목표 변위'에 대해서는 다음을 참조할 것. Robert K. Merton, "Bureaucratic Structure and Personality," in Merton et al., eds., *Reader in Bureaucracy* (Glancoe, Ⅱ.: Free Press, 1952), pp.365−6; Herbert Simon, "Bounded Rationality and Organizational Learning," *Organizational Science* 2, no.1 (February 1991), pp.125−34; Charles Perrow, "Goals in Complex Organizations," *American Sociological Review* 26, no.6 (December 1961), pp.854−65.

13) 조직이론에서 갈등을 다루는 대표적인 논문은 다음과 같다. James G. March, "The Business Firm as a Political Coalition," *Journal of Politics* 24, no.1 (February 1962), pp.662−78; Richard M. Cyert and James G. March, *A*

Behavioral Theory of the Firm, 2nd ed. (Cambridge, Mass.: Basil Blackwell, 1992); and Philip Selznick, *TVA and the Grassroots* (Berkeley: University of California Press, 1949). 가치 있는 최근 논문은 다음과 같다. Terry Moe, "Politics and the Theory of Organization," *Journal of Law, Economics, and Organization* 7 (Special issue 1991), pp.106－29; Jeffrey Pfeffer, *Power in Organization* (Cambridge, Mass.: Ballinger, 1981); James Q. Wilson, *Bureaucracy: What Government Agencies Do and Why They Do It* (New York: Basic Books, 1991), 특별히 pp.179－95.

14) Perrow, *Complex Organizations*, p.132.

15) Graham T. Allison, *Essence of Decision* (Boston: Little Brown, 1971); John D. Steinbruner, *The Cybernetic Theory of Decision* (Princeton: Princeton University Press, 1974); Morton H. Halperin, *Bureaucratic Politics and Foreign Policy* (Washington, DC.:Brookings Institution, 1974); Barry R. Posen, *The Source of Military Doctrine* (Ithaca, N.Y.: Cornell University Press, 1984); Scott A. Snook, *Friendly Fire* (Princeton, N.J.: Princeton University Press, 2000); Bruce G. Blair, *The Logic of Accidental Nuclear War* (Washinton, D.C.: Brookings Institution, 1993); and Scott D. Sagan, *The Limits of Safety: Organizations, Accidents and Nuclear Weapons* (Princeton, N.J.: Princeton University Press, 1993).

16) 예방전쟁에 대한 토론은 다음을 참조할 것. Jack S. Levy, "Declining Power and the Preventive Motivation for War," *World Politics* 40, no.1 (October 1987), pp.82－107; and Randall L. Schweller, "Domestic Structure and Preventive War," *World Politics* 44, no.2 (January 1992), pp.235－69.

17) Waltz, *The Spread of Nuclear Weapons*, p.12; Richard K. Betts, *Soldiers, Statesmen, and Cold War Crises*, 2d ed. (New York: Columbia University Press, 1991).

18) Samuel P. Huntington, *The Soldiers and the State* (Cambridge, Mass.: Havard University Press, 1957), p.65; Alfred Vagts, *Defence and Diplomacy: The Soldier and the Conduct of Foreign Relations* (New York: Crown Point Press, 1956), p.263. 실증적인 연구는 다음을 참조할 것. John P. Lovell, "The Professional Socialization of the West Point Cadet," in Morris Janowitz, ed., *The New Military* (New York: Russell Sage, 1964), p.129; and Bengt Abrahamsson, "Military Professionalization and Estimates on the Probability of War," in Jacques van Doorn, ed., *Military Profession and Military Regimes* (The Hague: Mouton, 1969), pp.35－51.

19) Jack Snyder, *The Ideology of the Offensive* (Ithaca, N.Y.:Cornell University Press, 1984), pp.26−30; Posen, *The Source of Military Doctrine,* pp.47−50.

20) 하지만 이것에 주목하는 것이 중요하다. 트루먼 대통령의 군사 참모들은 핵 폭탄을 사용하지 않아야 하는 전술적 군사적 이유에 초점을 맞추었다. (예를 들어, 한반도에 적절한 목표물이 부족하다 또는 소련에 있는 목표물을 타격하기 위해 핵 무기를 확보하고 있어야 한다) 이에 반해 민간 참모들은 정치적인 요인을 더 강조했다. (예를 들어, 동맹 정부에 대한 영향 또는 미국의 여론) 이와 관련하여 다음을 참조할 것. John Lewis Gaddis, "The Origins of Self−Deterrence: The United States and the Non−Use of Nuclear Weapons, 1945−1958," in Gaddis, *The Long Peace: Inquires into the History of the Cold War* (New York: Oxford University Press, 1987), pp.115−23; Roger Dingman, "Atomic Diplomacy During the Korean War," *International Security* 13, no.3 (Winter 1988−89), pp.65−69.

21) Marc Trachtenberg's essay, "A 'Wasting Asset,' American Strategy and the Shifting Nuclear Balance, 1949−1954," in Trachtenberg, *History and Strategy* (Princeton: Princeton University Press, 1991), pp.100−52.

22) SWNCC282, "Basis for the Formulation of the U.S. Military Policy," September 19, 1945, reprinted in Thomas H. Etzold and John Lewis Gaddis, *Containment: Documents on American Policy and Strategy, 1945−50* (New York: Columbia University Press, 1978), p.42. 주목할 것은, 이 보고서에 대한 국무부의 반응은 '예방의 의도'로 표현된 특정한 군사 권고사항을 거부하는 것이었다. SC169b, "Action on Joint Chiefs of Staff Statement on the United States Military Policy," November 16, 1945, in ibid., p.47.

23) Text of Truman's " 'Report to Nation' on Korea War," *New York Times,* September 2, 1950, p.4. 트루먼은 개인적인 대화 중에도 이와 비슷한 발언을 하였다. 예를 들어, 1948년 5월 리히(Leahy) 제독과의 면담 가운데, 트루먼 대통령은 미국 국민들이 결코 '공격용으로' 핵 무기가 사용되는 것을 용납하지 않을 것이라고 말했다. 추가적인 사항은 다음을 참조할 것. David Alan Rosenberg, "American Atomic Strategy and Hydrogen Bomb Decision," *Journal of American History,* vol.66, no.1 (June 1979), p.67. Also see Harry S. Truman, *Years of Trials and Hope* (Garden City, N.Y.: Doubleday, 1956), vol.2, pp.359, 383.

24) NSC−68, in *Foreign Relations of the United States* (이후에는 이것을 FRUS로 표기함), 1950, vol.1, National Security Affairs, pp.281−2. 나단 트위닝(Nathan Twining) 장군에 의하면, NSC−68이 예방전쟁을 거부한 요인 중 가장 중요한 요인은 도덕적 요인이었다. Nathan F. Twining, *Neither*

Liberty nor Safety (New York: Holt, Rinehart and Winston, 1966), p.49.

25) 앤더슨은 언론에 이렇게 말했다. "나에게 명령을 내려 주십시오. 그러면 내가 1 주일 안에 소련 핵 무기 기지 5곳을 파괴하겠습니다 …(중략)… 그리고 내가 천국에 올라가면 예수님께 내가 문명을 구했다고 설명할 생각입니다." Austin Stevens, "General Removed over War Speech," *New York Times*, September 2, 1950, p.8.

26) Trachtenberg, "A 'Wasting Asset,'" pp.106－7 and p.123; and *USAF Basic Doctrine,* October 1951, K239.71605－1, Air Force Historical Research Center, Maxwell AFB, AL, p.3.

27) Quoted in Tami Davis Biddle, "Handling the Soviet Threat: 'Project Control' and the Debate on American Strategy in the Early Cold War Years," *The Journal of Strategic Studies* 12, no.3 (September 1989), p.287.

28) Ibid., pp.291－2.

29) Matthew Ridgway, memoradum for the record, May 17, 1954, historical records file 1/15－6/30, Box 30, Ridgway papers, U.S. Army Military History Institute. 원 인용은 David Alan Rosenberg, "The Origins of Overkill: Nuclear Weapons and American Strategy, 1945－1960," *International Security* 7, no.4 (Spring 1983), p.34.

30) Memorandum by the Chiefs of Staff, U.S. Air Force, to the JCS on The Coming National Crisis, (August 21, 1953), Twining Papers, series 2, topical series, nuclear weapons 1952－1961 folder, USAF Academy, Colorado Springs, CO.

31) Memorandum of Discussion, NSC meeting, November 24, 1954, FRUS, 1952－54, vol.2, National Security Affairs, part 1, p.792.

32) Memorandum by the President to the Secretary of State, September 8, 1953, ibid., p.461.

33) Robert H. Ferrel, ed., *The Diary of James C. Hagerty* (Bloomington, Ind.: Indiana University Press, 1983), p.69. 여기에 추가하여 다음을 참조할 것. Trachtenberg, "A 'Wasting Asset,' p.141; and McGeorge Bundy, *Danger and Survival: Choices about the Bomb in the First Fifty Years* (New York: Random House, 1988), p.140.

34) NIE 11－4－54 (August 28, 1954), Declassified Documents Reference System, 1981, No.283A; and Memorandum by the Acting Special Assistant to the Secretary of State for Intelligence to the Acting Secretary of State, (March 1, 1954), FRUS 1952－54, vol.2, National Security Affairs, part 1, p.634.

35) Scott D. Sagan, "SIOP－62: The Nuclear War Plan Briefing to President

Kennedy," *International Security* 12, no.1 (Summer 1987), p.36.

36) William Burr and Jeffrey T. Richelson, "Whether to 'Strangle the Baby in the Cradle': The United States and the Chinese Nuclear Program, 1960–1964," *International Security*, 25, no.3 (Winter 2000–01), pp.54–99.

37) Memorandum by the Joint Chiefs of Staff, "A Strategic Anaysis of the Impact of the Acquisition by Communist China of a Nuclear Capability," June 26, 1961, in FRUS 1961–63, vol.30, p.30, p.24, no.7.

38) FRUS 1964–68, vol.30, p.24, no.7.

39) Victor M. Gorvarev, "Soviet Policy Toward China: Developing Nuclear Weapons 1949–1969," *Jouranal of Slavic Military Studies* 12, no.4 (December 1999), pp.37–39. Bruce G. Blair, *The Logic of Accidental Nuclear War* (Washington, D.C.: Brookings Institution, 1993), p.25; and Raymond L. Garthoff, *Detente and Confrontation* (Washington, D.C.: Brookings Institution, 1985), p.209.

40) Arkady N. Shevchenko, *Breaking with Moscow* (New York: Knopf, 1985), p.1965.

41) 이 시기 미국의 정책에 대해서는 다음을 참조할 것. William Burr, "Sino–American Relations, 1969: The Sino–Soviet Border War and Steps Toward Rapprochment," Cold War History 1, no.3 (April 2001), pp.73–112. On the U.S. alert, see Scott D. Sagan, "Correspomdence: Proliferation Pessimism and Emerging Nuclear Powers," *International Security* 22, no.2 (Fall 1997), p.197.

42) Stephen P. Cohen, *The Pakistan Army* (Berkeley, Calif.: University of California Press, 1984), p.112.

43) 1965년 파키스탄의 인도 공격이 가지는 예방 공격적 측면에 대해서는 다음을 참조할 것. ibid., p.139; Gowher Rizvi, eds., *South Asian Insecurity and the Great Powers* (Basingstoke, U.K.: Macmillan, 1986), pp.107–8; and Sumit Ganguly, *The Origins of War in South Asia* (Boulder, Colo.: Westview Press, 1986), pp.57–95.

44) Gregory F. Giles, "The Islamic Republic of Iran and Nuclear, Biological and Chemical Weapons," in Peter R. Lavoy, Scott D. Sagan, and James J. Wirtz, eds., *Planning the Unthinkable: How New Powers Will Use Nuclear, Biological, and Chemical Weapons* (Ithaca, N.Y.: Cornell University Press, 2000), pp.79–103.

45) Waltz, "Nuclear Myths and Political Realities," p.732.

46) Ibid., p.731; Waltz, "Origins of War in Neorealist Theory," p.51.

47) Halperin, *Bureaucrtic Politics and Foreign Policy*, p.28.

48) Henry S. Rowen and Richard Brody, "The Development of U.S. Nuclear Strategy and Employment Policy," in Andrew W. Marshall et al., eds., *On Not Confusing Ourselves* (Boulder, Colo.: Westview Press, 1991), p.32; and Fred Kaplan, *The Wizards of Armageddon* (New York: Simon and Schuster, 1983), p.99.

49) Bruce L. R. Smith, *The RAND Corporation* (Cambridge, Mass.: Harvard University Press, 1966), pp.222−3.

50) Ibid., p.226.

51) Harvey M. Sapolsky, *The Polaris System Development* (Cambridge, Mass.: Harvard University Press, 1972), p.15.

52) Ibid., pp.17−18.

53) Ibid., p.35.

54) Ibid., p.318. 추가로 다음을 참조할 것. Vincent Davis, *The Politics of Innovation: Patterns in Navy Cases,* University of Denver Monograph Series in World affairs 4, no.3 (1966−67), p.23.

55) Edmund Beard, *Developing the ICBM* (New York: Columbia University Press, 1976), p.8.

56) Robert Frank Futrell, *Ideas, Concepts, Doctrine: A History of Basic Thinking in the United States Air Force* (Maxwell AFB, Ala.: Air Univrsity, 1971), p.257; Beard, *Developing the ICBM*, p.85.

57) Graham Allison and Philip Zelikow, *Essence of Decisoin* (New York: Longman, 1999), p.208; Dino A. Brugioni, *Eyeball to Eyeball: The Inside Story of the Cuban Missile Crisis* (New York: Random House, 1990), pp.277−88 and picture 22; Ernst R. May and Philip D. Zelikow, eds., *The Kennedy Tapes: Inside the White House During the Cuban Missile Crisis* (Cambridge, Mass.: Harvard University Press, 1997), p.79.

58) Dino A. Brugioni, "The Art and Science of Photo Reconaissance," *Scientific American*, 274, no.3 (March 1996), pp.78−85.

59) 이 문단은 다음의 자료에 근거함. Sherry Sontag and Christopher Drew, *Blind Man's Bluff: The Untold Story of American Submarine Espionage* (New York: Public Affairs, 1998), pp.158−230. 미국 또한 이러한 조직적 대혼란에서 예외가 아니었다. 이에 대해서는 다음을 참조할 것. "Property of the United States Government" on one piece of equipment inside the pod. Ibid., p.231.

60) John Wilson Lewis and Hua Di, "China's Ballistic Missile Programs: Technologies, Strategies, and Goals," *International Security* 17, no.2 (Fall 1992), pp.18−19 and p.28.

61) Chong—Pin Lin, *China's Nuclear Weapons Strategy* (Lexington, Mass.: Lexington Books, 1988), p.64; He Chiang, "PRC Ballistic Missiles: A Preliminary Survey," *Conmilit* 2, no.7 (august 1978), p.12, as quoted in Ibid., p.63.

62) Lewis and Hua, "China's Ballistic Missile Programs," p.24.

63) Ibid., pp.12, 27.

64) Nadav Safran, *From War to War* (New York:Pegasus, 1969), p.319.

65) *New York Times*, May 26, 1967, p.16. 추가로 다음을 참조할 것. Anthony Nutting, *Nasser* (New York: E. P. Dutton, 1972), p.398.

66) Edgar O'Ballance, *The Third Arab—Israeli War* (Hamden, Conn.: Archon Books, 1972), p.65. 추가로 다음을 참조할 것. Allison, *Essence of Decision*, p.139; *Chronology of JSC Decisions Concerning the Cuban Crisis*, Historical Division, Joint Chiefs of Staff, December 21, 1962 (National Security Archives, Washington, D,C.), pp.31—32 and pp.40—41.

67) O'Ballance, *The Third Arab—Israeil War*, p.63; and Safran, *From War to War*, p.321.

68) David Albright, "How Much Plutonium Does North Korea Have?" *Bulletin of Atomic Scientists* 50, no.5 (September/October 1994), p.48.

69) "높은 신뢰성 이론(high reliability theory)"에 대한 최고의 연구결과물을 소개하면 다음과 같다. Joseph G. Morone and Edward J. Woodhouse, *Averting Catastrophe: Strategies for Regulating Risky Technologies* (Berkeley: University of California Press, 1986); Todd R. La Porte and Paula M. Consolini, "Working in Practice But Not in Theory: Theoretical Challenges of 'High Reliability Organizations,'" *Journal of Public Administration Research and Theory* 1, no.1 (January 1991), pp.19—47; Karlene H. Roberts, ed., *New Challnges to Understading Organizations* (New York: Macmillan, 1993); Aaron Wildavsky, *Searching For Safety* (New Brunswick, N.J.: Transaction Books, 1988); and Jonathan B. Bendor, *Parallel Systems: Redundancy in Government* (Berkeley: University of California Press, 1985).

70) Charles Perrow, *Normal Accidents: Living with High—Risk Rechnologies* (New York: Basic Books, 1984), passim.

71) 이와 관련된 아이디어와 사례 그리고 후속 세부논의에 대해서는 다음을 참조할 것. Sagan, *The Limits of Safety*.

72) 심층적인 토론은 다음을 참조할 것. Scott D. Sagan, "Toward a Political Theory of Organizational Reliability," *The Journal of Contingencies and Crisis Management* 2, no.4 (December 1994).

73) *Report on the Unauthorized Movement of Nuclear Weapons*, The

Defense Science Board Permanent Task Force on Nuclear Weapons Surety (February 2008).

74) Gary Milhollin, "Building Saddam Hussein's Bomb," *New York Times Magazine,* March 8, 1992, p.32.

75) Itty Abraham, *The Making of the Indian Atomic Bomb* (London: Zed Books, 1998).

76) David Albright, "South Africa's Secret Nuclear Weapons," *ISIS Report* (Institute for Science and International Security) 1, no.4 (May 1994), p.10.

77) FBIS－NEW－90－076, April 17, 1990, p.7. 이라크 사전 위임정책을 가장 잘 분석한 글은 다음과 같다. Amatzia Baram, "An Analysis of Iraqi WMD," *Nonproliferation Review* 8, no.2 (Summer 2001), pp.34－37; and Timothy V. McCarthy and Jonathan B. Tucker, "Saddam's Toxic Arsenel: Chemical and Biological Weapons and Missiles in the Gulf War," in Lavoy, Sagan, and Wirtz, eds., *Planning the Unthinkable*, pp.73－76.

78) Eliot A. Cohen, *Gulf War Air Power Survey*, vol.2, part 1 (Washington, D.C.: U.S. Government Printing Office, 1993), p.281.

79) ITV News Bureau, Ltd., "S Psy－Ops Bonanza in the Desert," April 18, 1991; Douglas Waller, "Second Warriors," *Newsweek*, June 19, 1991, p.24.

80) William Potter, "Nuclear Threats from Former Soviet Union," Center for Security and Technology Studies, Lawrence Livermore National Laboratiry, March 16, 1993, p.6.

81) Leonard S. Spector, *Going Nuclear* (Cambridge, Mass.: Ballinger, 1987), pp.25－32.

82) John Wilson Lewis and Xue Litai, *China Builds the Bomb* (Stanford: Stanford University Press, 1988), pp.202－3.

83) Hans J. Morgenthau, *Defending the National Interest* (New York: Knopf, 1951); and George F. Kennan, *American Diplomacy* (Chicago: University of Chicago Press, 1951).

84) Kenneth N. Waltz, *Theory of International Politics* (New York: Random House, 1979), p.118. 왈츠는 1986년에 발표한 논문에서 이와 유사한 주장을 했다. Waltz, "Response to My Critics," p.331.

85) Waltz, "Responsr ti My Critics," p.331.

86) Waltz and Mearsheimer in Ravi Shastri, "Developing Nations and the Spread of Nuclear Weapons," *Strategic Analysis* (New Delhi), 11, no.12 (March 1988), pp.1379－91; and "Kiev and the Bomb: Ukrainians

Reply," *Foreign Affairs* 72, no.4 (September/October 1993), pp.183−86.

87) 미국 핵 무기 안전 메커니즘에 대한 보다 자세한 논의는 다음을 참조할 것. Sidney Drell and Bob Peurifoy, "Technical Issues of a Nuclear Test Ban," *Annual Review of Nuclear and Particle Science* 44 (December 1994), pp.294−313.

Chapter 03 _ 세이건 주장에 대한 왈츠의 반론

1) Bertolt Brecht, *Mother Courage and Her Children: A Chronicle of the Thirty Years War*, trans. Eric Bentley (New York: Grove Press, 1966), p.76.

2) C. P. Snow, "Excerpts from Snow's Speech to American Scientists," *New York Times*, December, 28, 1960, p.14.

3) John Deutch, "Think Again: Terrorism," *Foreign Policy* 108 (Fall 1997), p.10.

4) Larry Johnson, "The Declining Terrorist Threat," *New York Times*, July 10, 2001, p.A19.

5) Bruce G. Blair and Henry W. Kendall, "Dismantle Armageddon," *New York Times*, May 21, 1994, p.21. 이와 함께 다음을 참조할 것. Scott D. Sagan, *The Limits of Safety: Organizations, Accidents, and Nuclear Weapons* (Princeton, N.J.: Princeton University Press, 1993), pp.225−49.

6) Bruce G. Blair and Henry W. Kendall, "Accidental Nuclear War," *Scientific American* 263, no.6 (December 1990), p.53; Sagan, *The Limits of Safety*, pp.257−77.

7) Walter Millis, ed., *The Forrestal Diaries* (New York: Viking Press, 1951), pp.492−530; and Warner R. Schilling, "Conclusions," in Warner R. Schilling, Paul Y. Hammond, and Glenn H. Snyder, eds., *Strategy, Politics and Defense Budgets* (New York: Columbia University Press, 1962), p.217.

8) David Alan Rosenberg, "A Smoking, Radiating Ruin at the End of Two Hours: Documents of American Plans for Nuclear War with the Soviet Union, 1954−1955," *International Security*, vol.6 (Winter 1981−82).

9) Stephen E. Ambrose, *Eisenhower: Soldier and President* (New York: Simon and Schuster, 1990), p.543.

10) "The No−Cities Doctrine," in Robert J. Art and Kenneth N. Waltz, *The Use of Force: Military Power and international Politics*, 4th ed. (Lanham,

Md.: University Press of America, 1993), p.376.

11) Schilling's discussion on Medaris, Taylor, Gavin, and Ridgway, in *Strategy, Politics and Defense Budgets*, pp.229 and 242−3. On Taylor, see Colonel James A. Donovan, *Militarism, U.S.A.* (New York: Scribner, 1970), pp.119−20; General Maxwell Taylor, *The Uncertain Trumpet* (New York: Harper and Brothers, 1960); General Matthew Ridgway, *Soldier* (New York: Harper and Brothers, 1956); Major General J. B. Medaris, *Countdown for Decision* (New York: Paperback Library, 1961).

12) Alfred Vagts, *A History of Militarism: Civilian and Military* (New York: Free Press, 1959), p.165.

13) Elaine Sciolino, "Clinton's Haiti Problem: What Price Demoracy?" *New York Times*, July 7, 1994, p.A8.

14) Richard H. Kohn, "Out of Control," *The National Interest*, no.35 (Spring 1994), pp.12−13, 17.

15) Michael R. Gordon, "Powell Delivers a Resounding No on Using Limited Forces in Bosnia," *New York Times*, September 28, 1992, p.A1; Ed Vulliamy, "Bosnia: The Secret War/America's Big Strategic Lie," *Guardian* (London), May 20, 1996, p.12.

16) Kenneth N. Waltz, "A Necessary War?" in Harry Kreisler, ed., *Confrontation in the Gulf* (Berkeley, Calif.: Institute of International Studies, 1992), pp.59−65.

17) 1940년 서부전선에서 독일군 136개 사단은 프랑스, 영국, 벨기에, 네덜란드 연합군 156개 사단과 전투를 벌였다. 독일군 전차는 2,800대였고, 연합군 전차는 4,000대 이상이었다. Klaus Knorr, *The War Potentioal of Nations* (Princeton, N.J.: Princeton University Press, 1963), pp.30−31.

18) Bernard Brodie, *Strategy in the Missile Age* (Princeton, N.J.: Princeton University Press, 1959), p.275.

19) William J. Broad, "Book Says Britain Bluffed about Its H−Bombs," *New York Times*, March 24, 1994, p.A4.

20) Kenneth N. Waltz, "Nuclear Myths and Political Realities," *American Political Science Review* 84, no.3 (September 1990).

21) Robert McNamara, "Reducing the Risk of Nuclear War: Is Star Wars the Answer?" *Millennium: Journal of International Studies* 15, no.2 (Summer 1986), p.137.

22) Cited in Robert L. Gallucci, "Limiting U.S. Policy Options to Prevent Nuclear Weapons Proliferation: The Relevance of Minimum Deterrence," Center for Technical Studies on Security, Energy and Arms Control, Lawrence Livermore National Laboratory, February 28, 1991, p.6.

23) Henry Kissinger, *For the Record: Selected Statement, 1977－1980* (Boston: Little, Brown, 1981), p.18.

24) Henry Kissinger, For the Record: Selected Statement, 1977－1980 (Boston: Little, Brown, 1981), p.18.

25) 세이건은 3가지 사례를 어렵게 찾았다. 하지만 3가지 모두 모호한 것이었다. *Limits of Safety*, p.263. 마이클 하워드(Michael Howard)는 아무것도 찾지 못했다. *The Causes of War and Other Essays* (Cambridge, Mass.: Harvard University Press, 1983), p.12.

26) David E. Sanger, "Missile Shield Point Man Dose Not Shy From Tough Sell," *New York Times,* June 11, 2001, p.A10.

27) James Dao, "Skeptical Senators Question Rumsefeld on Missile Defense," *New York Times,* June 22, 2001, p.A14.

28) Robert S. McNamara, Speech delivered before the editors of the United Press International, San Francisco, September 18, 1967. Excerpted in Robert J. Art and Kenneth N. Waltz, *The Use of Force* (Boston: Little, Brown, 1971), pp.503ff.

29) James Dao, "Rumsfeld Calls on Europe to Rethinking Arms Control," *New York Times*, June 11, 2001, p.A8.

30) Thom Shanker, "Missile Defenses Need More Tests, Key Senator Says," New York Times, June 1, p.A1.

31) 사주캉(Sha Zukang)은 중국 국무부에서 군축 및 군비통제 업무를 지휘하고 있다.

32) Dennis M. Gormley, *Dealing with the Threat of Cruise Missiles* (London: International Institute for Strategic Studies, 2001). Adelphi Paper 339, pp.74－76.

33) Powell, cited in Richard Cohen, "Political Science," *Washington Post*, May 3, 2001, p.A21.

34) Schultz, quoted in Frances FitzGerald, "The Poseurs of Missile Defense," *New York Times,* June 4, 2000, sec. 4, p.19.

35) Patrick E. Tyler, "Putin Says Russia Would Add Arms to Counter Shield," *New York Times,* June 19, 2001, p.A1.

36) Exerpts from President Bush's Speech, *New York Times,* May 2, 2001, p.A10.

37) FitzGerald, "The Poseurs of Missile Defense."

38) Steven Lee Meyers, "Study Said to Find U.S. Missile Shield Might Incite China," *New York Times, August* 10, 2000, p.A1.

39) "Three Propositions for a New Era Nuclear Policy," Commencement Address, Massachusetts Institute of Technology, June 1, 1992. Published

in *Tech Talk* by the MIT News Office, Cambridge, Mass., June 3, 1992, p.2.

40) Quoted in Samuel P. Huntington, "The Lonely Superpower," *Foreign Affairs* 78, no.2 (March/April 1999), p.42.

41) Thom Shankar and David E. Sanger, "White House Wants to Bury Pact Banning Test of Nuclear Arms," *New York Times*, July 7, 2001, p.A1; William J. Broad, "U.S. Plan Shows New Design Work on Nuclear Arms," *New York Times*, August 18, 1997, p.A1.

42) Kanti Bajpai, "The Fallacy of an Indian Deterrent," pp.179, 150; Butler quoted in James Carroll, "War Inside the Pentagon," *The New Yorker*, August 18, 1997, p.59.

43) "Palladium's Favorate Quotes," *Palladium*, 1996.

44) Michael Mandelbaum, "Lessons of the Next Nuclear War," *Foreign Affairs* 74, no.2 (March/April 1995), p.24; Eliot Cohen's comment excerpted in Mitchell Reiss, "The Future that Never Came," *Willson Quarterly* 19, no.2 (Spring 1995), p.65.

45) Desmond Ball concludes that with strategic warheads a war could not be sustatined beyond the shooting of weapons numbered in the tens: "Counterforce Targeting: How New? How Viable?" *Arms Control Today* 11, p.9.

46) Blair and Kendall, "Accidental Nuclear War," p.53; Cf. Frank Von Hippel et al., "How to Avoid Nuclear War," *Bulletin of the Atomic Scientists* 46, no.5 (June 1990), pp.35－36.

Chapter 04 _ 왈츠의 주장에 대한 세이건의 반론

1) 핵 혁명에 대한 보다 자세한 분석들은 다음을 참조할 것. Charles L. Glaser, Analyzing Strategic Nuclear Policy (Princeton, N.J.: Princeton University Press, 1990); and Robert Jervis, The Meaning of the Nuclear Revolution (Ithaca, N.Y.: Cornell University Press, 1989). 냉전기간 동안, 나는 조직 수준에서 억지력을 높이기 위하여 "2차 반격 타격" 능력을 개발하는 것이 가능하고 필요한 것이라고 주장했다. 이것은 소련군 기획자들이 그들의 전쟁 목표를 성취하는 것을 막고, 그들의 협소한 정의 상의 승리를 달성하는 것을 막기 위한 것이었다. 하지만 나는 이러한 능력이 규모에 있어서 더 작아야 하고, 작전에 있어서 더 안전해야 하며, 1980년대 미국의 무기 발전에 비추어 개발속도는 더 느려야 한다고 주장했다. Scott D. Sagan, *Moving Targets: Nuclear Strategy and National Security* (Princeton, N.J.: Princeton University

Press, 1989), pp.58-97.

2) Brian M. Jenkis, "International Terrorism: A New Mode of Conflict" in David Carlton and Carlo Shaerf, eds., *International Terrorism and World Security* (London: Croom Helm, 1975), p.15. 추가로 다음을 참조할 것. Brian M. Jenkins, "Will Terrorists Go Nuclear?" *Orbis* 29, no.112 (Fall 1998), pp.116-8.

3) 또 다른 낙관주의적 평가에 대해서는 다음을 참조할 것. Bruce Hoffman, "The American Perspective" *Survival* 42, no.2 (Summer 2000), pp.161-6; Paul R. Pillar, *Terrorism and American Foreign Policy* (Washington, D.C.: Brookings Institution, 2001), pp.21-23.

4) David E. kaplan, "Aum Shinrikyo (1995)," in Jonathan Tucker, ed., *Toxic Terror: Assessing Terrorist Use of Chemical and Biological Weapons* (Cambridge, Mass.: MIT Press, 2000).

5) Jessica Eve Stern, *The Ultimate Terrorists* (Cambridge, Mass.: Harvard University Press, 1999), p.72; Stern, "The Covenant, the Sword, and the Arm of the Lord (1985)" in Tucker, ed., *Toxic Terror*, p.146.

6) As quoted in Jessica Eve Stern, "Terrorist Motivations and Unconventional Weapons," in Peter R. Lavoy, Scott D. Sagan, and James J. Writz, eds., *Planning the Unthinkable: How New Powers Will Use Nuclear, Biological, and Chemical Weapons* (Ithaca, N.Y.: Cornell University Press, 2000), p.215.

7) See Jessica Eve Stern, "Larry Wayne Harris 1998," in Tucker, ed., *Toxic Terror*, pp.227-46.

8) FBI Field Intelligence Groups: 9 December 2008 Discovery of Radiological Dispersal Device Component, Literature, and Radioactive Material at the Maine Residence of an Identified Deceased US person.

9) abcnews.go.com/sections/world/DailyNews/transcript_binladen 1_98228. html

10) abcnews.go.com/sections/world/DailyNews/miller_binladen_980609.html

11) Ibid.

12) Ibid.

13) David Carlisle, "Dhiren Barot: Was He an Al-Qaeda Mastermind or Merely a Hapless Plotter?" *Studies in Conflict & Terrorism*, vol.30, no.12 (December 2007), pp.1057-71.

14) "Rough Presentation for Gas Limos Project," *The NEFA Foundation*.

15) Ibid.

16) www.ceip.org/files/projects/npp/resouces/Conference%202002/sattar,htm

17) Kamran Khan and Molly Moore, "Leader Purges Top Ranks of Military, Spy Service," *Washington Post*, October 8, 2001, p.1; Sanjay Singh, "Indian Intelligence Inputs Behind ISI Chiefs Exit," *Statesmen*, October 9, 2001; John F. Burns, "Pakistan Atom Experts Held Amid Fear Of Leaked Secrets," *New York Times*, November 2, 2001.

18) See Greg Myre, "US wants to Advise Pakistan on Nukes," *Associated Press*, November 2, 2001.

19) Ibid. The earlier quote comes from David Albright, "Securing Pakistan's Nuclear Weapons Complex," October 2001.

20) David E. Sanger, *The Inheritance: The World Obama Confronts and the Challenges to American Power* (New York: Harmony Books, 2009), p.220.

21) See the evidence presented in Joseph G. Morone and Edward J. Woodhouse, *The Demise of Nuclear Energy?* (New Haven, Conn.: Yale University Press, 1989); and Joseph V. Rees, *Hostages to Each Others: The Transformation of Nuclear Safety Since Three Mile Island* (Chicago: University of Chicago Press, 1994).

22) 우주 왕복선 챌린저호 사고의 조직상의 원인에 대해서는 다음을 참조할 것. Diane Vaughan, *The Challenger Launch Decision: Risk, Culture, and Deviance at NASA* (Chicago: University of Chicago Press, forthcoming); Cf. Larry Heimann, "Understanding the *Challenger* Disaster: Organizational Structure and the Design of Reliable Systems," *American Political Science Review* 87, no.2 (June 1993), pp.421－35; and William H. Starbuck and Francis J. Milliken, "Challenger: Fine－Turning the Odds until Something Breaks," *Journal of Management Studies* 25, no.4 (July 1988), pp.319－40.

23) Scott D. Sagan, "Toward a Political Theory of Organizational Reliability," *Journal of Contingencies and Crisis Management* 2, no.4 (December 1994); James F. Short and Lee Clarke, eds., *Organizations, Uncertainties and Risk* (Boulder, Colo.: Westview Press, 1992).

24) Bruce G. Blair, *The Logic of Accidental Nuclear War* (Washinton, D.C.: Brookings Institution, 1993); Paul Bracken, *Command and Control of Nuclear Forces* (New Haven, Conn.: Yale University Press, 1983); Peter Douglass Feaver, *Guarding the Guardians: Civilian Control of Nuclear Weapons in the United States* (Ithaca, N.Y.: Cornell University Press, 1992), and Scott D. Sagan, T*he Limits of Safety: Organizations, Accidents, and Nuclear Weapons* (Princeton, N.J.: Princeton University Press, 1993).

25) Peter D. Feaver, "Command and Control in Emerging Nuclear States," *International Security* 17, no.3 (Winter 1992－3), pp.160－87; and Bradley A. Thayer, "The Risk of Nuclear Inadvertence: A Review Essay," *Security Studies* 3, no.3 (Spring 1994), pp.428－93.

26) 이러한 경고는 다음의 글에서 보고되었다. Seymour M. Hersh in *The Samson Option: Israel's Nuclear Arsenal and American Foreign Policy* (New York: Random House, 1991), p.231. 이스라엘의 경계태세를 미국이 알고 있었음은 전 국가안보위원회 관리에 의해서 확인되었다. William B. Quandt, in his review essay, "How Far Will Israel Go," *Washington Post Book World*, November 24, 1991.

27) 1991년 걸프전쟁 기간 이스라엘 핵 경계태세 유지에 관해서는 다음을 참조할 것. Hersh, The Samson Option, p.318. and Bill Gertz, "Israel Deploys Missiles for a Possible Strike at Iraq," *Washington Times*, January 28, 1991, p.B7. 하지만 다른 정보원은 미국이 이스라엘 핵 무기 경계태세에 대해서 어떠한 정보도 제공받지 않았다고 주장한다. 다음을 참조할 것. "Special Report: The Secret History of the War," *Newsweek*, March 18, 1991, p.36.

28) The estimates are from the National Resouces Defense Council. See Robert S. Norris, "The Soviet Nuclear Archipelago," *Arms Control Today* (January/February 1992), p.25.

29) On the United States sharing, see Richard H. Ullman, "The Covert French Connection," *Foreign Policy*, no.75 (Summer 1989), pp.3－33. On China's assistance to Pakistan, see David Albright and Mark Hibbs, "Pakistan's Bomb: Out of the Closet," *Bulletin of Atomic Scientists* 48, no.6 (July/August 1992), pp.42－43.

30) Scott. D. Sagan, "SIOP－62: The Nuclear War Plan Briefing to President Kennedy," *International Security* 12, no.1 (Summer 1987), p.36.

31) As quoted in Samuel P. Huntington, *The Soldier and the State* (Cambridge, Mass.: Harvard University Press, 1957), p.69.

32) Sweeney is quoted in Robert S. McNamara, "Notes on October 21, 1962 Meeting with the President," October, 21, 1962, *Cuban Missile Crisis 1962 Documents Collection* (Alexandria, Va.: Chadwick－Healy, 1990), microfiche 1372－00738, p.2. Moreover, the 90 percent success rate referred only to the thirty－six *known* missle sites; U.S. intelligence agencies estimated that there were four additional missile sites in Cuba that had not yet been found on October 21. Ibid.

33) Chronology of JCS Decisions Concerning the Cuban Crisis, Historical Division, Joint Chiefs of Staff (Freedom of Information Act Request),

pp.23, 49. The latter recommendation was not unanimous: "Chairman of the Joint Chiefs, General Maxwell Taylor, recommended against taking the decision to execute now" and wanted instead to maintain a readiness to launch the air strike and invasion with a twelve−hour notice. Ibid.

34) Bernard Brodie, *War and Politics* (London: Cassel, 1974), p.496.

35) Robert Wohlstetter, *Pearl Harbor: Warning and Decision* (Stanford, Calif.: Stanford University Press, 1962), pp.10−11, 73−74; and Gordon W. Prange, *At Dawn We Slept* (New York: McGraw−Hill, 1991), pp.411−2.

36) D. Clayton James, *The Years of MacArthur: Volume II, 1941−45* (Boston: Houghton Mifflin, 1975), pp.3−15; Louise Morton, *The Fall of The Philippines* (Washington, D.C.: GPO, 1953), pp.79−90.

37) R. V. Jones, *The Wizard War: British Scientific Intelligence 1939−45* (New York: Coward, McCann and Geoghegan, 1978), pp.360−4; Basil Collier, *The Battle of the V−Weapons, 1944−45* (Morley, Yorkshire: Elmfield Press, 1976), pp.23−41.

38) Jones, *The Wizard War*, p.246.

39) *The Military Balance* (London: International Institute for Strategic Studies, 1991), p.108.

40) Shamir, speech of August 9, 1990, as quoted in Shai Feldman, "Israeli Deterrence and the Gulf War," in Joseph Alpher, ed., *War in the Gulf* (Boulder, Colo.: Westview Press, 1992), p.197.

41) Jose Goldemberg and Harold A. Feiveson, "Denuclearization in Argentina and Brazil," *Arms Control Today* 24, no.2 (March 1994), pp.10−14.

42) David Albright, "South Africa's Secret Nuclear Weapons"; Darryl Howlett and John Simpson, "Nuclearisation and Denuclearisation in South Africa," *Survival* 35, no.3 (Autumn 1993), pp.154−73; J. W. de Villers, Roger Jardine, and Mitchell Reiss, "Why South Africa Gave Up the Bomb," *Foreign Affairs* 72, no.5 (November/December 1993), pp.98−109.

Chapter 05 _ 인도와 파키스탄의 핵 무기

1) 여기와 다음에 나오는 모든 추정치는 다음을 참조한 것임. Michael Clodfelter, *Warfare and Armed Conflict: A Statistical Reference,* vol.2 (London: McFarland & Co., 1992).

2) Stephen P. Cohen, *India: An Emerging Power* (Washington, D.C.: Brookings Institution, 2001), p.146.

3) Peter D. Feaver, *Guarding the Guardians: Civilian Control of Nuclear Weapons in the United States* (Ithaca, N.Y.: Cornell University Press, 1992).

4) Julian Schofeld, "Militarized Decision−Making for War in Pakistan: 1947−1971," *Armed Forces and Society* 27, no.1 (Fall 2000); Scott D. Sagan, "The Perils of Proliferation: Organization Theory, Deterrence Theory, and the Spread of Nuclear Weapons," *International Security* (Spring 1994); and Sumit Ganguly, *The Origins of War in South Asia* (Boulder, Colo.: Westview Press, 1986).

5) George Perkovich, *India's Nuclear Bomb* (Berkely: University of California Press, 1999), pp.303, 306−13; Michell Reiss, *Bridled Ambition* (Washington, D.C.: Woodrow Wilson Center Press, 1995), pp.183−220; and *From Surprise to Reckoning: The Kargil Review Committee Report* (New Delhi: Sage, 2000), pp.66−67.

6) Whegru Pal Singh Sidhu, "India's Nuclear Use Doctrine," in Peter R. Laviy, Scott D. Sagan, and James J. Writz, eds., *Planning the Unthinkable* (Ithaca, N.Y.: Cornell University Press, 2000), pp.132−34; Kanti P. Bajpai, P. R. Chari, Pervaiz Iqbal Cheema, Stephen P. Cohen, and Sumit Ganguly, *Brasstacks and Beyond: Perception and Management of Crisis in South Asia* (New Delhi: Manohar, 1995), pp.9−10; and Perkovich, *India's Nuclear Bomb*, pp.239−44.

7) Scott D. Sagan, "Correspondence: Proliferation Pessimism and Emerging Nuclear Powers," *International Security* 22, no.2 (Fall 1997), p.195.

8) Bajpai et al., *Brasstacks and Beyond,* pp.28−40, 127−28; Devin T. Hagerty, *The Consequences of Nuclear Proliferation* (Cambridge, Mass., MIT Press, 1998), pp.91−116.

9) Hagerty, *The Consequences of Nuclear Proliferation,* pp.92, 106. Also see Bajpai et al., *Brasstacks and Beyond,* pp.100−103.

10) Raj Chengappa, *Weapons of Peace: The Secret History of India's Quest to Be a Nuclear Power* (New Delhi: HarperCollins Publishers, 2000),

pp.322−23; P. N. Hoon, *Unmasking Secrets of Turbulance* (New Delhi: Manas Publications, 2000), p.102.

11) Hoon, *Unmasking Secrets of Turbulance*, p.102.

12) Bajpai et al., *Brasstacks and Beyond*, pp.41−42.

13) Perkovich, *India's Nuclear Bomb*, p.208.

14) Hagerty, *The Consequences of Nuclear Proliferation*, p.184.

15) John Lancaster, "Kashmir Crisis Was Defused on Brink of War," *Washington Post*, July 26, 1999, p.A1; Thomas W. Lippma, "India Hints at Attack in Pakistan," *Washington Post*, June 27, 1999, p.A26.

16) Bradley Graham and Nathan Abse, "U.S. Says Pakistan Will Withdraw," Washington Post, July 5, 1999, p.A15.; "Pak troops withdrew from Kargil at my insistence," *The Times of India*, June 3, 2001.

17) See From *Surprise to Reckoning*, p.77; and Maleeha Lodhi, "The Kargil Crisis: Anatomy of a Debacle," *Newsline* (July 1999), p.1.

18) Ihtashamul Haque, "Peace Linked to Kashmir Solution," *Dawn Wire Service*, June 26, 1999.

19) 샤리프 총리는 1999년 5월 전투가 시작되기 직전까지 작전에 대해서 알지 못했다고 나중에 주장했다. See "Sharif Blames Musharraf for Kargil," *Reuter*, June 13, 2000. Also see "Army Rejects Sharif Claim," *BBC News*, June 13, 2000.

20) Pamela Constable, "Pakistam Aims to 'Avoid Nuclear War'," *Washington Post*, July 13, 1999, p.A14; "U.S. Involvement Essential: PM," *Dawn Wire Service*, July 10, 1999.

21) 샴샤드 아매드 외무장관은 1999년 5월 파키스탄은 "영토를 방어하기 위해서 우리가 가지고 있는 어떠한 무기의 사용도 주저하지 않을 것"이라고 선언했다. 다음을 참조할 것. "Any weapon will be used, threatens Pak," *The Hindu*, June 1, 1999.

22) Bruce Riedel, "American Diplomacy and the 1999 Summit at Blair House," Policy Paper Series 2002, Center for Advanced Study of India, University of Pennsylvania; Raj Chenagappa,"Pakistan Tried Nuclear Blackmail," *The Newspaper Today*, January 12, 2000.

23) Molly More and Karam Khan, "Pakistan Moves Nuclear Weapons," *Washington Post*, November 11, 2001, p.A1; manoj Joshi, "Pak May Have Relocated Nukes to Gilgit," *Times of India, November* 14, 2001, p.1; Bill Gertz, "India, Pakistan Prepare Nukes, Troops for War," *Washington Times*, December 31, 2001, p.A1.

24) Seymour M. Hersh, "Watching the Warheads," *The New Yorker*,

November 11, 2001.

25) "Army Ready for War, Says Chief," *The Statesmen* (India), January 12, 2002.

26) Celia W. Dugger, "Indian General Talks Bluntly of War and a Nuclear Threat," *New York Times*, January 12, 2002, p.A1.

27) N. Prasannan, "Spark of Hope," *The Week*, September 28, 1997.

28) John Diamond, "Satellite Shows Pakistan's March Toward Nuclear Capability," *Chicago Tribune*, March 16, 2000, p.10.

29) Richard Sisson and Leo E. Rose, *War and Secession: Pakistan, India, and the Creation of Bangladesh* (Berkeley: University of California Press, 1990), pp.199, 225 (also see p.309, fn.45).

30) Asoka Raina, *Inside RAW: The Story of India's Secret Service* (New Delhi: Vikas Publishing House, 1981), pp.60－61.

31) Shisher Gupta, "Major's Diary Exposes Pak's Involvement," *Hindustan Times*, July 10, 1999, p.1; "1st Definite Proof of Pak Army Role," soniagandhi.org/asian30b.html; *From surprise to Reckoning*, pp.21, 97.

32) 전체 내용은 다음을 참조할 것. www.ipcs/documents/1999/2－apr－jul.htm #Tapes.

33) Chengappa, "Pakistan Tried Nuclear Blackmail"; Gertz, "India, Pakistan Prepare Nukes, Troops for War."

34) 다음의 자료에 근거해서 문단을 서술했음. "Doubts over BDL Safety Norms," The Hindu, January 9, 2001; "One Killed as Missile Fires Accidentally," The Hindu, January 5, 2001; and "One Killed as Missile Fires During Demonstration," The Times of India, January 5, 2001; Lalita Iyer, "In House Strike," The Week, January 21, 2001, at www.the－week.com/21/jan21/events6.htm. 이와 유사한 로켓 폭발은 다른 핵 무기 보유국가에서도 발생했다. 예를 들어, 1960년 우주로켓의 발사 전에 검사를 진행하던 중 로켓이 폭발하여, 소련 전략로켓군 사령관이 다른 많은 사람들과 함께 사망했다. Oberg, *Uncovering Soviet Disasters* (New York: Random House, 1988), pp.177－83.

35) Yossi Melman, "The Coming Mideast Nuclear－Arms Race," *Los Angeles Times*, June 7, 1998, part M, p.2; "Pakistan Probably a Strong Country than Most Pakistanis Think－U.S. Ambassador," *Dawn Magazine*, July 19, 1998; and Shahid－Ur－Rehman, *Long Road the Chagai* (Islamabad: Print Wise Publications, 1999), pp.115－16.

36) Christopher Walker and Michael Evans, "Pakistan Feared Israeli Attack," *The Times*, June 3, 1998; Shahid－Ur－Rehman, *Long Road the Chagai*, p.116.

37) Muhammad Yousaf and Mark Adkin, *The Bear Trap: Afganistan's Untold Story* at www.afganbooks.com/beartrap/ and Samina Ahmed and David C. Courtright, "Going Nuclear: The Weaponization Option," in Ahmed and Courtright, eds., *Pakistan and the Bomb*, p.96.

38) John F. Burns, "Pakistan Arrests 40 Officers, Islamic Militant Tie Suspected," *New York Times,* October 17, 1995.

39) Tim Lister and Aliza Kassim, "Arrest of Pakistani Officer Revives Fears of Extremism within Military," *CNN World,* June 22, 2011.

40) "Punjab Governor Salman Taseer Assassinated in Islamabad," *BBC News*, January 4, 2011.

41) Zahid Hussain, *Frontline Pakistan: The Struggle with Militant Islam* (New York, NY: Columbia University Press, 2007), prologue.

42) Peter Vincent Pry, *War Scare: Russian and American on the Nuclear Brink* (Westport, Conn.: Praeger, 1999), pp.217–20.

43) Raj Chengappa, "Missiles: Boom for Boom," *India Today International,* April 26, 1999, p.28–30.

44) Chengappa,"Pakistan Threatened India."

45) David E. Sanger, *The Inheritance: The World Obama Confronts and the Challenges to American Power* (New York, NY: Harmony Books, 2009), pp.220–24.

46) Neil Joeck, "The Kargil War and Nuclear Deterrence," in Sumit Ganguly and S. Paul Kapur, eds., *Nuclear Proliferation in South Asia: Crisis Behavior and the Bomb* (London: Routledge, 2008), pp.117–43.

47) 보다 자세한 분석은 다음을 참조할 것. Scott D. Sagan, "The Evolution of Pakistani and Indian Nuclear Doctrine," in Scott D. Sagan, ed., *Inside Nuclear South Asia* (Stanford, CA: Stanford University Press, 2009), pp.219–63.

48) Steven Erlanger, "India's Arms Race Isn't Safe Like the Cold War," *New York Times*, July 12, 1998, section 4, p.18.

49) David E. Jeremiah, quoted in Tim Weiner, "The World: Naivete at the CIA: Every Nation Just Another US." (James Woosley made the same point earlier.) *Proliferation Threats of the 1990s,* Hearing before the Committee on Governmental Affairs, United States Senate, 103rd Congress, First Session, February 24, 1998, p.134; and Michael Krepon quoted in John Kifner, "Pakistan Army at Ease, Even in Nuclear Choice," *New York Times*, June 23, 1998, p.A3.

50) Quoted in Erlanger, "India's Arms Race Isn't Safe Like the Cold War."

51) K. Subrahmanyam, "Nuclear Force and Minimum Deterrence Strategy," in Bharat Karnad, ed., *Future Imperiled: India's Security in the 1990s and Beyond* (New Delhi: Viking, 1994), pp.190, 194. 양쪽은 서로 다른 시점에 서로 다른 숫자를 언급한다. 중요한 점은 모두가 낮게 말하고 있긴 하지만 대략 100기의 핵 탄두를 운영하고 있다.

52) Cf. Peter D. Fraver, "Neooptimists and the Enduring Problem of Nuclear Proliferation," *Security Studies* 6, no.4 (Summer 1997), pp.105 – 20.

53) Strobe Talbott, "Dealing with the Bomb in South Asia," *Foreign Affairs* 78, no.2 (March/April 1999), p.117.

54) Claudia Dreifus, "Benazir Bhutto," *New York Times Magazine*, May 15, 1994, p.39; K. Shankar Bajpai, "Nuclear Exchange," *Far Eastern Economic Review,* June 24, 1993, p.24; Shamshad Ahmad, "The Nuclear Subcontinent: Bringing Stability to South Asia," *Foreign Affairs* 78, no.4 (July/August 1999), p.125.

55) John F. Burns, "War – Weary Kashmiris Contemplate the Price of Peace," *New york Times,* July 11, 2001, p.A3.

56) Quored in Jonathan Spence, "Kissinger and the Emperor," *New York Review of Books,* March 4, 1999, p.21.

57) Cf. K. Subrahmanyam, "India's Dilemma," in K. Subrahmanyam, ed., *Nuclear Myths and Realities* (New Delhi: ABC Publishing House, 1981), pp.218 – 19; Perkovich, I*ndia's Nuclear Bomb*, p.170.

58) Amitabh Mattoo, "India's Nuclear Policy in an Anarchic World," in Mattoo, ed., *India's Nuclear Deterrent: Pokhran II and Beyond* (New Delhi: Har – Anand, 1999), p.22.

59) George Fernandes, quoted in John F. Burns, "Indian Defense Chief Calls U.S. Hypocratical," *New York Times,* June 18, 1998, p.A6.

60) Kanti Bajpai, "The Fallacy of an Indian Deterrent," in Amitabh Mattoo, ed., *India's Nuclear Deterrent*, p.183. 중국은 아루나찰 프라데시(Arunachal Pradesh)와 시킴(Sikkim)을 인도 영토로 인정하지 않고 있다.

61) Quoted in Erlanger, "India's Arms Race Isn't Safe Like the Cold War."

62) Albert Carnesale, Paul Doty, Stanley Hoffman, Samuel P. Huntington, Joseph S. Nye, Jr., and Scott Sagan, *Living with Nuclear Weapons* (Cambridge, Mass.: Harvard University Press, 1983), p.44.

63) See, e.g., Mirza Aslam Beg, *Development and Security: Thoughts and Reflections* (Rawalpindi: Friends, 1994), p.189; and K. Sundarji cited in Devin T. Hagerty, "Nuclear Deterrence in South Asia: The 1990 Indo – Pakistani Crisis," p.109.

64) Raja Menon, *A Nuclear Strategy for India* (New Delhi: Sage, 2000), p.116.

65) Karl Kaiser, "Nonproliferation and Nuclear Deterrence," *Survival* 31, no.2 (March/April, 1989), p.125; Arthur G. Rubioff, "The failure of nuclear deterrence in South Asia," *Toronto Globe and Mail,* June 1, 1998, p.A17.

66) Kenneth N. Waltz, "Thoughts about Virtual Nuclear Arsenals," *Washington Quarterly* 20, no.3 (Summer 1997), p.158.

67) Quoted in Celia W. Dugger and Barry Bearak, "You've Got the Bomb. So Do I. Now I Dare You to Fight," *New York Times*, January 16, 2000, sec.4, p.1.

68) Menon, *A Nuclear Strategy for India*, p.293.

69) Ibid., p.197.

70) Dugger and Bearak, "You've Got the Bomb."

71) James Bamford, "The Dangers of Spy Planes," *New York Times,* April 5, 2001, p.A21.

72) Pry, War Scare, pp.33－43. 프라이는 양쪽의 도발적인 행위와 관련하여 머리카락이 곤두서는 여러 이야기를 말한다.

73) Subrahmanyam, "Nuclear Force Design," p.192.

74) Ibid., p.186.

75) 여기에서 미국 평론가는 샘 가디너 퇴역장군이다(Sam Gardiner, Colonel, USAF, retired.). See his, "It Doesn't Start in Kashmir, and It Never Ends Well," *Washington Post,* January 20, 2002, p.B1.

76) 여기에서 영리한 분석가는 우데이 바스카(C. Uday Bhaskar) 퇴역 해군제독이다. Quoted in Rajiv Chandrasekaran, "For India, Deterrence May Not Prevent War," *Washington Post Foreign Service*, January 17, 2002, p.A1.

77) See, e.g., Walter C. Ludwig Ⅲ, "A Cold Start for Hot Wars? The Indian Army's New Limited War Doctrine," *International Security*, vol.32, no.3 (Winter 2007－08), pp.1589－90; Vipin Narang, "Posturing for Peace? Pakistan's Nuclear Postures and South Asian Stability," *International Security*, vol.34, no.3 (Winter 2009/10), pp.38－78.

78) See, e.g., Paul Staniland, "Improving India's Counterterrorism Policy After Mumbai," *CTC Sentinel*, April 2009, vol.2. Issue 4,2.

79) Narang, "Posturing for Peace?," 53－64.

80) Colin Freeze, "Accused in India Massacre Claims Ties Pakistan's Secret Service," *The Globe and Mail*, April 11, 2011.

81) Paul Staniland, "Improving India's Counterterrorism Policy After

Mumbai," 1－3.

82) Adrian Blomfield, "Syria Enlisted the Help of 'Father' of Pakistan's Bomb," *The Daily Telegraph,* November 1, 2001.

83) "AQ Khan Nuclear Chronology," Issue Brief: Nonproliferation, *Carnegie Endowment for International Peace,* vol.Ⅲ, no.8, September 7, 2005, 7.

Chapter 06 _ 이라크, 북한 그리고 이란

1) George W. Bush, "State of the Union Address," Washington, D.D., January 29, 2002.

2) 2002년 이라크 핵 프로그램에 대해 반대되는 의견을 기록한 고위 국무부 정보 관리의 통찰력 있는 분석은 다음을 참조할 것. Thomas Finger, *Reducing Uncertainty: Intelligence Analysis and National Security* (Palo Alto, CA: Stanford University Press, 2011).

3) Department of Defence, *Casualty Report,* April 10, 2012; *Iraq Body Count,* April 10, 2012.

4) Korean Central News Agency, "Statement of FM spokesman blast UNSC's discussion of Korean nuclear issue: April 6, 2003.

5) 이 요약은 다음의 뛰어난 분석에 근거한 것이다. Siegfried S. Hecker, "Lessons Learned from the North Korean Nuclear Crises," *Daedalus* 139, no.1 (Winter 2010), pp.44－56.

6) Greg Bruno, "Iran's Nuclear Program," *CFR Backgrounder,* March 10, 2010.

7) Sonny Efron, "War with Iraq/Diplomacy: Looking Past Baghdad to the Next Challenge," *Los Angeles Times,* April 6, 2003.

8) The Director General, "Implementation of the NPT Safeguards Agreement and relevant provisions of Security Council resolutions in the Islamic Republic of Iran," *International Atomic Energe Agency,* November 8, 2011.

9) David Albright, et al. "ISIS Analysis of IAEA Iran Safeguards Report," *Institute for Science and International Security,* February 24, 2012.

10) "War with Iraq is Not in America's National Interest," *New York Times,* September 26, 2002.

11) 2002 National Security Starategy of the United States.

12) "DCI Special Advisor Report on Iraq's WMD," Annex D, Iraq Economic Data, 1989－2003, The Central Intelligence Agency.

13) "Fiscal 2003 Year Budget," Center for Defense Information.

14) Kevin Woods et al., "The Iraqi Perspectives Project: A View of Operation Iraqi Freedom from Saddam's Senior Leadership," The Joint Center for Operational Analysis and Lessons Learned, US Joint Forces Command, 2008.

15) Woods et al., pp.91−95.

16) "The Korean People's Army: Training," Global Security.

17) "North Korea's Capital Has Secret Tunnels – Defector," BBC News, December 9, 2009.

18) "Strangers at Home: North Koreans in the South," The International Crisis Group, Asia Report Number 208, July 14, 2011.

19) Joel S. Wit, Daniel Poneman, and Robert L. Gallucci, Going Critical: The First North Korean Nuclear Crisis (Brookins Institution Press, 2005).

20) Fiona Simpson, "The IAEA's Dilemma with Syria's Al Kibar Nuclear Site," Bulletin of the Atomic Scientists, May 6, 2008.

21) David E. Sanger, "US Said to Turn Back North Korean Missile Shipment," New York Times, June 12, 2001.

22) Wyn Q. Bowen, "Lybia and Nuclear Proliferation: Stepping Back from the Brink," Adelphi Paper, Routledg, 2006.

23) Victor Cha, "What Do They Really Want? Obama's North Korea Conundrum," The Washington Quarterly 32, no.4 (October 2009), p.122.

24) Robert S. Norris and Hans M. Christensen, "Global Nuclear Weapons Inventories 1945−2010," Bulletin of the Atomic Scientists 66, no.77 (July−August 2010), p.82.

25) Bruce W. Bennett and Jennifer Lind, "The Collapse of North Korea: Military Missions and Requirements," International Security 36, no.2 (Fall 2011), p.84.

26) Christine Kim, "Lybia Should Have Kept Its Nukes Says Pyeongyang," Korea Joong Ang Daily, March 24, 2011.

27) "Iran: Nuclear Intentions and Capabilities−Key Judgments," National Intelligence Estimate, National Intelligence Council, November 2007, p.6.

28) Richard K. Betts, Nuclear Blackmail and Nuclear Balance (Washington, D.C.: The Brookings Institution, 1987).

29) Glenn Snyder, "The Balance of Terror and Balance of Power," in Paul Seabury, ed., The Balance of Power (Chandler: San Francisco, 1964), pp.184−201.

30) "Country Reports on Terrorism, 2008" Publication Office of the Coordinator for Counterterrorism, United States Department of State, Released April 2009, p.10.

31) Francis J. Gavin, "Blasts from the Past: Proliferation Lessons from the 1960s," *International Security* 29, no.3 (Winter 2004−05), pp.100−35.

32) U.S. President Barack Obama in Prague, Czech Republic, April 5, 2009.

33) Hugh Tomlinson, "Saudi Arabia Gives Israel Clear Skies to Attack Iranian Nuclear Sites," *The London Times*, June 12, 2010.

34) GGary C. Hufbauer, Jeffrey J. Schott, Kimberly Ann Elliot, and Barbara Oegg, *Economic Sanctions Reconsidered* (Washington, D.C.: Petersen Institute for International Economics, 2007), p.12.

35) Hal Brands and David Palkki, "Saddam, Israel, and the Bomb: Nuclear Alarmism Justified?" *International Security* 36, no.1 (Summer 2011), p.156.

36) David D. Palkki, Mark E. Stout, and Kevin M. Woods, *The Saddam Tapes* (New York, NY: Cambridge University Press, 2011), pp.223−24.

37) Kebin M. Woods, et al., *The Iraqi Perspectives Report* (Annapolis, MD: Naval Institute Press, 2006), p.12.

38) Brands and Palkki, "Saddam, Israel, and the Bomb," pp.152−53.

39) See *The Saddam Tapes,* pp.211, 238, 240, and *The Iraqi Perspectives Report*, p.31.

40) Siegfried S. Hecker, "A Return Trip to North Korea's Yongbyon Nuclear Complex," *CISAC,* November 20, 2010. and Robert Carlin and Siegfried Hecker, "2011: North Korea's Countdown to Kim Il−Sung's Centenary," *Bulletin of the Atomic Scientists*, forthcoming 2012.

41) Carlin and Hecker, "2011: North Korea's Countdown to Kim Il−Sung's Centenary."

42) See Joshua Pollack, "North Korea Debuts an IRBM," *Arms Control Wonk*, October 10, 2010.

43) Sheena Chestnut, "Ilicit Activity and Proliferation: North Korean Smuggling Network," *International Security* 32, no.1 (Summer 2007), p.81.

44) Lonar S. Spector and Deborah R. Berman, "The Syrian Nuclear Puzzle," in William C. Potter and Gaukhar Mukhatzhanova, eds., *Forecasting Nuclear Proliferation in the 21st Century* (Stanford, CA: Stanford University Press, 2010), pp.100−28. Also see George W. Bush, *Decision Points* (New York: Crown Publishers, 2010), pp.420−22.

45) Fredrik Dahl, "West fears possible Iran−North Korea nuclear links," *Reuters*, September 17, 2011.

46) Scott D. Sagan, "How to Keep the Bomb from Iran," *Foreign Affairs* (September/October 2006), pp.45－59.

47) Davis E. Sanger, "Suppose We Just Let Iran Have the Bomb?" *The New York Times,* March 19, 2006.

48) David E. Sanger, "Debate Grows on Nuclear Containment of Iran" *The New York Times*, March 13, 2010.

49) R. Jeffrey Smith, et al., "Iran May Have Sent Libya Shells for Chemical Weapons," *The Washington Post*, November 20, 2011.

50) Safa Haeri and Shahram Rafizadeh, "Iranian Cleric Okays Use of Nuclear Weapons," *Iran Press Service,* February 20, 2006. For analysis of this and other statements see Shmuel Bar, "Can Cold war Deterrence Apply to a Nuclear Iran?" *Strategic Perspectives*, November 7, 2011.

51) Annie Samuel and Daniel Tavana, "Going Rogue in Iran?" *CNN.com*, October 14, 2011.

52) David E. Sanger, "No Diplomatic Change After Britons' Release," *The New York Times*, April 6, 2007.

53) David E. Sanger, "No Diplomatic Change After Britons' Release," *The New York Times*, April 6, 2007.

54) Elaine Sciolino and Katrin Benhold, "Chirac Unfazed By Nuclear Iran, Then Backtracks," *The New York Times,* February 1, 2007.

55) Jason Burke, "Saudi Arabia worries about stability, security and Iran," *The Guardian*, June 29, 2011.

56) David Blair, "Robert Gates: Bobling Iran Woild Not Stop Nuclear Threat," *The Telegraph*, may 1, 2009; Boaz Fyler, "Dagan: Iran Strike－Only as Last Resort," *Ynet News*, June 1, 2011.

Chapter 07 _ 핵 무기가 없는 세계가 최선의 선택인가?

1) *U.S. Nuclear Posture Review Report,* Department of Defense, April 2011.

2) Dean A. Wilkening, "Nuclear Zero and Ballistic Missile Defense," *Survival* 52, no.6, 2010.

3) "2010 Ballistic Missile Defense Review Fact Sheet," March 3, 2010, Department of Defense.

4) Yousaf Butt, "The Delusion of Missile Defense," *New York Times*, September 20, 2011.

5) See Robert Jervis, *The Meaning of the Nuclear Revolution: Statecraft and*

the Prospect of Armageddon (Ithaca: Cornell University Press, 1989).

6) Steve Gutterman, "Russia Criticizes Latest US Missile Defense Deal," *Reuters*, October 16, 2011.

7) Thomas C. Shelling, "The Role of Deterrence in Total Disarmament," *Foreign Affairs* 40, no.3 (April 1962), p.392.

8) Arthur M. Schlesinger Jr. *A Thousand Days: John F. Kennedy in the White House* (Boston: Houghton Mifflin, 1965).

저자소개

케네스 왈츠(Kenneth Neal Waltz)

대표적인 국제정치학자로서 현실주의 이론 중 신현실주의를 주창하였다. 미국 컬럼비아 대학교 등에서 교수로 재직했다. 주요 저서로는 『인간, 국가, 전쟁 (Man, the State, and War)』, 『외교 정책과 민주정치 (Foreign Policy and Democratic Politics)』, 『국제정치이론 (Theory of International Politics)』 등이 있다.

스콧 세이건(Scott Douglas Sagan)

미국 정치학자로서 핵 정책과 핵 군축에 대한 연구로 잘 알려져 있다. 미국 스탠포드 대학교에서 교수로 재직 중이다. 주요 저서로는 『움직이는 목표물들 (Moving Targets)』, 『안보의 한계 (The Limits of Safety)』 등이 있다.

역자소개

임상순

동국대학교 대학원에서 북한정치전공으로 정치학 박사학위를 받았으며, 평택대학교 조교수(통일학피어선교양 전공 주임교수)로 재직 중이다. 대표 논저로는 『국제정치에서 전쟁과 변화』(역서), 『인권의 정치학』(역서), 『평양 자본주의』(역서), 『북한 핵위기와 북·미관계』(역서) 『김정은 시대 조선로동당』(공저), 『통일과 평화, 그리고 북한』(공저), "북한 핵전략의 변화 분석과 문재인 정부에 주는 시사점", "The Engagement of United Nations human rights regime and the response of North Korea", "The Reality of Reunification Education in Universities and the Research for an Alternative Model" 등이 있다.

핵 무기 전파, 그 끝없는 논쟁

초판발행	2022년 10월 10일
지은이	Scott D. Sagan · Kenneth N. Waltz
옮긴이	임상순
펴낸이	안종만 · 안상준
편 집	사윤지
기획/마케팅	김한유
표지디자인	이수빈
제 작	고철민 · 조영환
펴낸곳	㈜ 박영사
	서울특별시 금천구 가산디지털2로 53, 210호(가산동, 한라시그마밸리)
	등록 1959. 3. 11. 제300-1959-1호(倫)
전 화	02)733-6771
f a x	02)736-4818
e-mail	pys@pybook.co.kr
homepage	www.pybook.co.kr
ISBN	979-11-303-1614-7 93340

* 파본은 구입하신 곳에서 교환해 드립니다. 본서의 무단복제행위를 금합니다.
* 역자와 협의하여 인지첩부를 생략합니다.

정 가	19,000원